Lepenies, Nunner-Winkler, Schäfer, Walper

Kindliche Entwicklungspotentiale
Normalität, Abweichung und ihre Ursachen

Sachverständigenkommission
Zehnter Kinder- und Jugendbericht (Hrsg.)

Materialien zum Zehnten Kinder- und Jugendbericht

Band 1

Annette Lepenies
Gertrud Nunner-Winkler
Gerd E. Schäfer
Sabine Walper

Kindliche Entwicklungspotentiale

Normalität, Abweichung und ihre Ursachen

DJI Verlag Deutsches Jugendinstitut

Das Deutsche Jugendinstitut e.V. (DJI) ist ein zentrales sozialwissenschaftliches Forschungsinstitut auf Bundesebene mit den Fachabteilungen Jugend und Jugendhilfe, Sozialberichterstattung, Jugend und Politik, Geschlechterforschung und Frauenpolitik, Familie und Familienpolitik, Kinder und Kinderbetreuung und dem Forschungsschwerpunkt „Übergänge in Arbeit". Es führt sowohl eigene Forschungsvorhaben als auch Auftragsforschungsprojekte durch. Die Finanzierung erfolgt überwiegend aus Mitteln des Bundesministeriums für Familie, Senioren, Frauen und Jugend und im Rahmen von Projektförderung aus Mitteln des Bundesministeriums für Bildung, Wissenschaft, Forschung und Technologie. Weitere Zuwendungen erhält das DJI von den Bundesländern und Institutionen der Wissenschaftsförderung.

Die im vorliegenden Band dargestellten Texte wurden als Expertisen zum Zehnten Kinder- und Jugendbericht erstellt. Ihre Veröffentlichung wurde durch das Bundesministerium für Familie, Senioren, Frauen und Jugend gefördert. Der Sachverständigenkommission zur Erstellung des Zehnten Kinder- und Jugendberichts, die diese Materialienbände herausgibt, gehörten folgende Mitglieder an: Prof. Dr. Ursula Boos-Nünning, Sven Borsche, Prof. Dr. Götz Doyé, Dr. Barbara Hille, Irene Johns, Prof. Dr. Lothar Krappmann, Prof. Dr. Silvia Kroll. Redaktion: Dr. Donata Elschenbroich, Jutta Müller-Stackebrandt (Geschäftsführung), Ursula Winklhofer.
Sachbearbeitung: Regine Föringer, Erika Orlando.

Die Deutsche Bibliothek – CIP-Einheitsaufnahme

Kindliche Entwicklungspotentiale : Normalität, Abweichung und ihre Ursachen / DJI, Deutsches Jugendinstitut. Annette Lepenies... – München : DJI, Verl. Dt. Jugendinst. ; Opladen : Leske und Budrich, 1999
    (Materialien zum Zehnten Kinder- und Jugendbericht ; Bd. 1)
    ISBN 3-87966-391-2 (DJI)

Alleinauslieferung: Leske+Budrich, Opladen
© 1999 Deutsches Jugendinstitut e. V., München
Umschlagentwurf: Erasmi & Stein, München
Umschlagfoto: Volker Derlath, München
Druck: Presse-Druck- und Verlags-GmbH, Augsburg
ISBN für das Gesamtwerk (fünf Bände) 3-87966-390-4
ISBN 3-87966-391-2

Vorwort

Bei der Ausarbeitung des 10. Kinder- und Jugendberichts, der dem Thema „Die Lebenssituation der Kinder und die Leistungen der Kinderhilfen" gewidmet war, erhielt die beauftragte Kommission Unterstützung durch zahlreiche Expertinnen und Experten. Sie haben mit unterschiedlicher Schwerpunktsetzung zu mit der Kommission vereinbarten Bereichen Forschungsergebnisse und Erfahrungen aus der Praxis dargestellt, verstreute und manchmal nur schwer zugängliche Daten zusammengetragen sowie Problemfelder strukturiert und Handlungsbedarf begründet. Viele Fakten, Problembeschreibungen und Ideen dieser Expertisen haben in die Arbeit der Kommission und in ihren Bericht Eingang gefunden, wie zahlreiche Hinweise des Berichts zeigen. Weiteres wertvolles Material und zusätzliche Gedanken konnten aus Gründen der Prioritätensetzung, zu der die Kommission sich entschließen mußte, nicht angemessen integriert werden. Daher liegt es nahe, die Expertisen, die die Ausarbeitung des 10. Kinder- und Jugendberichts unterstützt haben und seine Themen in mancher Hinsicht ergänzen und weiterführen, zugänglich zu machen. Die Verantwortung für die Texte und die in ihnen enthaltenen Aussagen liegt bei den Autorinnen und Autoren.

Die Sachverständigenkommission für den 10. Kinder- und Jugendbericht dankt den Autorinnen und Autoren für ihre Hilfe und Zuarbeit im Prozeß der Entstehung des Kinderberichts, aber auch dafür, daß sie ihre Expertisen für diese Veröffentlichung noch einmal durchgesehen und, wenn inzwischen erforderlich, ergänzt und aktualisiert haben. Wir sind sicher, daß diese Ausarbeitungen der intensiven Diskussion der Situation der Kinder in Deutschland und der Hilfen, die sie benötigen, zugute kommen wird. Unseren Dank sagen wir auch Donata Elschenbroich, Jutta Müller-Stackebrandt und Ursula Winklhofer vom Deutschen Jugendinstitut, München, für die Redaktionsarbeit für die fünf Bände, in denen die Expertisen veröffentlicht werden.

Ursula Boos-Nünning, Sven Borsche, Götz Doyé, Barbara Hille, Irene Johns, Lothar Krappmann, Silvia Kroll
Mitglieder der Sachverständigenkommission für den 10. Kinder- und Jugendbericht

Gesamtinhaltsverzeichnis

Annette Lepenies
Die Jungen und die Alten
Generationenkontakte außerhalb der Familie 9

Gertrud Nunner-Winkler
Zum frühkindlichen Moralverständnis 53

Gerd E. Schäfer
Sinnliche Erfahrung bei Kindern 153

Sabine Walper
Auswirkungen von Armut auf die Entwicklung von Kindern   291

Annette Lepenies

Die Jungen und die Alten

Generationenkontakte außerhalb der Familie

Inhalt

1 Vorbemerkung 11
2 Die Generationen im Stadtleben: Eine Momentaufnahme .. 12
3 Treffpunkte der Generationen außerhalb der Familie 15
4 Angebot und Nachfrage 18
5 „Generative Geschenke" 21
6 Das Wissen voneinander 25
7 Der Umgang miteinander 28
8 Das Abenteuer der Generationen 33
8.1 Ganz Alte und ganz Junge 37
8.2 Kinder und Jugendliche helfen 38
8.3 Interessen von Jung und Alt 39
8.4 Gegenseitigkeit 41
8.5 Wissen weitergeben – Zeitzeugen 42
9 Ein gelungenes Projekt: Die Theatergruppe IKARUS 43
9.1 Alt und Jung unter einem Dach 44
9.2 Organisatorische Voraussetzungen, Finanzierung und Social Sponsoring 44
9.3 Professionelle und Ehrenamtliche 46
9.4 Realistisches Generationenverhalten einüben 47
10 Fazit: Generationenverhalten in Familie und Gesellschaft .. 48
11 Anhang 49
11.1 Initiative des Bundesministeriums für Familie, Senioren, Frauen und Jugend zur Verbesserung des Dialogs zwischen den Generationen im Rahmen der Jugendhilfe 49
11.2 Literaturempfehlungen 51

1 Vorbemerkung

Im folgenden handelt es sich um einen Erfahrungsbericht. Wie wichtig Großeltern und Enkel füreinander sind, fiel mir zuerst in meiner Arbeit in der Kinder- und Jugendtherapie auf: Großeltern wurden stets als wichtige Bezugspersonen genannt, und auch in schwierigsten Familienverhältnissen hatten die Kinder eine gute Prognose, bei denen Großeltern um Stabilität und Stetigkeit in ihrer Beziehung zum Kind bemüht waren.

In meiner Arbeit mit Altenpflegerinnen und Erzieherinnen bemerkte ich, wie wenig Kontakt mit Kindern viele Menschen in ihrer letzten Lebensphase haben: manche von ihnen haben seit Jahrzehnten kein Kind mehr auf dem Schoß gehabt. Dabei ist offenkundig, welcher Zugewinn an Lebensqualität und welche emotionale Bereicherung durch einen engeren Generationenkontakt erzielt werden können – auch wenn diese Begegnungen zwischen alten und jungen Menschen sich jeweils nur auf einen kurzen Zeitraum beziehen.

In der Beobachtung, Beratung und Initiierung von vielfältigen Alt-Jung-Projekten wurde mir deutlich, daß viele Schwierigkeiten im Umgang der Generationen miteinander auf Unkenntnis der eigenen und der fremden Lebensphase beruhen. Hieraus erwuchs der Plan zu einer Ausstellung, die schließlich mit dem Titel „Alt & Jung. Das Abenteuer der Generationen" vom 18. Dezember 1997 bis zum 10. Mai 1998 im Deutschen Hygiene-Museum zu Dresden gezeigt, von mehr als 65 000 Besuchern gesehen wurde und über den Zeitraum der Ausstellung hinaus zu einer Vielzahl praktischer Alt/Jung-Projekte führte. Der Ausstellung lag die Absicht zugrunde, über das Alter und über die Jugend zu informieren und wissenschaftliche Ergebnisse zum Generationenverhalten erlebnisnah zu vermitteln. Gegenwärtig wird daraus eine Wanderausstellung erstellt, die im Oktober 1999 im Münchner Kinder- und Jugendmuseum gezeigt wird. Sie wird ebenfalls ein Forum bieten für ein lebhaftes, bürgernahes Aktionsprogramm.

Auf der Grundlage dieser Erfahrungen will der folgende Bericht Momentaufnahmen aus dem Alltag der Alt-Jung-Begegnungen liefern. Meiner Überzeugung nach sind solche „dichten Beschreibungen" wichtig: an einem Mosaik alltagsnaher Einzelbeobachtungen läßt sich der Reichtum an Möglichkeiten generationenübergreifender Kontakte erkennen.

2 Die Generationen im Stadtleben: Eine Momentaufnahme

Schülerinnen und Schüler einer Erzieher- und Altenpfleger-Schule in Berlin bekamen im November 1996 im Rahmen einer Projektgruppe „Alt und Jung. Der Dialog der Generationen" den Auftrag, einige Zeit an verschiedenen Stellen der Stadt Berlin zu stehen und dabei festzuhalten, wie viele Paare oder Personengruppen, die sie beobachteten, aus gleichen oder verschiedenen Generationen stammten. Die zweite Aufgabe lautete, festzustellen, ob Interaktionen zwischen den Generationen in einem öffentlichen Raum stattfanden, und wie diese Interaktionen sich gestalteten. Der beobachtete Zeitraum lag zwischen drei und fünf Uhr nachmittags an einem Werktag. Die Beobachtungsorte waren: Kaufhaus, Supermarkt, Park, Platz, Kreuzung, U-Bahnhof, Bus-Haltestelle, Einkaufsstraße, Wohn- und Geschäftsstraße, Villenstraße, Neubauten-Innenhof, 30-km-Spielstraße. Es ging nicht um eine repräsentative Studie, vielmehr sollten das Alltagsverhalten von Menschen verschiedener Altersgruppen und die Möglichkeiten der Interaktion zwischen ihnen an öffentlichen Plätzen beobachtet werden.

Besonders auffallendes Ergebnis: Kinder kommen als eigene Gruppe kaum vor; sie sind im beobachteten Villenviertel und in der Büro- und Geschäftsstraße seltener als – Hunde. Auch führen sie in den Intergenerationengruppen zahlenmäßig ein Minderheitendasein. – Jüngere Passanten – Männer wie Frauen – gehen, wenn sie allein sind, zügig und zielbewußt und nehmen wenig an dem Geschehen um sie herum teil. – Passanten aus den mittleren und älteren Jahrgängen sind kaum voneinander zu unterscheiden. – Paare bleiben im Kontakt. – Es gibt viele Gruppen, die aus zwei oder sogar drei Generationen bestehen und die ein gemeinsames Ziel verfolgen.

Manchen „Beobachtern" wurde erst auf diese Weise sichtbar vor Augen geführt, daß wir uns in einer alternden Gesellschaft befinden und Kinder im Stadtbild kaum eine Rolle mehr spielen.

Wo sieht man überhaupt noch Kinder in den Innenstädten, vor allem bei kühlem Wetter? Kinder und Jugendliche sieht man zu dieser Zeit allein oder zu mehreren, mit Schulmappen auf dem Nachhauseweg, mit Sportsachen und anderen Behältnissen zu einer Nachmittagsaktivität gehen oder fahren. Jüngere Kinder sitzen in ihren Kindersitzen im Auto und in anderen Verkehrsmitteln, begleitet meist von jemandem aus der Elterngeneration, seltener sind es die Großeltern; nur wenige Babys sieht man im Kinderwagen mit ihren Müttern; zu dieser Jahreszeit gibt es keine Kinder auf den Spielplätzen, wenige Jugendliche auf Rollerblades und Mountain-Bikes, die vorbeifahren, kaum jemand auf den Bolzplätzen.

Kinder und Jugendliche sind offensichtlich in dieser Zeit auf dem Wege irgendwohin, zu geschlossenen Räumen, zu Aktivitäten mit anderen oder allein. Nur in Warenhäusern gibt es zu dieser Zeit mehrere Kinder, überwiegend Jungen, die sich lange in der Computer-Spielwarenabteilung aufhalten und an den Videos kleben; man sieht Mädchen zu zweit oder zu dritt in „Klamottenläden" und an Billigkosmetik-Ständen; eine große Gruppe von Kindern bis etwa acht Jahren hockt vor laufenden Comics, offensichtlich sind sie dort von ihren Eltern „geparkt" worden. Jugendgruppen treffen sich in überdachten Eingängen von Shopping-Malls. Viele Kinder und Jugendliche sitzen in Fastfood-Imbissen und werden dabei oft von Halbwüchsigen, die sich ihr Taschengeld aufbessern, bedient.

Das Stadtbild wird überwiegend von Frauen mittleren Alters geprägt, die ihren Einkauf erledigen, oder beruflich unterwegs sind. In den U-Bahnen, an den Haltestellen und in Büro- und Geschäftsstraßen sind Männer und Frauen gleich stark vertreten. In den Autos sitzen meist Männer – allein, doch in vielen Fällen in heftiger Handy-Kommunikation engagiert.

Solange sie einen aktiven Eindruck vermitteln und sich „passantengemäß" bewegen, werden ältere Menschen nicht als eine eigene Altersgruppe wahrgenommen. Sie sind auch in ihrer Kleidung nicht auffällig von jüngeren Erwachsenen unterschieden. Wenige sehr alte Menschen werden beobachtet, die allein sind: sie bewegen sich langsam, verharren lange an Kreuzungen, an Rolltreppen und an U-Bahn-Aufgängen und wirken eher als „Verkehrshindernisse", die man besser großräumig umgeht. Auffallend ist, daß viele ältere Menschen zu zweit gehen, sowohl Frauen zusammen, wie auch Paare, häufig eingehängt oder nahe beieinander. Auch sind sie ähnlich gekleidet. Diese Ähnlichkeit des Bekleidungsstils ist bei den Paaren in allen Altersstufen zu finden: trägt zum Beispiel die erste ältere Person einen Hut, hat die zweite auch einen auf; trägt das eine junge Mädchen Klumpstiefel, hat das andere ähnliche an – so, als ob man verabredet hätte, sich voneinander nicht allzusehr zu unterscheiden.

Genauso häufig sieht man Mitglieder aus verschiedenen Generationen zusammen gehen: Mütter haben Kinder an der Hand, Großmütter sieht man mit Enkeln, Großeltern mit Tochter und Enkel. Die einzelnen Mitglieder der Gruppen sind im ständigen Kontakt, die Kinder wechseln oft die Seiten. Wie ein Konvoi, der sich nach eigenen Gesetzen richtet, ziehen sie durch die Menge, bleiben hier und da stehen und kümmern sich ständig umeinander; dabei wechseln die Leitfiguren: Kinder ziehen nach links und rechts und lassen sich leicht ablenken; Erwachsene halten Kurs und wollen sichergehen, das angestrebte Ziel ohne allzugroße Umwege und zu viel Zeitverlust zu erreichen.

Im Straßenbild und auch in den Geschäften fallen ebenso ältere Paare aus zwei Generationen auf, wobei es sich vermutlich überwiegend um erwachsene „alte Kinder" mit ihren alten Eltern handelt. Das „Kind" kann dabei Mitte Fünfzig, die Mutter Ende Siebzig sein.

Gewiß trägt die Vorweihnachtszeit zu einer verstärkten Intergenerationendichte im Stadtbild bei, besonders in den Geschäftsvierteln, aber die geschilderten Momentaufnahmen entsprechen weitgehend dem Alltagsverhalten der Menschen in der Großstadt.

Interaktionen zwischen Mitgliedern verschiedener Altersstufen, die sich nicht kennen und nicht zusammengehören, gehen über einen Blickkontakt oder eine beiläufige Bemerkung kaum hinaus. Das ist im Park oder in der Vorortstraße nicht anders als im Warenhaus oder in der Geschäftsstraße. Deutlich zum Ausdruck gebrachte Unfreundlichkeiten oder ausgeprägte Rücksichtslosigkeiten sind eher selten, aber es gibt auch keine Freundlichkeiten und wenige spontane Interaktionen. Man will sich nicht zu nahe kommen, jeder geht seiner Wege, und wenn man mit seinen eigenen Leuten zusammen ist, beschäftigt man sich nur mit ihnen. Man hat den Eindruck, daß unter den Passanten gerade Paare und Gruppen ihre Zusammengehörigkeit ganz bewußt demonstrieren und sich durch die Art und Weise ihres Verhaltens auch inmitten der Öffentlichkeit gemeinsam einen privaten Raum sichern wollen. Insgesamt zeigt sich in diesen Beobachtungen das für die Großstadt typische Verhaltensmuster einer inneren Distanz bei räumlicher Nähe: für die Erwachsenen ist dieses Verhalten selbstverständlich und Routine – bei Kindern merkt man, daß sie es noch erlernen müssen.

Die Parkbank, die sich in der Sommerzeit zum Verweilen und zum zwanglosen Anknüpfen von Gesprächen anbietet, ist in den Wintermonaten verwaist. In überdachten Einkaufszentren übernehmen dann Sitzgelegenheiten, kleine Vorsprünge und die Einfassungen von Pflanzenkästen diese Funktion; darauf lassen sich Menschen aller Altersstufen nieder, meist in Gesellschaft von anderen, allein essend oder in Wartestellung.

Im Straßenbild der Großstadt gibt es in der Regel nur wenige „Verweilpunkte", die für eine kleine Zeit Passanten aller Altersstufen anlocken und sie miteinander etwas Gemeinsames erleben lassen. Solche „Verweilpunkte" oder „Verweilpersonen" sind zum Beispiel Gaukler und Kleinkünstler, die die Stehenbleibenden mit in ihr Spiel einbeziehen, Artisten und Animateure, über deren Kunststücke und Redeschwall man sich augenzwinkernd und mit Zustimmung heischenden Kurzkommentaren verständigt.

Tiere sind immer ein geeigneter Anknüpfungspunkt für die Kommunikation auch mit Fremden – ob es sich nun um Hunde an der Leine oder um Ziegen handelt, für die ein Familienzirkus Geld sammelt. Tiere ziehen magnetisch Kinder und Tierliebhaber an. Ähnlich kommunikations-befördernd wirken Kleinkinder an der Haltestelle, die Fremde in ein Gespräch verwickeln, und Babys an der Supermarktkasse, die von den Umstehenden manchmal so auffällig angesehen und angelacht werden, daß dies von ihren Müttern und Vätern dankbar registriert wird.

Ideale und spontane Treffpunkte für die Generationen sind Fastfood-Lokale: dort gibt es ein buntes, quirliges Gemisch von mehreren Generationen, und Familienzusammenkünfte finden auf engstem Raum statt. Kinder laufen herum, es wird auf allen Altersstufen gekleckert und mit den Fingern gegessen, sich zugerufen, und Nachbarn betrachten sich gegenseitig mit offener Neugier. Auch hinter den Bedienungstheken mischen sich die Generationen. Vor dem Weggehen überwachen die Kinder ihre Eltern beim Entsorgen des Abfalls. Hier und in Wohn- und Geschäftsstraßen mit hohem Ausländeranteil und sehr altersgemischter „Kiezbevölkerung", wo die Türen offenstehen, die Läden zum Bürgersteig gehören, die Kinder zu allen Tageszeiten draußen spielen, Jugendliche rauchend und trinkend vor dem Billigmarkt sitzen, Frauen alles im Blick zu haben scheinen, selbst wenn sie drinnen im Warmen sind, da gibt es – zumindest für den kurzfristigen Betrachter – ein dichtes, lautes, urbanes Durchmischen der Generationen.

3 Treffpunkte der Generationen außerhalb der Familie

Treffen der Generationen und verschiedener Altersgruppen außerhalb der Familie müssen in unseren Breiten über die Hälfte des Jahres wegen der klimatischen Bedingungen in mehr oder weniger geschlossenen Räumen stattfinden, in Büchereien, Lern- und Sportstätten, Freizeithäusern, Gemeindezentren, Stadthallen und ähnlichen Orten, die Möglichkeiten zu einem generationenübergreifenden Zusammenkommen bieten.

Werden solche Möglichkeiten auch genutzt und findet an den genannten Orten tatsächlich ein „Dialog der Generationen" statt? Nein – man muß es deutlich aussprechen: oft sind Jugendheime, Seniorenhäuser, Gemeindezentren, Bürgertreffs, kirchliche Gemeindehäuser, Büchereien etc. zu bestimmten Veranstaltungen, zu Festen und an „Stoßzeiten" zwar gut besucht, gemeinsame Aktivitäten zwischen

Jung und Alt finden aber nur in den seltensten Fällen statt. Auch bei Festen, wo die Veranstalter liebevoll die Räume schmücken und das Programm von den Besuchern selbst gestaltet wird, finden häufig nur wenige Kontakte zwischen den Generationen statt. In den meisten Fällen ist dies auch gar nicht möglich, denn Mitglieder anderer Generationen werden in die entsprechenden Aktivitäten von vornherein nicht miteinbezogen.

Zwar steht in allen Programmhinweisen der jeweiligen Häuser, daß Ältere bzw. Jüngere herzlich willkommen sind, dies gilt aber meist den Familienmitgliedern. Für regelmäßigere Teilnahme soll häufig ein bestimmter Typ angesprochen werden: die Jüngere kann so um die vierzig Jahre sein, sie sollte einen Führerschein haben, oder sie ist als Skat- oder Bridgepartnerin gefragt. Der Ältere sollte ein Handwerker sein, oder in der Lage sein, die Fahrradwerkstatt zu betreuen. Mitglieder der anderen Generation sind als Bereicherung gefragt und dürfen zahlenmäßig nicht überhand nehmen. „Wir sind ein Jugendclub und keine Seniorenfreizeitstätte!", meinte ein Betreuer, und alle Kollegen pflichteten ihm bei. Kleine Aufführungen von Kindergruppen sind auf Seniorenfesten sehr beliebt, sie erfreuen die Großen und die Kleinen. Aber Kindern und Jugendlichen einen regelmäßigen Platz zu bieten und sie in die Gestaltung von Festen und anderen Aktivitäten miteinzubeziehen, ist eine ganz andere Sache. „Wir haben unser Haus mit eigenen Mitteln gebaut und alle Möbel nach unseren Vorstellungen gekauft. Das kann Jugendlichen nicht gefallen! Wir wollen hier unseren eigenen Aktivitäten nachgehen!", sagt eine sehr engagierte Seniorenvertreterin und verweist auf die vielen ehrenamtlichen Arbeiten der Mitglieder, auch in anderen Bereichen.

Ältere Menschen leben im Bewußtsein, daß sie ihren „Generationenvertrag" längst erfüllt haben: sie haben ihre Kinder großgezogen und erzogen, für ihre eigene Altersversorgung gearbeitet, vermutlich haben sie viel Zeit mit den Enkeln verbracht und dadurch die jungen Eltern entlastet. Die finanziellen Zuwendungen gerade der Großeltern an die folgende Generation sind meist beträchtlich. Ist es nicht mehr als recht, wenn sie die ihnen noch verbleibende Zeit so ausfüllen, wie sie es für richtig erachten? „Wir haben einige Male eine Mütter-Kinder-Gruppe hier gehabt, aber wir mußten die Treffen einstellen. Die Kinder liefen herum und waren zu laut, selbst die Mütter haben ihre Schuhe auf unsere gepolsterten Stühle gelegt, die extra seniorengerecht angefertigt wurden. Man konnte sich überhaupt nicht unterhalten", war das Fazit einer kurzfristigen Kennenlernaktion zwischen Jung und Alt, die für die Senioren und die anderen Beteiligten mit Interesse aneinander begann, aber negativ endete und noch nach Jahren von den Beteiligten in Einzelheiten geschildert wird.

„Wir sind hier für die Jugendlichen da! Die haben zu Hause und in der Schule genug Ärger mit den Alten, hier sollen sie ganz unter sich sein!", meinte der Leiter des Jugendhauses, der sich eindeutig als Vertreter der Jugendlichen versteht und wie seine Kollegen auf der Fachhochschule und in der Fachschule nie etwas über eine generationenverbindende Arbeit in der Pädagogik gehört hat. In ihrer Ausbildung wurde die Wichtigkeit der Generationenbeziehungen als eine Grundkategorie der menschlichen Entwicklung und Erziehung in keinem Fach thematisiert. Es ging vielmehr um eine fundierte, kohortenspezifische Erfassung der jeweiligen Altersphase, die keinen engen Bezug zu den anderen hatte.

Die praktische Auswirkung dieser gruppenspezifischen Orientierung findet sich in Treffpunkten wieder, die Namen tragen wie „Jugendhaus", „Jugendclub" oder „Haus der älteren Mitbürger" und „Seniorenfreizeitstätte". Sie sind dem Geist der siebziger und achtziger Jahre verhaftet, in denen neben der sehr starken inhaltlichen Differenzierung auch eine verwaltungsmäßige Trennung der Ressorts üblich war – und heute noch die Regel ist.

Nun gibt es aber auch in einigen „Seniorenbüros" – ihrem Namen zum Trotz – engagierte und erfolgreiche Intergenerationenprojekte; es bedarf aber immer einer besonders nachdrücklichen und einfallsreichen Öffentlichkeitsarbeit, damit sich dort auch Jugendliche und junge Erwachsene für ein ehrenamtliches Engagement angesprochen fühlen. Namen sind natürlich der Mode unterworfen und entsprechen dem Zeitstil: war vor fünfzehn Jahren für entsprechende Institutionen eine Bezeichnung wie „Treffpunkt Hilfsbereitschaft" passend, so könnte man heute besser von „Freiwilligen-Agenturen" sprechen, um eine neue, junge Klientel zu engagieren, die mit ihren eigenen Wünschen und Interessen die Themen und Inhalte solcher generationenübergreifenden Aktivitäten prägen will.

Treffpunkte mit Namen wie „Bürgerbüro", „Gemeindezentrum", „Nachbarschaftsheim", „Haus der Freizeit", „Genossenschaftshaus" sprechen dagegen schon mit ihrer Bezeichnung mehrere Generationen an und wirken nicht eingrenzend. So haben sie es leichter, den unterschiedlichen Altersgruppen den Eindruck der Gleichberechtigung zu vermitteln. Der Name eines Hauses ist wichtig, aber natürlich ist er nur so etwas wie eine Visitenkarte: wichtiger sind seine Öffentlichkeitsarbeit, die Kontaktmöglichkeiten, die es zu anderen bietet, seine Verkehrsanbindung, vor allem aber ein kompetentes Team, das es versteht, die Schwellenangst potentieller Besucher möglichst gering zu halten.

Intergenerationenaktivitäten, die außerhalb der Familie stattfinden, sind durch die vorhandenen Statistiken nur schwer zu erfassen: man kennt – nicht zuletzt aufgrund der Initiativen des Bundesministeriums für Familie, Senioren, Frauen und Jugend (BMFSFJ), die im Anhang dieses Berichts noch genannt werden – die Zahl der offiziellen, an einen Verband oder an eine Gemeinde angegliederten Projekte. Sie zeichnen ein eindrucksvolles Bild, was die Vielfalt und Qualität der einzelnen Projekte angeht. Aber damit erfaßt man nicht die vielen inoffiziellen, privaten, sich oft aus zufälligen Begegnungen oder aus spezifischen Situationen ergebenden langdauernden Freundschaften und Gemeinschaften zwischen einem alten und einem jungen Menschen, die in Selbstverständlichkeit gelebt werden und nicht als Vorführobjekte benutzt werden können, weil die Betroffenen und Beteiligten dies niemals zulassen würden.

Dazu gehört beispielsweise die Altenpflegerin, die ihren Dienst zeitlich so legt, daß sie möglichst täglich mit den fünfjährigen türkischen Zwillingen ihrer Nachbarn spielend deutsch lernen kann – sie will mithelfen, daß diese in der Schule gute Startbedingungen haben. Dazu zählen der Sohn des türkischen Hauswarts, der wie selbstverständlich den beiden alten Damen im dritten Stock die Öfen anheizt, der pensionierte Finanzbuchhalter, der sich bereit erklärt hat, Schülern aus der Berufsschule Nachhilfeunterricht zu geben, und auch das Mädchen, das täglich mit dem Hund der alten Nachbarin spazieren geht. Sie alle zeigen mit ihrem Beispiel, daß der alltägliche Kontakt zwischen den Generationen gelingen kann. Hieran hat sich über die Zeiten hinweg wenig geändert.

In den neuen Bundesländern wird dabei die allgemeine Klage, daß nach der Wende die Hilfsbereitschaft rapide abgenommen habe, von denjenigen, die schon immer freiwillig aktiv waren, entschieden abgelehnt. Sie verweisen auf den Zwangscharakter der *Volkssolidarität*, der eine gewisse, statistisch erfaßbare Abnahme von Hilfeleistungen nach der Wende erklärt – und zugleich verweisen sie darauf, daß für die meisten Beteiligten die Aktivitäten der *Volkssolidarität* im Ergebnis als positiv und notwendig angesehen wurden.

4 Angebot und Nachfrage

Im folgenden möchte ich Bedingungen und Strukturen beschreiben, die den Kontakt zwischen den Generationen erleichtern oder aufrechterhalten, aber auch erschweren.

Ist das Angebot für gemeinsame Aktivitäten und Gruppenbildungen zu dürftig? Sind die Angebote der Kommunen und der freien Träger überhaupt bekannt? Das eine hängt mit dem anderen zusammen: Wenn das Angebot zu dürftig ist, dann liegt das auch an der bescheidenen Nachfrage!

Die Wichtigkeit der Intergenerationenbeziehungen als einer Grundkategorie des menschlichen Lebens wird in ihrer Bedeutung sowohl von der Wissenschaft als auch im Alltagsverständnis weitgehend verkannt, und auch die Zahl der „offiziellen" und mit öffentlichen Mitteln geförderten Aktivitäten zwischen Alt und Jung steht in keinem angemessenen Verhältnis zu anderen Aktivitäts- und Freizeitprogrammen. Offensichtlich sind die Nachfrage und der Wunsch, sich an diesen Projekten zu beteiligen oder in ihnen mitzuarbeiten, bei uns nicht sehr stark ausgeprägt. Wie erklärt sich das fehlende Interesse?

Sind Intergenerationenprojekte deshalb nicht interessant, weil jeder Mensch, ob er es nun will oder nicht, von Geburt an in Generationenbeziehungen lebt und im Laufe seines Lebens verschiedene Generationenrollen übernehmen muß? Damit wird sein Verhältnis zum Generationenthema sehr stark von eigenen Erfahrungen und persönlichen Erwartungen geprägt und entsprechend emotional stark besetzt. Das mag positive, aber auch negative Eindrücke hinterlassen – und deshalb ein weiteres Engagement eher erschweren.

Die familialen Generationenbeziehungen haben durch die längere und „sichere" Lebenszeit an Dauer und Intensität zugenommen. Manch einer, der selbst in den Ruhestand eintritt, kann zum Beispiel zur gleichen Zeit einen kranken Vater und einen arbeitslosen Sohn mit Familie zu versorgen haben. Neben dem Hineinwachsen in verschiedene Generationenrollen, wie es die Zugehörigkeit zu einer Familie mit sich bringt, verweist auch das Arbeitsleben auf verschiedenen Statusebenen auf wechselnde Generationenaufgaben. Während das Mitglied der jungen Generation zu Beginn vielleicht noch seine Freiräume schätzt, wird es bald auf einen verantwortlicheren Platz in der Berufshierarchie drängen und versuchen, sich möglichst viele Privilegien zu sichern. Der ältere Kollege hingegen ist freiwillig nur bereit, seinen Platz zu räumen, wenn er dafür Vergünstigungen oder andere lohnende Optionen erhält; ist dies nicht der Fall, sieht er voller Angst, daß er nicht zu Fortbildungen und Weiterqualifizierungen eingeladen oder delegiert wird und daß die junge Generation in Techniken und Technologien bewandert ist, zu denen er keinen Zugang mehr erhält. Diese Generationenspannung im Arbeitsalltag wird sich in Zukunft vor allem in innovationsträchtigen Industriezweigen noch erheblich verschärfen: schon heute gibt es im Bereich der Mikroelektronik Betriebe, die ihre „Ingenieurgenerationen" nach zehn Jahren komplett auswechseln.

Das Thema der Generationenbeziehungen wird von jedem einzelnen aufgrund seiner eigenen Erfahrungen und der verschiedenartigen Einbindung in Generations- und Altersrollen ganz unterschiedlich bewertet. Oft wird er sich als genügend belastet empfinden und eher Freizeitaktivitäten unter seinesgleichen wählen, die für ihn persönlich wichtig sind.

Außerdem ist in der jetzigen Generation der Entscheidungsträger in Politik, Wirtschaft und vor allem im öffentlichen Leben und in den Medien eine Einstellung vorherrschend, die dem Aufziehen von Kindern keinen hohen Wert beimißt; diese Personen selbst haben wenig Kinder bekommen. In der Bundesrepublik haben beispielsweise prominente Frauen auf dem Weg zum Erfolg meist ihre „Mutterseite" verkümmern lassen (müssen) – kann man von ihnen eine besonders ausgeprägte emotionale Hinwendung zu Kindern erwarten? In den nächsten Jahren wird eine Generation der „selbstverhinderten Großeltern" heranwachsen. Vermutlich prägen Auswirkungen des Zeitgeistes und kollektive Mentalitäten die Grundhaltung der Menschen auch hier so stark, daß nicht zu erwarten steht, daß gewollt kinderlose Erwachsene – jüngere wie ältere – sich in einigen Jahren auf einmal freiwillig gern mit Kindern umgeben.

Die Angebote der Kommunen und freien Träger sind nicht ausreichend bekannt. Tatsächlich wissen meist nur diejenigen etwas über generationenverbindende Aktivitäten, deren Interesse über eine aufwendige und sie unmittelbar ansprechende Öffentlichkeitskampagne geweckt wurde. Mehr als eine kurzfristige Fokussierung ihres Interesses, eine momentane Konzentration der Aufmerksamkeit in der Flut der Informationen findet aber nicht statt – und mehr ist auch nicht zu erwarten. Der Weg vom Interesse zum Entschluß, etwas tun zu wollen, kann kurz sein, der Schritt zur Ausführung und zum tatsächlichen Mitmachen gestaltet sich komplizierter. Für viele reichen häufig Einstellungen oder Wünsche wie: „Ich will etwas mit der Jugend machen!"/„Ich will etwas mit Alten machen!" nicht aus, um von sich aus aktiv zu werden. Meist führen erst Zufälle zum mitmachenden Tun. Befragt man Beteiligte an Intergenerationenprojekten über ihre Gründe und die Anlässe zu ihrem Engagement, dann bestätigen sie meist, daß dafür eine Kombination von langgehegter Absicht und günstiger Gelegenheit ausschlaggebend war.

Die Gelegenheiten waren günstig: man wurde von einer befreundeten Person angesprochen; die Nachbarin war bereits aktiv, und ohne daß man sich dadurch bereits verpflichtet fühlen mußte, ging man einmal mit; der Ort war in der Nähe und gefahrlos zu erreichen; die Zeit paßte in den Terminplan; der Zeitpunkt (Beginn des Vorruhestandes, Entlastung von familiären Pflichten u. ä.) war gerade richtig.

Die Absichten und Gründe, sich an einem Intergenerationenprojekt zu beteiligen, sind so vielseitig wie das Interessenspektrum des einzelnen. Hier konnte man etwas Sinnvolles und Wichtiges tun; man hatte eine gewisse Verantwortung übernommen und fühlte sich zum Weitermachen verpflichtet; man wollte Kontakte knüpfen; es machte Spaß, einmal in die Lehrerinnen-, Großmutter-, Schauspielerinnen- oder Künstlerinnenrolle zu schlüpfen; man wünschte sich Abwechslung: man suchte nach einer Großmutter oder einem Großvater; man wollte gemeinsame Interessen verfolgen, seine Kompetenzen verbessern, Wissen und Erfahrungen weitergeben und sich mit anderen – Jungen wie Alten – messen; man hatte sich vorgenommen, einen gesellschaftspolitischen Auftrag zu erfüllen, ein Vorbild zu sein, gegen Ungerechtigkeit und Vernachlässigung von Minderheiten zu kämpfen, mehr Verantwortung zu übernehmen, sich für die Rechte künftiger Generationen einzusetzen, ein Zeichen, eine Spur zu legen, um der eigenen Vergänglichkeit entgegenzuwirken. Man wünschte sich einfach, mit Mitgliedern der anderen Generation zusammenzusein.

5 „Generative Geschenke"

Unternehmen Menschen vorrangig etwas mit ihresgleichen, mit der eigenen Familie, mit Gleichaltrigen? Oder bleiben sie sonst lieber zu Hause?

Die Frage, ob man lieber mit seinesgleichen als mit Andersaltrigen seine Freizeit verbringen möchte, wird eindeutig mit Ja beantwortet: dies gilt für jede Generation. Mitglieder der Familie oder auch gute Freunde, die zum eigenen Umfeld gehören, werden bevorzugt; Ältere wie Jüngere wollen in ihrer Freizeit und in den Ferien neue Bekanntschaften in ihrer eigenen Altersgruppe machen.

Zu Hause halten sich die meisten Menschen am liebsten auf, wenn sie das machen können, was ihnen gefällt. Ein Hobby, das Fernsehen und immer mehr auch die Chancen der elektronischen Kommunikation haben den eigenen Wohnbereich gleichermaßen für Alte wie für Junge aufgewertet. Sich in eine eigene Welt zurückzuziehen, aber gleichzeitig am häuslichen Alltag teilzunehmen, bedeutet für viele eine wünschenswerte Art der Freizeitbeschäftigung, die keines organisatorischen Aufwands bedarf und individuell bestimmt werden kann. Nicht nur für Kinder und Jugendliche – auch für viele alte Menschen ist der laufende Fernseher ihr ständiger Begleiter.

Vor dem Fernseher treffen sich auch die Familien, die Mitglieder der Wohngemeinschaft und Freunde, dabei wird gegessen, geredet, die

Kinder werden beiläufig erzogen, Pläne werden geschmiedet und Gemeinsamkeiten erlebt: hier findet ein Großteil der Begegnungen der Generationen, der Kontakt zwischen Jung und Alt, statt. Ein gemeinsam angeschauter Film oder ein Musikclip können Anlaß sein, über Wünsche, Erfahrungen, Gefühle und Gedanken der anderen zu reden und sie besser kennenzulernen. Das Fernsehen schafft so Gemeinsamkeiten und kann zum Verständnis der Generationen untereinander beitragen – nicht zuletzt in ihren altersspezifischen Geschmacksfragen. Die vor dem Fernseher gemeinsam verbrachte Zeit wird von den Familienmitgliedern und den Angehörigen unterschiedlicher Generationen meist als angenehm empfunden – und keinesfalls als „passiv" abgewertet. Einwenden könnte man, daß das Fernsehen Alten und Jungen den Zugang – oder den „Absprung" – zu erweiterten Aktivitäten außerhalb des Familien- und Freundeskreises erschwert.

Menschen jeden Alters gehen in ihrer freien Zeit bevorzugt Aktivitäten nach, die ihnen Spaß machen, bei denen sie sich gut fühlen wollen, die ihnen wichtig sind. Kleine Kinder sichern sich dieses Vergnügen, indem sie von Anfang an aktiv und immer wieder Neues für sich erobern und erfahrbar machen. Diese aktive Neugier auf Neues ist ein angeborenes Kapital. Dazu gehört auch die Offenheit kleiner Kinder anderen Menschen gegenüber. Man muß dieses Kapital als wertvoll betrachten lernen und Kinder in ihrer Neugierlust frühzeitig und langfristig unterstützen. Sie werden dann in allen Lebensaltern neue Ideen aufgreifen, neue Vorhaben verfolgen, Zugänge zu anderen Menschen suchen und diese in einen für sie sinnvollen Zusammenhang bringen wollen.

Aktive Menschen zeichnen sich dadurch aus, daß sie sich ihre eigenen Betätigungsfelder suchen; sie gehen souverän mit entsprechenden Angeboten um und schaffen sich ihren Wirkungskreis meist selbst. Ältere und alte Menschen, die sich um die Jugend bemühen, gehören immer zu den aktiven und neugierigen Personen. Vermutlich sind eine gute Portion Selbstbewußtsein und auch der Sinn für Visionen Voraussetzungen für ein Interesse an anderen und für Engagements, die über den eigenen Lebenskreis hinausgehen. Ältere und alte Menschen, die sich für die Jugend interessieren, entwickeln nicht erst im Alter dieses Interesse, vielmehr begleitet sie der intergenerative Dialog durch ihr gesamtes Leben, nur haben sie mit der Zeit „die Seiten gewechselt".

Ein Beispiel dafür ist der Naturschützer, der seit Jahren mit Jugendlichen Nistkästen herstellt, sie im Wald verteilt und regelmäßig wartet. Auch wenn die Jugendlichen nur selten mit ihm auf Waldgang gehen, weil sie dann doch andere Beschäftigungen vorziehen, ist er gewiß, daß sie sich später an diese Aktivitäten erinnern werden. Denn er selbst hatte als Junge Gelegenheit gehabt, mit einem alten Förster durch den Wald gehen zu können. Erst Jahrzehnte später fiel ihm auf, wie prägend dieses Erlebnis für ihn gewesen war. Auch er ist damals lieber schwimmen gegangen oder hat mit seinen Freunden gespielt, aber die Ausdauer und Stetigkeit dieses Mannes, sommers wie winters seine selbstauferlegte Arbeit zu tun, hat ihm imponiert und hat ihn dazu motiviert, an andere etwas von jenem Vertrauen weiterzugeben, das er selbst einmal erfahren durfte. Seinen eigenen „Einfluß" auf die Jugendlichen heute möchte er nicht überbewerten; schön wäre es, wenn der eine oder andere von ihnen seine Begeisterung für die „Sache" teilt. Vielleicht auch erst nach Jahrzehnten.

Für Großeltern ist es „natürlich", Generativität zu zeigen. Sie erfahren durch die Entwicklung der Enkel und aufgrund ihres eigenen Alterungsprozesses die verschiedenen Möglichkeiten des Dialogs zwischen den Altersgruppen und den Generationen.

Junge Großeltern wachsen in ihre Großelternrolle allmählich hinein; die Zuneigung der Enkel macht es ihnen leicht, eine Vorbildrolle anzunehmen. Für Großeltern bieten sich viele Gelegenheiten, in den verschiedenen Spielarten des intergenerativen Dialogs sicher zu werden. Das macht sich in ihrem Umgang mit anderen Menschen deutlich bemerkbar. Denn über die eigenen Kinder und Enkel haben aktive Großeltern mehr Kontaktmöglichkeiten auch zu deren Freunden. Sie lernen deren Interessen und Vorlieben kennen und können sich leichter auf unterschiedliche Situationen und Gesprächsformen einstellen.

Alte Menschen, die in ihrer Jugend sinnvolle Zeit mit ihren Großeltern verbracht haben und sich gerne daran erinnern, versuchen bei ihren eigenen Enkeln, dieses „generative Geschenk" weiterzugeben. Aber auch das Gegenteil kann der Fall sein: ältere Menschen, die beispielsweise als Kinder von ihren Großeltern weniger geliebt wurden als ein vorgezogener anderer Enkel, wollen bei ihren eigenen Enkeln auf keinen Fall diesen Fehler wiederholen.

Durch den Umgang mit Kindern erinnern sich alte Menschen wieder an ihre eigene Kinderzeit, vergleichen sie mit dem Heute und beginnen, über die Personen nachzudenken, die in ihrem Leben auf sie den größten Eindruck gemacht haben. Mit Kindern und Enkeln beginnen Eltern und Großeltern in ihren Gedanken zwischen den Zeiten hin und her zu wandern: Wie war es doch damals, als ich noch klein war, wie sehe ich diese Situation heute, wie wurde sie von meinem Vater verstanden, was hat sich eigentlich geändert? Großeltern haben die große Chance, im Kontakt mit ihrer Familie, mit Kindern und Kindeskindern ihre generativen Reflexionen immer wieder an lebenswirklichen Kontexten zu schulen und weiterzuentwickeln.

Ältere Menschen ohne Nachkommen bekommen dieses „generative Geschenk" nicht frei Haus geliefert. Dies muß keinesfalls heißen, daß sie deshalb in ihrem Verständnis für Jüngere weniger kompetent wären. Oft zeigen sie vielmehr aufgrund ihrer besonderen Lebensumstände und Vorlieben und gerade weil sie sich mehr um Anerkennung bei Familienfremden und Jüngeren mühen mußten, Kompetenz und Sicherheit im Urteil.

Eine der älteren Damen von „Großmutters Teetisch" – einem Spiel- und Bastelkreis für Kinder, den ältere Menschen organisieren – hat nie eigene Kinder gehabt und durch ihren Beruf auch keinen Kontakt zu ihnen gefunden. Aber ihr Wunsch war es immer gewesen, im Alter, als Rentnerin, mehr Zeit mit Kindern zu verbringen. Jedesmal freut sie sich auf die zwei Stunden in der Woche.

Neugier auf Neues, aufmerksames Zuhören, Verständnis für die Sorgen von Kindern und vor allem Zeit haben – dies sind die „generativen Geschenke", die Ältere Jüngeren machen können, es sind die Merkmale, die Kinder und Jugendliche an älteren Menschen besonders schätzen, gleichgültig, ob diese Eigenschaften ein Großvater besitzt oder Herr Maier.

Die Frage ist:

Wie können sich Kinder und Jugendliche und Herr Maier kennenlernen?

Im folgenden werde ich Besonderheiten der Begegnung zwischen Alt und Jung am Beispiel von Intergenerationenprojekten schildern. Grundlage dafür sind meine Besuche bei einzelnen Projekten, Beobachtungen und Gespräche mit deren Teilnehmern und Verantwortlichen sowie eigene Erfahrungen aus meiner beruflichen Praxis. Die Seminare im Projektbüro „Dialog der Generationen" unter der Leitung von Volker Amrhein waren dabei besonders hilfreich.

Die Besonderheiten der Generationenkontakte, Gemeinsamkeiten und Schwierigkeiten, immer wieder anzutreffenden Stereotypen und die häufig auftretenden Vorurteile, die überhöhten Erwartungen, aber auch den Spaß, die Hochachtung der Altersgruppen voreinander, den wechselseitigen Respekt und das Gefühl, eine wichtige Zeit miteinander zu verbringen, werde ich versuchen, in kleinen zwischenmenschlichen Episoden darzustellen. Warum Intergenerationenprojekte gelingen oder scheitern, wird anhand von strukturellen und inhaltlichen Kriterien exemplarisch zu erklären versucht. Sehr viel Wert wird dabei von mir auf die Darstellung der persönlichen Gefühle, der Hoffnungen und der Ängste von älteren und jüngeren Menschen im Umgang miteinander gelegt. Anhand von praktischen und nachvollziehbaren Beispielen sollen Informationen über das Generationenverhalten vermittelt werden.

6 Das Wissen voneinander

Für alte Menschen vor allem in den neuen Bundesländern, die heute keinen direkten Kontakt zu Jugendlichen haben, ist es besonders schwierig nachzuvollziehen, daß sich „die Jugend" so anders verhält als früher. Sie vermuten hinter dem veränderten – an der Oberfläche sichtbaren – Verhalten eine Veränderung des einzelnen Jugendlichen zum Schlechteren.

Wer überwiegend mit Erziehungsformen vertraut ist, die ihre Wirkung aus der Disziplin und der Einübung von Ordnungsverhalten bezogen, kann nur schlecht flexible Verhaltensformen akzeptieren, vor allem dann nicht, wenn diese auf einer sichtbar zum Ausdruck kommenden und selbstbewußten Spontaneität der Jugendlichen beruhen.

In einer Gesprächsrunde älterer Menschen berichteten zwei Frauen über ihre Angst, zusammen mit unbekannten Jugendlichen an einer Haltestelle stehen zu müssen. Sie glauben, deren „rüpelhaftes" Verhalten richte sich dann bald gegen sie. Im weiteren Gespräch war nicht herauszufinden, inwiefern das Verhalten der Jugendlichen tatsächlich bedrohlich gewesen war, es gab keine Anzeichen dafür. Aber offensichtlich war dieses Verhalten einfach ganz anders, als die beiden Frauen es gewohnt waren, und es erschien ihnen deshalb bedrohlich. Kinder und Jugendliche in den neuen Bundesländern haben sich sehr schnell den „westlichen" Gebräuchen angepaßt, außerdem leben viele von ihnen schon über die Hälfte ihres Lebens in der Nach-Wendezeit. Für alte Menschen dagegen sind diese Jahre, auch wenn sie als noch so einschneidend erfahren wurden, nur eine kurze Zeitspanne; in ihrem Sicherheitsgefühl richten sie sich nach früheren und tiefverwurzelten Maßstäben. Das läßt die Distanz zwischen den Generationen größer werden.

Spannungen und Mißverständnisse zwischen Alt und Jung haben häufig ihren Ursprung darin, daß beide Seiten die Bedürfnisse der anderen nicht wahrnehmen – oder, ebenso gravierend, die eigenen Bedürfnisse und Ansichten zum alleinigen Maßstab setzen. „Da hätte sie auch mal an mich denken können!" ist eine Klage, die sowohl von jungen als auch von alten Menschen häufig zu hören ist und die neben dem Hinweis auf eine eventuelle Rücksichtslosigkeit der anderen auch viel über die eigene Anspruchshaltung aussagt.

An einem stereotypen, holzschnittartigen Bild des anderen festzuhalten, bringt in der Regel Entlastung für das eigene Verhalten und Schutz für die eigene Person mit sich, führt aber gleichzeitig zu groben Mißverständnissen im Umgang miteinander.

Wenn sich schon Gleichaltrige häufig nicht verstehen, wie kann man dann erwarten, daß die Mitglieder verschiedener Generationen sich verstehen und ein differenziertes Bild voneinander entwickeln? Im Verhältnis der Generationen untereinander gelten zusätzliche, erschwerende Bedingungen für eine vorurteilsfreie Interaktion.

Kontakte außerhalb der Familie sind im großen Umfang von festen Erwartungen und Stereotypen im Hinblick auf gruppenbezogene Verhaltensweisen geprägt. So schätzen sich Ältere und Jüngere zunächst aufgrund ihrer Gruppenzugehörigkeit ein: „Die sind jung und ich bin alt, ich bin jung und die sind alt!" Die Gruppenzugehörigkeit wird auf den ersten Blick wahrgenommen, die persönlichen Eigenschaften treten demgegenüber zurück; individuelle Merkmale wie Geschlecht, Status und persönliche Eigenschaften kommen erst später in den Blick.

In dem Theaterstück „Spurensuche" zum Beispiel – einer Gemeinschaftsarbeit von jungen Schülerinnen und Schülern der Theater-AG und Mitgliedern des „Theaters der Erfahrung" in Berlin – sollte die Großmutter zu Beginn der Proben aus der Sicht der Kinder wie selbstverständlich einem stereotypen Altenbild entsprechen: grauhaarig, faltig, klein und zittrig auf einen Stock gestützt. Beim gemeinsamen Schreiben und Proben des Textes, vor allem aber durch die Zusammenarbeit mit der älteren Schauspielerin, änderte sich dieses prototypische Altenbild vollständig. Oma ist in diesem Stück bei der Aufführung zu einer differenziert wahrgenommenen Persönlichkeit geworden: nachdenklich, rücksichtsvoll, pragmatisch und sehr modern in ihren Ansichten und in ihrem Musikgeschmack.

Im Verhältnis der Generationen bilden das mangelnde Wissen über die altersbezogenen Eigenschaften des anderen aber auch seine kulturell unterschiedlich geprägten Wertvorstellungen und historischen Erfahrungen eine zusätzliche Dimension, die das Verständnis erschweren kann. Auf die Frage, warum in einem Jugendhaus keine generationenverbindende Arbeit stattfände, antwortete ein sehr engagierter Pädagoge: „Meine Jugendlichen sind hier so verschieden im Alter, in ihrer Herkunft und ihren Interessen, wir hätten gar keine Kapazität frei, um uns noch zusätzlich um die berechtigten Bedürfnisse der Senioren zu kümmern."

In der Arbeit mit unterschiedlichen Generationen ist es notwendig, daß alle Beteiligten ein Mindestmaß an Verständnis füreinander und ein Wissen um das Besondere dieser Beziehung mitbringen.

Unterschiede beim anderen wahrzunehmen, die für einen selbst bereichernd sein können, sind Motive für ein Zusammentreffen der Generationen. Ältere suchen den Kontakt zur Jugend, um mit deren Weltsicht einen Schlüssel zum Verständnis der Zukunft zu gewinnen. Jüngere wollen von Älteren Hilfe und Orientierung für ihren eigenen Lebensplan finden. Sie suchen in der Biographie des Älteren Ähnlichkeiten zu sich selbst, bereits bewährte und nachahmenswerte Strategien, Sicherheiten und ein vorbildhaftes Verhalten. Wertorientierungen und Verhaltensmuster der Älteren werden von älteren Jugendlichen mit großem Interesse aufgespürt. Sie wollen sich an der Person und ihren konkreten Erfahrungen überzeugen, wie man erfolgreich schwierige Lebenssituationen gemeistert hat und wie man auch unter Einschränkungen unabhängig und selbstbestimmt leben kann. Dabei schätzen sie durchaus skurrile und für sie unzeitgemäße Besonderheiten mancher Alten, wenn diese mit Ernsthaftigkeit, Regelmäßigkeit und mutiger Selbstverständlichkeit vorgelebt werden. Sie sind oft viel großzügiger in ihrer Bewertung des alten Menschen als gegenüber Gleichaltrigen. Jugendliche haben den Wunsch, nachahmenswerte Eigenschaften bei ihren Großeltern wahrzunehmen; wenn das nicht möglich ist, suchen sie sich außerfamiliäre Vorbilder. Häufig gehen sie gar keine enge Bindung mit diesen Personen ein, und manchmal erkennen sie erst im Nachhinein deren Verhaltensweisen als für sich persönlich bedeutsam. Jugendliche kennen durchaus ein wohlwollendes Altersbild; an diesem positiven Stereotyp halten sie gerne fest, auch weil sie für sich selbst ein beruhigendes Bild vom eigenen Alter aufbauen wollen.

Deutlich wurde dies an einem Schreibwettbewerb, der im Rahmen der Ausstellung „Jung & Alt. Das Abenteuer der Generationen" junge und alte Menschen aufforderte, sich selbst in einem anderen Alter zu sehen. Schüler von 8 bis 12 Jahren beschrieben ihr späteres Leben: „Ich mit 80"; alte Menschen, aus Seniorengruppen und durch persönlichen Kontakt angesprochen, dachten über ihr Leben: „Ich mit 8" nach. Die Kinder zeigten in ihren Lebensentwürfen ein positives Bild vom Alter, es dominierten familienbezogene traditionelle Vorstellungen; einhellig wurde eine gute Beziehung zu den eigenen Enkeln gewünscht. Für die älteren Menschen gestaltete sich der Bericht über ihre eigene Kindheit mit 8 Jahren offenkundig viel schwieriger. Oft führte sie dabei die Erinnerung durch ihr ganzes Leben und sie verharrten bei Episoden, an die sie nie vorher gedacht hatten und die sich nicht zum Aufschreiben eigneten. Für einige war das Erinnern zu schmerzlich und sie brachen ab; andere meinten, daß die wenigen Vignetten, die sie darstellten, zwar typisch seien, aber ihrer Kindheit nicht gerecht würden. Die Berichte der älteren Schreiber und Schreiberinnen waren daher meist sehr ausführlich. Die wenigsten konnten sich vorstellen, wie sie heute mit 8 Jahren leben würden. Zu verschieden kamen ihnen die Zeiten vor, zu prägend war ihre eigene Kindheit. An diesem Beispiel läßt sich zeigen, wie unterschiedlich die Antworten von jungen und alten Menschen auf eine gemeinsam gestellte Frage sein können. Beide sehen sich in einer anderen Generation aus dem

Blickpunkt des Heute. Wie ähnlich und versöhnlich sind ihre Wünsche und wie unterschiedlich ist ihre Herangehensweise!

Die Initiatoren von Alt/Jung-Projekten, die sich meist im mittleren Lebensalter befinden, sollten wissen, auf was sie sich einlassen: Diese Projekte erfordern neben einer pädagogischen Zurückhaltung ihrer eigenen Person die genaue Kenntnis von altersspezifischen Vorurteilen und Einstellungen der unterschiedlichen Gruppen. Darüber hinaus sind es gerade die altersspezifischen Unterschiede in den Verhaltensweisen und Eigenschaften, die sich in der praktischen Arbeit auswirken und die berücksichtigt werden müssen; der Umgang mit ihnen erfordert eine besondere professionelle Kompetenz und erhöhten Zeitaufwand. „Entlohnt" werden sie dafür meist dadurch, daß im Laufe der Zeit die Älteren mehr und mehr Verantwortung übernehmen, sich ideell und materiell engagieren. Deutlich zeigte sich dies beispielsweise am Modellprojekt „Alt & Jung – ein Abenteuer?", das im Rahmen der genannten Ausstellung „Alt & Jung. Das Abenteuer der Generationen" in Dresden durchgeführt wurde: 11 Schulen mit 3600 Schülern veranstalteten mit 360 Senioren gemeinsame Projektwochen. Ihr Erfolg ging nicht zuletzt auf das Engagement der Lehrer und die großzügige Unterstützung der älteren Generation zurück.

Altersspezifische Verhaltensweisen und Entwicklungen von Kindern und Jugendlichen werden seit langem erforscht; die der Alten rücken erst seit einigen Jahren in das Blickfeld des Interesses. Die Erscheinungsformen des Alters sind so vielfältig, wie der Lebensverlauf des einzelnen Menschen verschieden ist. Trotzdem gibt es altersspezifische Tendenzen und Eigenschaften im Verhalten und in der psychischen Befindlichkeit von Alt und Jung, die man berücksichtigen muß, wenn die gemeinsame Aktivität der unterschiedlichen Altersgruppen tatsächlich generationenverbindend sein soll.

7 Der Umgang miteinander

Altersspezifische Verhaltenstendenzen und Handlungsweisen möchte ich im folgenden anhand von Beobachtungen schildern, die man im alltäglichen Umgang zwischen alten und jungen Menschen machen kann. Ich wähle dazu als Orte ein Nachbarschaftsheim, einen Bürgertreffpunkt und eine Freizeitstätte, an denen sich beide Gruppen begegnen können.

Die Tatsache, daß Gruppen von alten und jungen Menschen in demselben Haus ihren Aktivitäten nachgehen, heißt natürlich nicht, daß sie deshalb auch tatsächlich miteinander etwas unternehmen und sich näher kennenlernen. Meist beschränkt sich der Kontakt auf eher oberflächliche Gesten. Man sieht sich, grüßt sich zuweilen und nimmt sich gegenseitig mehr oder weniger billigend in Kauf.

Trotzdem sollte man diese Form der Kontakte nicht unterbewerten, bieten sie doch eine der wenigen Gelegenheiten, bei denen sich die verschiedenen Generationen treffen können, ohne daß die eine Gruppe die andere bevormundet. Treffpunkte dieser Art gibt es immer noch wenige. Zum Beispiel betreibt in Berlin das Nachbarschaftsheim „Pfefferwerk" am Prenzlauer Berg in den Sommermonaten zusammen mit einer Bürgerinitiative ein Café am anliegenden Platz, um auf diese Weise den verschiedenen Generationen der Nachbarschaft eine zwanglose Anlaufstelle zu bieten. Im Winter trifft man sich dann in den Räumen des Hauses. Dort muß es allerdings geregelter zugehen: die Gedächtnistrainingsgruppe trifft sich erst nach 18 Uhr, wenn die Hortkinder nach Hause gegangen sind; die größeren Kinder und Jugendlichen dürfen nicht johlend durch den Flur rennen und sollten in ihrem Jugendraum bleiben.

Einige Häuser machen es zur Regel, daß alle Besucher sich zu grüßen haben. In den ostdeutschen Häusern scheint dies selbstverständlicher zu sein: da kann es vorkommen, daß der neue Besucher, egal ob jung oder alt, von einem ehrenamtlich tätigen Jungen oder Älteren zum Grüßen regelrecht aufgefordert wird. Darin ist nichts Nachteiliges zu sehen, denn „Wir sind hier *ein* Haus für *alle*", sagte mir ein Erzieher aus Sachsen: „Wir brauchen eine *corporate identity*!" In vielen westdeutschen Jugendhäusern pflegen die Erzieher dagegen einen eher kumpelhaften Umgangston und legen wenig Wert auf „aufgesetzte Etikette". Auch kann man eher ungehindert durch die Räume streifen und fühlt sich wenig beobachtet. „Wir wollen das Gefühl vermitteln, dieses Haus gehört auch dir! Solange du keinen störst, betrachte es als dein Wohnzimmer, dein Kinderzimmer", meinte ein Erzieher aus West-Berlin.

„*Guten Tag!*" und „*Hi!*". In den Begrüßungsformen von Jungen und Alten kann man Unterschiede feststellen, wie sie größer nicht sein könnten. Sie werden häufig aus Unkenntnis mißverstanden und führen dann zu einer – meist negativ besetzten – stereotypen Bewertung des anderen.

Herr Rothe, der Pensionär, begrüßt jeden, den er auf dem Wege zu seiner Schachgruppe trifft, möglichst mit Handschlag und sucht seinen Blick. Den Tischfußballspielern, die in ihr Spiel vertieft sind, ruft er ein „Tach Leute!" zu, ohne auf eine Antwort zu warten. Geht er an einer Tischgruppe vorbei, klopft er in Stammtischmanier mit seinen Knöcheln kurz auf den Tisch, ohne weiter zu stören, ist aber sofort zu einem Gespräch bereit, wenn es sich so ergibt. „Ich will mich hier zu Hause fühlen!", sagt er und fügt stolz hinzu: „Neulich kam einer von den ‚Wilden' doch über die Straße und hat mich persönlich begrüßt!" Mirko kann das nicht gewesen sein. Obwohl er selbst der Meinung ist, er grüße immer. Aber nicht so peinlich! Manche Nachbarn, frühere Lehrer zum Beispiel, grüßt er vielleicht anders als damals, als er noch „klein" war... Außerdem ist er der festen Überzeugung, die würden ihn heute sowieso nicht mehr kennen. Seitdem er sich so verändert hat! Mirko ist jetzt 13. Betritt er den Raum, „peilt er zuerst die Lage": „Wer ist da von meinen Leuten und wo?" Mit einem kurzen und lässigen „Hi" schiebt er sich an dem verantwortlichen Erwachsenen vorbei, was schon als eine besondere Auszeichnung gilt. Normal ist, wenn er beim Vorbeigehen andeutungsweise die Hand hebt und mit dem Kopf kurz in einer Richtung verharrt, mit dem Blick nach unten, manchmal sogar mit einer sparsamen Drehung zu dem anderen.

Erwachsene, vor allem alte Menschen, brauchen bei der Begrüßung den Blickkontakt, Kinder und Jugendliche stellen den Kontakt mit ihrer Körperhaltung her, wollen dabei aber immer „cool" bleiben.

Mit den „eigenen Leuten" gelten Rituale, die sehr wohl von diesen gedeutet und verstanden werden, auch wenn sie für jemanden aus der anderen Generation eigentlich gar nicht wahrnehmbar sind. Natürlich gibt es da viele Variationen, immer in Abhängigkeit vom Bekanntheitsgrad des anderen; die Gruppengröße, die eigene Selbsteinschätzung und der vermutete Status des anderen spielen dabei eine wichtige Rolle.

Vergleicht man die Begrüßungsrituale von Kindern und älteren Erwachsenen, merkt man, daß zwar die Erscheinungsformen des Grüßens sehr verschieden sind, sich aber als Grundformen der sozialen Kontaktaufnahme und Beziehungsbildung sehr ähneln. Allerdings haben die wenigsten Erwachsenen gelernt, sich auf die „Zeichensprache" der Jugendlichen einzustellen, die sich erheblich von der ihrigen unterscheidet. Wenn sie Jugendliche so begrüßen, wie es in ihrer eigenen Jugendzeit üblich war, ernten sie bestenfalls Befremden.

Erwachsene und alte Menschen, die keinen Kontakt zu Kindern und Jugendlichen haben, greifen häufig auf ihr eigenes Verhaltensrepertoire zurück und reagieren aus ihrem persönlichen Erfahrungskontext heraus. Mit Ausnahme der Trotzphase sind jüngere Kinder eher geneigt, diese Erwachsenenkonventionen zu erfüllen, sie bieten ihnen häufig auch Vorteile, und meist werden sie dann von den Erwachsenen für ihr Wohlverhalten gelobt. Später verlieren Begrüßungsrituale für Kinder normalerweise an Bedeutung. Jugendliche aber reagieren anders: Haben sie erst einmal ihren eigenen „Verkehrskreis" gefunden und sich ihren individuellen Verhaltenskontext geschaffen, werden die neuen, eigenen Gruppenrituale für sie so bestimmend, daß sie sie möglichst auch auf andere soziale Interaktionen ausdehnen wollen. Sie sind dann weniger geneigt, Kompromisse einzugehen und beginnen, sich wie die Erwachsenen zu verhalten.

Man sollte die verschiedenen Begrüßungsrituale von Alt und Jung in ihrer Bedeutung nicht unterschätzen: sie sind die erste Kontaktform der Generationen miteinander. Es lohnt sich, sie verstehen zu lernen. Nachbarschaftshäuser und Gemeindeplätze, die bewußt derartige Begrüßungsvariationen ermöglichen und fördern, schaffen die Voraussetzungen für ein erstes Kennenlernen und das weitere Verständnis der Generationen untereinander.

Regeln einhalten! Mangelnde Ordnung, fehlende Sauberkeit und Rücksichtnahme, der hohe Lärmpegel und die Bewegungsunruhe sind Gründe, die häufig zu Konflikten zwischen Jung und Alt führen könnten, wenn nicht Hausregeln und das umsichtige Verhalten der professionellen und ehrenamtlichen Betreuer für einen überwiegend freundlichen Umgangston sorgen würden. Auch wenn man sich „nur" in altershomogenen Gruppen trifft – meist aus Platz-, Kosten- und Logistikgründen –, kann man verallgemeinernd sagen, daß vor allem die Älteren einen bestimmten Treffpunkt auch deshalb wählen, weil sie gerne andere Altersgruppen zumindest sehen möchten. Bei ihnen sind schon eine überwiegend positive Grundeinstellung und Offenheit der anderen Generation gegenüber festzustellen.

Natürlich gibt es in Räumen, die von alten und jungen Menschen gemeinsam besucht und genutzt werden, auch Konflikte. Oft geht es um Ordnungsfragen. In vielen Gemeindehäusern achten die Erwachsenengruppen darauf, nicht direkt nach einer Kinder- oder Jugendgruppe den Raum für ihre wöchentlichen Aktivitäten zu belegen. Die Älteren möchten, daß zum Beispiel nicht immer die Sitzordnung verändert wird. Sie wollen alles beim alten vorfinden, wenn ihre Gruppe sich wieder trifft. Die Kinder verstehen häufig diesen Wunsch nicht und empfinden selbst eine freundliche Aufforderung zum Auf- und Zurückräumen schon als Einmischung und „Gemecker". Ältere beklagen die mangelnde Sauberkeit in den Räumen und auf dem Boden, besonders unter den Stühlen, den Sand, den Kinder an ihren Schuhen mitbringen, wenn sie vorher Basketball oder Fußball gespielt haben. Kindern fällt dies nicht auf: „Was regen die sich auf, schließlich entsorgen wir immer den Abfall, und das hat bisher noch keiner gemerkt!" – „Kinder schließen nie die Türen, und dann der Durchzug! Immer hat man kalte Füße!", meinen dagegen die Mitglieder der Schachgruppe.

Pünktlichkeit ist ein weiterer Konfliktpunkt: Kinder lassen sich gerne Zeit, und ihr Platz ist häufig nicht zur festgesetzten Zeit geräumt. Aber pünktlich erscheinen die Älteren, und zwar geschlossen, was um so eindrücklicher und auch vorwurfsvoller wirkt, wenn nicht alles für sie in Ordnung gebracht worden ist.

Zwei Mitglieder der „Greenteens" antworteten auf die Frage, ob sie auch mit den „Greenseniors" gemeinsame Aktionen durchführen: „Nö, bisher nicht. Die kennen wir nur, da die um sechs Uhr in unseren Raum kommen und die Fenster öffnen. Das ist dann ein freundlicher Rausschmiß, sind aber ganz nett!"

Ansonsten bilden der Lärmpegel und die Bewegungsfreude der Jungen, besonders in der Winterzeit und an Regentagen, ein Dauerthema zwischen den Generationen.

Gemeinsamkeiten zwischen alten und jungen Menschen gibt es in ihrem Gruppenverhalten; beide ziehen es vor, unter sich zu bleiben und ihren altersgemäßen Interessen nachzugehen. „Wir haben so viele Gemeinsamkeiten in unserer Generation, dasselbe Grundgefühl, auch wenn wir verschieden sind." Dieser Ausspruch einer Dame aus der Handarbeitsgruppe trifft auch die Stimmungslage der Jungen.

Sowohl Junge wie Alte grenzen sich nach außen ab, wenn sie einer festen Gruppe angehören. Häufig ist es für gleichaltrige „Neue" schwierig, sich zu integrieren, es sei denn, sie erfüllten schnell die ihnen angebotene Rolle. Beide Gruppen folgen hier ähnlichen sozialen Regeln mit jeweils eigener generationenspezifischer Ausprägung. Während für die Jungen die Gruppenzugehörigkeit zwar intensiv, aber auch kurzfristig sein kann, legen Ältere Wert auf Beständigkeit. Das geht bis zu der Sitzordnung, die peinlich eingehalten wird.

Allen ist das Gefühl gemeinsam, daß sie diese Zeit als etwas Positives erleben wollen und der Wunsch, daß jeder dazu seinen Beitrag leisten soll.

Im Tageszentrum oder im Gemeinschaftshaus ist die Hilfsbereitschaft der Jungen wahrscheinlich größer als zu Hause. Man trägt hier eher ohne Murren – wenn auch auf Anweisung – Stühle und Tische herum, übernimmt kleinere Besorgungen und schaut auch einmal interessiert der Skatrunde zu, ohne Lärm und Kommentare. Natürlich gibt es freche Bemerkungen und einen hausspezifischen Frotzelton, den beide, die Alten wie die Jungen, beherrschen. „Hugo, leih' mir mal deine Krücke zum Billardspielen!" – „Nee Kleener, die brauch' ick um dir zu verprügeln!"

Kleine Kinder werden in den Freizeitbereichen gerne gesehen und bilden eine willkommene Brücke zu neuen Kontakten. Es kommt zu Gesprächen und kleinen Spielaktionen. Allerdings dürfen es nicht mehrere Kleine sein, da reagieren Alte wie Junge gleich. Wenn Kleine dominieren, gehören sie eher in die Kindergruppe und in den Sandkasten!

Außerhalb des Familienverbandes sind die Begegnungen zwischen Jung und Alt nicht allzu häufig. Mit einem Ort, an dem sich beide gelegentlich treffen können, auch wenn jede Gruppe den eigenen Interessen nachgeht, werden Grundvoraussetzungen für den Umgang der Generationen miteinander geschaffen, deren Bedeutung man nicht unterschätzen sollte.

8 Das Abenteuer der Generationen

Sich auf Intergenerationenarbeit einzulassen, ist für die dabei Beteiligten und die Initiatoren schon deshalb abenteuerlich, weil ein Bündel von nicht voraussehbaren Faktoren die Arbeit spannend macht. Intergenerationenprojekte können scheitern, wenn man nicht bereit ist, diesen Abenteuercharakter in die Planungen und den Projektverlauf miteinzubeziehen. Ihn zum Programm zu erheben, gibt der generationenverbindenden Arbeit einen neuen Inhalt; denn es sind Prozeß, Dynamik und Auseinandersetzung, die den eigentlichen pädagogischen Wert solcher Gruppen und Projekte ausmachen.

Mitglieder, junge wie alte, berichten über die besondere Qualität der Beziehungen, ihre Wachsamkeit für überraschende altersspezifische Unterschiede im Verhalten und ein geschärftes Sensorium für Feinheiten in ihrem Umgang mit der anderen Generation. Aufgrund ihrer Erfahrung können ältere Menschen ihr eigenes Verhalten reflektieren; es macht ihnen Spaß zu erleben, wie sie selbst sich herausgefordert fühlen. Ein ältere Dame mit viel Erfahrung meinte: „Es ist eine Aufmerksamkeit in mir, die man hat, wenn man den anderen und sich selbst gefallen möchte. Jedesmal strenge ich mich enorm an und achte auf jede Kleinigkeit."

Diese Herausforderungen an sich selbst und auch das Gefühl des Gelingens machen die Arbeit mit den Menschen einer anderen Generation so anregend.

Dies gilt überwiegend für die Älteren, die der Generationenbeziehung eine größere, auch emotionalere, Wertigkeit geben. Sie bevorzugen Kontaktmöglichkeiten mit Jugendlichen, die über eine reine Interessengemeinschaft hinausgehen und Gelegenheit bieten, am Leben des anderen helfend teilzunehmen. Meist sind es Männer und Frauen, die nicht erst im Alter beginnen, sich um andere zu sorgen, oft haben sie selbst Kinder großgezogen und sind mit ihren Enkeln im regen Austausch. Es ist eher eine Ausnahme, wenn eine Frau ohne Erfahrungen mit Kindern sich als Leih-Oma zur Verfügung stellt; sie wird vermutlich der Verantwortung, der psychischen und vor allem physischen Belastung nur schwer standhalten können und eher eine Beschäftigung suchen, die ihren im Laufe des Lebens gesammelten Erfahrungen und Kompetenzen entspricht.

Die Wichtigkeit der Generationenbeziehungen wird von Alt und Jung unterschiedlich eingeschätzt, und manche Enttäuschung könnte vermieden werden, wenn man sich auf diese unterschiedlichen Erwartungshaltungen einläßt.

Ältere artikulieren ihre Beweggründe offen, sie kennen deren verschiedene Facetten und die Gründe ihrer persönlichen Entscheidung für eine bestimmte Aktivität genau. Sie sind eher geneigt, aus dem Blick der Erfahrenen heraus aktuelle Situationen zu bewerten und in einen größeren Kontext zu stellen. Sie reagieren weniger spontan und kurzschlüssig.

So werden zum Beispiel Diskussionen, die zwischen Alt und Jung stattfanden, häufig im Nachhinein von beiden Seiten anders bewertet. Jugendliche erinnern sich an eine heftige und emotionale Auseinandersetzung, Ältere wollen diese Aussprache eher als gütlich und letztlich nützlich für den Ausgang der Sache bewerten. Während Jugendliche sich an eine „fetzende" Situation erinnern, haben Ältere meist eine „So schlimm war es doch gar nicht"-Erinnerung. Meinungsverschiedenheiten, die von Jugendlichen untereinander ausgetragen werden, enden häufig mit Abbruch des Kontakts; in Intergenerationenbeziehungen werden mit Hilfe der Älteren Konflikte ausgehandelt, die der Sache dienen und über Auseinandersetzungen hinweg eine Kontinuität des gemeinsamen Vorhabens sichern.

Kinder und Jugendliche sind meist nicht bereit, ausführlich über die Motive zu sprechen, die sie den Kontakt mit älteren Menschen suchen lassen. Die besondere Qualität der Beziehung wird aber auch von ihnen sehr genau wahrgenommen, sie werten sie in den unterschiedlichsten, auch altersgemäßen Kontexten, möchten sie aber nicht nach „draußen" weitergeben.

Ein jugendlicher Schauspieler aus der IKARUS-Truppe – einer intergenerationellen Theatergruppe, von der noch die Rede sein wird – antwortete auf die Frage, wie er aus seiner Sicht den Kontakt mit den älteren Herrschaften empfinde, treffend: „Vom Feinsten!"

Kleine Kinder spüren das Besondere an alten und fremden Menschen; sie verhalten sich meist aufmerksam, betrachten das alte Gesicht mit Erstaunen und Befremden zugleich, ihre Fragen aus „Kindermund" zeigen, daß sie sich sehr wohl mit existenziellen Themen des Lebens und Sterbens beschäftigen.

Alte Menschen sind für Kinder – schon allein, weil es sie gibt – ein sichtbarer und beruhigender Beweis für Kontinuität auch in ihrem eigenen Leben. Grundschullehrerinnen und Erzieherinnen, die ältere Menschen regelmäßig in ihre Gruppenarbeit miteinbeziehen, wissen über diese „Anziehungskraft" der Älteren auf Kinder.

Die *Großelternqualitäten* und die „generativen Geschenke sind es, die kleine Kinder bei Alten finden wollen: Zeit haben und Für-mich-Dasein sind die Haupteigenschaften, die ein Kind von einem Erwachsenen erwartet. Bei größeren Kindern und Jugendlichen kommen unterschiedliche Eigenschaften dazu, die sie an Älteren entdecken und die oft ihren eigenen Interessen entsprechen.

Nicht nur die *Erwartungshaltungen* von Alt und Jung an eine gemeinsame Unternehmung sind unterschiedlich, selbst die Ergebnisse dieser Treffen werden häufig von beiden Gruppen ganz verschieden bewertet: Kinder und Jugendliche sehen in der generationenverbindenden Aktivität in erster Linie eine schöne Beschäftigung, ein interessantes Treffen, Spaß und Unterhaltung, etwas Unübliches und Lohnenswertes. Es ist eine Beschäftigung unter vielen. Für ältere Menschen kann diese Begegnung etwas sehr Sinnvolles, auch Beglückendes haben, etwas, an das man sich lange erinnern wird, auch wenn man jedesmal psychisch und physisch erschöpft nach Hause zurückkehrt.

Bei sehr alten Menschen und auch bei denjenigen, die weniger aktiv und durchsetzungsfähig sind, überwiegt im Kontakt mit anderen der Wunsch nach einer harmonischen, vorwiegend emotionalen Beziehung. Ihre Empfindsamkeit und Verletzbarkeit werden größer, meist schützen sie sich vor allzu großer Aufregung, indem sie sich rechtzeitig zurückziehen. Eine alte Dame, die sehr viele Kontakte zwischen ihrem Seniorenwohnheim und dem benachbarten Kinderheim gefördert hatte, meinte, daß sie mit den Jahren nun „eine dünnere Haut" bekommen habe, sowohl psychisch wie physisch. Jetzt findet sie es schön, an manchen Tagen auf dem Spielplatz mit Kindern zwanglos ohne „Aktivitätsprogramm" zusammenzusein. Über die Jahre hat sie verschiedene Grade von Aktivitäten gezeigt, gleich geblieben sind ihre Liebe zu Kindern und der Wunsch, mit ihnen zusammenzutreffen. Meist hat sie ein Bilderbuch in der Tasche, immer eine Tüte mit Bonbons. Mit 67 Jahren ist sie nach dem Tod ihres Mannes in die Seniorenwohnanlage gezogen, das war vor 19 Jahren! Wenn man diese Zeitspanne mit den ersten 19 Jahren im Leben eines Menschen vergleicht, entspricht sie der gesamten Entwicklungszeit eines Kindes und Jugendlichen. Welche Entwicklungssprünge und Veränderungen hat ein junger Mensch in dieser Zeitspanne erlebt und wie unterschiedlich wird Zeit im Leben eines Menschen wahrgenommen und gewertet!

Das *unterschiedliche Zeitverständnis* von Jung und Alt wirkt sich in Intergenerationenprojekten auch auf der pragmatischen Ebene aus. In allen Projekten bleiben die Älteren den Vorhaben länger aktiv verbunden als die Jungen. Kinder und Jugendliche wachsen schnell aus einer Phase heraus und orientieren sich neu. Meist verweilen sie eine Saison. Ein bis zwei Jahre sind schon eine sehr lange Zeit, dann haben sie andere Interessen und gehen andere Verpflichtungen ein. Es bleiben die Alten; Projekte mit langer Tradition und viel Erfahrung haben die Interessen, Erwartungen und altersspezifischen Merkmale beider Gruppen gespeichert; die Alten haben sie in ihre Arbeit miteinbezogen und können souverän damit umgehen.

An „Großmutters Teetisch" im Seniorenclubhaus in Berlin-Wilmersdorf zum Beispiel können 8 bis 10 Jahre alte Kinder der nächstgelegenen Grundschule jede Woche zwei Stunden mit älteren Frauen unter Anleitung einer älteren Künstlerin malen und basteln. Das Miteinander ohne Leistungsdruck und die Atmosphäre einer „großmütterlichen Geborgenheit" stehen im Vordergrund, mit Saft und Plätzchen und vielen spannenden Geschichten und Erzählungen aus dem Kinderleben der jetzt alten Damen. Die Verantwortlichen, die schon Jahre dabei sind, sagen, daß es dann irgendwann von den Kindern „Abschiednehmen heißt, weil der ‚Terminkalender' der Kinder zu voll wird".

Hier geben alte und junge Menschen einander sehr viel. In diese Bastelgruppe kommen die Kinder gerne, weil ihnen hier etwas geboten wird, was sie sonst nicht bekommen: Zeit nur für sie und die Gewißheit, daß man sie mag, so wie sie sind. Bei kleinen Ratespielen geben die Alten ihrem jeweiligen Nachbarkind listige Unterstützung, beide sind vergnügt und bilden eine kleine verschworene Gemeinschaft mit roten Wangen und glänzenden Augen. Kinder, die so viel heitere Zuwendung erhalten, können dann auch Zeichen der Zuneigung weiterverschenken, wie der Junge, der zu seiner alten Partnerin zum Abschied sagte: „Weißte, ich freu' mich die ganze Woche auf den Dienstag!"

Kinder im Kindergarten- und im Grundschulalter schätzen an alten Menschen die Großelternqualitäten, sie hören gerne Geschichten von früher und lassen sich in eine fremde, abenteuerliche Welt verführen, bleiben aber dabei in der wärmenden Nähe der alten Person und in der Gewißheit: sie hat ja alles gut überstanden und sitzt leibhaftig neben ihnen.

Kinder sind fasziniert vom gesprochenen Wort, sie vergessen dann ihre Computersprache, die witzig, kurz und einprägsam ist und verfolgen die langen Sätze der Älteren mit ihren fremdartigen Wendungen, verbunden mit einer theatralischen Mimik und einer situationsangepaßt wechselnden Betonung, mit Spannung. Ensembles mit altersgemischter Schauspielerbesetzung wissen um den Eindruck, den alte Schauspieler ausüben können. Wenn eine alte Person die Bühne betritt, zieht sie durch ihre Stimme und ihre persönliche Ausstrahlung die gesamte Aufmerksamkeit des Publikums auf sich. Eine sehr gute, alte Geschichtenerzählerin, die mit einigen anderen Damen häufig in eine Grundschulklasse kam und über die „Kindheit früher" berichtete, hörte von einem lebhaften Jungen, der selten Füße und Hände ruhig halten konnte, folgenden Satz, der verdeutlicht, wie Kinder diese besondere Qualität der Älteren in ihr eigenes Repertoire zu übernehmen versuchen: „Entschuldigen Sie bitte, dürfte ich Ihnen eine persönliche Frage stellen? Welches Alter haben Sie heute?"

Großelternqualitäten spielen in Intergenerationenprojekten, besonders mit jüngeren Kindern, immer eine wichtige Rolle. Ältere Menschen und auch Initiatoren von Aktionen sind aber gut beraten, wenn diese Rolle nicht überstrapaziert wird; wichtig ist besonders, *was* sie zu sagen haben und *wie* sie sich auf die jeweils neue Situation einstellen können.

Es ist erfreulich, daß gerade in der letzten Zeit in den neuen und den alten Bundesländern unterschiedliche Initiativen entstanden sind, die die Vielfalt der Fähigkeiten und Möglichkeiten von älteren Menschen berücksichtigen. Wenn sie von Älteren aufgrund ihrer persönlichen Kompetenzen und Vorlieben selbst entwickelt und durchgeführt werden, kann man sicher sein, daß diese Projekte auch Bestand haben.

Durch die veränderte demographische Struktur der Bevölkerung sehen sich viele Gemeinden gezwungen, ihre Kindertagesstätten für andere Gruppen zu öffnen. Die Gruppe, die zahlenmäßig am schnellsten wächst, ist die der Vorruheständler und Senioren. Auf diese Weise bieten sich Kontaktmöglichkeiten für beide Gruppen, die zu nutzen im Interesse aller Beteiligten ist.

8.1 Ganz Alte und ganz Junge

Regelmäßige Treffen von Kindergartenkindern und Bewohnern von Altenheimen sind nichts Außergewöhnliches. Nicht nur an Festtagen sieht man sich, auch zum Spazierengehen, zum Singen und Basteln, zu Ball- und Geschicklichkeitsspielen, zum Vorlesen und zu einfachen Gesellschaftsspielen kommt man zusammen, manches Mal sitzt man miteinander im Garten und ist „einfach dabei".

Es ist wichtig, daß sich beide Gruppen in „normalen Alltagssituationen" und in gemeinsamen Aktionen begegnen, nicht nur an Feier- und Vorführtagen. Dann verlieren die Kinder die Scheu vor den betagten Personen, die sie meist in ihrem familiären Alltag nicht kennenlernen können. Ihre eigenen Großmütter sind noch viel zu jung und aktiv, die Urgroßmutter lebt häufig noch, aber meist wohnt sie nicht, ebensowenig wie eine andere Person aus dieser Generation der Altenheimbewohner, in der Nähe ...

Immer wieder berichten Erzieher und Lehrer aber auch über mißlungene Treffen zwischen Alt und Jung. Entweder fingen die Kinder beim Anblick der alten, zum Teil bettlägerigen Personen an zu weinen, oder sie graulten sich vor der Krankenhausatmosphäre, dem Geruch und der fremden Umgebung. Heim- und Altenpfleger klagten über Verhaltensprobleme der Kinder, entweder waren sie störend oder verschüchtert. Häufig fanden die Verantwortlichen, daß das enttäuschende Ergebnis nicht dem hohen organisatorischen Aufwand entsprach.

Aktionen dieser Art scheitern, wenn sie nicht genügend vorbereitet werden. Sehr alte und sehr junge Menschen sind keine Vorführfiguren, sondern sensible und vor allem sicherheitsbedürftige Personen, die sich aneinander gewöhnen müssen. Wenn Initiatoren an einer längeren Verbindung beider Gruppen interessiert sind, müssen sie das Kennenlernen sorgfältig planen. Ein erstes oder mehrere zwanglose und kurze Treffen auf dem Spielplatz, im Garten oder in den Räumen der Kinder sollten vorausgehen. Zeichnungen und Bastelarbeiten, Jung für Alt, Alt für Jung, können vor einem Treffen ausgetauscht werden. Alte, auch demente, Menschen erfreuen sich sehr an Kinderzeichnungen. Sie betrachten sie mit Aufmerksamkeit und Neugier und entdecken dort vieles, was ihnen längst verloren schien. Alte und demente Menschen, die in Heimen leben, haben zum Teil schon jahrzehntelang kein Kind berührt, ihm die Hand gegeben oder es auf dem Schoß gehalten. Jede Abwechslung, die Kinder ihnen bringen, wird dankbar begrüßt.

Kleine Kinder wollen gerne helfen und anderen eine Freude machen. Diesen Wunsch unterstützen Erzieherinnen, indem sie neben den Eltern auch die alten Menschen im benachbarten Altenheim in ihre Aktivitäten miteinbeziehen: mit Vorführungen, Basteleien und einfachen Gartenarbeiten, mit kleinen zwischenmenschlichen Begegnungen. Kinder verlieren dann die Scheu vor dem alten Menschen. Vor allem fühlen sie sich gut, wichtig und sehr nützlich, wenn sie kleine Handreichungen ausführen können.

8.2 Kinder und Jugendliche helfen

Es gibt im Schulleben der Kinder kaum einen Ort, wo sie lernen können, Verhaltensweisen außerhalb des Klassenverbandes in einem Sozialprojekt anzuwenden. Die Wichtigkeit kommunitaristischer Gedanken wird in der Schule theoretisch und verbal behandelt, eine praktische Umsetzung und eine besondere Wertung gemeinschaftsorientierten Handelns – etwa in Form einer Punktebewertung im Zeugnis – erfolgt nicht.

Diesen Mangel sehen einige engagierte Lehrer und Schulleiter und organisieren Gelegenheiten für ihre Schüler, sich freiwillig an Sozialprojekten zu beteiligen. Es gibt Schulen, die auf diese Weise auch eine Kooperation mit einem Alten- und Pflegeheim eingegangen sind und schon auf eine lange Tradition und Erfahrung zurückblicken können.

Es reicht in solchen Projekten nicht, nur den organisatorischen Rahmen zu Beginn des neuen Schuljahres abzustecken, hier ist eine sorgfältige Hinführung der Schülerinnen und Schüler auf ihren „Einsatz" notwendig; eine dauerhafte Unterstützung und ein Ansprechpartner bei auftretenden Problemen sind unerläßlich.

So können Schülerinnen und Schüler ein gemeinsames Fest vorbereiten und in größeren Abständen ein kleines Unterhaltungsprogramm organisieren. Sie „betreuen" meist zu zweit eine Einzelperson, indem sie sich zum Vorlesen zur Verfügung stellen, oder sie gehen mit ihr spazieren, einkaufen oder erledigen für sie Besorgungen, gehen mit ihr zum Arzt und auf den Friedhof. Der zeitliche Aufwand beträgt meist zwei Stunden in der Woche. Diese Aufgabe kann aber auch sehr belastend sein, vor allem bei hilflosen, alten Personen, und sollte daher erst von älteren Schülern und Schülerinnen übernommen werden. Sehr oft fühlen die jungen Menschen sich überfordert und schuldig, wenn sie aus zeitlichen Gründen „ihren" alten Menschen nicht mehr besuchen können und wissen, daß jetzt keiner mehr zu ihm geht.

Es gibt ein großes Spektrum von Hilfeleistungen, angeboten von unterschiedlichen Trägern, an denen sich auch Schüler und Schülerinnen beteiligen, dazu gehören Rollstuhl-Fahrdienste und Versuche, den Alltag für Ältere etwas farbiger zu gestalten. Jugendliche und junge Erwachsene im Sozialen Jahr, Zivildienstleistende oder in Projekten zur beruflichen Eingliederung tätige junge Menschen sowie die zahlreichen Mitglieder in den über 20 Organisationen der Friedensdienste zeigen, daß Jugendliche sehr engagiert und verantwortungsbewußt Hilfe leisten.

8.3 Interessen von Jung und Alt

Die eigentliche Domäne der Begegnung zwischen jungen und alten Menschen außerhalb des Familienverbandes sind Gruppierungen, in denen beide Seiten gemeinsame Interessen verfolgen.

Da gibt es eindeutige Wünsche, Erwartungen und Forderungen der jeweiligen Mitglieder, die es zu berücksichtigen gilt. Eine stabile Generationenbeziehung hat gleichberechtigte Mitglieder und verfolgt ein gemeinsames Ziel; Intergenerationenprojekte, die dieses egalitär-demokratische Prinzip der Gleichberechtigung von Jung und Alt und ein interessengeleitetes Ziel verfolgen, haben die größten Chancen, von Jugendlichen anerkannt zu werden. Jugendliche und junge Erwachsene suchen Partizipation und eine Möglichkeit der Selbstverwirklichung.

Alle interessengeleiteten Gruppierungen, bei denen eine besondere funktionale Kompetenz Voraussetzung zur Beteiligung ist, werden von jeher gerne aufgesucht: die Schachgruppe, der Chor, das Orchester, die Theatergruppen, alle Kulturprojekte, in denen junge und alte Menschen gemeinsam kreativ werden, aus den Bereichen Literatur, Film/Video, Bildende Kunst, Tanz und alle Hobby- und Sammlergruppen gehören dazu. In diesen Gruppen sind die Kompetenz und das gemeinsame Ziel entscheidend – nicht das Alter. Hier wollen die Kinder und Jugendlichen vom Kompetenteren, vom Erfahreneren lernen. Wenn diese Eigenschaften von einem Älteren geboten werden, nehmen sie dieses Angebot an. Ich denke, es ist wichtig, diese Interessenmotivation der jüngeren Generation nüchtern zu formulieren, um ein Gegengewicht zu setzen gegen manche „sirupartige" pädagogische Erklärung des Mentor-Zöglingsverhaltens, die aus der selbstbezüglichen Mentorensicht stammt.

Häufig gibt es interessengeleitete Gruppen, die Jugendlichen zwar eine Beteiligung ermöglichen, ihnen aber nicht den Entscheidungsraum bieten, den diese sich wünschen. Bei politischen Interessenvertretungen und auch beim Abstimmen über die nächste Programmstruktur im Bürgerhaus oder selbst im Jugendzentrum fühlen sie sich oft nicht ausreichend berücksichtigt. Häufig haben die Älteren und deren Interessen Vorrang, manchmal einfach deshalb, weil die Alten in der Mehrheit sind, eine bessere Lobby bilden, regelmäßig anwesend sind, den Verfahrensgang besser beherrschen und häufig eine genauere Kostenfolgeabschätzung bestimmter Aktivitäten zu leisten vermögen. Jugendliche organisieren sich daher lieber in kurzfristigen Aktionen, die schnell wirksam sein wollen und zeitlich befristet sind – in Bürgerinitiativen und ökologischen Bewegungen, die Kampagnen in abgegrenzten Zirkeln, dafür aber mit egalitärer Struktur, bieten.

Nach diesem Verfahren arbeitet zum Beispiel „Greenpeace" mit seinen unterschiedlichen Gruppen. Es gibt die „Greenteens" von 10 bis 14 Jahren, „Jugendgruppen" von 14 bis 18 Jahren und auch die „50 Plus – Senioren". Die Senioren engagieren sich, wo sie gebraucht werden, und unterstützen die Jungen bei gemeinsamen Aktionen. Die Senioren haben den Vorteil, daß sie Zeit haben – vor allem in den Vormittagsstunden, um mit Behörden Kontakt aufzunehmen –, Organisationserfahrung besitzen und Briefe formulieren können. Viele selbstorganisierte Jugendprojekte scheitern, weil ihre Mitglieder während der

Bürostunden der Kommunalverwaltung in Schul- oder Arbeitsverhältnissen gebunden sind. Ihre Unterstützungsleistung beschrieb ein Senior folgendermaßen: „Während die Jungen auf die Schornsteine klettern, stehen wir Alten unten Schmiere!"

Kinder und Jugendliche leben heute in einer Welt, in der sie die gleichen Informationen wie die Erwachsenen aufnehmen können; die Distanz der Generationen nimmt ab, aber zugleich ist der traditionelle Überlegenheitsanspruch der Älteren durch die allgemeine Verfügbarkeit und schnelle Abrufbarkeit der Informationen nicht mehr gegeben. Die Anforderungen an die Kinder sind daher größer geworden, sie gehen selbständig mit ihrem Geld und mit ihrer Zeit um, sie bestimmen zu großen Teilen ihre Schullaufbahn selbst und entscheiden über ihre Freizeitaktivität. Allen Generationen ist heute eines gemeinsam: Sie müssen sich auf immer neue Informationen einstellen und auf Veränderungen schnell und flexibel reagieren. In Zukunft wird es häufiger die ältere Generation sein, die von den Kindern lernen wird; der Zugang zu den Medien, kulturelle Trends und der Gebrauch von neuen technischen Geräten sind heute oft nicht ohne die Erklärung von Jüngeren nachvollziehbar.

Das Abbröckeln und Veralten der Wissensbestände in der Erwachsenenwelt wirkt sich in der Berufswelt und überwiegend in den familialen Generationenbeziehungen aus; in den offiziellen und freiwillig aufgesuchten Intergenerationengruppen dominiert dafür die Absicht, „Wissen und Erfahrung" durch die ältere Generation weiterzugeben.

Projekte, die den umgekehrten Weg gehen, gibt es nur wenige, sie sind meist nicht auf Dauer angelegt: Schüler üben mit Senioren Englisch oder sprechen mit älteren Aussiedlern und Ausländern deutsch, Jugendliche führen die Älteren in die Computerwelt ein. Projekte, in denen Jugendliche den Mentorpart übernehmen, müssen institutionell besonders gut abgesichert sein; da Jugendliche schneller als Ältere wechseln, muß ihre Rotation als selbstverständlich angesehen und organisatorisch von Anbeginn eingeplant werden. Außerdem müssen die Jugendlichen eine professionelle Anleitung erhalten. Es reicht nicht aus, daß sie den Computer spielend beherrschen, um Älteren Hilfestellung zu geben; sie müssen sich vielmehr auf den langsamen Rhythmus der Älteren einstellen lernen.

8.4 Gegenseitigkeit

Großen Erfolg haben in der Regel Bürgertreffpunkte, Wissensbörsen und Genossenschaftsgruppen; sie richten sich nach Angebot und Nachfrage und sind tauschorientiert. Dabei werden die angebotenen

Leistungen, Kompetenzen und Produkte als prinzipiell gleichwertig angesehen. Wünsche und Motive werden klar ausgesprochen, der angestrebte Eigennutzen wird offensiv vertreten, und der Verrechnungsaspekt von Hilfsangeboten wird allgemein akzeptiert. Da der Zeitraum der Gemeinsamkeit begrenzt ist, sollte es kaum belastende Konsequenzen geben. Der kommunikative und der Lernaspekt stehen im Vordergrund. Man trifft sich, tauscht Kenntnisse aus und fühlt sich nicht verpflichtet – oder nur dann, wenn in diesem distanzierten Tauschverhalten zusätzliche Motivationen aufgebaut werden. Insofern passen die „Geben- und Nehmenprojekte" zum modernen Großstadtverhalten und werden gerade von Jugendlichen und jungen Erwachsenen frequentiert.

Die Wissensbörsen, Kontakt- und Tauschplätze wurden aus dem Seniorenbereich heraus entwickelt, sie haben eine flexible Organisationsstruktur und bieten eine Form des bürgerschaftlichen Engagements, die „ansteckend" für alle Generationen wirkt.

8.5 Wissen weitergeben – Zeitzeugen

Die Vielfalt der Ressourcen und der Facettenreichtum der Erfahrungen von älteren Menschen beweisen sich eindrucksvoll in unterschiedlichen generationenverbindenden Projekten. Da gibt es die aktiven Älteren, die Malwettbewerbe für Kinder organisieren, basteln, musizieren, reparieren, handarbeiten, Werkstätten betreuen, den Ökogarten beaufsichtigen, Hausaufgabenhilfe leisten, Mittags-Mahlzeiten bieten, Oma-/Opadienste organisieren, gemeinsame Wohnprojekte vorantreiben, sich für Aussiedler-Kinder einsetzen, zu bestimmten Themen Diskussionsforen gründen und vieles mehr. Kinder und Jugendliche nehmen diese Angebote an und fühlen sich häufig privilegiert, denn nur wenige von ihnen können an diesem Reichtum der Erfahrung teilnehmen.

Großes Interesse finden Erzählcafés und Zeitzeugen-Gespräche bei Jugendlichen. Erzählungen der Älteren über die eigene Jugend in der Kriegs- und Nachkriegszeit vermitteln jungen Menschen Einsichten, die sie im Schulunterricht nicht erfahren können: die subjektive Darstellung der eigenen Erfahrung, durchmischt mit Ängsten, Hoffnungen, eigenen Fehlern und heutigen Einsichten.

Es ist nicht die glänzende Rhetorik, die Jugendliche an älteren Menschen, den Zeitzeugen, interessiert, es ist die Qualität des Echten, des Originals, die sie herausspüren wollen. Dabei sind der Austausch, das Nachfragen, die Auseinandersetzung mit den Erzählungen anderer und die Gelegenheit, ihre eigenen Bedenken einzubringen, für die Jugendlichen wichtig. Denn nur wenn sie diese Erlebnisse selbst mit ausdrücken können und die Erfahrungen „miterleben", werden sie sie auch verstehen.

9 Ein gelungenes Projekt: Die Theatergruppe IKARUS

Seit 10 Jahren besteht das IdeenKARUSSELL im Nachbarschaftsheim Urbanstraße in Berlin-Kreuzberg. Dort treffen sich alle Generationen, um gemeinsam Theater zu spielen. Das jüngste Mitglied bisher war 16, das älteste wird 90 Jahre alt, jedes Lebensjahrzehnt ist vertreten. Allen gemeinsam ist die Lust am Theaterspielen und an der Auseinandersetzung mit sich selbst und den anderen. Durch Improvisation entstehen Szenen, die sich an einem Handlungsfaden orientieren, einen festgelegten Text gibt es nicht.

Der große Altersunterschied birgt unterschiedliche Lebensanschauungen, die sich in nachdenklichen und sehr unterhaltsamen Theaterstücken verdichten. Mit großem Erfolg spielte die Truppe bisher folgende Stücke: Drei Schwestern. – Trümmer, Brot und Träume. – Bitte lächeln. – Früher war et schöner? – Laube, Liebe, List.

Das IKARUS-Projekt wird seit einiger Zeit gern publizistisch als Beispiel für ein gelungenes Intergenerationenprojekt vorgestellt. Darüber hinaus sollte man die vielen anderen Theater-, Musik- und Kulturprojekte, die es auch gibt, erwähnen, die soviel Generationenverbindendes leisten und deren dünne finanzielle Ausstattung nur mit viel Eigeninitiative eine Kontinuität der Arbeit ermöglicht. Laienspielgruppen, sowohl Orchester-, Chor- wie Theaterspielgruppen, boten schon immer den Mitgliedern verschiedener Generationen die Möglichkeit, gemeinsam etwas zu gestalten. Bei den Aufführungen zählt die Teamarbeit: Für eine festumrissene Zeit hat jeder einen klaren Auftrag und unterstützt das „Gesamtkunstwerk", auch wenn sich hinter der Tuba der gestrenge Erdkundelehrer verbirgt und das „Girly" auch privat diese Rolle zu spielen versucht. Die Liebe zur Kunst ist für die einzelnen Mitglieder so stark, daß sie die unterschiedlichsten Temperamente und Altersgruppen zusammenbringt.

Theater- und Musikaufführungen haben nichts von ihrer Attraktion für die Beteiligten, die Zuschauer und die Organisatoren verloren. Sie erfüllen im Osten wie im Westen, in ländlichen und städtischen Gemeinden eine wichtige gemeinschaftsstiftende Aufgabe. Ich möchte deshalb am Theaterprojekt IKARUS exemplarisch aufzeigen, welche strukturellen und inhaltlichen Kriterien erfüllt sein sollten, damit über einen langen Zeitraum eine kontinuierliche und gut funktionierende Intergenerationenarbeit möglich ist.

9.1 Alt und Jung unter einem Dach

Die Theatergruppe IKARUS hat ihre Übungsstätte in einem Nachbarschaftsheim, einer großzügigen alten Villa mit einem Café im Foyer des Hauses sowie einem großen Park mit vielfältigen Möglichkeiten. Dieses Nachbarschaftsheim bietet seit 1955 soziale und kulturelle Angebote für Kinder, Jugendliche, Erwachsene, ältere Menschen und Nachbarn aus Kreuzberg. Bei allen Schichten der Bevölkerung ist es sehr beliebt und wird oft besucht. Es gibt einen Mittagstisch, eine Kindertagesstätte (der Hort für „Lückekinder" ist aus finanziellen Gründen geschlossen worden), eine Fahrradwerkstatt, regelmäßige Gruppentreffen mit unterschiedlichen Angeboten wie Nähen, Kegeln, Fußpflege, Schach, Töpfern, Workshops, Kabaretts, Tanzkurse, Patenschaften, die Tauschbörse und vieles mehr.

Dieses Haus wird als Nachbarschaftstreffpunkt von vielen Bürgern aus allen Schichten häufig und selbstverständlich genutzt. Es bietet durch seine lange Tradition und aufgrund seiner Offenheit neuen Teilnehmern gegenüber den idealen Platz für ein zwangloses Zusammenkommen der verschiedenen Generationen.

Besonders die Geschichtswerkstatt, in der Zeitzeugen sich erinnern und ihren Stadtteil mit persönlichen Erlebnissen, Geschichten und Erinnerungen jeder Art lebendig werden lassen, bietet mit ihrer Arbeit und ihren Ausstellungen Austausch und Anregungen für die Theatergruppe.

9.2 Organisatorische Voraussetzungen, Finanzierung und Social Sponsoring

Projekte über Jahre hinweg kontinuierlich und qualitätsvoll zu führen, bedarf einer organisatorischen Kompetenz und finanzieller Sicherheit. Das eine ist ohne das andere kaum oder nur kurzfristig zu leisten. Vor allem die finanzielle Absicherung der Projekte im sozialen Bereich ist in vielen Fällen heute gefährdet. Generell kann man sagen, daß Kommunen, Verbände, Stiftungen und staatliche Stellen die Mitarbeiter oft zu lange im ungewissen lassen, ob das Projekt überhaupt oder in welchen Bereichen weiter bewilligt werden wird. Damit ist eine vorausplanende Arbeit nicht möglich. In vielen Projekten, die mit Engagement und Sachverstand geführt werden und eine wichtige Aufgabe erfüllen, wissen die Verantwortlichen nicht, ob ihr Projekt die Zwei-Jahres-Marke übersteht. So mußte zum Beispiel im Nachbarschaftshaus Urbanstraße, wie an anderen Stellen auch, aus finanziellen Gründen die Gruppenarbeit der „Lückekinder" eingestellt werden. Darüber hinaus führt der Wechsel der ABM-Mitarbeiter/innen in den Projekten der neuen Bundesländer zu Unsicherheiten und Ängsten, die sich auch auf die jungen Besucher übertragen können, vor allem dann, wenn ihre eigenen Eltern sich in einer ähnlichen Situation befinden.

Es scheint mir, daß viele Projektmitarbeiter in den neuen Bundesländern sich trotzdem heute flexibler verhalten und frühzeitiger Finanzierungsalternativen einplanen, als dies in den alten Bundesländern in der Regel der Fall ist.

Alle Projekte sind gehalten, Gelder einzuwerben; Mischfinanzierungen sind heute selbstverständlich. Mehr als je zuvor müssen viele Projekte die Fähigkeit zur Improvisation mit einem ausgeklügelten Projektmanagement verbinden: Managerqualitäten sind erforderlich, um sich im Gestrüpp der Rechtsverordnungen, der verschiedenen Förderbedingungen und Finanzierungsmöglichkeiten zurechtzufinden.

Die Unterstützung von sozialen Projekten hat aber für viele Firmen und ihre Sponsoringabteilungen den Hautgout des Ärmlichen und des Gutgemeinten: „Ist Kleckerkram, macht Arbeit und bringt uns nichts!" meinte ein smarter Jungmanager, der anfänglich glaubte, das Social Sponsoring als interessante Marktlücke entdeckt zu haben. Man unterstützt, auch aus steuerlichen Gründen, lieber Kunst, Sport und Fun, gelegentlich auch einmal ein gut eingeführtes Prestigeprojekt mit einer großen Breitenwirkung.

Im Spendensammeln versierte Projektleiter aus dem sozialen Bereich müssen heute viele Klinken putzen und werden nicht selten mit einer unerhörten Überheblichkeit behandelt. Es gelingt ihnen leichter, Gelder für die Außendarstellung ihres Projektes einzuwerben, also für Werbeflächen, Broschüren, Handzettel und ähnliches, wo dann unübersehbar das Firmenlogo prangt, es gelingt ihnen aber kaum, Geldspenden für zwei Eimer Farbe zum Streichen des Jugendhauses zu finden oder die Fahrtkosten für die ehrenamtlichen Senioren aufzutreiben, die mehrmals in der Woche Ausländerkindern und deren Müttern beim Deutschlernen helfen.

Diese Entwicklung ist immer stärker zu beobachten und trifft die sozialen Projekte, und speziell die Kinder- und die Jugendprojekte, besonders.

9.3 Professionelle und Ehrenamtliche

Bisher wurde das Theaterprojekt IKARUS vom Bezirk Kreuzberg finanziert und erhielt ab und zu Bundesmittel. Die Unkosten, die bei den Aufführungen entstehen, müssen durch den Eintrittspreis gedeckt werden. Dafür ist die Gruppe verantwortlich.

Neben den bereits genannten Fähigkeiten zum Organisieren und Finanzieren sind soziale Kompetenz und Teambereitschaft eine Grundvoraussetzung für das Gelingen von Intergenerationenprojekten. Ein pragmatischer Optimismus und ein ausgeprägtes Durchhaltevermögen, vor allem in der Aufbauphase, sind unerläßlich. Ungefähr zwei Jahre braucht ein Projekt, bis es effizient arbeitet. Leider erreichen viele Projekte wegen des erwähnten kurzen Bewilligungszeitraumes nicht diese angestrebte Dauer.

Projekte, die ein bestimmtes Ziel verfolgen und sich nach einem Zeitplan richten, sind für alle Beteiligten überschaubar und motivierend. Diese Kriterien erfüllen insbesondere Theaterprojekte, Bürgerinitiativen, kurzfristige Aktionen und Feste.

Die Dauer der Theaterprojekte ist festgelegt und überschaubar, die Erarbeitungsphase beläuft sich auf ungefähr ein Jahr. Die gemeinsame Aufgabe erfordert von den Mitgliedern eine enge Zusammenarbeit und eine freiwillige gegenseitige Verpflichtung.

Die Mitgliederzusammensetzung bestimmt den Erfolg oder das Scheitern des Projektes und muß je nach Themenschwerpunkt gesondert gewählt sein. Ein Hauptproblem gerade bei älteren Mitgliedern ist, daß ihre Mitarbeit oder ihr ehrenamtliches Engagement mit der Zeit den veränderten Aufgaben nicht mehr gewachsen sind. Kann man Herrn Maier, der vor 15 Jahren die Schreinerwerkstatt mit Jugendlichen aufgebaut hat und jetzt zwar täglich an seinem „Arbeitsplatz" sitzt, aber nicht versteht, daß die Kinder keine Fußschemel mehr anfertigen wollen, einfach verabschieden? Aber auch viele „Funktionäre" bleiben zu lange an ihrem Amt haften und lähmen dadurch ein innovatives, jugendgerechtes Programm.

In der Struktur der Projekte sollte daher die kontinuierliche Miteinbeziehung neuer und junger Mitglieder verankert sein; man muß ein „Antirost-Mittel" oder ein Rotations-System einplanen. Im Theaterprojekt IKARUS werden ein Wechsel und eine Neuaufnahme der Mitglieder aufgrund der jeweiligen Spielthematik organisatorisch möglich gemacht.

9.4 Realistisches Generationenverhalten einüben

In diesem Theaterprojekt gibt es inhaltliche und gruppendynamische Bedingungen, die sich günstig auf die Arbeit auswirken und deshalb hier exemplarisch aufgeführt werden.

Das Bindemittel dieser besonders heterogenen Gruppe ist die gemeinsame Lust, Theater zu spielen. Die Motive für das Spielen sind unterschiedlich, aber das Interesse an der Theaterarbeit ist bei allen vorhanden. Da es sich hier um ein Improvisationstheater handelt, also kein normales Amateurtheater, in dem natürlich auch verschiedene Altersgruppen zusammenarbeiten, müßten eigentlich die Schwierigkeiten viel größer sein, da die Positionen jedes einzelnen sich erst aus der Arbeit ergeben und nicht wie beim Amateurtheater vorher festgelegt sind. Offensichtlich sind aber gerade das Aushandeln und das ständige Probieren, das langsame Sich-Entwickeln eines Stoffes aus einer Vielzahl von individuellen biographischen Erinnerungen und Erlebnissen das Gemeinsamkeitsstiftende. Durch diesen „gruppendynamischen Trick" wird sozusagen durch eine paradoxe Intervention die Auseinandersetzung zum Programm gemacht.

Damit entfällt meiner Meinung nach ein Grundübel in der Beschäftigung mit Intergenerationenprojekten, die Auffassung nämlich, daß es dort stets harmonisch zugehen soll. Leider wird dieses Bild der Nettigkeit und des gegenseitigen Freudemachens von staatlicher und kommunaler Seite häufig bemüht, um den Intergenerationenansatz zu etablieren und „schmackhaft" zu machen. Erreicht wird damit häufig das Gegenteil.

Hinter solchen Auffassungen findet sich das stereotype Bild eines Generationenfriedens und einer idyllischen Großfamilie, die es beide in Wirklichkeit nie gegeben hat. Friedlich, jeder seiner Beschäftigung nachgehend und seinen angemessenen sozialen Platz einnehmend, sind die Mitglieder dieser Großfamilie in einem Raum versammelt. Eine biedermeierliche Idylle herrscht, der weise Großvater im Lehnstuhl wird von seinen artigen Enkeln umringt, Großmutter, Mutter und die große Tochter sind hauswirtschaftlich tätig, der Vater steht in der Mitte, schaut ernst in seine Bücher, und ihm wird dabei von seinem ältesten Sohn sekundiert.

Natürlich ermöglicht familiales Zusammensein Geborgenheit und Sicherheit, und jedes Mitglied der Familie trägt diesen unsichtbaren Schatz sein Leben lang in sich. Offensichtlich wird die Bedeutung dieses Schatzes in den verschiedenen Altersphasen aber unterschiedlich gewertet: Kleine Kinder und sehr alte Mitglieder schätzen ihn aufgrund ihrer eigenen Abhängigkeit hoch ein, die Jugend und junge Erwachsene dagegen möchten sich verständlicherweise von diesem

Generationeneinfluß lösen; ab der Lebensmitte scheint man dem Generationengedanken wieder positiver gegenüberzustehen – besonders, wenn man eigene Kinder hat.

Konflikte in Familien, die häufig Intergenerationenkonflikte sind, gehören zum Lebensalltag und werden heutzutage in den meisten Fällen durch Aushandeln geregelt.

Intergenerationenprojekte müssen sich an der Alltagssituation orientieren und dürfen nicht Idealvorstellungen der Beziehungen von Jung und Alt nachhängen. Diese Projekte müssen Konflikte miteinbeziehen und Lösungen dafür sowie Regeln zur Austragung von Konflikten und Erfahrungen aus vergangenen Auseinandersetzungen in ihre Arbeit integrieren.

10 Fazit: Generationenverhalten in Familie und Gesellschaft

Nicht zuletzt durch die Berichterstattung in den Medien herrscht in einer breiten Öffentlichkeit immer noch die Auffassung vor, in der modernen Industriegesellschaft sei ein dramatischer Funktionsverlust der Familie festzustellen. Davon kann keine Rede sein. Zwar nimmt die Attraktivität der Institution Familie ab, doch erfüllen die bestehenden Familien nach wie vor die entscheidenden Sozialisations- und Reproduktionsfunktionen der Gesellschaft. Aufgrund der „sicheren Lebenszeit" und der langen Fristen, die die einzelnen Altersgruppen miteinander verbringen, ist zu diesen „klassischen Funktionen" noch die Funktion der Generationensolidarität hinzugekommen. Empirische Untersuchungen legen den Eindruck nahe, diese Generationensolidarität werde in der modernen Familie besser erfüllt als je zuvor. Wir können für die Zukunft eher mit einer weiteren Stärkung als mit einer Schwächung dieser intrafamilialen Generationensolidarität rechnen.

Ein Problem moderner Gesellschaften besteht darin, daß die Familie keine selbstverständliche Lebensform mehr ist, zugleich aber die Generationenbeziehungen für sich privilegiert. In der Alltagswelt der Kinder ist es daher auch nicht mehr selbstverständlich, daß sie außerhalb der Familie Mitglieder der älteren Generation kennenlernen. Es fehlen ihnen – vor allem in urbanen Zentren – die Gelegenheiten, von einem geschützten Ort aus ihren Erfahrungsbestand und ihren sozialen Wirkungskreis zu vergrößern. Das gleiche gilt für die Alten, die immer weniger Erfahrungen mit Kindern machen.

Aufgrund der demographischen Entwicklung, die ein dramatisches Veralten der Gesellschaft zur Folge hat, sind unsere Systeme der Versorgung und Alterssicherung in Schwierigkeiten geraten. Daß der Generationenvertrag „brüchig" geworden ist, heißt zunächst nur, daß aufgrund der demographischen Entwicklungen neue Finanzierungsweisen für die Alterssicherung gefunden werden müssen. Keinesfalls kann von diesem Tatbestand auf einen „Krieg der Generationen" geschlossen werden.

Doch ist die Solidarität der Generationen außerhalb der Familie nichts Selbstverständliches mehr – schon deshalb nicht, weil sich die Generationen nur selten begegnen. Um so wichtiger muß es sein, den Kontakt zwischen ihnen, wo immer es geht, zu ermöglichen und zu erleichtern. Dieser Kontakt muß darüber hinaus eingeübt werden. Institutionen, Strukturen und Ausbildungsgänge müssen vorhanden sein, um der generationenverbindenden Arbeit die notwendigen Voraussetzungen und die wünschenswerte Anerkennung zu bieten. Die Kenntnis altersspezifischer Unterschiede und Vorlieben sowie ein Verständnis dafür werden dabei von allen Beteiligten verlangt. Die vorliegenden Erfahrungen, Beobachtungen und Anregungen wollen darauf die Aufmerksamkeit lenken. Das Feld der Generationenbeziehungen bietet für engagierte und innovationsfreudige Mitglieder der Bürgergesellschaft spannende und abenteuerliche, aber auch Freude bereitende und entlastende Möglichkeiten zwischenmenschlicher Erfahrung.

11 Anhang

11.1 Initiative des Bundesministeriums für Familie, Senioren, Frauen und Jugend zur Verbesserung des Dialogs zwischen den Generationen im Rahmen der Jugendhilfe

Der Kinder- und Jugendplan des Bundes (KJP) vom 20.12.1993 sah erstmals Förderungsmaßnahmen zur Verbesserung des Dialogs zwischen den Generationen vor (Nr. 1 Abs. 5 KJP).

Damit wurde eine seit Jahren praktizierte Auffassung aufgegeben, daß die Jugendhilfe ihre Aufgaben weitgehend altersspezifisch und abgegrenzt gegen andere Altersgruppen wahrnehmen sollte. Nunmehr wird berücksichtigt, daß zur Lebenswelt der Jugendlichen selbstverständlich auch ihre Teilnahme am Gemeinwesen und die Interaktion mit Erwachsenen gehört.

Um diesem Ziel zu entsprechen, unterstützt das Bundesministerium seit dem Jahre 1994 in Zusammenarbeit mit verschiedenen Trägern der Jugendarbeit und vielfältigen Organisationen beispielhafte Projekte, die den generationenverbindenden Ansatz in ihre Arbeit aufnehmen.

Im ersten Schritt – der *Erhebungsphase* – wurden durch ein Rundschreiben die bereits vorhandenen Initiativen erfaßt; 163 beispielhafte Projekte stellte das Ministerium in seinem Informationsdienst KABI 1994/1995 vor und ermöglichte damit einem großen Bezieherkreis Einblick in schon vorhandene, vielseitige Intergenerationenprojekte aus der ganzen Bundesrepublik.

Im zweiten Schritt – der *Innovations- und Beratungsphase* – standen ab 1995 wissenschaftliche Begleitung, Beratung und handlungsorientierte Hilfestellung vor Ort für einzelne Projekte zur Verfügung. Ein Rundbrief mit Ergebnissen und Anregungen für die Praxis und Unterstützung der Netzwerkbildung für Alt/Jung-Projekte wurde eingerichtet.

Ergänzt wurde dieses Angebot durch Seminare verschiedener Träger der Jugendarbeit, die sich an unterschiedliche Interessen- und Zielgruppen wandten. Durchgeführt wurden Expertentagungen, die die altersspezifischen Unterschiede und Gemeinsamkeiten der Generationen thematisierten und der Kompetenzerweiterung der Mitarbeiter dienten, sowie gezielte Informationstage für die Medien, für Lokaljournalisten, Marketingexperten, Wissenschaftler/innen und Vertreter/innen einzelner Projekte, um auf diese Weise das Ziel einer verstärkten Begegnung der Generationen miteinander einer breiteren Öffentlichkeit nahezubringen.

Schließlich entstanden daraus zwei Handbücher, eines mit Beispielen aus den einzelnen Generationenprojekten, das an Tageszeitungen verteilt wurde, ein zweites zur Öffentlichkeitsarbeit, das gute handlungsorientierte Hinweise für die soziale Arbeit gibt.

Die Internationale Kinder- und Jugendbibliothek München entwickelte eine Wanderausstellung von Kinder- und Jugendbüchern, die das Generationenthema behandeln, das Kinder- und Jugendfilmzentrum in Remscheid veröffentlichte im Rahmen eines Modellprojektes „Kino für Jung und Alt" einen Katalog mit generationenverbindenden Aktivitäten, und die Bundesvereinigung Kulturelle Jugendbildung gab eine Dokumentation mit Projekten zur Jugendkulturarbeit heraus.

In der *Transferphase* wurde ab 1996 in Workshops für Mitarbeiter/innen und Initiatorinnen von Intergenerationenprojekten Hilfestellung bei der Erarbeitung von Konzepten angeboten, um sie mit Techniken des Fundraising und des Social Sponsoring vertraut zu machen.

Fachtagungen und der zweimal durchgeführte Wettbewerb „Solidarität der Generationen" zeigten einer großen Öffentlichkeit das Spektrum der Intergenerationenarbeit auf und warben um Multiplikatoren.

Die Planung der Aktivitäten reicht bis zur EXPO 2000. Die Aufzählung dieser Initiativen des BMFSFJ zeigt, wie hier systematisch die Idee der Verbesserung des Dialogs zwischen den Generationen entwickelt und gefördert wird. Zunächst einmal wird dabei eine größere Sensibilität bei den Projektträgern und wichtigen Multiplikatorengruppen für das Generationenthema angestrebt. Die einzelnen Anregungen und Hilfestellungen sowie die wissenschaftliche Begleitung der Projekte werden netzwerkartig verknüpft, schriftlich dokumentiert und immer wieder der Öffentlichkeit vorgestellt.

Bereits nach kurzer Zeit kann man sagen, daß Verbände und Organisationen über die Aktivitäten des Ministeriums ausführlich informiert sind. Wenn der Generationengedanke jetzt nicht stärker in der Praxis aufgegriffen wird, kann man in diesem Fall nicht sagen, daß es an staatlichem Interesse und entsprechender Handreichung mangelt. Zumindest die Hoffnung auf neue Wege der Finanzierung, z.B. über Sponsoren, ist ein (legitimer) Anreiz, der einige Organisationen bewegt, jetzt auf den „Generationen-Förderzug" zu springen, dessen Fahrt freilich mit eigenen Mitteln in Gang gehalten werden muß. Zugleich ist damit eine große Chance und Herausforderung für ideenreiche Mitarbeiter gegeben, eingefahrene Pfade zu verlassen und sich auf den abenteuerlichen Weg zu machen, auf dem sich die Generationen begegnen.

11.2 Literaturempfehlungen

Eine gute Übersicht der Intergenerationenprojekte bieten die KABI-Hefte (Konzertierte Aktion Bundes Innovationen) des Bundesministeriums für Familie, Senioren, Frauen und Jugend, 53107 Bonn (Tel.: 0228–930–0, Fax: 0228–930–2221):
KABI-Heft 20 (1994): Initiativen im Rahmen der Jugendhilfe zur Verbesserung des Dialogs zwischen den Generationen (9 Projektberichte)
KABI-Heft 22 (1995): Dialog der Generationen – Projekte, Ideen und Möglichkeiten im Rahmen der Jugendhilfe (154 Projektberichte)
KABI-Heft 38 (1997): Dialog der Generationen. Erfahrungen, Erkenntnisse, Perspektiven (32 Projektberichte)

In diesen Rahmen gehört die ebenfalls vom Bundesministerium herausgegebene Broschüre:
Bundesministerium für Familie, Senioren, Frauen und Jugend (Hrsg.) (1997): Brücken zwischen Jung und Alt. 158 Projekte – Initiativen – Aktionen. Bonn

Vom Sozialministerium Baden-Württemberg – Broschürenstelle – (Postfach 10 34 43, 70029 Stuttgart, Tel.: 0711–123–3516) werden folgende beiden Schriftenreihen und ein Infodienst herausgegeben:
„Bürgerschaftliches Engagement" und „Europa der Bürger"
„Infodienst der Seniorengenossenschaft, Bürgerbüros und Gemeinschaftsinitiativen" (Infos, Adressen und Literaturliste sind über das Internet abrufbar: http://www.aktiv.de/-buerger)

Vgl. ferner:
Krappmann, L./Lepenies, A. (Hrsg.) (1997): Alt und Jung. Spannung und Solidarität zwischen den Generationen. Frankfurt/M.
Lepenies, A. (Hrsg.) (1997): Alt & Jung. Das Abenteuer der Generationen. Katalog zur Ausstellung im Deutschen Hygiene-Museum Dresden. Frankfurt/M., Basel

Für die Abfassung dieses Berichtes waren die Arbeiten von Hans Bertram und Lothar Krappmann sowie die Untersuchungen des Deutschen Jugendinstituts München besonders hilfreich.

Gertrud Nunner-Winkler

Zum frühkindlichen Moralverständnis

Inhalt

0	Vorbemerkung	55
1	Die philosophisch-soziologische Debatte: Geltung und Gültigkeit moralischer Normen	56
1.1	Positionen in der Frage der Gültigkeit moralischer Normen	56
1.2	Begründungsverfahren und inhaltliche Moralprinzipien	66
1.2.1	Moralprinzipien	66
1.2.2	Regelarten	67
1.3	Mißdeutungen von Moral im soziohistorischen Wandel	69
1.4	Die Menschenrechtsdebatte: Begründung und Begrenzung des Universalisierungsanspruchs	76
2	Die empirisch-psychologische Debatte: Zur Entwicklung des Moralverständnisses	83
2.1	Menschenbildannahmen in sozialwissenschaftlichen Theorieansätzen	83
2.2	Kohlbergs Theorie der moralischen Entwicklung	87
2.3	Zur Kritik am präkonventionellen Niveau	90
2.4	Eine Untersuchung des kindlichen Moralverständnisses	92
2.4.1	Moralisches Wissen	93
2.4.2	Moralische Motivation	96
2.5	Kognitives moralisches Lernen	100
2.5.1	Soziokognitive Entwicklung und Wissenserwerb	100
2.5.2	Lernmechanismen	109
2.6	Der Aufbau moralischer Motivation: Sozialisationstheoretische Einflußvariablen	114
3	Die praktisch-pädagogische Debatte: Die Gestaltung der Lernkontexte für moralische Entwicklung	122
3.1	Demokratische Schulstruktur	122
3.2	Runder Tisch	124
3.3	Umgang mit ‚aggressivem' Schülerverhalten	125
3.4	Training für Konfliktverhalten	130
3.5	Maßnahmen der Lehrerbildung	131
3.6	Öffentliche Debatte	132
3.7	Gesellschaftlicher Kontext	132
4	Anmerkungen	135
5	Abbildungen und Tabellen	141
6	Literatur	142

0 Vorbemerkung

Der Gegenstand ‚Moral' wirft zwei unterschiedliche Arten von Fragen auf: die (philosophische, kulturantropologische, makrosoziologische) Frage nach den Inhalten und der Genese moralischer *Normen* und die (psychologische, psychoanalytische, mikrosoziologische) Frage der Art und der Entstehung der Motive ihrer *Befolgung*. Beide Fragen können aus unterschiedlichen Perspektiven behandelt werden: Aus der Erste-Person-Perspektive geht es um *Gründe* – Rechtfertigungsgründe für die Gültigkeit moralischer Normen, Beweggründe für ihre Befolgung; aus der Dritte-Person-Perspektive geht es um *Ursachen* – für die Durchsetzung faktischer Normgeltung, für die Erzeugung von Konformitätsbereitschaft. Im Alltagsleben können Menschen sich selbst gegenüber beide Perspektiven einnehmen: Sie können ihre eigenen Normvorstellungen und ihre Folgebereitschaft als in Gründen fundiert verstehen (z. B.: „Ich verurteile Sklaverei, weil sie dem grundlegenden Prinzip der Gleichheit aller Menschen widerspricht"), sie können sie aber auch ursächlich erklären (z. B. „Ich verurteile Sklaverei, weil ich in einer Gesellschaft aufgewachsen bin, in der Sklaverei abgelehnt wird"). In den Sozialwissenschaften spiegelt sich diese doppelte Perspektivität wider in der Kluft zwischen rekonstruktiv-hermeneutisch verfahrenden Ansätzen (entwicklungslogische Ansätze) und beobachtend-kausalanalytischen Theorietraditionen (Behaviorismus).

Der folgende *erste Hauptteil* behandelt das Problem der Normgeltung. Einleitend werden unterschiedliche Stellungnahmen zur Frage der Gültigkeit moralischer Normen diskutiert und die Position eines ‚eingeschränkten Universalismus' favorisiert. Sodann werden inhaltliche Grundannahmen sowie verbreitete Mißdeutungen eines modernen säkularisierten Moralverständnisses dargestellt. Abschließend will ich exemplarisch am Beispiel der Menschenrechtsdebatte die beiden zunächst getrennt diskutierten Momente – die metaethische Position des eingeschränkten Universalismus und die inhaltlichen Grundannahmen einer modernen Moral – zusammenfügen und zeigen, wie weit Menschenrechtsforderungen universelle Gültigkeit beanspruchen können bzw. Ausdeutungsdifferenzen tolerieren müssen.

Im *zweiten Hauptteil* geht es um die Frage der Entwicklung des Moralverständnisses, insbesondere auch die Entwicklung moralischer Motivation. Einleitend werden unterschiedliche sozialwissenschaftliche Theorietraditionen mit ihren je spezifisch begrenzten Möglichkeiten, Moral zu thematisieren, skizziert. Sodann werden Kohlbergs Theorie der Entwicklung des moralischen Bewußtseins sowie einige weiterführende Arbeiten dargestellt. Im *dritten Teil* geht es um pädagogisch relevante Probleme, um die Frage nach Lernmechanismen, nach Lernkontexten und erzieherischen Eingriffsmöglichkeiten.¹

1 Die philosophisch-soziologische Debatte: Geltung und Gültigkeit moralischer Normen

1.1 Positionen in der Frage der Gültigkeit moralischer Normen

In der Frage der Rechtfertigbarkeit von Normen gibt es unterschiedliche Positionen, die sich auf einem Kontinuum anordnen lassen. Am einen Pol gelten Normen als bloße Epiphänome im Dienste der Verschleierung oder Pseudolegitimierung von allein real wirksamen Interessen- oder Machtkonstellationen; am Gegenpol gelten nicht nur allgemeine moralische Prinzipien, sondern selbst konkrete Dilemmalösungen als universell konsensfähig. Die unterschiedlichen Positionen seien kurz benannt und illustriert.

Ethischer Nihilismus
Diese Position bestreitet, daß es überhaupt eine eigenständige Wertsphäre gibt. In Skinners Worten: „Nobody acts because he knows or feels his behavior right; he acts because of the contingencies which have shaped his behavior" (1974, S. 193) oder „A person ‚wills' to follow a rule because of the consequences" (ebd., S. 192). Auch Geiger setzt in seinen ideologiekritischen Analysen Normbefolgung mit bloßer Sanktionsvermeidung gleich. Prädikate wie ‚gut' und ‚schlecht' sind, seiner Analyse zufolge, „völlig imaginäre Begriffe" (1962, S. 390); zwar gilt, daß „Widersprüche zwischen geforderten Gebarensweisen (es) den Einzelnen (erschweren) ... sich risikofrei ... zu bewegen. Aber der Widerspruch ist hier rein tatsächlicher Art, ist kein wertmoralisches Problem, sondern die Aufgabe des Manövrierens im gesellschaftlichen Milieu" (ebd, S. 411). Beide Autoren reduzieren also menschliches Verhalten auf einen Handlungstypus, den des erfolgskontrollierten Handelns, bei dem es primär um Kostenminimierung geht; damit wird allen Orientierungen, die nicht auf Interessenlagen und faktische Handlungsfolgen reduzierbar sind, motivierende Kraft bestritten.

Ethischer Relativismus
Max Weber hingegen hält an der Unterscheidung zwischen Gleichförmigkeiten des Handelns aufgrund einer Orientierung an gemeinsamen Interessenlagen (strategisches Marktverhalten) oder aufgrund einer

Orientierung an geteilten Normen oder Werten (normorientiertes Verhalten) fest. Innerhalb der Wertsphäre differenziert er weiterhin zwischen moralischen und außermoralischen Werten. Dabei allerdings gelten Konflikte zwischen diesen Wertbereichen als im Prinzip unauflöslich: „... die Ethik (ist) nicht das Einzige, was auf der Welt ‚gilt‘, sondern ... neben ihr (bestehen) andere Wertsphären, deren Werte unter Umständen nur der realisieren kann, welcher ethische ‚Schuld‘ auf sich nimmt" (Weber 1956, S. 269). Es gibt keine rationale Möglichkeit zu entscheiden, ob moralische oder außermoralische Werte bzw. welche ethischen Prinzipien innerhalb der Sphäre der Moral Priorität genießen sollten: „Schon so einfache Fragen aber, wie die: inwieweit ein Zweck die unvermeidlichen Mittel heiligen solle, wie auch die andere: inwieweit die nicht gewollten Nebenerfolge in den Kauf genommen werden sollen, wie vollends die dritte: wie Konflikte zwischen mehreren in concreto kollidierenden, gewollten oder gesollten Zwecken zu schlichten seien, sind ganz und gar Sache der Wahl oder des Kompromisses. Es gibt keinerlei (rationales oder empirisches) wissenschaftliches Verfahren irgendwelcher Art, welches hier eine Entscheidung geben könnte" (ebd., S. 273). Folglich muß jeder Mensch seine eigenen Entscheidungen treffen: Jede „Seele (wählt) ihr eigenes Schicksal" (ebd., S. 272).

Zwei Moralen
In der feministischen Moraldebatte taucht eine interessante Zwischenposition zwischen Relativismus und Universalismus auf. Gilligan etwa akzeptiert weder die kulturrelativistische Annahme einer „endless variation" noch die universalistische These eines „unitary moral growth" (Gilligan 1986, S. 1); sie befürwortet vielmehr eine „alternative formulation", nämlich die Anerkennung der Existenz zweier gleich ursprünglicher moralischer Orientierungen, die mit der Zugehörigkeit zum männlichen und weiblichen Geschlecht verbunden seien[2]. Ihre Position ist relativistisch, sofern sie „the comfort of a single right answer and the clarity of a single road in life" preisgibt (Gilligan 1984, S. 22); sie ist universalistisch, sofern sie den Begründungen beider „moralischen Stimmen" Gültigkeit zuspricht. Keine der beiden Moralen enthielte die ganze Wahrheit; erst zusammengenommen erlaubten sie „a mapping of human experience" (ebd., S. 32).

Diese drei Positionen bilden eine Rangfolge abnehmenden Relativismus: Der ethische Nihilismus leugnet die Existenz von moralischen Werten überhaupt; der ethische Relativismus nimmt die Koexistenz vieler unterschiedlicher Werte als gegeben an, bestreitet jedoch die Existenz eines rationalen Entscheidungsverfahrens zwischen unterschiedlichen Wertorientierungen; die These von den Zwei Moralen impliziert die universalistische Annahme einer rationalen Rechtfertigbarkeit moralischer Argumentationen, bestreitet jedoch die Einheitlichkeit von Moral: Es gibt zwei moralische Perspektiven, die nicht aufeinander reduzierbar sind und gleichermaßen Gültigkeit beanspruchen. Allerdings bleibt offen, von welcher Position her und mit welchen Gründen diese gleiche Gültigkeit für beide Stimmen behauptet werden kann.

Auch universalistische Positionen unterscheiden sich in ihrer Reichweite: Rationale Rechtfertigbarkeit kann beansprucht werden für das Verfahren, das Normen zu generieren oder zu prüfen gestattet, für die moralischen Normen, die aus diesem Verfahren abgeleitet werden, oder gar für die inhaltlich-konkreten Lösungen spezifischer moralischer Dilemmata.

Strikter Universalismus
Kant schlägt den kategorischen Imperativ als das moralische Entscheidungsverfahren vor: „Handle stets so, daß du wollen kannst, daß die Maxime deines Tuns allgemeines Gesetz werde!" Dieses Verfahren generiert zwei Typen von moralischen Pflichten: vollkommene und unvollkommene Pflichten. Vollkommene Pflichten sind die negativen Pflichten, d.h. die Pflichten der Unterlassung, wie etwa: Du sollst nicht töten, stehlen, lügen. Unvollkommene Pflichten sind die positiven Pflichten, d.h. die Verpflichtungen zu handeln; diese schreiben jedoch keine bestimmten Handlungen vor, sondern formulieren nur allgemeine Maximen, die Handlungen anleiten sollen, wie etwa: „Übe Mildtätigkeit!" Negative Pflichten können zu allen Zeiten, an allen Orten und gegenüber jedermann befolgt werden, da sie nur das Unterlassen bestimmter Handlungen fordern. Die Befolgung der Maximen hingegen, die positive Handlungen anleiten sollen, bedarf einer genauen Spezifizierung; es gilt zu klären, wer wann wem gegenüber welche positiven Pflichten in welchem Ausmaß zu erfüllen habe. Für die negativen Pflichten fordert Kant absoluten Vorrang und ausnahmslose Gültigkeit. So etwa erklärt er explizit, daß eine Lüge auch dann nicht zu rechtfertigen ist, wenn sie das Leben eines Freundes retten könnte, weil „die Pflicht der Wahrhaftigkeit ... unbedingte Pflicht ist, die in allen Verhältnissen gilt" (Kant 1959, S. 205). Daraus folgt, daß moralische Dilemmata nur *eine* rechtfertigbare Lösung zulassen: Negative Pflichten können per definitionem nicht miteinander kollidieren, da sie (als Pflichten der Unterlassung) stets und überall erfüllt werden können; positive Pflichten können nicht im strikten Sinne miteinander kollidieren, da sie keine Handlungen spezifizieren und schon ihre konfliktfreie Anwendung nicht eine Frage strenger Deduktion, sondern

abwägender praktischer Urteilskraft ist. Moralische Dilemmata könnten also nur aus einem Konflikt zwischen einer negativen und einer positiven Pflicht entstehen – ein solcher aber ist bei Kant ausgeschlossen, da negative Pflichten Vorrang genießen und keine Ausnahme zulassen: „Zwei einander entgegengesetzte Regeln (können) nicht zugleich notwendig sein, sondern, wenn nach einer derselben zu handeln es Pflicht ist, so ist nach der entgegengesetzten zu handeln nicht allein keine Pflicht, sondern sogar pflichtwidrig: so ist eine Kollision von Pflichten und Verbindlichkeiten gar nicht denkbar (obligationes non colliduntur)" (Kant 1787/1959, S. 330). Das rational rechtfertigbare Entscheidungsverfahren erlaubt also nicht nur die Ableitung oder Prüfung von Normen, sondern darüber hinaus spezifiziert es für alle moralischen Probleme eine und nur eine richtige Lösung.

Kohlberg beansprucht für sein moralisches Entscheidungsverfahren der wechselseitigen Rollenübernahme (‚moral musical chairs') universelle Gültigkeit. Dieses Verfahren entspricht in etwa der Rawlsschen Konzeptualisierung der moralisch gültigen Entscheidung in der „original position under the veil of ignorance" (Kohlberg u. a. 1972). Es soll die Universalisierbarkeit und Unparteilichkeit der Urteilsfindung sichern, die Kant mit seiner Formulierung des Kategorischen Imperativs intendiert hatte, und darüber hinaus den monologischen Charakter von Kants individualistischer Reflexion durch das Verfahren der hypothetischen Rollenübernahme mildern. Kants Formel: „Handle stets so, daß *du* wollen kannst", wird explizit erweitert: „Handle stets so, daß du aus der Perspektive *jedes* potentiell Betroffenen wollen kannst bzw. die Zustimmung *aller* erwarten kannst." Über dieses formale Verfahren hinaus postuliert Kohlberg eine universell gültige inhaltliche Wertehierarchie. Im Gegensatz zu seiner früheren Annahme einer analytischen Unabhängigkeit von Struktur und Inhalt moralischer Entscheidungen, behauptet Kohlberg in späteren Schriften „a linkage between stage structure and content choice". Zur Begründung verweist er auf die Tatsache, daß sich mehr als 75 % der postkonventionellen Befragten jeweils für die Problemlösung entscheiden, die er „the autonomous choice" nennt, also etwa im Heinz-Dilemma (Diebstahlsverbot versus Recht auf Leben) dafür, das Medikament zu stehlen und als Richter Heinz gegenüber Milde walten zu lassen oder im Joe-Dilemma, dem Vater die Verfügung über das Geld zu verweigern (Kohlberg u. a. 1983, S. 44). Diese Handlungsoptionen repräsentieren, so Kohlberg, „the more ‚just' course of action or solution to the dilemma" (ebd., S. 46). Diese Konzeption einer inhaltlichen Wertehierarchie wird im ursprünglichen Codier-Manual auch ganz explizit formuliert: „There is a hierarchy of rights and values. Stealing is justified as serving a universal right to or value of life which is prior to laws. This hierarchy is not just one recognized by society or religion, but a judgement rational individuals would make based on logic (i.e. property values presuppose the value of life)" (Colby u. a. 1979, Manual Part 3, Form A, S. 80; vgl. auch Eckensberger u. a. 1975). Kohlberg erhebt also den Anspruch universeller Rechtfertigbarkeit nicht nur für sein moralisches Entscheidungsverfahren, sondern auch für bestimmte inhaltliche Werte und damit auch für *bestimmte* angebbare Lösungen moralischer Dilemmata.

Habermas setzt an die Stelle des Rawlsschen Verfahrens der hypothetischen Rollenübernahme den realen moralischen Diskurs, um so dem intersubjektiven Charakter von Moral besser gerecht zu werden. Das zugrundeliegende Universalisierungsprinzip formuliert Habermas allgemein zunächst wie folgt: „Jede gültige Norm muß der Bedingung genügen, daß die Folgen und Nebenwirkungen, die sich aus ihrer allgemeinen Befolgung für die Befriedigung der Interessen *jedes* Einzelnen voraussichtlich ergeben, von *allen* Betroffenen zwanglos akzeptiert werden können" (Habermas 1983, S. 131). In der diskurstheoretischen Reformulierung lautet dieses Prinzip so: „Jede gültige Norm (würde) die Zustimmung aller Betroffenen, wenn diese nur an einem praktischen Diskurs teilnehmen könnten, finden" (ebd., S. 132). Als rein formales Verfahren präjudiziert dieses Prinzip keine substantiellen Entscheidungen: „Alle Inhalte, auch wenn sie noch so fundamentale Handlungsnormen betreffen, müssen von realen ... Diskursen abhängig gemacht werden. Der diskursethische Grundsatz verbietet, bestimmte normative Inhalte ... auszuzeichnen und moraltheoretisch *ein für allemal* festzuschreiben" (ebd., S. 133). Unbeschadet dieses strikten ‚Relativismus' hinsichtlich der Inhalte (Werte, Normen, Prinzipien) bringt das Verfahren universell gültige Normen oder Lösungen für moralische Konflikte hervor, da – im Gegensatz zu ästhetischen oder therapeutischen Diskursen – in moralischen Diskursen „*grundsätzlich* immer ein rational motiviertes Einverständnis (muß) erzielt werden können ... wenn die Argumentation nur offen genug geführt und lange genug fortgesetzt werden könnte" (ebd., S. 115). Ja, dieser prinzipiell erzielbare Konsens bildet gerade das Kriterium, das moralische von anderen Wertfragen zu unterscheiden erlaubt: „Die moralischen Fragen, die unter dem Aspekt der Verallgemeinerungsfähigkeit von Interessen oder der Gerechtigkeit grundsätzlich rational entschieden werden können, werden nun von den evaluativen Fragen unterschieden, die sich unter dem allgemeinsten Aspekt als Fragen des *guten Lebens* (oder der Selbstverwirklichung) darstellen und die einer rationalen Erörterung nur *innerhalb* des unproblematischen Horizonts einer geschichtlich konkreten Lebensform oder einer individuellen Lebensführung zugänglich sind" (ebd., S. 118)³.

Kant, Kohlberg und der frühere Habermas teilen die Annahme, daß rationale Übereinstimmung möglich ist bezüglich des moralischen Verfahrens, bezüglich der moralischen Normen, die dieses Verfahren erzeugt oder prüft, und sogar bezüglich der Lösungen, die für konkrete moralische Konflikte aus dem Verfahren abgeleitet werden. Der letzte Aspekt – Konsens bezüglich konkreter Konfliktlösungen – beruht jedoch in den drei Positionen auf je verschiedenen Voraussetzungen: Bei *Kant* folgt er aus einer klaren Hierarchisierung von durch unterschiedliche Strukturmerkmale definierte Typen von Pflichten zusammen mit der Voraussetzung, daß vollkommene Pflichten keine Ausnahmen zulassen. Bei *Kohlberg* folgt er aus einer inhaltlichen Wertehierarchie, von der unterstellt, jedoch nicht bewiesen wird, daß sie durch das moralische Verfahren erzeugt wird. Bei *Habermas* können zwar nicht vorgängig bestimmte moralische Normen und Problemlösungen abgeleitet werden, aber man kann – qua Definition von Moral überhaupt – damit rechnen, daß im Diskurs in jedem Fall eine Einigung über spezifische Normen und Lösungen erzielt wird. Alle drei Positionen sind also im strikten Sinne nicht-relativistisch: Rational begründete Entscheidbarkeit wird nicht nur für das moralische Verfahren und moralische Normen in Anspruch genommen, sondern sogar für konkrete Lösungen in moralischen Konflikten.

Eingeschränkter Universalismus
Die im folgenden vertretene Position des eingeschränkten Universalismus behauptet einerseits universelle Ausweisbarkeit für allgemeine moralische Prinzipien[4], andererseits aber eine breite Grauzone eines legitimen Dissenses bei deren Anwendung in konkreten Konfliktsituationen. Der erste Schritt zur Begründung dieser Position besteht in dem Nachweis, daß der Anspruch des strikten Universalismus und auf völligen Konsens auch in allen konkreten Dilemmalösungen nicht haltbar ist (vgl. unten). Im zweiten Schritt gilt es dann zu zeigen, inwiefern bestimmten moralischen Prinzipien eine universelle Gültigkeit zugesprochen werden kann (vgl. Kap. 1.2).

Zur Unhaltbarkeit des strikten Universalismus
Zunächst soll die These begründet werden, daß der strikte Universalismus nicht haltbar ist und somit der eingeschränkte Universalismus die denkbar weitestgehende Erfüllung universalistischer Ansprüche darstellt. Ausgangspunkt ist die Analyse der Struktur eines moralischen Dilemmas. Ein Dilemma entsteht, wenn Pflichten miteinander in Wi-

derspruch geraten. Da negative Pflichten, wie bereits begründet, nicht kollidieren können, muß es um einen Widerspruch zwischen einer negativen und einer positiven Pflicht gehen. Gert (1973), der von Kants ursprünglicher Unterscheidung zwischen negativen und positiven Pflichten ausgeht, führt eine weitere Differenzierung der positiven Pflichten ein: moralische Ideale (Übel vermeiden) und utilitaristische Ideale (Gutes tun). Echte moralische Dilemmata entstehen, wenn eine vollkommene Pflicht mit einem moralischen Ideal in Konflikt gerät (im Heinz-Dilemma beispielsweise kollidiert die vollkommene Pflicht: „Du sollst nicht stehlen!" mit dem moralischen Ideal: „Du sollst Gefahr für das Leben der Frau abwenden!"); echte Dilemmata also entstehen, wann immer die Befolgung eines moralischen Gebotes größeren *Schaden* verursacht als seine Übertretung (hier: der Tod der Frau ist schlimmer als der dem Apotheker durch einen Diebstahl zugefügte Schaden). Solche Probleme können jedoch nur dann als moralische Dilemmata (und nicht einfach als tragische Situationen) wahrgenommen werden, wenn Ausnahmen von Regeln als rechtfertigbar gelten. Dies allerdings wird in der modernen ethik-theoretischen Diskussion – im Gegensatz zu Kant – auch unterstellt, wie sich etwa an Ross' (1938, S. 84ff.) Unterscheidung zwischen prima facie und tatsächlichen Pflichten, an Gerts (1973, S. 79ff.) except-clause oder an Hares (1963, S. 40) Distinktion von Universalisierbarkeit und Generalisierbarkeit zeigt. In solchen moralischen Konflikten, in denen es um die Wahl des kleineren Übels geht, hängt die Entscheidung von einer Abwägung von Folgelasten ab. Dabei kann man aus zwei Gründen keine universelle Übereinstimmung über die richtige Lösung erwarten: (1.) Die Kalkulation der Kosten hängt an ungesicherten empirischen Annahmen. (2.) Es gibt keine verbindliche Übereinstimmung über eine Hierarchisierung der Wertedimensionen, die zur vergleichenden Bewertung der Kosten benötigt werden.

(1.) Die Abschätzung der Kosten unterschiedlicher Handlungsverläufe involviert all die wohlbekannten Unsicherheiten und Risiken sozialwissenschaftlicher Prognosen. Diese haben pragmatische, aber auch prinzipielle Gründe. Zu den pragmatischen Gründen zählen etwa Informationsmangel oder die bei bloß statistischen Gesetzmäßigkeiten unvermeidlichen Unsicherheitsspielräume. Die prinzipiellen Gründe sind in der hermeneutischen Einbettung aller Forschung fundiert: Wissenschaftliche Theorien spiegeln die Realität nicht einfach wider, sondern sind – aufgrund der Theorieabhängigkeit der Daten und der Paradigmenabhängigkeit der Theoriewahl (Habermas 1981, S. 161ff.) – selbst sozial mitkonstituiert. Für die Sozialwissenschaften gilt darüber hinaus eine ‚doppelte Hermeneutik' (Giddens 1988): Der Forschungsgegenstand ist selbst handlungsfähiges Subjekt. Damit haben wissenschaftlich legitimierte Realitätsdeutungen ihrerseits handlungsleitende Kraft und realitätsverändernde Wirkungen (self-fullfilling prophecy). Soweit nun Theorien nicht nach den Grundsätzen des Falsifikationismus, sondern in Abhängigkeit von Paradigmen gewählt werden (sich also „ähnlich zueinander verhalten wie partikulare Lebensformen" – Habermas 1981), und soweit die Wahl einer bestimmten Theorie auch eine interessengeleitete Handlungsentscheidung darstellt, gilt, daß es selbst im Bereich empirischer Aussagen eine Art ‚Grauzone' gibt: Es gibt Aussagen, die zu einem gegebenen Zeitpunkt weder eindeutig als wahr noch eindeutig als falsch gelten können, wobei Gegner und Befürworter gleichermaßen Rationalität für sich beanspruchen können. Soweit diese Argumentation triftig ist, werden Individuen schon allein deshalb keine Übereinstimmung über die richtige Lösung eines moralischen Konflikts erzielen, weil sie sich über die empirischen Unterstellungen nicht einigen können. Ein besonders plastisches Beispiel für einen solchen Dissens liefert die seinerzeitige Kontroverse um die Nachrüstung: Strittig war nicht das Ziel der Friedenssicherung, sondern das eingesetzte Mittel der Zielverwirklichung, dessen Angemessenheit in Abhängigkeit von empirischen Situationseinschätzungen beurteilt wird: Ist die Nachrüstung Einleitung zur nächsten Runde im tödlichen Rüstungswettlauf oder ist sie Antwort auf sowjetischen Rüstungsausbau; erhöht oder verringert sie die Wahrscheinlichkeit weiterer Aufrüstung, des Ausbruchs eines Atomkriegs, der Möglichkeit einer Begrenzung eines Krieges.

(2.) Doch selbst wenn in weniger komplexen Situationen ein Konsens über die *empirische* Frage der Konsequenzen verschiedener Handlungsoptionen erzielbar wird, so bleibt das eigentliche Problem, die Wahl der richtigen Handlungsoption, noch ungeklärt: Eine Übereinstimmung über eine Bewertung der unterschiedlichen Konsequenzen nämlich ist noch viel weniger erzwingbar. In seiner Diskussion der Rationalität arbeitet Gert (1973, S. 47) heraus, daß zwar alle rationalen Menschen darin übereinstimmen mögen, was schlecht ist[5] und was gut ist[6], daß sie aber keineswegs darin übereinstimmen müssen, welches von zwei Übeln das schlimmere, welches von zwei Gütern das bessere ist: „Rational men, when confronted with choosing between increasing wealth and increasing knowledge, will not always agree, especially since both wealth and knowledge have degrees. Thus it is pointless to talk of knowledge being better than wealth, or vice versa. Similarly there will not be complete agreement among all rational men about which is worse, pain or loss of freedom. Obviously there are degrees of pain, to escape from which all rational men will choose some loss of freedom. But we cannot expect complete agreement where different kinds of evils are involved. Death is usually the worst evil, for all rational men are prepared to suffer some degree of the other evils in order to avoid death. However, there are degrees of the other evils which result in reason allowing one to choose death" (Gert 1973, S. 50). Wenn dies gilt, so folgt, "that two people, both rational and both agreeing about all the facts, ... may advocate different courses of action. This can happen because they may place a different weight on the goods and evils involved. One man may regard a certain amount of loss of freedom as worse than a certain amount of pain, while another man may regard the pain as worse. Reason allows choosing either way. Thus there is not always a best decision" (ebd., S. 51).

Diese Überlegungen seien nun auf Kohlbergs und Habermas' Position eines ‚strikten Universalismus' angewandt. Wie bereits erwähnt, postuliert *Kohlberg* zusätzlich zu einer präzisen Definition eines formalen Verfahrens für moralische Entscheidungsfindung eine universell gültige inhaltlich definierte Wertehierarchie, bei der Leben als höchster Wert gilt und eine strikte Pflicht, Leben zu retten, impliziert. Läßt sich nun aber eine solche Wertehierarchie tatsächlich aus dem formalen Verfahren ableiten, so ist ihre unabhängige inhaltliche Spezifizierung überflüssig. Folgt aus dem Verfahren jedoch kein Konsens, dann ergibt sich ein Widerspruch zwischen zwei verschiedenen Wegen zur Lösung eines moralischen Dilemmas: einmal die Anwendung des formalen Verfahrens, zum anderen die Orientierung an der Wertehierarchie. Genau dies scheint der Fall. So mag man zwar durchaus im Heinz-Dilemma für Stehlen als die angemessenere Handlungsentscheidung plädieren, es kann aber keineswegs als ein unstrittiges allgemeines Prinzip gelten, daß eine positive Pflicht, Leben zu retten, immer und stets Vorrang vor Gesetzestreue hat und haben sollte. Wäre dies der Fall, so müßte Robin Hoods Strategie, von den Reichen zu nehmen und es den Darbenden zu geben, von allen Menschen unbestreitbar als ‚gerechteste' Lösung des Problems sozialer Ungleichheit akzeptiert werden. Daß aber faktisch Dissens über die Rechtfertigbarkeit dieser Strategie besteht, hängt daran, daß Menschen bei Fragen der distributiven Gerechtigkeit sich nicht darüber einig sind, welches Gewicht den unterschiedlichen je relevanten Kriterien wie Fähigkeit, Anstrengung, Leistung, Bedürfnisse, Gleichheit zuzumessen ist (vgl. dazu auch Puka 1986).

Habermas nimmt für sich in Anspruch, den Grundsatz der Diskursethik als universell gültiges Verfahren zur Prüfung der Gültigkeit von Normen gerechtfertigt zu haben. Dem vorliegenden Problem, ob

Konsens über die Gültigkeit von Normen hinaus auch über die Richtigkeit konkreter Dilemmalösungen erzielbar ist, dem Problem der *Anwendung* von Normen also, maß Habermas seinerzeit nur geringe theoretische Bedeutung bei und diskutierte es daher nicht explizit. Faktisch aber ging er davon aus, daß es dieses Problem nicht gäbe. Zwar gesteht er zu, daß der diskursethische Grundsatz die Probleme der eigenen Anwendung nicht regeln kann (Habermas 1983, S. 114). Da sich aber die Argumentationsteilnehmer dem universalistischen Anspruch des diskursethischen Prinzips nicht entziehen können, ergibt es sich, „daß die Anwendungen von Prinzipien, wenn diese erst einmal anerkannt sind, keineswegs von Situation zu Situation schwanken, sondern einen *gerichteten* Verlauf nehmen ... Auch in der Dimension der klugen Applikation ... sind Lernprozesse möglich" (ebd., S. 115). So behauptete er denn auch, daß „moralische Fragen grundsätzlich rational entschieden werden können", bzw. daß moralische Fragen eben überhaupt nur jene sind, für die gilt, daß sie „rational und zwar mit der Aussicht auf Konsens erörtert werden können" (ebd., S. 114). Diese Leugnung der Möglichkeit eines legitimen Dissenses bei der Lösung moralischer Dilemmata führt in einen Selbstwiderspruch. Auch wenn die Entscheidungsverfahren und die daraus ableitbaren Normen konsentiert sind, so ist das Problem der rechten Anwendung von Normen, der Zulässigkeit von Ausnahmen im Lichte der unterschiedlichen Konsequenzen der offenstehenden Handlungsoptionen noch nicht gelöst. Es gilt die Frage zu klären, ob durch Befolgung oder Übertretung einer Norm – unparteilich beurteilt – größerer Schaden vermieden werden kann. Doch selbst wenn die empirische Frage der zu erwartenden Konsequenzen unstrittig beantwortet wäre, so bleibt die Frage ihrer *Bewertung* offen – und muß offen bleiben. Eine solche Bewertung nämlich involviert notwendigerweise Fragen des ‚guten Lebens', über die nach Habermas' eigener Überzeugung Einigung nicht immer erreicht werden kann. Wenn nun aber für moralische Konfliktlösungen eine Gewichtung von Konsequenzen nötig ist und diese nur im Rahmen der Zufälligkeiten individueller Biographien oder sozialer Bindungen erfolgen kann, so folgt daraus, daß nicht bei allen moralischen Problemen Konsens erreichbar ist, daß ein irreduzibler Rest von ‚Dezisionismus' aufgrund (unterschiedlicher) Wertepräferenzen unvermeidbar ist. Gilt dies, so ist ein strikter Universalismus, der Konsentierbarkeit nicht nur für das moralische Entscheidungsverfahren und daraus ableitbare Normen, sondern darüber hinaus auch noch für inhaltliche Lösungen in moralischen Konfliktsituationen beansprucht, nicht haltbar. Der höchste noch vertretbare Anspruch auf Universalismus wäre dann der ‚eingeschränkte Universalismus', der weiterhin an der These einer rationalen Begründbarkeit des moralischen Entscheidungsverfahrens festhält, aber mit der rationalen Unentscheidbarkeit echter moralischer Dilemmata lebt.

Wie sieht nun ein begründungsfähiges Entscheidungsverfahren aus? Welche Normen lassen sich ableiten?

1.2 Begründungsverfahren und inhaltliche Moralprinzipien

Konstitutiv für ein modernes Moralverständnis ist die historische Umstellung im Rechtfertigungsmodus von Moral: Normen lassen sich in der Moderne nicht mehr unter Berufung auf Gott, auf religiöse Autoritäten oder Traditionen begründen; allein der vernünftige Wille aller kann sie noch rechtfertigen. Dieser beruft sich auf gattungsspezifische Universalien: die Verletzlichkeit des Menschen, seine Fähigkeit, andere aus Eigennutz zu verletzen, und seinen Wunsch, selbst nicht grundlos verletzt zu werden. Wären wir unverletzlich wie die Engel, ohne Selbstsucht wie die Heiligen oder ohne die Fähigkeit zu willentlicher Selbststeuerung wie rein instinktgeleitete Tiere, so wäre Moral weder notwendig noch möglich. In Wahrheit aber ist der Mensch moralbedürftig und moralfähig. Und in der Moderne hat er sie sich selbst zu setzen[7]. Damit treten zwei Momente in den Vordergrund: Gleichheit und Interessenbasiertheit.

1.2.1 Moralprinzipien

Gleichheit
In vertragstheoretisch orientierten Moralrekonstruktionen ist Gleichheit im Verfahren selbst faktisch immer schon unterstellt. Bei Rawls etwa ist Gleichheit in das Verfahrensprinzip einer Urteilsbildung unter dem ‚Schleier der Unwissenheit' eingelassen: Ohne Wissen um die eigene Generations-, Geschlechts-, Kultur- oder Religionszugehörigkeit, ohne Wissen um persönliche Geschmackspräferenzen, d.h. also ohne jegliches Wissen um irgendwelche individuierenden (und daher mögliche Ungleichbehandlungen legitimierenden) Spezifika – allein ausgestattet mit unstrittigem Minimalwissen über Universalien des menschlichen Lebens müssen Individuen sich einigen, welchen Normen sie allgemeine Verbindlichkeit zusprechen wollen. Diese im Verfahren schon unterstellte Basisannahme formaler Gleichheit (vgl. Dworkin 1984) ist inhaltlich begründbar. Wenn nur Menschen einander Pflichten auferlegen können, ist Akzeptanz allein dann zu sichern, wenn allen gleiche Rechte zugestanden sind (Rawls 1972). Es ergibt sich also eine Umkehr der Beweislast: Gleichheit wird zur Normal-

form und Ungleichheit rechtfertigungspflichtig (vgl. Ackerman 1980; Tugendhat 1993). Metaphysische Begründungen für Ungleichbehandlung (also etwa aus Gottes Schöpferwillen abgeleitete Regeln wie: ‚Das Weib sei dem Manne untertan' oder ‚Man gebe dem Kaiser, was des Kaisers ist') haben ihre unhinterfragbare selbstverständliche Geltungskraft verloren.

Interessenbasiertheit
Zentrales Interesse der Normfinder in der Ursprungssituation ist es, sich selbst und jene, die ihnen nahestehen, vor Schädigung zu schützen. Schadensminimierung also ist der inhaltliche Kern von Moral. Daraus ergibt sich auch, daß moralischen Normen nur eine prima facie-Geltung zugesprochen wird, denn es geht nicht um Regelgehorsam per se – etwa als Ausdruck eines tiefen Vertrauens in Gottes Güte und Weisheit; vielmehr sind die Individuen daran interessiert, daß sie nicht Schaden nehmen. Daher werden sie wollen, daß Regeln übertreten werden, wenn nur so – unparteilich beurteilt – größerer Schaden vermieden werden kann (vgl. Gert 1988). Wenngleich damit unvermeidlich eine Grauzone legitimen moralischen Dissenses eröffnet ist, so folgt doch keineswegs die prinzipielle Aufhebung der Unterscheidbarkeit von moralisch falsch oder richtig: Eine ausschließlich dem Eigennutz dienende Regelübertretung ist und bleibt – sofern sie das Grundprinzip der Unparteilichkeit verletzt – moralisch falsch.

Die Durchsetzung dieser Minimalprinzipien einer rational rechtfertigbaren Moral – das universelle Interesse an Schadensminimierung, das moralische Grundprinzip der Unparteilichkeit und die Unhintergehbarkeit basaler Gleichheitsansprüche, deren Umgehung begründungspflichtig ist – hat Veränderungen im Moralverständnis zur Folge. Es werden nunmehr verschiedene Arten von Regeln strikter unterschieden:

1.2.2 Regelarten

Universelle negative Pflichten
Diese gebieten, die direkte Schädigung anderer zu unterlassen: andere nicht zu töten, zu bestehlen, zu belügen oder zu betrügen. Rawls (1972) spricht von ‚natural duties', da sie aus Merkmalen abgeleitet sind, die allen Menschen irrespektive ihrer je spezifischen Vergesellschaftungsform eignen. Als bloße Unterlassungspflichten sind sie auch jederzeit gegenüber jedermann einhaltbar (vgl. Gert 1988).

Kulturspezifische positive Pflichten
Diese gebieten, die indirekten Schädigungen, die andere erleiden, wenn ihre legitimerweise aufgebauten Erwartungen nicht erfüllt werden, zu unterlassen. Diese Enttäuschbarkeit ergibt sich daraus, daß der Mensch nur in arbeitsteilig organisierten Kooperationszusammenhängen überlebensfähig ist und daher die Verteilung der Arbeit und der gemeinsam erwirtschafteten Produkte sozial geregelt wird. Damit ergibt sich ein universelles Interesse daran, daß alle Beteiligten die jeweils übernommenen Pflichten getreulich erfüllen. Als formale ist die Regel ‚do your duty' universell; ihre je spezifischen Inhalte jedoch variieren zwischen den Kulturen und innerhalb jeder Kultur zwischen den Rollen; auch können sie sich mit sozialem Wandel verändern (vgl. Kap. 1.3). Ihre Struktur entspricht der des Versprechens: Als formales ist das Gebot, gegebene Versprechen (prima facie) zu halten, universell – der Inhalt des Versprechens hingegen ist fast beliebig variabel.

Konventionen
Konventionen sind solche Regelungen, deren Übertretung nicht in sich schädigend ist; schädigend sind allenfalls Folgewirkungen oder kulturspezifische oder auch bloß subjektive Bedeutungszuweisungen. So ist es nicht ein in sich schlechter Akt, auf der linken Straßenseite zu fahren oder bei der Begrüßung den Namen des anderen nicht zu nennen. Es ist aber falsch, Unfälle durch Fehlverhalten zu riskieren, und es gilt in Rechnung zu stellen, daß andere Personen sich durch die Übertretung von Höflichkeitsnormen gekränkt fühlen mögen (vgl. Turiel 1983).

Persönlicher Bereich
Der persönliche Bereich umfaßt alle die Fragen, bei denen dem Individuum zugestanden wird, seine Entscheidungen – sofern diese andere weder direkt noch indirekt schädigen – frei gemäß seiner eigenen Bedürfnisse, Wertorientierungen und Vorlieben zu fällen. So ist einer moralische Rechenschaft nicht schuldig für die Entscheidung, seinen Urlaub lieber in Italien als in Schweden zu verbringen oder lieber den Beruf des Installateurs als des Sportlehrers zu wählen (vgl. Nucci/Lee 1993)[8].

Die Umstellung im Rechtfertigungsmodus von Moral also hat zu einer klareren Differenzierung geführt zwischen moralischen Regeln, die universell (wie die negativen Pflichten), die direkte oder kulturspezifisch (wie die positiven Pflichten), indirekte Schädigung anderer zu unterlassen gebieten, bloßen Konventionen und einem persönlichen Bereich. Die Folge sind eine Reihe von Umklassifikationen. Zum einen werden traditionell normativ regulierte Verhaltensweisen – nun, da ihre Schädlichkeit nicht mehr unmittelbar ersichtlich ist – der persönlichen Entscheidungsfreiheit anheimgestellt. Mit der Industrialisierung betraf dies die Auflösung von Normierungen der ständischen Lebensführung (Kleidung, Gästebewirtung etc.). Im sogenannten zweiten Modernisierungsschub, der seit den 60er Jahren datiert, hat diese Umkodierung auch Fragen der Religion, Sexualität, der Familien- und Geschlechterordnung erfaßt: Alle sexuellen Praktiken zwischen konsentierenden Erwachsenen gelten als akzeptabel; Kirchenbesuch wie Kirchenaustritt sind dem persönlichen Entscheid anheimgestellt; die Aufteilung von Produktions- und Reproduktionsarbeit auf die Geschlechter wird – zumindest theoretisch – als individuell zwischen den Partnern aushandelbare Frage behandelt, d.h. die Erfüllung von ‚Mutterpflichten' im Sinne einer naturgegebenen Zuständigkeit der Frau für die Kinderaufzucht, des Mannes für die Existenzsicherung hat ihren unbedingten moralischen Verpflichtungsgrad eingebüßt. Zum andern aber haben sich auch Remoralisierungen vollzogen: So etwa werden im Interesse künftiger Generationen Aufforderungen zur Müllsortierung oder zur Nutzung öffentlicher Verkehrsmittel moralisiert oder im Interesse der Gleichachtung der Frau die Ausübung ‚ehelicher Rechte' durch den Mann ohne Zustimmung der Frau kriminalisiert (vgl. Nunner-Winkler, in Vorbereitung).

1.3 Mißdeutungen von Moral im soziohistorischen Wandel

Im Zuge dieser moralischen Umcodierungsprozesse haben sich auch gravierende *Mißdeutungen* eingestellt. Auf der einen Seite stehen die Klagen über den Verfall oder die These vom Ende der Moral, auf der anderen Seite deren Reduktion auf einen vollständig inhaltsentleerten Prozeduralismus.

Klagen über den Verfall der Moral
In konservativen Klagen über den Verfall von Moral wird der *persönliche* Bereich häufig mit Willkür, Hedonismus oder Amoral gleichgesetzt. Die Konstitution des persönlichen Bereichs selbst verdankt sich jedoch gerade der Durchsetzung des neuen Moralverständnisses, für das das Prinzip der Toleranz, der Achtung vor dem Selbstbestimmungsrecht der Person konstitutiv ist. Am Beispiel der Religionsfreiheit läßt sich dies besonders deutlich illustrieren. In Rawls Urzustand – wenn einer also unter dem Schleier der Unwissenheit nicht weiß, welcher Religion er selbst anhängen werde – hat er ein Interesse daran, daß seine (ihm unbekannte) künftige Religionspräferenz toleriert wird:

Wichtiger als andere mit Gewalt auf seinen eigenen Glauben einschwören zu können, ist es ihm, daß er nicht für seinen Glauben getötet werde, sollte er Anhänger einer Minderheitenreligion sein. Auch im Bereich der Sexualität ist die geforderte und weitgehend realisierte Toleranz weniger als Verfall der Sitten zu lesen, denn als Indiz der zunehmenden Anerkennung der Würde der Person und ihres Rechts auf Selbstbestimmung und Glücksmöglichkeiten. Dabei allerdings gilt es die komplexe Struktur des Toleranzgebots zu berücksichtigen: ihre Geltung nämlich ist auf solches Verhalten begrenzt, das die Rechte anderer nicht beschneidet. Konkret: Toleranz genießt nur eine Religion, die ihrerseits Verzicht auf gewaltförmige Missionierung leistet, und Toleranz können sexuelle Praktiken nur dann beanspruchen, wenn sie unter konsentierenden Erwachsenen geübt werden. Völliger Gewaltverzicht – sei es in Form eines fundamentalen Pazifismus oder schrankenlosen Antiautoritarismus – ist nicht impliziert, im Gegenteil: die Bereitschaft, Übertretungen zu sanktionieren – im äußersten Falle auch mittels physischer Gewaltausübung –, ist Teil von Moral, konstitutiv schon für die Bestimmung von Moral (vgl. Gert 1988).

Einen weiteren Anlaß für konservative Verfallsklagen bot die radikal antiautoritäre Diskreditierung der sogenannten ‚*Sekundärtugenden*': Ordnungsliebe, Pünktlichkeit und Fleiß wurden als bloße durch autoritären Persönlichkeitsdrill eingebleute Konventionen ‚entlarvt', die zum Kadavergehorsam eher disponierten als zu moralischem Handeln. Diese Kritik allerdings konfundierte die Begründung von Inhalten moralischer Regeln mit dem Modus ihrer Verankerung in der Person. Das Gebot der Pünktlichkeit beispielsweise läßt sich – inhaltlich – sehr wohl aus moralischer Perspektive rechtfertigen: seine Übertretung betrügt andere um ihre Zeitplanung und ist als Ausdruck mangelnder Achtung zu lesen. Zugleich aber – und dies ist das Spezifikum des modernen Moralverständnisses – hat die Regel nur eine prima facie-Geltung: Die Dringlichkeit ihres Verpflichtungscharakters bestimmt sich aus den je konkreten Kontextbedingungen als Abwägung der Verletzungen, die durch die Übertretung zugefügt oder vermieden werden können. Nun können diese Sekundärtugenden durchaus in Form konkreter Regeln rigide im Überich verankert sein, also der Person eine kontextsensitiv flexible Normanwendung erschweren oder verunmöglichen. Es ist jedoch verfehlt, aus psychologisch zu analysierenden persönlichkeitsspezifischen Rigiditäten im Modus der Aneignung von Normen auf die Frage der moralischen Rechtfertigbarkeit der Inhalte der Gebote zurückzuschließen.

Die Thesen vom Ende der Moral

Noch weitergehend als die Klagen um den Sittenverfall sind die Diagnosen vom Ende der Moral. Zwei Varianten, die systemtheoretische und die ideologiekritische seien kurz diskutiert. Luhmanns *systemtheoretischen Analysen* zufolge sei Moral in modernen ausdifferenzierten Gesellschaften auf den Bereich zwischenmenschlicher Interpenetration reduziert. Diese Behauptung jedoch übersieht, daß in demokratischen Gesellschaften das politische System selbst auf basalen Moralprinzipien aufgebaut ist: das Recht des Bürgers auf Unversehrtheit und ein ordentliches Gerichtsverfahren, Meinungs-, Versammlungs- und Demonstrationsfreiheit, allgemeines gleiches Wahlrecht. Des weiteren wird verkannt, daß es in rechtsstaatlich verfaßten Demokratien zwar keine Spitze mehr, aber eben doch eine Mitte gibt – die Öffentlichkeit (vgl. Habermas 1992). In öffentlichen Debatten können Luhmanns Erkenntnisse über die Funktionsweise von Teilsystemen und ihre je spezifischen Codes reflexiv eingeholt werden. An die Stelle moralistischer ‚Appelle' an die persönliche Verantwortlichkeit von Politikern, Wissenschaftlern oder Managern kann nun die strategische Nutzung der von Luhmann analysierten Codes treten: Aufrufe zu Konsumboykott, Parteigründungen (z.B. die Grünen) oder die Einführung neuer Verfahrensregeln (z.B. Beweislastumkehr bei ökologischer Schädigung) erlauben, mit dem politischen System, dem Wirtschaftssystem, dem Rechtssystem über den Code der Stimmabgabe, der Kaufentscheidung, der Schadensersatzklage zu kommunizieren (vgl. Fischer 1989; Beck 1993). Dabei geht es nicht nur um die Durchsetzung partikularer Interessen – auch moralische Gesichtspunkte werden eingebracht (z.B. der Erhalt der Lebensbedingungen der künftigen Generationen, Kontrolle der Integrität von Amtsinhabern, die Wahrung der Rechte von Ausländern, sozial Schwächeren und Behinderten).

Die *ideologiekritische Variante* entlarvt Moral als bloßes Überbauphänomen, als Verschleierung von Herrschaftsinteressen. Radikale Ideologiekritik allerdings begeht einen performativen Widerspruch: In der Äußerung der Kritik wird in Anspruch genommen, was inhaltlich geleugnet wird: die Möglichkeit, wahrheitsorientiert Aussagen zu machen, gerechtigkeitsorientiert Utopien zu entwerfen. Dieser eher formale Vorwurf eines Selbstwiderspruchs ist durch einen inhaltlichen Einwand zu ergänzen: Dieser richtet sich gegen die ideologiekritische These, die herrschende Moral sei die Moral der Herrschenden. Nach modernem Moralverständnis ist gerade das Gegenteil zutreffend: Die zentrale nachmetaphysische Basisnorm der Gleichheit ist selbst Herrschaftskritik. Allerdings ist es ein historisch langer Weg von der Erkenntnis dieser Norm zu ihrer realen Umsetzung. Schon in der Französischen Revolution, schon bei der amerikanischen Erklärung der Menschenrechte war Gleichheit als Grundprinzip deklariert worden. Die Zeitgenossen erkannten das Dilemma, das sich aus dem Auseinanderklaffen vorfindlicher Ungleichheiten und dem vernunft- oder naturrechtlich fundierten Gleichheitsanspruch ergab: Wie ließ sich die Vorenthaltung politischer Selbstbestimmungsrechte für die Frau, wie ließ sich die Ausbeutung der schwarzen Sklaven noch rechtfertigen? Condorcet (1789/1979; vgl. Alder 1992) etwa forderte explizit, man möge ihm einen natürlichen Unterschied zwischen Mann und Frau zeigen, der die Ungleichstellung rechtfertige, und auch Jefferson suchte die Lösung des Dilemmas im Nachweis natürlicher Unterschiede zwischen Schwarzen und Weißen. Er findet sie in Differenzen im Wuchs, in der Haarstruktur, im Gedächtnisvermögen, in der Denkfähigkeit (vgl. Meuschel 1981). Die Fülle theoretisch wenig interessanter, rein deskriptiver Untersuchungen über IQ-Differenzen zwischen Schwarzen und Weißen, die noch bis in die 60er Jahre hinein und seit neuestem wieder (vgl. Herrnstein/Murray 1994) die einschlägigen Fachzeitschriften füllen, ist ein Nachhall solcher Versuche, den durch die Umstellung auf Vernunftmoral erzeugten Legitimationsbedarf für Ungleichbehandlung mit den allein noch akzeptablen Mitteln – dem Nachweis ‚natürlicher‘ und ‚leistungsrelevanter‘ Unterschiede – zu befriedigen. Das gilt auch für die Intensität, mit der sich das 19. Jahrhundert daranmachte, das weibliche Geschlecht zu vermessen, nur um dann – befriedigt – etwa ein niedrigeres Gehirngewicht in die Debatte einbringen zu können (vgl. dazu Honegger 1991; Alder 1992). Der Kampf um zunehmend erweiterte Ausdeutungen des nachmetaphysischen Gleichheitsprinzips geht noch weiter. Nach der formal-rechtlichen Gleichstellung der Frauen[9] und der Schwarzen in den USA und Südafrika wird eine Verbesserung ihrer sozioökonomischen Teilhabechancen eingefordert. Auch eine höhere Gleichachtung von Kindern ist zu beobachten etwa am allmählichen Abbau autoritärer Erziehungsmaßnahmen (vgl. Reuband 1988, 1997), an der Abschaffung der Prügelstrafe in der Schule und an der Diskussion um ein Verbot körperlicher Züchtigung auch der Eltern.

Auch die historischen Analysen von Moore (1987) sprechen für die herrschaftsdelegitimierenden Wirkungen des Gleichheitsprinzips. Zu allen Zeiten – so Moore – werden gering geschätzte Tätigkeiten von niedrig entlohnten Arbeitskräften freiwillig erfüllt, solange die Gerechtigkeit des impliziten Gesellschaftsvertrags, d.h. der herrschenden Austauschverhältnisse, unterstellt wird. Diese Annahme mag religiös abgestützt sein, etwa durch die Wiedergeburtslehre bzw. die Erwartung einer Entlohnung im Jenseitigen oder aber im konkreten Tausch von Abgaben gegen Schutz fundieren, wie dies für das mittelalterliche

Feudalsystem oder die frühe sizilianische Mafia charakteristisch war (vgl. Hess 1970). Protest wird artikuliert, wenn Ungleichheit nicht mehr als gerecht gilt und zugleich als menschengemacht, also veränderbar wahrgenommen wird. In dem Maße, in dem in der Moderne vorgängige Ungleichheit nicht mehr Gottes Schöpferwillen zugerechnet werden kann, entsteht Protest und Kampf. Dieser Kampf aber ist nicht allein durch partikulare Interessen, sondern insbesondere auch durch moralische Empörung motiviert (vgl. auch Honneth 1992)[10].

Reduktion von Moral auf reinen Prozeduralismus
Aber auch die Entleerung der Moral von jeglichem Inhalt scheint theoretisch verfehlt[11] und praktisch prekär, leistet sie doch – unintendiert – faktisch dem relativistischen ‚anything goes' Vorschub. Ein Beispiel einer solchen inhaltsbereinigten Moralkonzeption ist Habermas' neuere Analyse der ‚modernen Vernunftmoral'. Diese „kann keinen Pflichtenkatalog, nicht einmal eine Reihe hierarchisch geordneter Normen auszeichnen, sondern mutet dem Subjekt zu, sich ein eigenes Urteil zu bilden" (Habermas 1992, S. 247). Dabei gilt, daß im moralischen Diskurs nicht zeitlose Wahrheiten, sondern allein ‚fallible Einsichten' produziert werden.

Die These einer völligen inhaltlichen Unbestimmtheit von Moral beruht auf zwei Mißverständnissen. Zum einen wird als bloßes Verfahrensmerkmal mißdeutet, was – wie oben gezeigt – in Wahrheit den Kern des modernen Moralverständnisses ausmacht, die inhaltliche Basisannahme der Gleichheit, die im Zugeständnis eines gleichen Vetorechts für alle Beteiligten am Normfindungsprozeß operationalisiert ist. Zum anderen wird die Komplexität der moralischen Urteilsfindung, die sich nicht an rigide geltenden Regelungen, sondern an allgemeinen Prinzipien (Gleichheit, Schadensvermeidung, Unparteilichkeit) orientiert, mißdeutet: Zwischen die bei Kant noch exhaustive Dichotomie von falschem versus richtigem Handeln tritt eine breite Grauzone eines legitimen moralischen Dissenses. Aus der Unaufhebbarkeit dieser Unbestimmtheitszone folgt jedoch keineswegs die inhaltliche Unbestimmbarkeit von Moral überhaupt. Dieses Argument kann am Beispiel von Ausnahmen von negativen Pflichten und am Beispiel des Wandels kulturspezifischer positiver Pflichten konkret durchgespielt werden:

Ausnahmen von negativen Pflichten
Für Kant gelten negative Pflichten ausnahmslos: auch einen Mörder darf man nicht belügen, um den Freund zu retten; auch einen unwürdigen Reichen darf man nicht um eine geringe Summe betrügen, um einen Edleren vor schlimmer Not zu bewahren. Es würde sich nämlich

durch das Zulassen solcher Ausnahmen Moral selbst aufheben: Ich kann nicht wollen, daß Lügen oder Betrügen jederzeit erlaubt sein solle, wenn dies nützlich ist – dies nämlich zerstörte bereits die Möglichkeit, Versprechen zu geben oder Vertrauen zu schenken[12]. Bei Kant allerdings ist die Forderung der ausnahmslosen Geltung negativer Pflichten nicht allein logischen Konsistenzüberlegungen geschuldet, sie ist zugleich – und vielleicht wesentlich – auch Korrelat der faktischen Einbettung seines Aufklärungsdenkens in ein noch religiös fundiertes Weltbild: nach Kant ist der Mensch verantwortlich allein dafür, das Rechte zu tun; die Folgen dieses rechten Tuns sind dem Schicksal, sind Gott zuzurechnen, der die Welt so geschaffen hat, wie sie nun einmal ist. Gut hundert Jahre später wird Weber diese Position als ‚Gesinnungsethik' klassifizieren und selbst mit Pathos für die Verantwortungsethik eintreten, also fordern, daß dem Menschen auch die (voraussehbaren) Folgen seines Tuns zuzurechnen sind. In diesem Haltungswandel spiegelt sich die Auflösung der religiösen Weltdeutung wider. Er ist Korrelat einer ‚Depotenzierung des Schicksals' (Marquard 1981) und gesteigerter Machbarkeitsvorstellungen, nun da gilt: Gott ist tot.

Nun impliziert die verantwortungsethische Grundhaltung notwendigerweise die oben (vgl. Kap. 1.1) beschriebene Grauzone legitimen Dissenses (vgl. Berlin 1992)[13]. Dieser allerdings betrifft nicht die Normen selbst; unstrittig geht es um (unparteilich beurteilte) Schadensminimierung – kontrovers sind allein die Prognosen und Bewertungen von Folgen, also allein die Frage, wie unter gegebenen Kontextbedingungen dem eindeutigen moralischen Gebot am besten Genüge getan ist. Genau an diesem Punkt, nämlich bei der Frage der Anwendung unbezweifelbar klarer moralischer Normen und keineswegs, wie von Habermas unterstellt, bei der Prüfung möglicher Normkandidaten auf ihre Gültigkeit hin – hat der von ihm geforderte reale Diskurs seinen Platz. Da gilt es öffentlich und frei alles verfügbare Wissen zu sammeln, um solidere Prognosen zu ermöglichen, unterschiedliche Wertgesichtspunkte zusammenzutragen und so den tragfähigsten Kompromiß zu ermitteln.

Wandel in den kulturspezifischen positiven Pflichten
Aus dem basalen nachmetaphysischen Prinzip der Interessenbasiertheit moralischer Regulierungen folgt, daß Institutionen für die Menschen da sind und nicht die Menschen für den Erhalt der Institutionen. Daraus ergibt sich, daß mit dem Wandel menschlicher Bedürfnisse und Lebensformen auch die in Institutionen inkorporierten Normkomplexe sich wandeln werden: Die Ehe etwa hat sich von einer lebenslangen Produktions- und Versorgungseinheit zu einer sozioemotionalen Re-

paraturwerkstatt gewandelt. Die Familie ist der Ort, wo das Individuum danach trachtet, hinter die ausdifferenzierten Partialrollen zurücktreten und ‚ganze Person' sein zu können. Wenn dies nicht mehr möglich ist, da die Partner sich nicht mehr miteinander verständigen und einander anerkennen können, dann hat sich nach modernem Verständnis die Ehe faktisch aufgelöst, auch wenn formale Verträge noch bestehen. Die Tatsache, daß von diesem Wandel im Institutionenverständnis auch Generationen mitbetroffen sind, die ihre Ehe noch unter anderen sozialstrukturellen Konditionen eingegangen sind, erhöht die Komplexität der moralischen Urteilsbildung. Strittig ist nun nicht nur die deskriptive Seite, also die Angemessenheit der Situationsbeschreibung und der Folgeprognosen – der Wandel der die Ehe fundierenden Basisnormen (lebenslängliches Treueversprechen versus Anspruch auf Lebbarkeit und Befriedigungschancen in der Beziehung selbst) wirft ein zusätzliches Dilemma auf. Wiederum aber gilt: Die Tatsache, daß bei manchen moralischen Problemen Konsens nicht zwingend zu erzielen ist, impliziert keineswegs, daß inhaltliche Normen überhaupt nicht mehr dingfest zu machen sind. Mit anderen Worten: Die Tatsache, daß es Grauzonen nicht eindeutig entscheidbarer Fälle gibt, hebt die Möglichkeit, Extremfälle eindeutig zu klassifizieren so wenig auf wie die Existenz von Zwittern die Klassifikation männlich/weiblich entwertet.

Habermas' These der inhaltlichen Unbestimmbarkeit von Moral in der Moderne steht im übrigen auch im Widerspruch zum alltagsweltlichen Moralverständnis der Gesellschaftsmitglieder, das an den moralischen Lernprozessen der nachwachsenden Generationen ablesbar ist (vgl. Kap. 2.2). Inhaltlich bestimmte moralische Regeln, wie etwa die Gebote „Du sollst nicht lügen, stehlen oder morden!", sind auch in nachmetaphysischer Zeit unhintergehbarer Bestandteil der schon in die Sprache selbst eingelassenen Lebensform. Dies gilt, auch wenn verstanden wird, daß solche Regeln auch Ausnahmen zulassen. Es handelt sich dann eben um eine Notlüge, um Mundraub oder Totschlag. Und dies gilt auch, wenn in einer gegebenen Situation strittig sein mag, ob Mord oder Totschlag, Lüge oder Notlüge vorliegt.

Unbestimmt also bleibt allein die Grauzone des legitimen Dissenses in Anwendungsdiskursen, in denen auf differierende Wertorientierungen und in der Tat unvermeidbar fallibles empirisches Wissen zurückgegriffen wird. Fallibel aber ist nicht das in vertragstheoretischen Normbegründungen unterstellte (und oben beschriebene) Minimalwissen um die Verletzlichkeit des Menschen, seine Fähigkeit und Bereitschaft, andere aus Eigennutz zu verletzen und seine Angewiesenheit auf soziale Kooperationsbeziehungen. Und inhaltlich unbestimmt sind nicht die (prima facie) gültigen moralischen Regeln, die aus diesem unstrittigen Wissen abgeleitet werden. Vielmehr zählen sie in Verbotsform ganz explizit die unterschiedlichen Formen von Schädigungen auf, die Menschen für sich und die, die ihnen nahestehen, zu vermeiden wünschen: So wollen sie (im Normalfall) nicht bestohlen, belogen, ihrer Freiheit beraubt, verletzt, getötet oder um ihre legitimen Ansprüche betrogen werden.

1.4 Die Menschenrechtsdebatte: Begründung und Begrenzung des Universalisierungsanspruchs

An den gegenwärtigen Auseinandersetzungen um die Menschenrechte läßt sich beides zeigen: die für uns unhintergehbare Gültigkeit der modernen Moralprinzipien von Gleichheit und (innerweltlicher) Schadensminimierung wie auch die im interkulturellen Diskurs erzwungene und für die Position des eingeschränkten Universalismus konstitutive Einsicht in die Grauzone legitimen Dissenses bei der Anwendung dieser Prinzipien. Die derzeit strittige Frage lautet: Formulieren die Menschenrechte eine universell verbindliche Moral oder eine westliche (Zivil-)Religion, die ihren Anspruch auf Weltherrschaft nur ideologisch kaschiert ('Kulturimperialismus') und die Irreduzibilität der kulturellen Vielfalt von Verfassungen, Lebensformen und Moralen verkennt oder verleugnet (vgl. Gray 1994, S. 728)? Zur Klärung dieser Frage bedarf es einer Analyse der in Anspruch genommenen *Begründungen* für die universelle Gültigkeit individueller Rechte.

Begründungsmodus
Ursprünglich waren die Menschenrechts-Forderungen unter Rekurs auf das *Naturrecht* begründet worden, das seit der griechischen Naturphilosophie als Maßstab diente. Auf die inhaltlich unbestimmte Folie des vieldeutigen Konzepts der ‚Natur' des Menschen oder einer Sache ließen sich dabei allerdings die unterschiedlichsten Deutungen projizieren, die dann rückwirkend Herrschaftsstrukturen oder erwünschte Normierungen zu legitimieren erlaubten (vgl. Stratenwerth 1958, S. 290). So etwa dekretierte die katholische Naturrechtslehre Fortpflanzung als ‚natürlichen' Zweck von Sexualität und begründete daraus die ‚Widernatürlichkeit' und damit Sündhaftigkeit von Homosexualität oder Geburtenkontrolle.

Neuere Überlegungen knüpfen nicht mehr an die ‚Natur' des Menschen, sondern an seine Interessen und Bedürfnisse an (so etwa Galtung 1994; Nussbaum 1993). Der Übergang von solch deskriptiven Aussagen über universelle Bedürfnisse zu normativen Forderungen läßt sich über vertragstheoretische Ableitungen vermitteln: Nicht die aus der Beobachterperspektive festgestellte ‚Natur', sondern die – in der Teilnehmerrolle – vorgetragenen Interessen begründen danach Normen. Nach Hobbes' klassischem Entwurf war es das Interesse an Ordnung und Sicherheit, das die im Naturzustand gleich und frei, aber ordnungslos und isoliert nebeneinander lebenden Subjekte dazu bewog, im *Gesellschaftsvertrag* ihre ‚natürlichen Rechte' auf Freiheit und ungezügelte Entfaltung an eine Herrschaftsinstanz abzugeben, damit diese die Einhaltung der Grundregeln des Gemeinschaftslebens überwache (vgl. Hartfiel 1976, S. 236).

Wiederum allerdings gerieten Einseitigkeiten der Menschenbildannahmen unter Kritik: Der fiktive Zusammenschluß involvierte autarke Wesen, denen es allein um die wechselseitige Kontrolle ihrer asozialen Triebregungen geht. Neuere Ansätze lassen demgegenüber ein breiteres Spektrum an Interessen und Bedürfnissen zu. Aus Rawls' vertragstheoretischem Modell etwa lassen sich nicht nur die bürgerlichen Freiheitsrechte (Recht auf Redefreiheit, Gewissensfreiheit, auf fairen Prozeß ...), sondern auch ökonomische Teilnahmerechte als Recht auf gleiche Zugangschancen in einem offenen Marktmodell ableiten. Und eine ergänzende wohlfahrtsstaatliche Absicherung für Notfälle folgt aus dem – auch im Urzustand zugänglichen – Wissen, daß Schicksalsschläge nie auszuschließen sind, und gründet in dem vorrangigen Gut der Selbstachtung, zu dessen Minimalerfordernis auch menschenwürdige Lebensbedingungen zählen.

Was nun ist spezifisch westlich, was ist universell am Begründungsmodus und an den Inhalten der Menschenrechts-Forderungen?

Rawls' Modell ist Ergebnis eines ‚Überlegungsgleichgewichts': Der systematische Anspruch auf innere Konsistenz der Prinzipien und daraus abgeleiteter Normen auf der einen und ein alltagsweltlich verankertes intuitives Moralverständnis auf der anderen Seite korrigieren einander wechselseitig. Dieser Prozeß spiegelt ein spezifisch modernes *konstruktiv-rekonstruktives Moralverständnis* wider. Dem ‚natürlichen' Moralverständnis hingegen gilt die ‚moralische Realität' als objektiv gegeben: Moralische Gebote werden danach nicht geschaffen, sondern – „wie die Gesetze der Physik" (Dworkin 1984, S. 267) – entdeckt oder von den Göttern offenbart.

Nicht nur diese reflexive Haltung – als Produkt von Religionskriegen (vgl. Rawls 1993) und Aufklärung –, auch die *inhaltlichen Grundannahmen* sind westlich-modern: die Annahme einer vorgängigen Gleichheit aller Menschen; die Fokussierung auf das Individuum; die Ableitung von Rechten aus rational ausweisbaren Interessen.

Religiös orientierten Kulturen entsprechen andere Weltdeutungen und Moralvorstellungen. Im Hinduismus etwa stehen nicht das Individuum und dessen Freiheit, Würde und Rechte im Zentrum, sondern die *organische Einheit des Kosmos* (vgl. D'Sa 1991). Als Leib Gottes hat dieser Kosmos eigene Rechtsansprüche, aus denen dem Menschen Pflichten (gegen die Götter, die Elemente, die Ahnen, die geistigen Traditionen, die Mitmenschen) erwachsen. Die westliche Selbsterfahrung des Individuums als abgetrenntes und vereinzeltes ‚Ich' gilt diesem Denken als falsches, als zu überwindendes Bewußtsein.

Auch aus ‚afrikanischer Sicht' (Bujo 1991) ist der Vorrang des Individuums vor der *Gemeinschaft* und die Betonung von Freiheit und Selbstbestimmung nicht akzeptabel. Bestimmte Menschenrechts-Forderungen, etwa das Recht des Individuums auf Eigentum, das Recht der Eltern, die Erziehung ihrer Kinder allein zu bestimmen, das Recht auf selbstbestimmte Partnerwahl, finden in der traditionalen sozialen Organisation Afrikas keine Entsprechung: Die Nutzung des Eigentums, die Erziehung der Kinder, die Eheschließung sind Angelegenheiten, die alle betreffen und nur „durch die Verständigung mit der Sippengemeinschaft einschließlich der Ahnen" (ebd., S. 221) geregelt werden können.

Ableitungsmodus
Ein Ableitungsmodus, der seinen Ausgang von den Interessen und Bedürfnissen der Individuen (und nicht von den Ansprüchen der sozialen Gemeinschaft, der Götter oder der Natur) nimmt und der Rechte (und nicht Pflichten) ins Zentrum stellt, ist westlich-modern. Folgt daraus, daß ein Plädoyer für im Westen entwickelte Menschenrechts-Vorstellungen ‚imperialistisch' ist?

Zunächst ist festzuhalten, daß zu den eigenen moralischen Überzeugungen allein die erklärende Haltung eines neutralen Beobachters einzunehmen selbstwidersprüchlich ist. Das Erheben eines Richtigkeits- oder zumindest eines Rechtfertigbarkeitsanspruches ist konstitutiv für die Bedeutung von Werturteilen. Für die eigenen Anschauungen eintreten kann nicht, wer sie als extern bloß indoktriniert versteht, sondern nur, wer Gründe für ihre Berechtigung zu haben glaubt. An den Werten und Prinzipien der Aufklärung können wir nur festhalten, soweit wir die eigene historische Entwicklung als *Lernprozeß* begreifen und folglich die eigenen Urteile als Einsichten verstehen, an denen wir mit Gründen festhalten. Mit dieser Einstellung ist das Wissen darum, daß der eigene Lernprozeß historisch-geographisch kontingent situiert ist und andere Erfahrungen möglicherweise andere Konsequenzen nahegelegt hätten, durchaus kompatibel. Nicht möglich hingegen ist Selbstobjektivierung im Sinne einer vollständigen Reduzierung der eigenen Urteile auf deren Entstehungsbedingungen. So zu verfahren hieße, einen „performativen Selbstwiderspruch" (Apel 1988; Habermas 1988) zu begehen, also theoretisch zu vertreten, was praktisch nicht lebbar ist. Im alltäglichen Lebensvollzug nämlich können wir nicht anders als die Gültigkeit der unsere Praxis fundierenden Normen zu unterstellen. In der Empörung etwa über erlittenes oder beobachtetes Unrecht spiegelt sich ein Anspruch auf faire Behandlung, der als berechtigt (und keineswegs allein kontingenten Sozialisationserfahrungen geschuldet) erlebt wird. Emotionen wie Schuld, Reue, Empörung, die das Für-berechtigt-Halten verletzter normativer Erwartungen widerspiegeln, sind unhintergehbarer Teil der menschlichen Lebensform (vgl. Strawson 1978).

Will man die genannten Aspekte zusammendenken – die Gewißheit, den eigenen Wertungen mit Gründen verpflichtet zu sein mit dem Wissen um deren historische Vermitteltheit und der Einsicht, daß andere aufgrund anderer Erfahrungen zu anderen Wertungen gekommen sind –, so zeigt sich nur ein Ausweg: der *Dialog*. Im verstehenden Nachvollzug der Gründe anderer gilt es zu prüfen, ob unterschiedliche Wertungen nebeneinander bestehen bleiben können bzw. im Falle des Ausschlusses, ob die eigenen Überzeugungen den Einwendungen standhalten oder zu revidieren sind. Denn solange die Geschichte noch nicht an ihr Ende gekommen ist, muß der Dialog auch für eigene Lernprozesse offen sein. Dieser Sachverhalt ist zwar komplex – aus der Entwicklung der Wissenschaftsgeschichte aber ist uns das Zusammendenken von begründeter Gewißheit mit der Vorläufigkeitsvermutung und prinzipieller Revisionsbereitschaft längst vertraut. So halten wir an unserer Überzeugung fest, daß die Erde eine Kugel sei, wiewohl wir wissen, daß man sie früher für eine flache Scheibe hielt und unsere späte Geburt und damit unser Zugang zu neueren physikalischen Erkenntnissen völlig kontingent ist. Auch haben wir erlebt, daß physikalische Theorien in der Auseinandersetzung mit neuen Daten und Interpretationen zurückgewiesen, revidiert oder in umfassendere Deutungssysteme integriert wurden. So verstehen wir Theoriebildung als unabschließbar offen für Lernprozesse. Lernen aber ist nur dem möglich, der sachorientiert an seinen eigenen Überzeugungen solange festhält, bis er eines Besseren belehrt wurde. Analog gilt für Moral: Wir können unsere Basisannahmen (Gleichheit, Individualrechte), die im Vertragsmodell weniger begründet als vielmehr nur expliziert werden, nicht als zufällig evolvierte Normierungen bloß beobachten – wir müssen sie als für unser eigenes Selbstverständnis konstitutiv verstehen. Indem wir uns dennoch auf einen Dialog einlassen, und zwar ohne auf die absolute Irrtumsfreiheit der eigenen Orientierungen zu pochen, sondern mit der Bereitschaft zu lernen, praktizieren wir das konstruktive Moralverständnis, das dem Rawlsschen Konzept des Überlegungsgleichgewichts entspricht. Und indem wir die Gründe des anderen als Gründe zu verstehen und nur mit Gründen entweder zu akzeptieren oder zurückzuweisen suchen, behandeln und achten wir ihn als gleich und realisieren also das grundlegendste ‚moderne' Moralprinzip der Egalität.

Eine solch egalitäre Dialogbereitschaft ist die klare Gegenposition zu der im Westen vielfach propagierten *objektivierend-relativistischen Haltung* gegenüber den eigenen Vorstellungen bei einer gleichzeitig unhinterfragt-kritiklosen Akzeptanz fremder Traditionen: Im Namen eines mißverstandenen Toleranzgebotes und unter völligem Verzicht auf Begründungsansprüche unterläuft diese Haltung die eigene und verabsolutiert die fremde Position. Sie ist amoralisch: Sofern wir den anderen nicht befragen, verweigern wir ihm die Anerkennung als Subjekt, das mit Gründen zu seinen Urteilen steht – und sofern wir uns selbst bloß als Produkt unserer Geschichte begreifen, sprechen wir auch uns den Subjektstatus ab. Zugleich ist diese Haltung naiv: Sie verkennt, daß es eine ‚natürliche' Moral in einer Welt, die durch Verkehr, Medien und Märkte zu einem einzigen Kommunikationszusammenhang geworden ist, nicht mehr gibt. Konstitutiv für traditionale Kulturen war die Absolutsetzung der eigenen Weltanschauung: Als einzig bekannte, als einzig vorstellbare konnte sie als perspektivische Weltsicht nicht erkannt, sondern mußte als objektive Realitätsspiegelung verstanden werden. Angesichts der unausweichlichen Erfahrung der Vielfalt menschlicher Kulturen aber ist heute jeglicher Rückgriff auf Traditionen ein bewußt reflektierter Akt und als solcher notwendig auf die Prüfung der Geltungsfragen verwiesen.

Die reflexive Haltung zur Moral also ist zwar zunächst säkular; aufgrund faktisch voranschreitender Globalisierungsprozesse wird sie aber zunehmend auch traditionalen Kulturen aufgenötigt. Damit wird – angesichts der vorfindlichen Normenvielfalt – auch das zentrale inhaltliche Grundprinzip eines säkularen Moralverständnisses, nämlich die in einem offenen Lernprozeß notwendig zu unterstellende Gleichachtung von gut begründeten Interessen und Bedürfnissen, für alle Kulturen verbindlich.

Welchen der westlichen Menschenrechts-Forderungen nun liegen *verallgemeinerungsfähige Interessen* zugrunde? Die *negativen Pflichten* sind – wie oben gezeigt – direkt aus unbestreitbar universellen Merkmalen – der Verletzlichkeit und Verletzungsfähigkeit – abgeleitet. Damit kann ein Interesse an Regeln, die Verletzungen zu unterlassen gebieten, als universell gelten. Solchen Regeln allerdings wird man nur eine prima facie-Geltung zuschreiben wollen, denn nicht blinder Regelgehorsam als Selbstzweck ist im unparteilichen Interesse aller, sondern Schadensvermeidung. Ausnahmen also werden als rechtfertigbar gelten können, wenn nur so (unparteilich beurteilter) größerer Schaden verhütbar ist. Dabei gilt es allerdings zu bedenken, daß Schaden nicht nur Leib und Leben sondern auch die Selbstachtung einer Person oder spezifische Wertbindungen betreffen mag. Was nun in jedem konkreten Einzelfall als größerer Schaden gilt, darüber ist interkultureller Konsens nicht zwingend erzielbar. In manchen Kulturen wiegt der Verlust der Ehre, in anderen der des Lebens schwerer; für manche zählen zwischenmenschliche oder doch nur innerweltliche Schädigungen allein, andere stellen auch transzendente Schadensfolgen (etwa für die Ahnen oder die Götter) in Rechnung.

Auch *positive Pflichten* sind aus einem universellen Merkmal abgeleitet: der Angewiesenheit auf soziale Kooperationszusammenhänge. Daraus ergibt sich, daß die Regel, jeder solle prima facie (d.h. in einer weitgehend wohlgeordneten Gesellschaft) ‚seine Pflicht' tun, universelle Gültigkeit hat, da sie in jedermanns Interesse ist. Allerdings ist dies nur ein formales Universale: Welche konkreten Pflichten es jeweils zu erfüllen gilt, variiert zwischen Positionen, Kulturen und Zeiten – in Abhängigkeit von der spezifischen Gestaltung der Kooperationsbeziehungen und Institutionen. Die Struktur der formalen Regel ist analog zum Versprechen zu verstehen. Prima facie sind Versprechen zu halten – dies ist universell. Was aber konkret zu tun ist, hängt davon ab, was versprochen wurde – dies also ist variabel.

Aus diesen Überlegungen läßt sich ein Kontinuum ableiten: Es gibt Handlungen, die universell als unmoralisch gelten: Einen anderen aus Eigennutz zu töten, zu bestehlen oder zu belügen oder die eigenen Pflichten nicht zu erfüllen, wird in allen Kulturen als verwerflich erachtet. Solche Handlungen verletzen universelle minimale Funktionserfordernisse von Gesellschaften. Es gibt jedoch einen breiten Dissensbereich: sowohl was moralisch relevante Folgebewertungen für die Rechtfertigung von Ausnahmen von negativen Pflichten wie auch, was die konkrete Bestimmung von Rollen und Rollenverpflichtungen anlangt. In diesem Dissensbereich gibt es – auch aus westlicher Sicht – legitime *Grauzonen*: Differenzen etwa in der Bewertung innerweltlicher Folgen sind gemäß unserem pluralistischen Selbstverständnis unvermeidlich. Auch bei der Gestaltung sozialer Kooperationsbeziehungen mag der ‚legitime Grauzonenbereich' weiter gesteckt sein, als bislang zugestanden war: in Fragen der Eigentumsordnung, Ehestiftung und Kinderaufzucht gibt es sehr wohl funktionale Äquivalente zu unseren eigenen Institutionen, die der Würde der Person keinen Abbruch tun (beispielsweise die oben zitierte Kollektivverantwortung der Sippe für das Kindswohl). Anders verhält es sich mit Übertretungen negativer Pflichten (d.h. direkte Schädigungen einzelner Personen), die durch Verweis auf bloße Überlieferungen, auf ein unterstelltes Gemeinwohl, auf Ahnen oder Götter gerechtfertigt werden. Die Aufforderung, den zu töten, der die Götter lästert, die Praxis, Frauen zu beschneiden oder Witwen zu verbrennen, sind Beispiele für solche kulturellen Praktiken, die dem Menschenrechts-Denken unversöhnlich zuwiderlaufen und die für uns – um so mehr als wir ähnliche Praktiken (etwa Ketzerverbrennungen) aus unserer eigenen, aber eben in dieser Hinsicht überholten Geschichte kennen – unakzeptabel sind.

Wie ist mit Menschenrechts-Verletzungen im *interkulturellen Kontakt* umzugehen? Prima facie ist jede Verletzung eines anderen unzulässig. Über mögliche Gründe, eine Übertretung dieses Gebotes zu akzeptieren, will der Betroffene aber selbst bestimmen. Gibt es interkulturelle Differenzen in der relativen Gewichtung von Schädigungen, weil innerweltliche Kosten unter Rekurs auf übernatürliche Verpflichtungen oder Kompensationen in Kauf genommen werden, gilt es in Diskurse einzutreten. Weder die Existenz noch die Nicht-Existenz transzendenter Mächte ist zwingend beweisbar, und nur die Betroffenen selbst können gegebenenfalls Implikationen ihrer Glaubensüberzeugungen revidieren (etwa indem sie – wie dies in der jüdisch-christlichen Tradition geschah – auch Gott unter die Geltung einer moralischen Ordnung stellen: ein guter Gott kann nicht wollen, daß in seinem Namen Leid zugefügt wird). Wird die Unverletzlichkeit der Person jedoch im Interesse der Machterhaltung herrschender Eliten mißachtet (Folterungen, Willkürverhaftungen, Hinrichtungen) bzw. werden Glaubensbereitschaften strategisch gesteuert, so sind (zumindest) Anklage vor der Weltöffentlichkeit, Entzug von Unterstützungen für die Regierungen, Asylbereitstellung für Verfolgte, Diskursangebote für ideologisierte Bevölkerungsgruppen geboten.

Sofern die vorgetragenen Überlegungen, insbesondere die Rekonstruktion der Menschenrechtsdebatte, triftig sind, scheint die Position des eingeschränkten Universalismus die Erste-Person-Perspektive von Teilnehmern an normativen Diskursen in modernen säkularisierten rechtsstaatlich und demokratisch verfaßten Gesellschaften angemessen wiederzugeben. Basale Grundprinzipien – Schadensvermeidung und Gleichbehandlung – scheinen uns unhintergehbar; gleichwohl gestehen wir zu, daß bei deren Anwendung auf konkrete Dilemmasituationen Konsens nicht immer zu erzielen ist.

2 Die empirisch-psychologische Debatte: Zur Entwicklung des Moralverständnisses

Wie sieht es nun mit der empirischen Zugangsweise, mit der datengestützten Beschreibung, Deutung und/oder Erklärung moralischer Orientierungen und Haltungen aus? Wie einleitend erwähnt, wird soziales Handeln beobachtend-erklärend aus der Dritte-Person-Perspektive, aber auch rekonstruktiv-verstehend aus der Erste-Person-Perspektive erfaßt. Diese Perspektivendifferenz spiegelt sich in den stark differierenden Menschen- und Weltbildannahmen unterschiedlicher sozialwissenschaftlicher Theorietraditionen wider. Vier Ansätze und ihre konträren Deutungsweisen von Moral seien kurz dargestellt (vgl. Habermas 1981; Wilson 1973).

2.1 Menschenbildannahmen in sozialwissenschaftlichen Theorieansätzen

Behaviorismus/Rational Choice Theorien
Trotz weitreichender sonstiger Unterschiede zwischen diesen beiden Ansätzen teilen sie relevante Grundannahmen: Der Mensch gilt als isolierter Kosten-Nutzen-Kalkulierer; andere Personen ebenso wie vorfindliche Normen fungieren allein als externe Randbedingungen, die der Durchsetzung der eigenen Ziele förderlich oder hinderlich sind; konstitutiv für Normen ist ihre Ausstattung mit Sanktionen, Motiv ihrer Befolgung ist Strafvermeidung bzw. Belohnungsmaximierung (vgl. ausführlicher Kap. 2.3).

Evolutionsbiologische Erklärungen der Geschlechterdifferenzen sind ein besonders plastisches Beispiel für die Argumentationslogik von Theorien, die menschliches Handeln allein auf individualistische Nutzenmaximierung reduzieren. Ausgangspunkt ist die Darwinistische Theorie von der Auslese. Dabei gilt als Einheit, an der die Selektion ansetzt, nicht mehr die Art, auch nicht das einzelne Individuum, sondern das Gen. Dessen Ziel ist die Maximierung der eigenen Reproduktionschancen, konkreter formuliert: Nur Gene, die sich erfolgreich im Konkurrenzkampf behaupten konnten, sind noch im allgemeinen Genpool enthalten. Die Geschlechter differieren biologisch hinsichtlich des benötigten Reproduktionsaufwands. Aus den ungleich höheren Investitionskosten der weiblichen Gattungsmitglieder ergibt sich als rationale Strategie für den Mann, möglichst viele Kinder zu zeugen und deren Aufzucht den Frauen zu überlassen; diese nämlich müssen alles tun, um geborenes Leben zu erhalten, wollen sie nicht die bereits geleisteten höheren Vorausinvestitionen verlieren, was insbesondere angesichts ihres stark begrenzten Reproduktionspotentials prekär wäre.

Der Grundzug menschlichen Handelns also ist egoistische Interessenmaximierung. Das gilt auch für Verhalten, das auf den ersten Blick altruistisch anmutet: Beim sogenannten ‚reziproken Altruismus' werden Vorleistungen erbracht, um sich künftige Gegenleistungen zu sichern; beim sogenannten ‚verwandtschaftlichen Altruismus' werden Hilfeleistungen in genauer Proportionalität zur Anzahl geteilter Gene erbracht, um die Überlebenschancen der eigenen Gene (im Körper des Verwandten) zu steigern (vgl. Dawkins 1976, 1987).

Spezifisch für diesen Ansatz also ist die Annahme einer ausschließlich strategisch-nutzenkalkulatorischen Haltung, für die moralische Normen nichts weiter sind als rein externe Handlungsbarrieren.

Normatives Paradigma
Der als Rollenträger vorgestellte Mensch orientiert sein Handeln nicht allein an egoistischen Erfolgszielen, sondern auch an sozialen Normen. Diese werden in kulturellen Überlieferungen tradiert, in eingespielten Lebensformen institutionalisiert und im Verlaufe der Sozialisation internalisiert. Als Kriterium für die Beurteilung von Handeln reicht somit der bloße Handlungserfolg allein nicht mehr hin – der Akteur ist auch für die Bewertung der Legitimität der verfolgten Ziele und der eingesetzten Mittel sensibel.

Auch in der Analyse des Geschlechterverhältnisses tritt die angenommene Eigenständigkeit der normativen Dimension zutage: Geschlechterdifferenzen im Verhalten gelten nicht als Ausdruck monologisch-egoistischer Interessenmaximierung, sondern vielmehr als Korrelat vorgegebener normativer Erwartungen. Der Mutterrolle ist die Affektivität, der Vaterrolle der Instrumentalismus zugeordnet, denn eine solche Rollenspezialisierung ist – so Parsons (1964) – ein funktionales Erfordernis der Stabilisierung gesellschaftlicher Systeme. Als Gebärerin und erste Ernährerin nämlich ist die Mutter das primäre Liebesobjekt. Dem heranwachsenden Kind werden nun zunehmend Verzichtsleistungen wie Selbstkontrolle und Befriedigungsaufschub zugemutet. Diese vermag es leichter zu verarbeiten, wenn der Druck und die Kontrolle vom Vater ausgehen und die Frustrationen im Kontext einer gesicherten affektiven Bindung an das primäre Liebesobjekt aufgefangen und abgemildert werden können. Auch Heterosexualität und Inzesttabu gelten keineswegs als Korrelat eines natürlichen ‚Sexualinstinkts', sondern als normatives Gefüge, das im Sozialisationsprozeß von der nachwachsenden Generation erlernt wird. In erfolgreich verlaufenden Sozialisationsprozessen macht sich das Individuum die ihm je zukommenden Geschlechtsrollen-Erwartungen persönlich zu eigen: Zum einen überformen kulturelle Erwartungen die kindlichen Reaktionsmodi schon so früh und erfolgreich, daß deren Erfüllung subjektiv wie ein fast natürliches spontanes Bedürfnis erlebt wird (Bedürfnisdisposition); zum anderen werden auch strikte Überich-Kontrollen aufgebaut, wobei abweichende Impulse um eines guten Gewissens willen bewußt unterdrückt werden.

Spezifisch für diesen Ansatz ist die Annahme eines Systems intersubjektiv geteilter Normen, die situationsübergreifend rollenspezifische Handlungserwartungen definieren. Das Individuum befolgt diese Erwartungen, weil sie ihm als legitim gelten.

Interaktionistischer Ansatz – interpretatives Paradigma
Dieser Ansatz bricht mit basalen Grundannahmen des normativen Paradigmas: Normen gelten nicht länger als eindeutige, zeitüberdauernd festgeschriebene Regeln, die in das Individuum implantiert und von ihm dann exakt befolgt werden. Nicht länger nämlich ist der Handelnde eine bloß reaktive Ausführungsinstanz vorgegebener Rollenerwartungen. Vielmehr ist er selbst aktiv an der Ausgestaltung seiner sozialen Beziehungen beteiligt. Die wechselseitigen Erwartungen sind ein jederzeit revidierbares, rein situativ hervorgebrachtes Ergebnis von Aushandlungsprozessen – orientiert nicht an ‚objektiven' Gegebenheiten, sondern an deren subjektiver Interpretation. Es wird der endgültige Bruch mit dem einheitswissenschaftlichen, deduktiven Erklärungsschema und der zugrundeliegenden Abbildtheorie der Erkenntnis vollzogen. Diese waren für das normorientierte Paradigma noch konstitutiv, sofern Handlungen aus der Disposition des Handelnden und den je vorgegebenen Normen schlüssig abgeleitet wurden und die Institutionalisierung und Internalisierung der Normen kontextunabhängige Beschreibungen aller relevanten Situationsmerkmale sicherten. Im interpretativen Schema hingegen kann ein Konsens in der Wirklichkeitswahrnehmung nur dann erzielt werden, wenn diese gemeinsam ausgehandelt wurde. Auch Normen sind nicht a priori vorgegebene Leitlinien des Handelns, sondern erschließende Begriffe, die als bloß vorläufige Interpretationsschemata an das Handeln herangetragen werden, wobei spätere Ereignisse nachträgliche Reinterpretationen erzwingen können. Sie sind rein kontextgebundene Erwartungen, die je situativ in einem Prozeß der Ko-Konstruktion ausgehandelt werden und deren Geltung allein in der je konkret erzielten Übereinstimmung fundiert. Motiv der Normbefolgung ist das Bestreben, in den jeweiligen Interaktionen Anerkennung zu finden[14].

Entwicklungslogischer Ansatz
Dieser Ansatz teilt mit dem vorauslaufenden die Grundannahme, daß das Subjekt seine Realitätsdeutung aktiv konstruiert; neu hingegen ist die Vorstellung, daß ein je erzielter faktischer Konsens über Situationsdefinitionen und die wechselseitige Zumutbarkeit bzw. Akzeptanz von Verhaltenserwartungen sich selbst noch an situationsübergreifenden Gültigkeitsmaßstäben ausweisen lassen kann und muß. Am Beispiel der kognitiven Entwicklung, bei der Angemessenheitskriterien weniger kontrovers sind, sei das Konzept der Entwicklungslogik kurz erläutert. Ich knüpfe dabei, ohne spätere Differenzierungen und Korrekturen zu berücksichtigen, an ein klassisches Experiment von Piaget und Inhelder (1969) an:

Kindern werden zwei identisch geformte Gläser vorgegeben, die gleich hoch mit Wasser gefüllt sind. Der Inhalt des einen wird sodann in ein höheres, schmaleres Glas umgegossen. Befragt, welches Glas nun mehr Wasser enthalte, antworten jüngere (präoperationale) Kinder entweder: „Das neue – es ist höher", oder „Das alte – es ist dicker"; sie orientieren sich nämlich allein am Augenschein und können nur eine Dimension in Rechnung stellen. Ältere (konkret-operationale) Kinder hingegen antworten: „Beide enthalten gleich viel", und geben dafür logisch zwingende Begründungen: „Das neue Glas ist zwar höher, zugleich aber schmaler." „Wenn man das Wasser zurückschüttet, wird es wieder den gleichen Pegelstand erreichen." „Es ist nichts hinzu- und nichts weggekommen." Diese Antworten setzen komplexere kognitive Fähigkeiten voraus: Das Kind muß fähig sein, zwei Dimensionen (Höhe und Durchmesser) simultan in Betracht zu ziehen und kompensatorisch gegeneinander zu verrechnen; sich hypothetisch die Umkehrung (Reversibilität) des Vorganges vorzustellen und an der Mengenkonstanz trotz der Veränderungen im äußeren Erscheinungsbild festzuhalten. Nun dürfte unstrittig sein, daß die auf komplexerem Entwicklungsniveau möglichen Antworten ‚besser', im Sinne von ‚realitätsangemessener', ‚wahrer' sind. Die Überlegenheit der Problemlösekapazität auf höheren Entwicklungsstufen spiegelt sich auch darin wider, daß Heranwachsende die jeweils ‚besseren' Urteile präferieren.

Für die sozialwissenschaftliche Erforschung von Moral werden entwicklungslogische Ansätze mit der Modernisierung zunehmend bedeutsamer. In einfachen, in traditionalen Kulturen formulierte das von den Göttern oder den kirchlichen Autoritäten gesetzte Regelsystem bereichsübergreifend für jede Position klar definierte Verhaltensanweisungen; das Wissen um deren Geltung war intersubjektiv geteilt und die Befolgung durch strikte soziale Kontrollen gesichert. Für moderne Gesellschaften hingegen ist eine Ausdifferenzierung von Teilsystemen und Subkulturen, die Pluralisierung von Wertorientierungen und Individualisierung der Formen der Lebensführung charakteristisch. Konkrete Regeln verlieren somit ihre unmittelbar unhinterfragbare Plausibilität, da sie ständig mit Regelungen aus anderen subkulturellen Traditionen kollidieren. Die Perspektivität der Sichtweisen, die unterschiedlichen Herkünften und differierenden Wertbindungen geschuldet ist, wird kollektiv sichtbar. Nun wird es unerläßlich, daß die beteiligten Akteure in jeder konkreten Interaktion ihre jeweiligen Situationsinterpretationen individuell aushandeln und koordinieren. Als Kriterium für moralisch angemessene Aushandlungsergebnisse kommen dann nur allgemeinere Moralprinzipien in Frage, an denen die je konkreten Kompromißbildungen zwischen konfligierenden Ansprüchen bemessen werden können: Unparteilichkeit, Schadensminimierung, Achtung vor der Person, letztlich das Prinzip der hypothetischen Zustimmungsfähigkeit aus der Perspektive aller potentiell Betroffenen (vgl. Kap. 2.2).

Damit ist die Differenz von interpretativem Paradigma und entwicklungslogischem Ansatz benannt. Im interpretativen Ansatz genügt es, daß die Integration differierender Perspektiven faktisch geleistet und akzeptiert wird, daß es also zu einem von allen unmittelbar Beteiligten mitgetragenen Konsens kommt. Im entwicklungslogischen Ansatz wird darüber hinaus beansprucht, daß dieser Konsens auch über die jeweils vorliegende situative Interaktionskonstellation hinaus im Lichte übergreifender, von allen Vernunftwesen teilbarer Prinzipien rechtfertigbar ist. Erst in diesem Ansatz also läßt sich die Distinktion zwischen einem faktisch eingespielten und einem rechtfertigbar legitimen Konsens begrifflich fassen. Erst in diesem Ansatz tritt zu der ‚objektiven Welt' beobachtbarer Sachverhalte, zu der ‚subjektiven Welt' innerer Erlebnisse und Erfahrungen und zu der ‚intersubjektiven Welt' geteilter Bedeutungen Poppers ‚Dritte Welt' der ‚wahren Sätze' bzw. der „universell rechtfertigbaren Normen" hinzu (Popper 1973). Erst in diesem Ansatz werden hinreichend komplexe Welt- und Menschenbildannahmen unterstellt, so daß eine angemessene Rekonstruktion der umgangssprachlich artikulierten moralischen Urteile und der Entwicklung des moralischen Bewußtseins möglich wird. Es ist dieser in der Piaget-Tradition stehende Ansatz, den Kohlbergs Forschungen zum moralischen Urteil und zur Entwicklung moralischer Kompetenzen verfolgen.

2.2 Kohlbergs Theorie der moralischen Entwicklung

Nach Kohlberg (1974, 1976, 1981, 1984) entfaltet sich das moralische Bewußtsein in Form einer *Entwicklungslogik*, d. h. als irreversible Abfolge von sechs qualitativ unterschiedenen, in sich je ganzheitlich strukturierten, motivational verankerten Argumentationsmustern. Da-

bei gilt: Höhere Stufen erlauben zunehmend angemessenere, z. B. umfassender zustimmungsfähige Problemlösungen. Dafür gibt es zwei Gründe: Im Laufe der Entwicklung erweitert sich zum einen der Kreis der potentiell Betroffenen, zum anderen die Vielfalt der berücksichtigten Situationsaspekte. Im Blick auf die einbezogenen *Beteiligten* lassen sich die Stufen wie folgt charakterisieren:
- *Präkonventionelles Niveau:*
  Stufe 1 bezieht sich auf die Interessen des *isolierten Aktors* ('gut ist, wofür *ich* belohnt, schlecht, wofür *ich* bestraft werde').
  Stufe 2 bezieht sich auf die Bedürfnislage einer *Dyade* (konkrete Reziprozität: 'gut ist, was *mir und dir* nutzt; wenn du mir hilfst, helfe ich dir auch; eine Hand wäscht die andere').
- *Konventionelles Niveau:*
  Stufe 3 bezieht sich auf die Stabilisierung einer konkreten *Bezugsgruppe* ('gut ist, die in der Gruppe geltenden Normen zu befolgen'),
  Stufe 4 bezieht sich auf den Erhalt der gegebenen *Gesellschafts*ordnung ('gut ist, die in der Gesellschaft herrschenden Normen zu befolgen').
- *Postkonventionelles Niveau:*
  Auf den Stufen 5 bzw. 6 kommen alle *Staatsbürger* bzw. alle Menschen, *alle Vernunftwesen*, auch künftige Generationen in den Blick ('gut ist, den im Mehrheitswillen gründenden Sozialvertrag einzuhalten bzw. gut ist, die universellen Moralprinzipien Gleichheit, Gerechtigkeit, Achtung vor der Würde der Person zu befolgen').

Auf den einzelnen Stufen werden je spezifische moralisch relevante *Gesichtspunkte* – allerdings in jeweils überspitzter Einseitigkeit – thematisiert. Erst auf postkonventionellem Niveau wird es dem Individuum möglich, diese unterschiedlichen Gesichtspunkte vergleichend gegeneinander abzuwägen und zu integrieren[15]. Auf Stufe 1 stehen die *Konsequenzen* für den Handelnden im Zentrum; auf Stufe 2 tritt die Idee konkreter *Austausch*gerechtigkeit hinzu. Auf Stufe 3 kommen die *Intentionen* in den Blick; auf Stufe 4 wird die Bedeutung von Regeln und Gesetzen für die Aufrechterhaltung *sozialer Ordnung* verstanden[16]. Das postkonventionelle Niveau schließlich ist eine Art Metareflexion auf die Erfahrung von Widersprüchen zwischen den in verschiedenen Gruppen oder Kulturen vorherrschenden Normen. Nun wird die Unterscheidung zwischen faktisch geltenden und rechtfertigbar gültigen Normen sowohl notwendig wie möglich. Kriterium ist dabei die *Universalisierbarkeit* auf der Basis der inhaltlichen Gleichheitsunterstellung.

Kohlbergs Stufenschema der moralischen Entwicklung basiert auf der Annahme eines *kognitiv-affektiven Parallelismus*, d.h. der Annahme einer Strukturgleichheit der Gründe, die die Geltung/Gültigkeit der

Normen ausweisen, und der Motive, die ihre Befolgung anleiten. Auf präkonventionellem Niveau gilt es als richtig, zu tun, was einem nutzt, und das Interesse, Vorteile zu erringen und Nachteile zu vermeiden, motiviert Handeln. Auf konventionellem Niveau gilt es als richtig, die in der eigenen Gruppe bzw. Gesellschaft herrschenden Normen zu befolgen, und das Streben nach sozialer Akzeptanz bzw. nach der Vermeidung eines schlechten Gewissens, in dem die herrschenden Normen verinnerlicht sind, motiviert Normkonformität. Auf postkonventionellem Niveau ist es richtig, das Handeln an universellen Moralprinzipien zu orientieren, und die Bereitschaft dazu gründet in der Einsicht in deren universelle Rechtfertigbarkeit. Dabei wird angenommen, daß sich im Laufe der moralischen Entwicklung der Zusammenhang zwischen Urteil und Handeln verstärke; insbesondere auf postkonventionellem Niveau finde sich in realen Konflikten eine hohe Bereitschaft, das Handeln auch unter großen persönlichen Kosten an den als richtig angesehenen Normen oder Prinzipien zu orientieren (vgl. Candee/Kohlberg 1987).

Ziel der moralischen Entwicklung also ist ein einsichtsvoll handlungsleitendes Verständnis universalistischer Prinzipien. Vorangetrieben wird die Entwicklung – auch hier stand Piaget Pate – durch aktive Auseinandersetzungen des Kindes mit seiner sozialen Umwelt. Anders nämlich als im Behaviorismus, aber auch in psychoanalytischen Ansätzen unterstellt, gilt das Kind nicht als passives Objekt externer Sozialisations- oder Indoktrinationsbemühungen, sondern als Subjekt, das eigenständig seine Realitätswahrnehmung konstruiert: Aufgrund seiner Interaktionserfahrungen liest es die den Umweltereignissen zugrundeliegenden (Natur-)Gesetzmäßigkeiten bzw. die den sozialen Institutionen und Praktiken zugrundeliegenden sozialen Regelsysteme, die Normen also, ab.

Kohlbergs Theorie hat eine Fülle von Folgeuntersuchungen in einer Vielfalt unterschiedlicher Kulturen hervorgerufen und eine breite Bestätigung erfahren: Zumindest bis Stufe 4 finden sich die von Kohlberg beschriebenen moralischen Argumentationsmuster. Das postkonventionelle Niveau wird nur in komplexen Sozialstrukturen erreicht, in Kontexten, in denen Individuen sich mit kollidierenden Normensystemen auseinandersetzen müssen. Die Erfahrung von Normkonflikten erzwingt die Erarbeitung einer Metaebene abstrakter Prinzipien, die eine Hierarchisierung unterschiedlicher Normen bzw. konkrete Kompromißbildungen anleiten können. Sozialstrukturelle Komplexität ist nicht identisch mit westlicher Kultur, sondern mit Urbanität. So finden sich postkonventionelle Befragte häufiger in Großstädten nichtwestlicher Länder als in abgeschiedenen dörflichen Gemeinschaften westlicher Industrieländer (vgl. Snarey 1985). Zugleich aber hat Kohlbergs Theorie in den letzten Jahren auch Kritik und Weiterentwicklung erfahren (vgl. Oser/Althof 1992).

2.3 Zur Kritik am präkonventionellen Niveau

Am Anfang der moralischen Entwicklung steht bei Kohlberg also das Bild des Kindes, das als strategischer Kosten-Nutzen-Kalkulierer ein ausschließlich instrumentalistisches Verständnis der Geltungsgründe moralischer Normen und der Motive ihrer Befolgung hat. Erst auf den höheren Stufen soziokognitiver und moralischer Entwicklung werden ihm zunehmend auch intrinsische Momente an der Moral zugänglich. In jüngster Zeit aber mehren sich Forschungsergebnisse, die diese Beschreibung des ersten Stadiums der Moralentwicklung in Zweifel ziehen, und zwar sowohl was die kognitive (Moralverständnis) wie auch was die motivationale Seite (Beweggründe für moralisches Handeln) anlangt (vgl. Tab. 1).

Tabelle 1: Position zum frühkindlichen Moralverständnis

	Kohlberg	Turiel	Altruismus-Forschung	Döbert Keller/ Edelstein
Regelgeltung	instrumentalistisch	intrinsisch	–	intrinsisch
Motiv für Regelbefolgung	instrumentalistisch	–	intrinsisch	intrinsisch
Erhebungsmethode	Handlungsempfehlung (negative Pflichten/ Erwachsene)	Regelbegründung	Verhaltensbeobachtung	Handlungsempfehlung (positive Pflichten/ Freunde)

Turiel (1983) etwa legte Kindern unterschiedliche Arten von Regeln vor: Klugheitsregeln („Man soll abends seine Zähne putzen!"), Spielregeln („Man darf nur mit einer Sechs beim Mensch-ärgere-dich-nicht beginnen!"), konventionelle Regeln („Man soll Spaghetti nicht mit den Fingern essen!"), moralische Regeln („Man soll ein anderes Kind nicht schlagen!"). Für jede Regelart wurden die Kinder gefragt: ‚Stell dir vor, es gibt eine Familie, eine Schule, ein Land, da erlaubt der Vater, der Direktor, der König, daß man ohne Zähneputzen zu Bett gehen kann, ohne eine Sechs zu würfeln im Spiel beginnen, Spaghetti mit Fingern essen und ein anderes Kind schlagen darf.' Die Testfrage lautete: ‚Darf man das dann?' Es zeigte sich, daß Kinder schon ab etwa 5 Jahren klar zwischen diesen unterschiedlichen Arten von Regeln unterschieden: Wer eine Klugheitsregel übertritt, schädigt allein sich selbst; wer einer Spielregel nicht folgt, spielt ein anderes Spiel. Konventionelle Regeln sind zu befolgen, wenn sie faktisch gelten: Es ist nicht in Ordnung, Spaghetti mit Fingern zu essen, wenn man gewöhnlich das Besteck benutzt; man darf es jedoch tun, wenn mit den Finger zu essen üblich ist, d.h. konventionelle Regeln sind veränderbar. Moralische Regeln hingegen gelten universell und unabänderlich: Auch wenn der König, der Direktor, der Vater es erlauben – ein anderes Kind darf man nicht schlagen: „Das tut weh! – nicht einmal Gott darf das!"[17].

Diese Ergebnisse zeigen, daß Kinder schon früh ein angemessenes *kognitives Verständnis* der intrinsischen Geltungsgründe einfacher moralischer Gebote besitzen. Sie verstehen diese als autoritäts- und sanktionsunabhängig universell und unabänderlich gültig.

Untersuchungen im Kontext der *Altruismusforschung* belegen, daß Kinder schon früh empathiefähig sind und anderen spontan helfen, mit ihnen teilen, sie trösten; sie tun dies ohne jeglichen Bedacht auf eigenen Vorteil oder Nutzen.

Döbert (1987) (aufgrund theoretischer Erwägungen) und *Keller und Edelstein* (1993) (aufgrund eigener Forschungsergebnisse in einer Längsschnitt-Studie an Kindern zwischen 7–15 Jahren) haben beide Gegenentwürfe integriert und ein Bild vom Kind als kognitiv wie motivational voll *kompetentem moralischen Aktor* entworfen. Schon früh, so Keller und Edelstein, bilde sich ein ‚moralisches Selbst', das Einsicht in die Verbindlichkeit moralischer Normen entwickle und diese Standards auch ‚internalisiert' habe.

Diese *Widersprüche* in der Konzeptualisierung des frühen Moralverständnisses entstehen – so meine These – aufgrund der unterschiedlichen *Erhebungsmethoden*. Kohlberg legte moralische Dilemmata vor, in denen es um Rechte und negative Pflichten geht und auch Autoritäten im Spiel sind (z.B. Heinz-Dilemma: Diebstahlsverbot versus Recht auf Leben). Keller und Edelstein legten Selmans (1979, 1984) Freundschaftsdilemma vor, in dem positive Pflichten gegenüber Gleichaltrigen kollidieren (Zuwendung zu einem neuen Klassenkameraden versus Solidarität mit einem alten Freund)[18]. Sowohl in Kohlbergs Untersuchungen wie auch bei Keller und Edelstein bezog sich die Testfrage auf eine *Handlungsempfehlung*: ‚Was soll der Protagonist in der gegebenen Situation tun?' Turiel (1983) hingegen explorierte die

*Geltungs*bedingungen von Normen (‚Darf man x tun, wenn die Autoritäten x erlauben?'). Und in der Altruismusforschung wurde *Verhalten* beobachtet, das Kinder spontan an den Tag legen.

Nun wäre denkbar, daß Kinder – in Übereinstimmung mit Turiels Ergebnissen – zwar die intrinsische Gültigkeit von Normen angemessen verstehen, bevor sie aber moralische Motivation aufgebaut haben, ihre Handlungsempfehlungen an Klugheitsregeln orientieren. Die Frage nämlich: ‚Was soll der Protagonist tun?' ist ambig; sie läßt beide Deutungen zu: ‚Welche Handlungsweise ist in des Protagonisten wohlverstandenem Interesse?' Oder aber: ‚Welche Handlungsweise ist moralisch geboten?'. Ebenso wäre denkbar, daß Kinder – wie die Altruismusforschung belegt – uneigennützig anderen spontan helfen und sie unterstützen – dann, wenn sie gerade Lust dazu haben; daß sie dies aber nicht tun, wenn starke eigene Bedürfnisse dawiderstehen.

Methodisch folgt aus diesen Überlegungen, daß eine angemessene Erfassung des kindlichen Moralverständnisses nur möglich ist, wenn die Grundannahme des kognitiv-affektiven Parallelismus selbst auf den Prüfstand kommt. Nötig also ist es, moralisches Wissen und moralische Motivation – anders als bei Kohlberg – getrennt zu erheben und dabei Situationen zu wählen, in denen – anders als bei Keller und Edelstein – spontane Bedürfnisse mit dem moralisch Gebotenen explizit kollidieren. Um Konfundierungen mit der soziokognitiven Entwicklung, insbesondere des Verständnisses von Autoritäten (vgl. Damon 1977) bzw. von Freundschaft (Selman 1984) zu vermeiden, empfiehlt es sich des weiteren, weder enge Freunde noch Autoritätspersonen einzubeziehen. An diesen Überlegungen orientieren sich meine eigenen Forschungen, die im folgenden kurz dargestellt werden (für ausführlichere Darstellungen vgl. Nunner-Winkler 1996, 1999b).

2.4 Eine Untersuchung des kindlichen Moralverständnisses

Im Rahmen einer Längsschnittuntersuchung[19] (vgl. Weinert/Schneider, im Druck) wurden ca. 200 Kindern von 4–5, 6–7, 8–9 Jahren vier einfache Bildgeschichten vorgelegt[20], in denen der (gleichgeschlechtliche) Protagonist einfache moralische Regeln, und zwar negative[21] und positive Pflichten[22] übertritt. In der Versuchssituation wurde das *moralische Wissen* der Kinder (Regelgeltung und Regelbegründung) exploriert. Die Frage lautete: „Darf man die Süßigkeiten wegnehmen oder darf man das nicht? Sollte man in der gegebenen Situation teilen/helfen oder braucht man das nicht? – Warum? Warum nicht?" Nach der Regelübertretung wurden die Emotionszuschreibung und -begründung zu dem hypothetischen Übeltäter erfragt: „Wie fühlt Protagonist sich?

Warum fühlt er sich so?" Die Emotionszuschreibungen waren als Indikator für *moralische Motivation* intendiert. Diese Idee der Operationalisierung ist abgeleitet aus einem kognitivistischen Emotionsverständnis, nach dem Emotionen kognitiv gehaltvolle, wenngleich globale rasche Urteile sind, die die subjektive Bedeutsamkeit eines Sachverhaltes widerspiegeln[23]. In den vorgelegten Konfliktgeschichten hat der Protagonist uno actu sein Bedürfnis befriedigt und eine Regelverletzung begangen. In der Emotionszuschreibung zu dem hypothetischen Übeltäter kann das Kind nun zum Ausdruck bringen, ob aus seiner Sicht das Bedauern über den Normbruch oder die Freude über die Bedürfnisbefriedigung überwiegen, anders gesagt: welches Gewicht es der Befolgung moralischer Normen beimißt[24].

Im Alter von 10–11 Jahren wurde die Fähigkeit der Kinder geprüft, von moralischen Regeln angemessen *Ausnahmen* machen zu können[25].

Die Ergebnisse seien kurz skizziert.

2.4.1 Moralisches Wissen

Normkenntnis
Bereits mit 4–5 Jahren wissen so gut wie alle Kinder (96%), daß Stehlen falsch ist; spätestens mit 8–9 Jahren schreiben die allermeisten Kinder (geschichtenabhängig zwischen 85–95%) auch den positiven Pflichten (helfen und teilen) Verbindlichkeit zu.

Normbegründung
In ihren Begründungen für die Gültigkeit der vorgelegten einfachen moralischen Regeln benennen nur wenige Kinder (über alle Geschichten und Meßzeitpunkte hinweg maximal 12%) Sanktionen, d.h. positive oder negative Konsequenzen für den Täter (z.B. die anderen mögen ihn nicht mehr/helfen ihm das nächste Mal auch nicht; sie kommt ins Gefängnis; Mutter/Lehrerin schimpft/lobt). Mit Ausnahme von Geschichte 2 (Coca teilen) führen die Kinder mit überwältigender Mehrheit deontologische Erwägungen an: Sie verweisen auf die Tatsache, daß es eine verpflichtende Regel gibt (Regelgeltung: „Man sollte helfen/teilen; stehlen darf man nicht.") oder geben eine negative Bewertung der Tat oder des Täters ab (Bewertung: „Stehlen ist gemein; der/die ist ein Dieb; der/die ist geizig..."). Nur eine Minderheit (zwischen 2–18%) bezieht sich auf die Bedürfnisse des ‚Opfers', z.B. des bestohlenen, benachteiligten oder hilfsbedürftigen Kindes (Opfer: „Sonst ist er traurig; die möchte auch gerne einen Preis..."). Die Coca-Geschichte hingegen zeigt ein anderes Bild. Hier sind es über ⅔ der jüngeren und noch immer fast ⅓ der älteren Kinder, die die Bedürf-

nisse des Bittstellers anführen, um zu begründen, warum man zu teilen habe, beispielsweise: „Sonst verdurstet der/die" (vgl. Abb. 1).

Abbildung 1

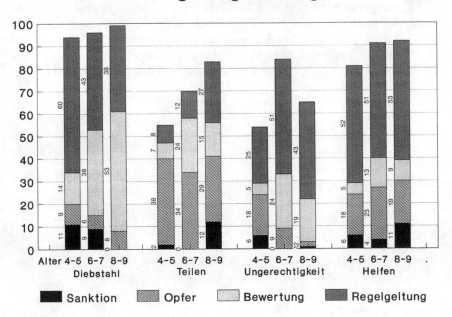

Ausnahmen von Regeln
Nur 4% der 10- bis 11jährigen hielten es für vertretbar, das Versprechen zur Mitarbeit beim Aufräumen um hedonistischer Bedürfnisse willen zu brechen, also nur, weil man etwas anderes lieber täte. Der Prozentsatz derer, die eine Ausnahme zulassen würden, stieg auf 29 bzw. 42%, wenn der Aufräumtermin mit einem einmaligen besonderen Ereignis bzw. der einzigen Möglichkeit, sich für einen Ferienkurs anzumelden, kollidierte, wobei etliche sich um Schadensbegrenzung bzw. Wiedergutmachung bemühten (z.B.: „Ich würd's den anderen sagen; ich würde das nächste Mal mehr machen."). Hingegen hielten es 92% für geboten, das gegebene Versprechen zu brechen, wenn es darum ging, das verirrte Kind heimzubegleiten („Es ist schlimmer, wenn das Kind sich ängstigt, als wenn die anderen alleine aufräumen müssen – die anderen werden das verstehen, sie würden genauso handeln.") (vgl. Abb. 2).

Abbildung 2

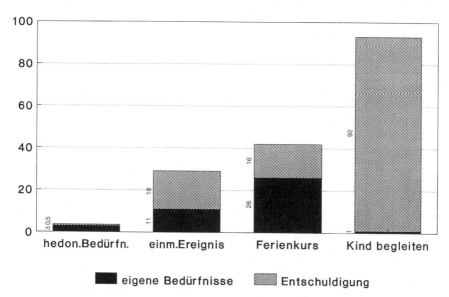

Das Normverständnis der Kinder also ist diesen Ergebnissen zufolge
- *intrinsisch*: Schon früh schreiben Kinder moralischen Geboten eine autoritäts- und sanktionsunabhängige, kategorische Gültigkeit zu. Dies deckt sich mit den (experimentell sorgfältiger kontrollierten) Erhebungen Turiels[26] und widerspricht Kohlbergs Beschreibung des kindlichen Moralverständnisses.
- *situationsspezifisch differenziert:* Bemerkenswert ist, daß zumindest die älteren Kinder trotz oberflächlicher Ähnlichkeiten zwischen den beiden Geschichten, in denen es ums Teilen geht, so klar unterscheiden: Beim Coca-Teilen gründet die moralische Verpflichtung in den Bedürfnissen des Bittstellers; beim Preis-Teilen hingegen hat das Fairness-Gebot (das zumindest die älteren Kinder klar verstehen) eine kategorische Gültigkeit: Unabhängig von den Bedürfnissen des Benachteiligten ist es falsch, auf Kosten eines anderen von einer manifesten Ungerechtigkeit zu profitieren. Dies entspricht dem Moralverständnis Erwachsener: Auch einen Reichen zu bestehlen ist falsch und nur den Dürstenden zu tränken ist moralische Pflicht. Kinder also begreifen schon früh den Kern eines deontologischen Moralverständnisses: Es gibt individuelle Rechte (in der Diebstahl-Geschichte: das Recht auf eigenen Besitz; in der Preis-Geschichte: das

Recht, nicht betrogen zu werden), die eine von utilitaristischen Erwägungen unabhängige kategorische Verbindlichkeit genießen.
- *prima facie* gültig: Den moralischen Regeln wird jedoch nur eine prima facie-Geltung zugesprochen, d.h. Ausnahmen gelten als rechtfertigbar, ja gar geboten, wenn – aus der Perspektive der Unparteilichkeit beurteilt – eine Übertretung der Regel weniger Schaden verursacht als ihre Befolgung. Dieses Ergebnis zeigt, daß – im Gegensatz zu Kants strikt deontologischer Position – eine verantwortungsethische Folgenberücksichtigung, d.h. die Position des qualifizierten Universalismus konstitutiv für modernes Moralverständnis ist (vgl. Kap. 1.2). Kinder nämlich lesen ihr Moralverständnis am sozialen Kontext ab, in den sie hineinwachsen, und sind insofern verläßliche Zeugen unserer gelebten Praktiken. Zugleich aber zeigt die Tatsache, daß die Kinder zumindest ab etwa 10 Jahren fähig sind, kontextsensitiv angemessen Ausnahmen zuzulassen, auch, daß sie Moral nicht in Form detailliert-konkreter Regeln lernen, sondern früh ein Verständnis basaler Prinzipien von Moral erwerben.

2.4.2 Moralische Motivation

Mit überwältigender Mehrheit erwarten jüngere Kinder (fast 80 % bei der Diebstahl-Geschichte), daß der Protagonist, nachdem er eine Regel übertreten hat, um deren Geltung er nur allzu gut weiß und deren Begründung er nur allzu gut versteht („Stehlen darf man nicht, das ist ganz gemein und unfair.") sich gut fühlen werde („Die Süßigkeiten schmecken gut, weißt du."). Dies ist ein überraschendes Ergebnis. Ältere Kinder und Erwachsene erwarten, daß sich schlecht fühlen werde, wer sich eines Vergehens schuldig gemacht hat (vgl. Zelko u. a. 1986). Gleichwohl ist es ein robustes Ergebnis. B. Sodian und ich (vgl. Nunner-Winkler/Sodian 1988) überprüften mögliche Alternativerklärungen. Es könnte sein, daß Kinder allgemein eine positive Grundgestimmtheit unterstellen. So legten wir eine Geschichte vor, in der der Protagonist einer Versuchung widersteht. Wie fühlt er sich? „Schlecht, weil er die Süßigkeiten nicht hat." Es könnte sein, daß es die konkrete Handgreiflichkeit des erstrebten Gutes ist, die so verführerisch mit einer bloß abstrakten Norm kollidiert oder auch, daß für jüngere Kinder das Entwenden von Süßigkeiten nur ein ‚Kavaliersdelikt' ist. So legten wir eine Geschichte vor, in der der Protagonist ein anderes Kind, das er ärgern will, von der Schaukel stößt; er selbst will nicht schaukeln, da ihm davon immer schlecht wird. Wie fühlt er sich? „Gut, es ist schön, wenn man den bluten sieht." Dieser Anschein geballter Amoral, der unseren alltagsweltlichen Intuitionen widerspricht, führte uns zu der Vermutung, Kinder verstünden moralbezogene Emotionswörter nicht. So fragten wir, wie ein Protagonist sich fühlt, der beobachtet, wie ein anderes Kind sich verletzt („Schlecht, weil das sich wehgetan hat."); der ein anderes Kind versehentlich verletzt („Schlecht, weil er das nicht wollte.") und schließlich, der das Kind verletzt, das er ärgern will („Gut, dem hat er es gezeigt."). Die (kindliche) Verwendung von Emotionsbegriffen läßt sich also wie folgt verstehen: Kinder erwarten, daß sich gut fühlen werde, wer erfolgreich tut, was er will (die Süßigkeiten nimmt, die er haben will) und schlecht, wer nicht tut, was er will (die Süßigkeiten nicht entwendet, die er haben will) oder tut, was er nicht will (ein anderes Kind versehentlich verletzt). Diese Interpretation legt es nahe, die Emotionszuschreibungen als Ausdruck der kindlichen Willensbestimmung zu lesen. Die Richtung der Emotion zeigt danach an, was der Protagonist (z.B. das Kind) tun will, die Begründung indiziert die Motive, aus denen er tut, was er tut.

Diese Überlegungen liefern eine zusätzliche Plausibilisierung der zunächst rein theoretisch abgeleiteten Strategie, Emotionszuschreibungen als Indikator für moralische Motivation zu nutzen. Empirisch ließ sich deren Triftigkeit für die jüngeren Kinder auch experimentell bestätigen: Kinder, die erwarteten, ein hypothetischer Protagonist werde sich nach einer Regelübertretung schlecht fühlen, begingen in realen moralischen Versuchungssituationen signifikant seltener unmoralische Handlungen – sie mogelten weniger und suchten seltener eigene Bedürfnisse auf Kosten anderer rücksichtslos durchzusetzen (vgl. Asendorpf/Nunner-Winkler 1992).

Mit dem Alter nimmt die Zahl negativer Emotionszuschreibungen zu einem hypothetischen Übeltäter zu. Mit 8–9 Jahren geben zwischen 48% (Geschichte 4 – Helfen) und 77% (Geschichte 1 – Diebstahl) an, der Protagonist werde sich schlecht fühlen. Im Alter von 10–11 Jahren erwarteten 96%, daß sich schlecht fühlen werde, wer ein Versprechen (sich an Aufräumarbeiten zu beteiligen) ohne guten Grund bricht. In höherem Alter allerdings indiziert eine negative Emotionszuschreibung nicht länger mehr eigene moralische Motivation. Mit 10 Jahren nämlich sind die meisten zu selbstreflexiver Rollenübernahme fähig (vgl. Selman/Byrne 1980): Sie erkennen, daß der Interviewer sie aufgrund ihrer Antworten bewerten kann und sagen daher nicht länger mehr, was sie selbst tatsächlich fühlen würden, sondern geben die Antwort, von der sie im übrigen schon seit längerem wissen, daß sie die moralisch angemessenere Reaktion ist (social desirability). Aus diesem Grunde wurde ein globales Rating-Verfahren der Einschätzung moralischer Motivation[27] eingesetzt – dessen Validität sich auch experimentell stützen ließ (vgl. Nunner-Winkler/Asendorpf 1994). Danach wurden 40% der 10- bis 11jährigen als sehr niedrig,

24 % als mittel und nur 36 % als hoch in moralischer Motivation eingestuft.

Unbeschadet der Frage jedoch, ob die Zuschreibung negativer Emotionen tatsächlich (wie bei jüngeren Kindern) die eigene moralische Motivation oder nur (wie bei älteren Kindern) die wünschenswerte moralische Haltung widerspiegelt – in jedem Fall gilt, daß die Begründungen für negative Gefühle nach Übertretungen Rückschlüsse auf die Motive zulassen, die entweder real das Handeln der Kinder anleiten oder die von ihnen verallgemeinert als Beweggründe für moralisches Handeln unterstellt werden.

Welche Erwägungen nun motivieren aus der Sicht der Kinder Normbefolgung tatsächlich oder idealiter? Weder Sanktionsangst bzw. bloße Nutzenkalküle noch aber Mitleid haben eine große Bedeutung. Über alle Geschichten und Meßzeitpunkte hinweg benannten höchstens jeweils 18 % der Kinder Konsequenzen für den ‚Täter' (Sanktionen/Nutzen) bzw. für das ‚Opfer' (Mitleid). Geschichtenunabhängig gaben die meisten Kinder deontologische Begründungen: Der Übeltäter fühlt sich schlecht, weil das, was er tat, böse oder falsch war, weil er anders hätte handeln sollen, weil er sich als Bösewicht erwies (vgl. Abb. 3).

Abbildung 3

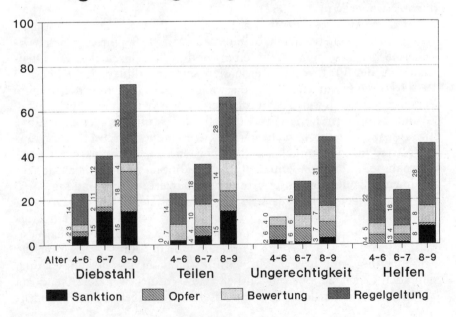

Aus den Begründungen für negative Emotionszuschreibungen läßt sich das kindliche Verständnis der (eigenen oder zumindest der wünschenswerten) moralischen Motivation rekonstruieren. Danach ist moralische Motivation

- *intrinsisch*; d.h. moralische Motivation ist ein Bestreben, das Rechte zu tun, <u>nicht</u> um Nachteile zu vermeiden (Strafe, soziale Ablehnung, Vergeltung mit Gleichem) bzw. Vorteile zu erringen (Lob, soziale Akzeptanz bzw. Reputation, Hoffnung auf Gegenleistung);
- *formal*; d.h. ein Streben das Rechte zu tun, weil es das Rechte ist. Was in einer gegebenen Situation das jeweils Rechte ist, muß in einem getrennten, konkret kontextbezogenen Urteilsprozeß je situativ ermittelt werden. In der Coca-Geschichte etwa gilt es zu teilen, weil der Bittsteller sonst Schaden litte, in der Preis-Geschichte hingegen, weil Ungerechtigkeit intolerabel ist. Diese inhaltlichen Unterschiede in den Begründungen für das moralisch Gebotene aber spiegeln sich in der Motivstruktur nicht wider. Auch in der Coca-Geschichte ist Teilen nicht durch Mitleid oder Empathie motiviert, sondern durch die Anerkennung der Verbindlichkeit des Gebotenen – Kantisch gesprochen: durch Achtung vor dem Gesetz.
- ein *second order desire*. An den Antworten zur Helfer-Geschichte läßt sich dieses von dem amerikanischen Philosophen Frankfurt (1988) entlehnte Konzept erläutern. Die Kinder hatten sowohl dem Protagonisten, der half, wie auch dem, der nicht half, weil er im Wettbewerb gut abschneiden wollte, eine Emotion zuzuschreiben. Im Alter von 6–7 Jahren produzierten etliche Kinder (19%) ein moralisches Zuschreibungsmuster (Helfer fühlt sich gut, weil er half – Nicht-Helfer schlecht, weil er hätte helfen sollen), andere (26%) ein unmoralisches (Nicht-Helfer fühlt sich gut, weil er eine hohe Leistung – Helfer schlecht, weil er eine niedrige Leistung erbracht hat). Das häufigste Antwortmuster (32%) aber spiegelt wider, was ich ‚heile Welt' nennen möchte: Jeder fühlt sich gut, weil jeder tat, was er wollte – der Helfer half, der Nicht-Helfer erbrachte eine hohe Leistung. Nun ist anderen zu helfen, weil man dazu eine Neigung verspürt, zweifellos ‚gut'. Moralische Motivation aber läßt sich daran noch nicht sicher ablesen. Moralische Motivation ist erst verbürgt, wenn einer das Rechte tut, nicht nur, wenn er gerade Lust dazu hat, sondern auch dann, wenn es seinen spontanen Neigungen zuwider läuft. Second order desire ist die Bereitschaft und Fähigkeit, zu seinen spontanen Impulsen und Bedürfnissen Stellung zu nehmen und nur gemäß jener zu handeln, die mit den eigenen willentlichen Selbstfestlegungen verträglich sind; bei einem moralischen second order desire sind dies moralbezogene Selbstbindungen. Moralische Motivation läßt sich danach als Filter verstehen, der nur akzeptable Impulse passieren läßt (vgl. Baron 1984).

Nach diesen Ergebnissen wird Moral in zwei voneinander unabhängigen Lernprozessen erworben: in einem ersten kognitiven Lernprozeß lernen Kinder universell und früh das Konstitutivum moralischer Gebote, nämlich deren intrinsische Gültigkeit und kategorische Verbindlichkeit, verstehen. Moralische Motivation hingegen, d.h. die Bereitschaft, das, was als geboten erkannt und bereits angemessen verstanden wird, auch dann zu tun, wenn starke Neigungen dawiderstehen, wird erst in einem zweiten, differentiellen Lernprozeß aufgebaut, den bis zum Alter von 10–11 Jahren erst ein gutes Drittel erfolgreich abgeschlossen hat.

Aus dieser Beschreibung der frühen moralischen Entwicklung ergeben sich folgende Fragen:
1. Wenn Kinder das Spezifikum der Domäne der Moral – nämlich die intrinsische Gültigkeit und kategorische Verbindlichkeit moralischer Gebote – schon früh verstanden haben, *was* bleibt dann eigentlich noch zu lernen? Worin besteht ‚moralische‘ Entwicklung?
2. Welche Lernmechanismen liegen der Entwicklung des Moralverständnisses zugrunde: *Wie* lernen Kinder Moral?
3. Welche *Lernkontexte* sind förderlich, welche blockierend für moralische Entwicklung?

Wenn moralisches Wissen und moralische Motivation unabhängig voneinander erworben werden, dann sind die Fragen nach dem Gegenstand, den Prozessen und Kontextbedingungen moralischen Lernens getrennt für diese beiden Momente von Moral zu diskutieren. Ich beginne mit der kognitiven Dimension.

2.5 Kognitives moralisches Lernen

2.5.1 Soziokognitive Entwicklung und Wissenserwerb

Kinder – so wurde gezeigt – verstehen früh die Sanktionsunabhängigkeit der Geltung moralischer Regeln. Sie vermögen unterschiedliche Arten von Regeln zu unterscheiden: moralische Regeln sind autoritätsunabhängig, unabänderlich und universell gültig; konventionelle Regeln werden durch Autoritäten gesetzt oder durch Übereinkunft bestimmt und sind daher veränderbar, gleichwohl aber in einem gegebenen Kontext verbindlich; religiös erzogene Kinder verstehen darüber hinaus religiöse Vorschriften als von Gott zwar nur für die eigene Glaubensgemeinschaft erlassene, für diese aber unabänderlich verbindliche Regeln. Spätestens gegen Ende der Kindheit wissen Kinder nicht nur um die Gültigkeit einfacher Regeln; sie vermögen auch in einfachen konkreten Situationen verantwortungsethisch angemessen Ausnahmen zu begründen. Damit aber ist voll entfaltete moralische Urteilskompetenz noch keineswegs verbürgt. Die an Prinzipien orientierte *Anwendung* moralischer Regeln setzt eine angemessene Analyse auch komplexer Situationen voraus. Moralische Urteilskompetenz ist insofern abhängig von der Entwicklung soziokognitiver Fähigkeiten und dem Aufbau spezifischer inhaltlicher Wissenssysteme aufgrund von Erfahrungs- und Inhaltslernen. Zu den formalen soziokognitiven Kompetenzen (Strukturlernen) zählen u.a. eine zunehmend differenzierte Fähigkeit zur Rollenübernahme, die Erweiterung des Zeithorizonts, ein Verständnis verlängerter Kausalketten und feed-back-loops, das Erkennen der Eigenständigkeit der Systemebene. Zu den inhaltlichen Wissenssystemen zählen zum einen bereichsspezifische Sachkenntnisse, etwa in den Natur-, Geistes- oder den Sozialwissenschaften; zum anderen aber auch durch eigene Lebenserfahrung gewonnene Verstehensmöglichkeiten der Vorstellungen, Hoffnungen oder Ängste anderer Menschen (Erfahrungslernen). Der Aufbau kognitiver Strukturen ist ein stark alters- und bildungsabhängiger Lernprozeß, der die formalen Denkmittel bereitstellt. Diese gilt es dann für konkrete Situationsanalysen mit bereichsspezifischen Wissenssystemen zu verknüpfen. Im folgenden will ich die benannten Dimensionen der *soziokognitiven Strukturentwicklung* kurz skizzieren und exemplarisch die Notwendigkeit ihrer Verknüpfung mit einschlägigen *Wissens*gehalten andeuten.

Rollenübernahmefähigkeit
Sofern Moral auf unparteilich beurteilte Schadensminimierung abzielt und sofern gilt, daß insbesondere in pluralistischen Gesellschaften Menschen legitimerweise in der Bewertung unterschiedlicher Arten von Schädigungen differieren, ist Rollenübernahmefähigkeit eine notwendige Bedingung angemessener moralischer Urteilsbildung: „Damit ich bei meiner Handlungsentscheidung die dich treffenden Kosten in Rechnung stellen kann, muß ich die zu erwartenden Konsequenzen aus deiner Sicht wahrnehmen und werten können."

Die Entwicklung der Rollenübernahmefähigkeit wird als Abfolge zunehmend komplexer Leistungen beschrieben, deren struktureller Kern die Fähigkeit formalen Perspektivenwechsels ist. Diese läßt sich wie folgt skizzieren (vgl. Selman/Byrne 1980; Wimmer/Perner 1983; Chandler 1987): Zunächst glaubt das jüngere egozentrische Kind, Erkennen beinhalte die Abbildung einer objektiv gegebenen Welt (Stufe 0: ‚Die Welt ist so, wie ich sie sehe.'); dann beginnt es, die Perspektivität der Sichtweisen zu erkennen (Stufe 1: subjektive Rollenübernahme:

‚Ich sehe die Welt so, du siehst sie anders.'). Schließlich erfaßt es die Wechselseitigkeit der Perspektivenübernahme (Stufe 2: reflexive Rollenübernahme: ‚Du weißt, daß ich weiß, und ich weiß, daß du weißt, daß wir beide die Welt unterschiedlich sehen'). Die nächst höhere Stufe beschreibt die Möglichkeit, aus der Endlosspirale wechselseitiger Reflexivität (Stufe 3: wechselseitige Rollenübernahme: ‚Ich weiß, daß du weißt, daß ich weiß ...') auszubrechen, und eine neutrale Beobachterrolle einzunehmen. Aus dieser Dritte-Person-Perspektive läßt sich die Berechtigung der unterschiedlichen Sichtweisen gegeneinander so abwägen, daß eine ‚objektive' Sichtweise entsteht[28].

In der Literatur wurden diese Stufen formaler Perspektivenerweiterung anhand der Vorlage einfacher Bildgeschichten (Selman/Byrne 1980) oder aber experimenteller Szenarios (Wimmer/Perner 1983) erhoben. Überprüft wurde dabei die Fähigkeit des Kindes, bei der Befragung über die Reaktionen unterschiedlicher Protagonisten in Rechnung zu stellen, daß diese jeweils nur über Teilmengen der insgesamt den Kindern vorgelegten Informationen verfügten[29]. Diese formale Fähigkeit, Begrenztheiten der Weltsicht aufgrund offen zutage liegender Informationsdefizite zu erkennen, ist aber nur eine notwendige, keineswegs hinreichende Bedingung für ein Gelingen der Rollenübernahme in realen Situationen. Es müssen zu der prinzipiellen Einsicht in die Perspektivität von Sichtweisen einerseits kontextabhängige, je spezifische inhaltliche Wissensschemata, andererseits aber auch motivationale Bereitschaften hinzutreten, soll sich eine formal verfügbare höhere Stufe von Perspektivität auch tatsächlich in ein gelingendes Nachvollziehen der Situationsdeutungen anderer Beteiligter in einem realen Konflikt umsetzen. Anders gesagt: Man muß nicht nur wissen, daß der andere die Situation anders sieht (formale Rollenübernahme), sondern *wie* er sie sieht (inhaltliche Rollenübernahme) und man muß dies auch wissen *wollen*.

An einem Beispiel sei zunächst die Differenz von formaler Rollenübernahmefähigkeit und *inhaltlichem* Verstehen erläutert. Döbert und ich (1982, 1984) fragten Jugendliche zwischen 14–22 Jahren, aus welchen Gründen einer erwägen könnte, Selbstmord zu begehen. Jüngere Probanden benannten punktuelle objektive Auslöser; so sagten sie etwa, weil einer schlechte Noten erhalten hätte oder ihm die Freundin davongelaufen sei. Ältere Probanden verstanden bereits, daß die Unerträglichkeit einer Situation von der subjektiven Wahrnehmung und Bewertung abhängt – inhaltlich vorstellen aber konnten viele sich eine solch verzweifelte Weltsicht nicht. Sie sagten dann etwa: Es begeht einer Selbstmord in einer Situation, die er als ausweglos empfindet. Diese formale Perspektivität inhaltlich überzeugend aufzufüllen gelingt eher den Jugendlichen, die selbst schon einmal an Selbstmord gedacht haben. Diese beschreiben dann hoch differenzierte Motivlagen, in denen sich eigene biographische Krisenerfahrungen widerspiegeln. Um ein Beispiel zu zitieren: „... Wenn Sie in irgend einer Situation sind, wo Sie nicht sehen, was Sie machen können, oder vielleicht merken Sie auch, daß andere Ihnen helfen wollen und letztlich ist es dann so, daß Sie sehen, daß, obwohl die anderen Ihnen helfen wollen, diese Hilfe bei Ihnen nichts bewirkt, oder Sie bilden sich ein, sie würde nichts bewirken"[30].

Schließlich aber gehört zur gelungenen Einfühlung in den anderen vor allem auch die *Bereitschaft*, die eigene Deutung zurückzunehmen, auf ihren alleinigen Gültigkeitsanspruch aktiv zu verzichten, sich selbst zu relativieren und die Sicht des anderen ernst zu nehmen und verstehen zu wollen. Dies setzt voraus, daß man dem anderen vorgängig Rationalität, Aufrichtigkeit, Ernsthaftigkeit unterstellt, letztlich, daß man den anderen als Person achtet. Diese Bereitschaft, sich auf die Sicht anderer einzulassen, kann und wird allerdings auch situationsspezifisch variieren (vgl. Eckert/Willems 1992). Für den nicht-involvierten Zuschauer mag die Perspektivität der Sichtweisen Beteiligter offen zutage liegen. Die eigene emotionale Verstrickung in heftige Auseinandersetzungen, vorauslaufende Verletzungen sowie die Angst vor künftigen Kränkungen und die Gefährdung vitaler Interessen hingegen mögen unmittelbar Betroffene blind werden lassen gegen die Einsicht, daß ihre eigene Situationsbeschreibung nicht notwendig den objektiven Sachverhalt widerspiegelt.

Für die moralische Urteilskompetenz ist beides wichtig: der motivationale Aspekt der Perspektivenübernahme, also die Bereitschaft, den anderen ernst zu nehmen und seine Weltsicht für prima facie gleichberechtigt zu achten und somit auch zur eigenen Weltsicht zunächst in eine gewisse Distanz einzutreten und die eher kognitive Fähigkeit, differierende subjektive Weltsichten so zu integrieren, daß eine angemessene Sichtweise entsteht.

Die *moralische* Bedeutsamkeit einer angemessenen inhaltlichen Auffüllung eines bloß formalen Wissens um Perspektivendifferenz ergibt sich aus der Bedeutung, die der Zustimmungsfähigkeit für die moralische Bewertung konkreter Dilemmalösungen zukommt. Zuweilen aber ist mangelnde Empathie schon in sich moralisch prekär. Dies läßt sich an den Auseinandersetzungen um die Aufführungen von Fassbinders Stück „Der Tod, der Müll und die Stadt" besonders deutlich zeigen (vgl. ausführlicher Nunner-Winkler 1988). Zuletzt hatten jüdische Bürger die in Frankfurt geplante Aufführung wegen antisemitischer Tendenzen durch Sitzblockaden zu verhindern gesucht. U. a. wiesen sie darauf hin, daß einzig der als kapitalistischer Spekulant dargestellte Immobilienhändler als Typus, nämlich als ‚der Jude' auftritt; alle anderen Personen hingegen sind mit Eigennamen und individuellen Merkmalen ausgestattet. In der folgenden Mediendebatte (für eine Dokumentation vgl. Lichtenstein 1986) finden sich Appelle nicht-jüdischer Journalisten, in denen Nachsicht angemahnt wird für die ‚Überempfindlichkeit' der ‚jüdischen Mitbürger', ‚die zwar rational nicht nachvollziehbar', jedoch aus ‚ihrer Geschichte'[31] verständlich sei. Die protestierenden Juden selbst hingegen wollten keineswegs um Verständnis für die eigene Betroffenheit werben. Sie wollten ihre Empörung zum Ausdruck bringen: Empörung einmal über das Stück, zum anderen aber insbesondere auch darüber, daß die Deutschen sich nicht betroffen machen ließen, sondern die Auseinandersetzungen als ‚jüdisches Problem' behandelten. An formaler Perspektivenübernahmefähigkeit mangelte es den betreffenden Journalisten nicht – im Gegenteil, betonten sie doch gerade die Unterschiedlichkeit der Sichtweisen. Was jedoch in erschreckender Weise fehlte, war die Fähigkeit, die tatsächlichen Beweggründe des Protestes zu erkennen und nachzuvollziehen. Und sofern die protestierenden Juden als ‚anders' gedeutet und ihr Verhalten ‚wohlmeinend' erklärt wird, werden erneute Kränkungen zugefügt und vorauslaufende Ausgrenzungen wiederholt. Mißverstehen also kann, wie dieses Beispiel zeigt, schon in sich eine unmoralische Handlung sein.

Zeitperspektive
Auch für das Zeitverständnis läßt sich ein formales und ein inhaltliches Moment unterscheiden. Um mit dem *formalen* zu beginnen. Zeit ist als soziale Konstruktion zu verstehen (vgl. Elias 1984): Die Gruppe, die Gesellschaft definiert Maßeinheiten, die unterschiedliche Ereignisketten miteinander in Beziehung zu setzen erlauben, etwa Veränderungen im Sonnenstand und die Vorbereitungen zur Aussaat. Wachsende soziale Vernetzungen und Verlängerungen der Interdependenzketten im Modernisierungsprozeß erzwingen dabei eine zunehmende Standardisierung der Zeitmessung über verschiedene Kontexte hinweg – schließlich wird gar eine einheitliche Weltzeit festgelegt. Die Form der modernen gesellschaftlichen Zeitregulierung wird von den Individuen internalisiert: der Zwang, sich an einer als linear fortschreitend begriffenen Zeitachse mit gleichförmigen Einheiten zu orientieren, wird als objektive Naturgegebenheit erfahren. In dem Maße, in dem die Zahl wechselseitig aufeinander abzustimmender sozialer Aktivitäten anwächst, wird der ‚Zeitfluß' als zunehmend beschleunigt erlebt.

In der kindlichen Entwicklung werden die historischen Veränderungen der Zeiterfahrung nachvollzogen. Wie das Mitglied geschlossener Gemeinschaften lebt das Kleinkind in einer ausgedehnten Gegenwart: Die wechselseitige Abstimmung der Tätigkeiten der Gruppenmitglieder erfolgt zwanglos in konkreten face-to-face Interaktionen und orientiert sich an ‚natürlichen' Zyklen, wie dem Rhythmus von Tag und Nacht, dem Wechsel der Jahreszeiten, der Wiederkehr von Hunger und Sättigung; eines externen objektivierten Maßstabes bedarf es nicht. Allmählich wird der kindliche Zeitbegriff differenziert[32]: Die Gegenwart schrumpft damit zum Schnittpunkt von Vergangenheit und Zukunft; die Zeit schreitet linear voran (und die Digitaluhr macht diese Ablösung von zyklischen Zeitvorstellungen auch sinnlich wahrnehmbar). Mit dem in der Moderne allgemein verbreiteten Erwerb der Stufe des formal-operationalen Denkens (Piaget/Inhelder 1977) wird Zukunft kollektiv als Möglichkeitshorizont verstanden. Damit wird dann das je Vorfindliche als bloß kontingentermaßen realisierter Ausschnitt aus einem prinzipiell offenen und quasi unbegrenzten Möglichkeitsraum begriffen. Das für jeden Entwicklungsschub je charakteristische egozentrische Überziehen der neuen Erkenntnismöglichkeiten führt nun gerade bei Jugendlichen zu übertriebenen Erwartungen und Hoffnungen auf eine freie Gestaltbarkeit der eigenen Lebensführung bzw. der gesellschaftlichen Strukturen: Ideologien und utopische Weltentwürfe sind eine Ausdrucksform dieser neu erworbenen Denkfähigkeiten (vgl. Elkind 1980).

Dieses formale Verständnis des Zeitkonzepts als linearer Maßstab, der von der Vergangenheit in eine freie Gestaltungsmöglichkeiten eröffnende Zukunft reicht, ist mit *inhaltlicher* Bedeutung zu füllen. Es gilt, das Fortwirken vorauslaufender Erfahrungen in die Gegenwart hinein anzuerkennen: auf der Ebene des Individuums etwa in Form der Spuren früher Prägungen in der Persönlichkeitsstruktur, auf der Ebene des Sozialsystems in Form der Erkenntnis der Widerständigkeit gewachsener Institutionen oder tradierter Weltsichten. Diese Einsichten vermögen die im Übergang zum hypothetischen Denken überzogenen Gestaltungshoffnungen und Machbarkeitsvorstellungen wieder etwas zu relativieren.

Die *moralische* Relevanz eines solchen biographisch oder historisch erfahrungsgesättigten Zeitverständnisses ist gerade in Deutschland nicht zu übersehen. Die Würde der Opfer des Dritten Reiches gebietet, ihrer zu gedenken, das Unrecht in Erinnerung zu halten. Und ein vertieftes Verständnis der Generationenverkettungen, d. h. die Einsicht in ein Fortwirken der Opfer-, Täter- oder Mitläufererfahrung in den Sozialisationsprozessen von Kindern und Kindeskindern, schärft Aufmerksamkeiten und stiftet Bereitschaft, gegenwärtige Unrechtshandlungen nicht aus der Beobachterperspektive bloß zu registrieren, sondern im Wissen um Folgen schon den Anfängen zu wehren.

Kausalketten
Ein weiterer Aspekt soziokognitiver Strukturentwicklung ist die Fähigkeit, verlängerte Kausalketten erfassen zu können. Wiederum gilt, daß die Nutzung dieser formalen Kompetenz für die Lösung konkreter Probleme an bereichsspezifische *Wissenssysteme* gebunden ist. Die moralische Relevanz der Berücksichtigung von Folgen ergibt sich aus der oben skizzierten (vgl. Kap. 1.2) Ablösung eines strikt deontologisch-gesinnungsethischen durch ein utilitaristischen Erwägungen Rechnung tragendes verantwortungsethisches Moralverständnis. Als besonders eindrückliches Beispiel für die Abhängigkeit *moralischer* Bewertungsprozesse von konkreten Wissensbeständen läßt sich der mehrfache Positionswechsel auch seitens der Experten in der Frage der friedlichen Nutzung der Kernenergie lesen (vgl. ausführlicher Nunner-Winkler 1991). C. F. v. Weizsäcker (1978, 1986, 1988) etwa war über Jahre hin ein prononcierter Fürsprecher für den Bau von AKWs, weil er glaubte, allein auf diese Weise sei das für die Erhaltung einer wachsenden Erdpopulation notwendige Wirtschaftswachstum zu sichern. Diese Befürwortung schränkte er schrittweise ein: zunächt mit dem Argument, die Kriegsgefahr wachse und damit das Risiko einer Bombardierung von Atomkraftwerken; dann aufgrund der Überlegung, daß allein durch Energieeinsparungen das gegenwärtige Wirtschaftsniveau schon zu stabilisieren sei. Schließlich sprach er sich explizit gegen AKWs aus, und zwar aufgrund der kulturphilosophischen Einsicht, daß kollektive und individuelle Glücksmöglichkeiten eher durch Bewußtseinswandel (hin zu mehr Askese) zu befördern seien, als durch ein stetig sich steigerndes Wirtschaftswachstum. Nun hat sich jüngst die Union of Concerned Societists in einer von 49 Nobelpreisträgern und 700 Mitgliedern der Amerikanischen Akademie der Wissenschaften (z.T. radikalen ehemaligen AKW-Gegnern) unterzeichneten Erklärung eindeutig für die Nutzung der Atomenergie ausgesprochen: Die Belastung der künftigen Generationen durch die Hinterlassenschaft von tödlichem Müll wird für geringer eingeschätzt als das Risiko der Zerstörung der Erdatmosphäre durch die Verbrennung fossiler Ressourcen. Wie an diesem Beispiel ersichtlich wird, sind Handlungsempfehlungen direkt abhängig von der Konstruktion der je als triftig unterstellten Kausalketten, die auf sich ständig verändernden Informationsmengen basieren. Dieses Beispiel zeigt allerdings auch, daß die verantwortungsethische Rückbindung der Entscheidung an die prognostizierten Handlungskonsequenzen angesichts der Fallibilität der jeweils kollektiv verfügbaren und akzeptierten Wissensbestände zunehmend schon die Möglichkeit von Verantwortlichkeit, also Moral überhaupt, aushöhlt. Es ist dies einer der Gründe, warum in der Moderne Moral totgesagt wird. Dennoch verbleibt dem, der sich nicht auf

gesinnungsethischen Fundamentalismus oder reine individualistische Nutzenkalkulatorik zurückziehen will, kein anderer Weg als der Versuch, Folgeketten unparteilich abzuwägen[33].

Systemebene
Systemische Eigenschaften lassen sich auf Merkmale der Elemente nicht reduzieren. Um die eigenständige und u.U. kontraintuitive Funktionsweise von Systemen, etwa eines Beziehungsnetzes oder Institutionengefüges, zu verstehen, bedarf es eines hohen Abstraktionsniveaus des Denkens. Die Keyne'sche Empfehlung des deficit spending ist ein Beispiel für die Gegenläufigkeit von für die Individualebene triftigen konkreten Intuitionen und einem Verständnis systemischer Zusammenhänge: Gilt für die Einzelperson oder die Familie das Gebot, in Zeiten der Not oder Arbeitslosigkeit zu sparen, so ist es für das Wirtschaftssystem als Ganzes besser, positive feed-back-Zirkel in Gang zu setzen, also etwa Aufträge durch Staatsverschuldung vorzufinanzieren, um Arbeitsplätze und Einkommen zu schaffen, somit kaufkräftige Nachfrage zu stimulieren und so das Wirtschaftswachstum wieder anzukurbeln. Ein *moralisch* relevanteres Beispiel ist das Auseinanderklaffen von individuell moralisch vertretbaren Handlungsweisen und gesetzlichen Regulierungen. Bei der Frage der Euthanasie etwa mag in einem konkreten Einzelfall (wenn etwa ein Ehemann die Selbstmordabsichten seiner im Alter unheilbar schwer erkrankten Frau umsetzt) Nachsicht geboten sein (,mildernde Umstände'); Straffreiheit jedoch kann nicht gewährt werden, will man nicht Normerosion riskieren. Auch mag einer sehr wohl für sich persönlich das Recht auf Freitod beanspruchen und ärztlichen Beistand wünschen. Für die Frage nach einer rechtlichen Regelung jedoch gilt es gesamtgesellschaftliche Folgen zu berücksichtigen: So etwa könnte eine Freigabe sehr wohl zur Folge haben, daß alte Menschen sich unter Druck gesetzt fühlen, gesellschaftlich freigestellte Mittel zu nutzen, um ihren Angehörigen nicht länger zur Last zu fallen.

Denkstil
Adelsons (1980) Untersuchung zum politischen Denken in der Adoleszenz integriert die unterschiedenen Dimensionen soziokognitiver Entwicklung (vgl. auch Merelmann 1969). Adelson diskutierte mit Jugendlichen zwischen 12 und 16 Jahren klassische politische Dilemmata im Kontext einer hypothetischen ,Ursprungssituation': ,Tausend Menschen gründen auf einer Insel eine neue Gesellschaft. Welche Regierungsform ist zu wählen? Was ist die Funktion von Gesetzen? Was ist zu tun, wenn Gesetze übertreten werden, Sektenmitglieder aus religiösen Gründen sich weigern, an Reihenimpfungen teilzunehmen, die

Bauern befürchten, daß für sie nachteilhafte Gesetze verabschiedet werden könnten?' Adelson fand deutliche Unterschiede im Stil des politischen Denkens, die nicht durch Geschlecht, Schicht oder nationale Herkunft, sondern durch Alter erklärt wurden. Er faßt diese Ergebnisse prägnant zusammen: „Die politischen Vorstellungen eines 12jährigen deutschen Jungen ähneln denen eines 12jährigen amerikanischen stärker als denen seines 15jährigen Bruders." (Adelson 1980, S. 273)

Die Ganzheitlichkeit und die starke Altersabhängigkeit des jeweils benutzten Argumentationsstiles belegen, daß die Veränderungen primär dem Erwerb formal-operationaler Denkstrukturen geschuldet sind. Diese bilden die Voraussetzung für die größere Differenziertheit, Flexibilität und Komplexität, die den Denkstil älterer Befragter kennzeichnen. Im einzelnen fand Adelson, daß jüngere Befragte zu Personalisierung neigten; bei der Frage nach Gesetzen etwa sprechen sie von Polizisten, Richtern und Verbrechern, nicht von den Funktionen sozialer Institutionen. In Konfliktsituationen greifen sie zu nackter Machtpolitik und rigiden Zwangsmitteln (z.B. ‚die Bauern sollen kämpfen oder sich weigern, Nahrungsmittel anzubauen'). Erst ältere Befragte entwickeln das Konzept einer Interessenorganisation bzw. erkennen, daß die Bauern mit ihren Stimmen eigene Vertreter in die Legislative entsenden können. Auch haben jüngere Befragte noch keinen Sinn für Geschichte: Sie erkennen nicht, daß die Vergangenheit aufgrund von Präzedenz und Traditionen auf der Gegenwart lastet. Und wird ihr Blick durch die Fragen auf die Zukunft gerichtet, so können sie sich nur unmittelbare kurzfristige Folgen gegenwärtiger Ereignisse vorstellen. Ebenso ist ihre Konzeptualisierung menschlicher Motivation oberflächlich und inhaltsleer (‚ein Verbrecher wird rückfällig, weil er ein Verbrecher ist'); erst ältere erkennen, daß Motivstrukturen sich entwickeln, individuell differenzieren und verändern können (z.B. ‚im Gefängnis wächst Groll und Verbitterung, der Inhaftierte fühlt sich auf die Rolle des Verbrechers festgelegt und übernimmt diese schließlich'). Erst mit dem Aufbau hypothetisch-deduktiver Denkfähigkeiten vermag sich der Jugendliche vom vereinfachenden Schwarz-Weiß-Denken zu lösen und in größeren Zusammenhängen zu denken. Der vordem unumstößliche Absolutismus macht begrifflicher Flexibilität und der Einsicht in gebotene Relativierungen Platz; der Jugendliche bricht aus den vorgelegten Alternativfragestellungen aus und rahmt die vorgelegten Dilemmata neu. Insgesamt erfolgt ein radikaler Abbau autoritären Denkens: Der ältere Jugendliche beginnt zu verstehen, daß man Interessen und Werte ausbalancieren und dabei die Macht der Gewohnheit, das Erbe der Vergangenheit und menschlichen Egoismus in Rechnung stellen muß; er bemißt das kurzfristig Gute an langfristigen, auch indirekten Folgen, versteht die Bedeutung persönlicher Freiheitsspielräume und individueller Rechte und erkennt die Notwendigkeit, Minderheiten zu schützen[34].

Resümee
Die vorgetragenen Überlegungen zu der kognitiven Seite der Moralentwicklung seien kurz resümiert. Schon früh verstehen Kinder essentielle Momente von Moral: Sie wissen um die intrinsischen Geltungsgründe moralischer Gebote; sie verstehen den Unterschied zwischen unabänderlichen universellen Normen und verhandelbaren, gleichwohl aber in concreto verpflichtenden kulturspezifischen Normen und einem persönlichen Bereich, in dem Verhalten der individuellen Entscheidungsfreiheit anheimgestellt ist. Dennoch aber verfügen sie keineswegs über eine ausgereifte moralische Urteilsfähigkeit. Um moralische Normen oder Prinzipien angemessen anwenden zu können, d. h. um bei positiven Pflichten zu entscheiden, wem wann wie viel geschuldet ist und bei negativen Pflichten zu beurteilen, unter welchen Bedingungen Übertretungen rechtfertigbar sein können, bedarf es einer triftigen Situationsanalyse. Diese erfordert formale Kompetenzen und inhaltliches Wissen: Man muß erkennen, daß die Interessenlagen und Bedürfnisse anderer differieren können (formale Rollenübernahme) und wahrnehmen, in welcher Hinsicht sie dies tun (inhaltliche Rollenübernahme). Man muß nicht nur kurzfristige Effekte, sondern langfristige, auch indirekte Folgen in Rechnung stellen können und um die Widerständigkeit verfestigter Strukturen wissen (Verständnis verlängerter Kausalketten, erweiterte Zeitperspektive). Wenn es um gesellschaftlich relevante Regelungen geht (z. B. Umweltgesetzgebung, Sozialstaatsverpflichtungen), muß man die Eigenständigkeit systemischen Funktionierens verstehen, ohne zugleich die Bedeutung individueller Haltungen für die Funktionsfähigkeit demokratischer Systeme zu leugnen (Systemebene) (vgl. Putnam, R. D. u. a. 1993).

2.5.2 Lernmechanismen

Bisher wurde die Frage behandelt: *Was* wissen Kinder schon früh über Moral und was müssen sie noch lernen? Im folgenden geht es um die Frage: *Wie* lernen Kinder? Wie ist zu erklären, daß Kinder schon in der frühen Kindheit die intrinsische Gültigkeit einfacher moralischer Regeln verstehen und zwischen bloßen Konventionen, moralischen Verpflichtungen und einem Freiraum persönlicher Entscheidungsfindung zu unterscheiden wissen? Unterschiedliche Arten von Lernprozessen sind vorstellbar. Vermutlich wird man unterstellen dürfen, daß sie alle eine Rolle spielen.

Erwerb des moralischen ‚Sprachspiels'
Worte sind ein unauflösliches Amalgam unterschiedlicher Bedeutungskomponenten. Neben ihrem kognitiven Gehalt eignet ihnen auch ein evaluativer Aspekt, den man ohne die Bedeutung des Wortes zu verändern nicht eliminieren kann (vgl. Osgood u. a. 1991; Putnam, H. 1995). Das Wort ‚Mord' etwa besagt, daß es sich um einen verwerflichen Akt der Tötung handelt. Die kategorische Verurteilung ist im Begriff selbst unaufhebbar impliziert. Für Tötungen, die gesellschaftlich als rechtfertigungsfähig oder wenigstens entschuldbar gelten, verwenden wir andere Worte, wie z. B. Hinrichtung, Tötung im Duell, im Krieg oder aus Notwehr, Attentat, Tyrannenmord, fahrlässige Tötung. Es bedarf keines Verweises auf Sanktionen, um die Verwerflichkeit zu markieren – im Gegenteil, er wäre kontraindiziert. So etwa genügt die Feststellung „Das ist Mord!" für eine moralische Verurteilung – der Verweis auf drohende Zuchthausstrafe käme einer Abschwächung gleich. Indem Kinder also die Sprache ihrer Gruppe erlernen, erwerben sie ein implizites Verständnis der *kategorischen* – z. B. straf- und autoritätsunabhängigen – Gültigkeit moralischer Verbote. Als Indiz für die tatsächliche Wirksamkeit dieses Lernmechanismus lese ich die von jüngeren Kindern häufig gegebenen Antworten auf die Frage, warum man eines anderen Süßigkeiten nicht nehmen dürfe: „Das ist Diebstahl!" oder: „Der ist ein Dieb!" Solche Feststellungen verstanden sie als vollständig selbstexplikative Begründung.

Nicht nur das kategorische Sollen, auch die *Inhalte* der je geltenden Normen lassen sich an der Sprache ablesen. Im Sprachspiel nämlich schlagen sich die sozialen Praktiken, die Lebensformen und die Grundüberzeugungen von Gruppen nieder (Wittgenstein 1984). Die heftigen Kontroversen, die etwa durch den Satz ‚Soldaten sind Mörder' ausgelöst wurden, belegen das eindringlich. Weitere Beispiele liefert der im sozialen Wandel faktisch sich vollziehende Austausch moralisch gehaltvoller Worte: Begriffe wie ‚vorehelicher Geschlechtsverkehr' sind, nun da Sexualität zwischen konsentierenden Erwachsenen dem persönlichen Entscheidungsraum anheimgestellt wird, aus der Alltagssprache fast spurlos verschwunden. Bekannte Sachverhalte werden neu benannt; so etwa tritt das Wort ‚Schwangerschaftsabbruch' zunehmend an die Stelle von ‚Abtreibung', das Wort ‚Freitod' an die Stelle von ‚Selbstmord'. Neue Konzepte werden eingeführt, so etwa der Terminus ‚Vergewaltigung in der Ehe', der noch aus der Perspektive Kants eine contradictio in adjectu darstellte; nach Kants Verständnis nämlich bedeutet Ehe qua definitionem einen Kontrakt zur wechselseitigen Nutzung der Geschlechtswerkzeuge. In solchen Sprachveränderungen spiegeln sich veränderte moralische Überzeugungen und Haltungen wider. Im Einklang mit den oben benannten Veränderungen des Moralverständnisses im Modernisierungsprozeß belegen die angeführten Beispiele erweiterte individuell auszugestaltende Freiheitsräume und ein Zugeständnis formaler Gleichheits- und Selbstbestimmungsrechte auch an Frauen.

Regelrekonstruktion
Menschen können komplexe Invarianzen und Regelhaftigkeiten an ihrer Umwelt ablesen, ohne dieser Lernprozesse explizit gewahr zu werden (vgl. zusammenfassend Perrig 1996). Experimente unterschiedlicher Art belegen solch ‚implizites' Lernen. In einem Paradigma werden Probanden ‚künstliche Grammatiken' vorgelegt, beispielsweise eine Serie von Buchstabenfolgen, die nach einer bestimmten Regel erzeugt wurden. Anschließend müssen sie für weitere Folgen angeben, ob diese ‚wohlgeformt' seien, d. h. der vorher genutzten Regel entsprechen oder nicht. Es zeigt sich, daß die Befragten – ohne das Konstruktionsprinzip durchschauen zu können – überzufällig häufig in der Lage sind, ‚richtige' Produktionen von abweichenden zu unterscheiden. In einer anderen Experiment-Serie erscheinen Kreuze auf einem der vier Quadranten eines Computerbildschirmes, und die Probanden sollen möglichst schnell die den entsprechenden Quadranten zugeordneten Tasten niederdrücken. Sie wiesen deutlich kürzere Reaktionszeiten auf, wenn die Ortsabfolgen bestimmten (auch noch so hochkomplexen) Regeln folgten, als wenn sie zufallsdeterminiert waren. Solch implizites Regellernen konnte auch bei Problemlösungsaufgaben, etwa beim Lösen von Anagrammen, nachgewiesen werden, wenn die Buchstabenvertauschungen einer bestimmten Gesetzmäßigkeit folgten. Ebenso nutzen Individuen Kovariationsinformationen, z. B. die Häufigkeit, mit der eine bestimmte Merkmalskombination angetroffen wird, zum Aufbau von Konzepten. In all diesen Untersuchungen zeigte sich, daß die Probanden ihre Erwartungen faktisch an zugrunde liegenden Regelmäßigkeiten orientierten, wiewohl sie nicht einmal der Regelhaftigkeit selbst gewahr wurden, geschweige denn, daß sie die Regeln hätten explizit ausbuchstabieren können. Das Paradebeispiel für den impliziten Erwerb komplexer Regelsysteme bietet natürlich die kindliche Sprachentwicklung. Die sogenannten Übergeneralisierungsfehler (geh-te, sprech-te) belegen, daß Kinder Sprache nicht, wie in behavioristischen Ansätzen angenommen, durch Imitation und Verstärkung lernen, sondern vielmehr Regeln ablesen und dann korrekt zu nutzen verstehen. Dies geschieht implizit, d. h. ohne daß die Kinder das System von Grammatikregeln in ihrem Gedächtnis repräsentieren oder abrufen könnten.

In ähnlicher Weise dürften Kinder auch die Regeln ablesen, die den sozialen Institutionen, in die sie hineinwachsen, zugrunde liegen, also etwa Höflichkeitsregeln (wie Formen des Erbittens, Dankens, Begrüßens und Verabschiedens); rollenspezifische Verhaltenserwartungen (z. B. in Komplementärrollen wie Arzt und Patient oder Mutter und Kind); aus spezifischen Akten resultierende Folgeverpflichtungen (z. B. ein Versprechen geben und dann halten; die rituellen Handlungen zugrunde liegenden Bedeutungen und Implikationen, wie etwa die aus der Trauungszeremonie erwachsende langfristige Partnerschaftsverpflichtung). Auch die Strukturierung von Beziehungsmustern, also die Frage nach der Angemessenheit von Umgangsweisen und der Erwartbarkeit spezifischer Reaktionsmodi in je unterschiedlichen Arten von Beziehungen, wird vermutlich implizit erworben. Wiederum finden sich Belege für die Wirksamkeit dieses Lernmechanismus in den Antworten der Kinder auf die Frage, warum einem Spielkameraden Süßigkeiten zu entwenden nicht richtig sei: Einige der Kinder nämlich versuchten, die der Institution ‚Besitz' zugrunde liegenden Regelsysteme auszubuchstabieren. So etwa erklärten sie: „Die Süßigkeiten gehören dem, und da muß man den erst fragen und wenn er nein sagt, dann darf man die nicht einfach wegnehmen."

Aushandlungsprozesse
Geltende Regeln lesen Kinder nicht nur beobachtend an den Regelhaftigkeiten im Verhalten anderer ab, sie erfahren sie auch direkt an den Reaktionen, die ihr eigenes Verhalten auslöst, im besonderen wenn es um die konflikthafte Durchsetzung eigener Wünsche gegen herrschende Normen geht. Nucci und Lee (1993) haben solche Auseinandersetzungen in Familien und im Kindergarten beobachtet. Dabei fanden sie, daß Kinder je nach dem in Frage stehenden Regeltypus unterschiedliche Erfahrungen bei ihren Aushandlungsversuchen machen. Sind universelle moralische Regeln betroffen, so lassen Mütter nicht mit sich handeln. So etwa sagen sie: „Ein anderes Kind schlägt man nicht!", und dieses Verbot gilt kategorisch. Wenn Mütter überhaupt noch weitere Begründungen abgeben, so beziehen diese sich auf allgemeinere Moralprinzipien, die ihrerseits kategorisch gelten – etwa das inhaltliche Prinzip, daß man andere nicht schädigen dürfe (z. B. „Das darf man nicht – das tut weh.") oder aber das formale Moralprinzip der Unparteilichkeit („Was du nicht willst, daß man dir tut ..."). Ganz anders läuft die Verhandlung bei konventionellen Regeln ab. Nun benennt die Mutter konkrete Kontextbedingungen, unter denen das Gebot gilt; so etwa sagt sie: „Ihr könnt nachher draußen im Garten schreien, jetzt beim Essen ist es zu laut"; oder: „Wir ziehen heute ein Kleid an, weil heute die Abschlußfeier im Kindergarten stattfindet." Aus der Art der sozialen Reaktion, die Kinder erfahren, wenn sie sich den Geboten und Vorschriften zu widersetzen suchen, vermögen sie

zu erkennen, ob es sich um universell und unabdingbar kategorisch gültige Regeln oder aber um soziale Vereinbarungen handelt, deren Gültigkeit auf bestimmte Kontextbedingungen eingegrenzt ist und deren Inhalte gegebenenfalls auch abänderbar wären. Wenn es etwa um die Konvention geht, daß man sich zu besonderen Feiern festlich kleiden soll, so lassen sich vielleicht Kompromisse aushandeln – auch eine neue Hose oder eine besondere Bluse mögen taugen.

Explizite Unterweisung
Natürlich werden Kinder von ihren Eltern oder anderen Autoritätspersonen auch explizit über Ge- und Verbote unterrichtet. Der Dekalog formuliert eine Minimalmenge moralischer Gebote der Form: ‚Du sollst nicht ...!'; Sprichwörter sind ein Reservoir von Verhaltensanweisungen: ‚Wer einmal lügt ...' ‚Quäle nie ein Tier zum Scherz ...' ‚Unrecht Gut ...' oder Tugendempfehlungen: ‚Hochmut kommt vor dem Fall'; ‚Pünktlichkeit ist die Zierde der Könige.' Eltern nutzen solche griffig komprimierten Regelsätze oder sie verweisen schlicht auf das Faktum der Regelgeltung („Das tut man nicht", „Das gehört sich nicht."). In ihren Regelbegründungen geben einige Kinder Antworten, die solche expliziten Unterweisungen widerzuspiegeln scheinen. So etwa sagen sie: „Das darf man nicht", „Das tut man nicht", „Stehlen ist verboten" etc.

Um diese Überlegungen nochmals zusammenzufassen: Beim Aufbau moralischen Wissens – so die Vermutung – spielen unterschiedliche Arten von Lernmechanismen zusammen: Das konstitutive Moment moralischer Gebote, ihre sanktionsunabhängige intrinsische Gültigkeit läßt sich schon an der Bedeutung moralisch relevanter Konzepte ablesen: Sie spiegeln eine kategorische Verurteilung wider, die eines weiteren Verweises auf mögliche negative Folgen für den Täter nicht bedarf. Komplexere Regelsysteme, die soziale Institutionen definieren (und etwa Diebstahl gegen Mundraub oder Ausleihen vom Verkauf abzugrenzen erlauben), werden vermutlich zum einen aus der Beobachtung von Gesetzmäßigkeiten in Verhaltensabläufen implizit abgelesen, zum anderen auch in Form expliziter Verhaltensanweisungen weitergegeben. Und schließlich vermögen Kinder an der Art des Widerstandes, der ihren abweichenden Wünschen entgegengesetzt wird, die Unterscheidung zwischen absolut unabänderlichen Normen und verhandlungsfähigen Konventionen zu erfahren.

2.6 Der Aufbau moralischer Motivation: Sozialisationstheoretische Einflußvariablen

Die Bereitschaft des Kindes, herrschende Normen zu befolgen, findet in der Literatur unterschiedliche Erklärungen. In einigen Ansätzen gilt das bewußt und intentional eingesetzte erzieherische Verhalten als entscheidend, in anderen die faktische Prägekraft auch nicht voll bewußter Aspekte der Eltern-Kind-Beziehung; in wiederum anderen schließlich wird das Augenmerk insbesondere auf Merkmale des Familiensystems als Ganzes gelenkt. Ich beginne mit der ersten Gruppe von Ansätzen, die auf explizites Erziehungsverhalten rekurrieren.

Erziehungsverhalten
Im Behaviorismus werden zwei Varianten erzieherischer Maßnahmen untersucht: Peitsche oder Zuckerbrot, klassisches oder operantes Konditionieren. Ausgangspunkt für die *klassische Konditionierung* ist die biologisch vorgegebene Tatsache, daß Organismen auf bestimmte Reize mit angeborenen Reaktionen antworten (unkonditionierter Stimulus). So etwa reagiert der Pawlow'sche Hund mit unwillkürlichem Speichelfluß auf den Anblick von Futter und Watsons Waisenknabe Albert mit einer Schreckreaktion auf laute Geräusche. Werden dem Organismus nun wiederholt ursprünglich neutrale Reize (konditionierter Stimulus) – also etwa dem Hund ein Glockenton, dem Kleinkind ein weißes Kaninchen – in unmittelbarem zeitlichen Zusammenhang mit dem unkonditionierten Stimulus angeboten, so baut sich eine Assoziation auf, so daß künftig schon die Darbietung des konditionierten Stimulus die spezifische Reaktion auslöst. Die Übertragung dieses Lernmechanismus auf die Erziehungssituation sieht nach Eysenck so aus: Ein kleiner Junge benimmt sich schlecht, „sofort wird ihm seine Mutter einen Klaps geben oder ihn in die Ecke stellen ... In diesem Falle ist die bestimmte asoziale oder antisoziale Aktivität, die er sich hier erlaubte, unmittelbar von einem starken Schmerz produzierenden Reiz gefolgt ... Konditionierung (findet) statt, so daß von da an dieser bestimmte Typus von Aktivität von einer konditionierten Furchtreaktion gefolgt wäre. Nach einigen Wiederholungen sollte diese Furchtreaktion stark genug sein, um das Kind davon abzuhalten, diesem Typus von Aktivität wieder nachzugehen" (Eysenck 1964, S. 143, zitiert nach Herzog 1991, S. 52 f.).

Skinners (1974) Verfahren der *operanten Konditionierung* setzt bei spontan vom Organismus initiierten Reaktionen an. Systematisch und schrittweise wird Verhalten dann belohnt, wenn es dem erwünschten ähnelt, und zwar um so mehr, je stärker es sich der Idealform annähert. Auf diese Weise wird die Wahrscheinlichkeit gesteigert, daß der Organismus das erwünschte Verhalten an den Tag legt.

Beide Analysen handeln von bewußten Bestrebungen, Normkonformität durch erzieherische Maßnahmen herbeizuführen. Das Individuum erscheint dabei als passives Objekt, weitgehend durch externe Beeinflussungen determiniert und durch instrumentalistische Beweggründe motiviert. Skinner formuliert diese Annahmen ganz explizit: „A person is not an originating agent" (Skinner 1974, S. 168); „a person wills to follow a rule because of the consequences" (ebd., S. 192).

In einem Punkt allerdings unterscheiden sich die beiden behavioristischen Erklärungsmodelle: Beim klassischen Konditionieren wird unterstellt, daß abweichende Bedürfnisse bewußtseinsfähig sind und nur aus Angst vor Strafe unterdrückt werden. Beim erfolgreichen operanten Konditionieren hingegen treten abweichende Impulse gar nicht mehr ins Bewußtsein. Das Verhaltensrepertoire ist durch die eingesetzten Verstärkungspläne faktisch schon in Richtung soziale Erwünschtheit überformt, wenngleich das Individuum selbst vermeint, freiwillig so zu handeln, wie es handelt: Schließlich erzielt es ja genau die Erfolge, die es anstrebt.

Es gibt noch ein anderes Erklärungsmodell, das Normkonformität auf den Einsatz von Erziehungsstilen zurückführt. Einschlägige Literaturbereiche integrierend unterscheiden Hoffman und Saltzstein (1967) drei Arten von Erziehungsstilen: den punitiven Erziehungsstil, der dem klassischen Konditionierungsmodell entspricht, die Liebesentzugstechnik, die auf psychoanalytischen Konzeptualisierungen basiert (vgl. unten), und das *argumentative Räsonieren*, bei dem Eltern an die Einsichts- und Empathiefähigkeit des Kindes appellieren, indem sie es auf schädigende Konsequenzen seines Tuns für andere aufmerksam machen, um es so zur Befolgung moralischer Regeln zu bewegen. Bei diesem Erziehungsstil wird unterstellt, daß Kinder aufgrund eigener Einsicht willentlich und bewußt sich solche Wünsche versagen, deren Befriedigung nur auf Kosten anderer möglich wäre.

Eltern-Kind-Beziehung
Eine zweite Gruppe von Modellen stellt nicht auf bewußt eingesetzte erzieherische Maßnahmen ab, sondern analysiert die faktische Prägekraft von Beziehungsmustern. In *Freuds* Beschreibung erwächst das Überich – als Erbe des Oedipuskomplexes – aus der Auflösung der oedipalen Konstellation. Der kleine Junge begehrt die Mutter als Liebesobjekt und identifiziert sich mit dem Vater: Er will die Mutter haben und sein wie der Vater. Der Vater widersetzt sich dem Begehren seines Sohnes, was dieser als Kastrationsangst erlebt. „Der Knabe steht vor der Alternative, entweder seinen Triebwunsch zu befriedigen und dabei den Penis zu verlieren oder den Penis zu behalten, dann aber seinen Triebwunsch aufgeben zu müssen. Dieser Konflikt wird normaler-

weise zugunsten des Penis entschieden" (Herzog 1991, S. 114). Damit ist der Oedipuskomplex aufgelöst: Die Inzestschranke wird errichtet, die Identifizierung mit dem Vater verinnerlicht, d. h. die vom Vater repräsentierten gesellschaftlichen Normen und Erwartungen werden in das Überich übernommen. Auch die in der vorauslaufenden Konkurrenzsituation aufgebauten aggressiven Gefühle gegen den Vater werden internalisiert und liefern die Basis für die strenge Strafbereitschaft der internen Kontrollinstanz ('Gewissensbisse'). Bei Mädchen verläuft die Entwicklung anders. Nach einer ursprünglich auf die Mutter als erstem Liebesobjekt gerichteten maskulinen Phase entdeckt das Mädchen den eigenen Penismangel, für den es die Mutter haftbar macht (Penisneid). Es ersetzt den Wunsch nach einem Penis durch den nach einem Kind, wählt aus diesem Grund den Vater zum Liebesobjekt und erreicht damit die oedipale Konstellation erst auf einem Umweg. Während die Kastrationsangst beim Jungen den Oedipuskomplex auflöst, fehlt dieses zentrale Motiv natürlich beim Mädchen. Es verharrt länger in der oedipalen Konstellation und überwindet diese durch Verdrängung oder überhaupt nicht; somit erfolgt der Aufbau des Überichs nur unvollkommen: Das weibliche Überich ist „niemals so unerbittlich, so unpersönlich, so unabhängig von seinen affektiven Ursprüngen, wie wir es vom Manne fordern" (Freud 1925, S. 265, zitiert nach Herzog 1991, S. 16). In dieser Beschreibung erscheint der Überich-Aufbau als Korrelat einer ‚Identifikation mit dem Aggressor'.

In der psychoanalytischen Theorietradition findet sich daneben noch ein anderer Mechanismus: die anaklitische Identifikation. Darauf aufbauend hat *Parsons* (1964) seine Sozialisationstheorie entwickelt: Von Natur ist der menschliche Säugling plastisch (d. h. relativ instinktungebunden) und sensitiv (d. h. durch die Haltungen anderer beeinflußbar). Das Kind antwortet mit affektiver Besetzung auf Menschen, die seine primären Bedürfnisse (etwa nach Nahrung, Wärme) befriedigen. Damit ist es hinfort nicht nur auf deren physische Versorgungsleistung verwiesen, sondern hat sich auch von ihrer affektiven Zuwendung abhängig gemacht. Der Wunsch, die Zuneigung und Zuwendung der Mutter zu erhalten, fundiert die wachsende Bereitschaft des Kindes, ihre Erwartungen so zu übernehmen, daß deren Erfüllung zum persönlichen Bedürfnis, zur ‚Bedürfnisdisposition' wird.

In beiden Ansätzen wird das Individuum als weitgehend durch Umwelteinflüsse determiniert gedacht. Dabei wird allerdings das Augenmerk nicht auf gezielt eingesetzte Erziehungstechniken, sondern auf faktisch gelebte Beziehungskonstellationen gerichtet. Diese bewirken, daß ursprünglich externe Kontrollen in das Individuum hineinverlagert werden: Bei Freud fungiert das Überich als interne Zensurinstanz, bei Parsons werden schon die spontanen Impulse und Bedürfnisse kulturell überformt. Damit ist auch ein entscheidender Unterschied zwischen den beiden Ansätzen markiert. Bei Freud sind abweichende Impulse bewußtseinsfähig und werden aus Angst vor dem strafenden Überich unterdrückt, bei Parsons hingegen kommen abweichende Impulse gar nicht mehr zum Bewußtsein. Erfolgreiche Sozialisation setzt so früh und auf so basaler Ebene an, daß der Mensch immer schon will, was er soll ('oversocialized man'; Wrong 1961).

Die beiden psychoanalytischen Erklärungsmodelle weisen Strukturähnlichkeiten zu den beiden behavioristischen Modellen auf – ja sie lassen sich gar als deren internalisierte Varianten lesen. Psychoanalytische und behavioristische Ansätze fußen auf dem gleichen Menschenbild: Der Mensch ist eher passiv, also den verhaltenssteuernden bzw. persönlichkeitsprägenden externen Einflüssen quasi hilflos ausgesetzt und primär erfolgsmotiviert, d.h. vorrangig an Nutzenmaximierung, also an der Vermeidung externer oder interner Strafen bzw. der Erringung materieller oder sozialer Belohnungen interessiert. Bei den beiden auf Strafvermeidung gerichteten Modellen (Identifikation mit dem Aggressor, klassische Konditionierung) wird die Gesellschaft als Zwangsverband und Konformität als bewußte Verzichtsleistung konzeptualisiert. In den beiden auf Belohnung bzw. Zuwendung orientierten Modellen (anaklitische Identifikation, operantes Konditionieren) hingegen wird eine eher reibungslos-kostenfreie Anpassung des Individuums an die gesellschaftlichen Erwartungsstrukturen unterstellt: Das Individuum vermeint, frei zu agieren, sofern es der hinter seinem Rücken wirksamen gesellschaftlichen Determination nicht gewahr wird.

Auch bei den auf Beziehungen fokussierenden Ansätzen gibt es ein drittes Modell, das Freiheitsspielräume in der menschlichen Entwicklung unterstellt. Die *Bindungsforschung* belegt eine Art 'freiwilliger' Gehorsamsbereitschaft des Kindes, die dann zum Tragen kommt, wenn die Mutter 'feinfühlig' ist. Feinfühligkeit bemißt sich an ihrer Fähigkeit, die Bedürfnisse schon des Säuglings sensibel wahrzunehmen und angemessen auf sie einzugehen. Videoaufnahmen von Interaktionsepisoden zwischen Mutter und Kind erlauben die Art der wechselseitigen Abstimmung zwischen den Partnern im Detail zu analysieren (vgl. Dornes 1995). Dabei fand man, daß der Säugling von früh an selbst aktiv Interaktionssequenzen initiiert und steuert. 'Gelungene' Episoden, d.h. solche, die für den Säugling befriedigend und luststeigernd verlaufen, folgen einem Zyklus: Nach einer Eröffnungssequenz mit niedriger emotionaler Intensität schaukelt sich die wechselseitige Involviertheit auf, es kommt zu einem Klimax und danach klingt die Intensität wieder ab. 'Feinfühlige' Mütter folgen dem Rhythmus, den der Säugling vorgibt. Es gibt aber auch Mütter, die nicht auf die Signale des Säuglings einzugehen vermögen: Sie nehmen entweder sein Bemühen um Kontaktaufnahme nicht wahr oder ignorieren sein Bedürfnis nach zeitweiliger Entspannung und lösen so depressiven Rückzug oder aber Ärger und Widerständigkeit aus. Zwischen feinfühligen Müttern und ihren Kindern hingegen spielt sich eine zwanglose Kooperationsbereitschaft ein. Stayton u. a. (1971) ziehen auch evolutionsbiologische Überlegungen heran: Lebewesen, die zu Mobilität neigen – und die frühen Menschen waren ja wohl Nomaden – sind darauf angewiesen, daß die Jungen dem Warn- oder Lockruf der Mutter spontan Folge leisten. Insofern ist die Annahme plausibel, daß der Säugling eine spontane Bereitschaft mitbringt, sich in die Erwartungsstrukturen einzufügen; diese allerdings kann durch aversive Kontexte – eine lieblose Mutter – zerstört werden. Wichtig an dieser Beschreibung nun scheint mir, daß sie mit der Vorstellung verträglich ist, daß das Kind als aktives Subjekt sein Verhalten selbst steuert: Wenn es liebevoll akzeptierende Zuwendung und Rücksichtnahme auf seine Bedürfnisse erfährt, ist es auch seinerseits bereit, den Wünschen anderer nachzukommen. Auf verdeckte Ablehnung und mangelnde Rücksichtnahme hingegen antwortet es selbst auch mit Widerständigkeit.

Für jedes dieser unterschiedlichen sozialisationstheoretischen Modelle lassen sich *empirische Bestätigungen* finden. Die Wirksamkeit antizipierter Strafangst wird etwa durch folgendes Experiment belegt: Man gab Kindern Placebos; der Versuchsgruppe sagte man, diese verursachten Herzklopfen, der Kontrollgruppe wurden keine Nebenwirkungen benannt. Dann wurden die Kinder in eine Versuchssituation geführt. Kinder der Versuchsgruppe mogelten deutlich häufiger als Kinder in der Kontrollgruppe, weil sie – so die Interpretation – das durch die Furcht vor einer möglichen Entdeckung und Bestrafung (oder auch durch die Antizipation eines schlechten Gewissens) ausgelöste Erregungsgefühl fälschlicherweise auf das Placebo attribuierten und somit neutralisierten (vgl. Dienstbier 1984). Erfolgreiche Tierdressuren belegen die verstärkende Wirkung von Belohnungen. Psychoanalytische Fallanalysen dokumentieren rigide Überich-Kontrollen. Eine frühe Überformung von Bedürfnissen ist an der Genese der Leistungsmotivation unstritig nachgewiesen, für die das kindliche Streben nach mütterlicher Anerkennung und Zuwendung zentral ist. Man wird also davon ausgehen können, daß alle diese Modelle – sei es für Teilbereiche der sozialen Realität, sei es für bestimmte historische Epochen – besonders erklärungskräftig sind. Der Einsatz physischer Strafen bzw. der Entzug von Privilegien etwa ist eher für die unteren Schichten typisch. Die dem Freud'schen Modell unterliegende patriarchalische Familienstruktur war insbesondere um die Jahrhundertwende modal[35]. In der BRD-Nachkriegsphase hingegen war eher die enge

Kleinfamilie typisch, in der die Frauen ihre Sinnerfüllung primär in der Mutter- und Hausfrauenrolle zu finden hatten – eine Konstellation, die dem Parsons'schen Sozialisationsmodell entsprechen dürfte: Mütterliche Ängste und Enttäuschungen schon bei geringen kindlichen Abweichungen werden vom Kind als Gefährdung der Zuwendung erfahren und verstärken die Überidentifikation mit der Mutter als der zentralen Bezugsperson.

Familiensystem
Schließlich ist für den Aufbau moralischer Motivation nicht nur die Art des Erziehungsstils und der Eltern-Kind-Beziehung, sondern die im Familiensystem institutionalisierten Wertbindungen von Bedeutung. Als indirekter Indikator für das moralische Klima der Familie läßt sich der Interaktionsstil der Eltern untereinander lesen. Rainer Döbert und ich (1983) fanden eine höhere moralische Verläßlichkeit bei Jugendlichen, deren Eltern die eigenen Konflikte eher egalitär und rational lösten. In einem noch laufenden Forschungsprojekt (Nunner-Winkler 1999b) habe ich die von je 100 65- bis 80jährigen, 40- bis 50jährigen, 20- bis 30jährigen Befragten berichteten Konfliktlösungsstrategien ihrer Eltern mit der Struktur ihrer eigenen moralischen Motivation in Beziehung gesetzt. Dabei zeigte sich, daß der Anteil ‚strategisch' orientierter Befragter, die der Befolgung moralischer Regeln keinen intrinsischen Wert beimessen, sondern nur die eigene Vorteilsmaximierung im Auge haben, deutlich über unterschiedliche elterliche Konfliktlösungsmuster hinweg anstieg: Er war sehr gering in Familien, in denen die Eltern egalitär miteinander umgingen und ihre Konflikte rational zu lösen versuchten[36]. Er stieg an bei Familien, in denen ein Partner irrationale Kampfmittel einsetzte[37], der andere aber noch nach konsensorientierten Konfliktlösungen suchte. Am höchsten war der Anteil bei Familien, in denen beide Eltern einander offen und mit allen Mitteln bekämpften[38]. Der elterliche Umgang mit Konflikten nämlich liefert ein besonders reichhaltiges und informatives Anschauungsmaterial für moralisches Handeln: Wer egalitär-rationale Strategien einsetzt bringt Achtung vor der Person des anderen zum Ausdruck, sofern er dessen divergierende Interessen wahrnimmt, ernstnimmt und einen zustimmungsfähigen Ausgleich anstrebt; Paare hingegen, die rücksichtslos und unter Einsatz aller Machtmittel gegebenenfalls auch unter Benutzung der Kinder nur die eigenen Bedürfnisse verfolgen, liefern ein Modell für amoralisch-strategische Interessendurchsetzung.

Ich meine nun, daß für die Genese der oben beschriebenen moralischen Motivation als ein intrinsisches formales second order desire ein neues Sozialisationsmodell angemessen ist. Ich nenne dies „freiwillige Selbstbindung aus Einsicht". Dieses Modell integriert Aspekte, die bereits in der Bindungsforschung bzw. in Hoffmanns Analyse der Bedeutung des argumentativen Räsonierens (Hoffmann/Saltzstein 1967) thematisiert wurden, gibt ihnen aber eine etwas andere Interpretation. Ich gehe von der (spekulativen) Vorstellung aus, daß sich die intrinsische moralische Motivstruktur in Analogie zu dem Wunsch an einem interessanten Spiel teilzunehmen, verstehen läßt. An einem Spiel teilnehmen heißt, die Spielregeln willig befolgen, weil man dieses Spiel spielen will. Ähnlich mag das Kind aus dem Wunsch heraus, Mitglied in einer akzeptierenden (affektiv warmen) Familie zu werden, willens sein, sich die Befolgung der für das Zusammenleben konstitutiven Normen zu eigen zu machen. Genau dies zeigt ja die Bindungsforschung. Wenn nun diese familienspezifischen Normen den moralischen Grundprinzipien entsprechen, wird das Kind an der ersten sozialen Institution, in die es hineinwächst, die ‚richtigen' Spielregeln ablesen; so entwickelt es die Bereitschaft, bei Konflikten nach fairen, z.B. zustimmungsfähigen Kompromissen zu suchen, statt einseitig und rücksichtslos nur die eigenen Bedürfnisse durchzusetzen.

Indikatoren für ein ‚*moralisches*' *Familienklima* lassen sich in jedem der drei behandelten Variablencluster benennen. Diana Baumrind (1967, 1971) etwa hat elterliche *Erziehungsstile* in drei Typen eingeteilt: laissez-faire, autoritativ und autoritär. Bei einem laissez-faire Stil tolerieren die Eltern auch solche Grenzüberschreitungen ihrer Kinder, bei denen andere verletzt werden. Bei einem autoritären Stil achten die Eltern kindliche Rechte und Interessen unzureichend. Der autoritative Erziehungsstil kombiniert Festigkeit bei moralischen Übertretungen mit der Flexibilität, die bei der Regelung außermoralischer Interessenkonflikte im Interesse eines langfristig guten Zusammenlebens geboten ist. Ein solcher Erziehungsstil signalisiert dem Kind, daß für die Eltern Moral eine wichtige Dimension ist. Die in der *Bindungsforschung* beschriebene ‚feinfühlige' Mutter bringt in ihren Interaktionen mit dem Säugling nicht nur Zuneigung und Akzeptanz zum Ausdruck, sondern sie realisiert das Prinzip der Achtung vor seiner Person in dem Maße, in dem sie seine Interaktionsangebote und Rückzugswünsche ernst nimmt und respektiert. Schon in seinen allerersten Kontakten also kann der Säugling das basale Moralprinzip der Gleichachtung erfahren oder aber an den mütterlichen Übergriffen, die seine Ich-Grenzen überschreiten und seine Autonomiebedürfnisse mißachten, die Maxime egozentrischer Interessendurchsetzung ablesen. Wenn das Kind älter wird, werden die Auseinandersetzungen zwischen kollidierenden Interessen und Bedürfnissen expliziter. Damit wird die Bedeutsamkeit der Fähigkeit der Mutter, die kindliche Perspektive einzunehmen und flexibel, aber zugleich doch, wenn es moralisch geboten ist, firm zu reagieren, noch offensichtlicher.

Daß in der Tat solche frühen Interaktionserfahrungen Auswirkungen auf den Aufbau moralischer Motivation haben können, wird durch Forschungen zur Gewaltbereitschaft eindrücklich bestätigt. In der groß angelegten Untersuchung zu Rechtsradikalismus finden Heitmeyer und seine Mitarbeiter (1995), daß Jugendliche aus Familien, in denen Wärme und zugleich Verläßlichkeit vorherrschten, die geringste Neigung zu Gewalttätigkeit aufweisen. Christel Hopf und ihre Mitarbeiter (1995) suchten in narrativen Interviews mit Jugendlichen deren frühe Bindungserfahrungen zu erfassen. Es zeigte sich, daß rechtsradikale Jugendliche mit hoher Gewaltbereitschaft sehr häufig mangelnde mütterliche Zuwendung oder gar Zurückweisung erfahren hatten.

Um die bisherigen Überlegungen zusammenzufassen: In Familien, in denen die Eltern einander und ihre Kinder achten und Konflikte konsensorientiert bearbeiten, erwerben die Kinder von Anfang an ein moralisch fundiertes Verständnis sozialer Beziehungen und sozialer Institutionen. Erfahren sie zugleich auch noch Wärme und affektive Zuwendung, so werden sie den Wunsch entwickeln, auf der für ihre Familie konstitutiven ‚Geschäftsgrundlage' mitzumachen. Sie werden moralische Motivation im Sinne einer ‚freiwilligen Selbstbindung aus Einsicht' aufbauen. In dem Maße hingegen, in dem Kinder im Elternhaus rücksichtslos-egoistische Machtdurchsetzung beobachten und selbst kaum Anteilnahme an ihren Bedürfnissen und eine geringe Achtung ihrer Ich-Grenzen erfahren, werden sie ein eher strategisches Beziehungsverständnis entwickeln und lernen, die eigenen Interessen notfalls mit einseitig machtorientierten Strategien durchzusetzen.

Untersuchungen über den Familienkontext von hervorragend begabten Kindern lassen sich als Bestätigung der vorgetragenen Überlegungen lesen (vgl. Sloane 1985; Freeman 1993). Kinder, die sich in bestimmten Leistungsgebieten (etwa Musik, Schach, Sport) besonders hervortun, lesen die Bedeutsamkeit dieser Bereiche zunächst an der elterlichen Wertschätzung ab. Die Eltern ihrerseits haben ein starkes Interesse, ihre Kinder an den Aktivitäten teilhaben zu lassen, die ihnen selbst wichtig und wertvoll sind. Im Rahmen einer warm-akzeptierenden Beziehung suchen sie ihre Kinder intensiv zu fördern. Gute Leistungen belohnen sie dabei nicht besonders, sondern erwarten sie als eher selbstverständlich; sie nehmen aber genuin Anteil an den Bemühungen ihrer Kinder und geben ihrer Freude über Erfolge unmittelbar Ausdruck. In solchen Kontexten entwickeln die Kinder kein Bedürfnis zu negativen Abgrenzungen gegen die Eltern, zu Protestaktionen oder Verweigerungen. Sie können sich vielmehr einfach auf die von den Eltern hochgeschätzten Aktivitäten einlassen und im Verlaufe der eigenen Auseinandersetzungen mit auftretenden Problemen eine sachorientierte Motivation aufbauen. In analoger Weise mögen Kinder von moralisch engagierten Eltern eine Bindung an Moral aufbauen: Die Eltern bieten ein Modell moralischen Handelns, sofern sie einander und ihr Kind egalitär und fair behandeln, vom Kind moralisches Verhalten als selbstverständlich erwarten und ihm im Falle von Übertretungen moralische Gesichtspunkte erklären und somit auch zu seiner kognitiven Differenzierung beitragen. Eher unwahrscheinlicher hingegen erscheint der Aufbau moralischer Motivation, wenn Eltern im eigenen Verhalten ein Modell instrumentalistischer Interaktion bieten, also durch strategische Ausbeutung und machtorientierte Interessendurchsetzung ihren Kindern den Vorrang von Erfolg oder Macht vor der Moral vorleben. Auch eine laxe Reaktion auf moralische Übertretungen (laissez-faire) aufgrund von Desinteresse oder einem intellektualistisch überzogenen totalen Relativismus, wird das moralische Engagement der Kinder nicht befördern (vgl. Damon 1996).

3 Die praktisch-pädagogische Debatte: Die Gestaltung der Lernkontexte für moralische Entwicklung

Die sozialisationstheoretische These, freiwillige moralische Selbstbindung spiegele den Wunsch wider, an einer moralisch strukturierten Gemeinschaft auf der Basis ihrer konstitutiven Prinzipien teilzunehmen (‚nach den das Spiel definierenden Regeln mitzuspielen'), läßt sich auch auf die Schule übertragen. Es steht dann zu erwarten, daß demokratische Schulstrukturen, gerechtes Lehrverhalten und ein fairer Umgang der Schüler untereinander moralische Urteilsfähigkeit und moralisches Engagement befördern können. Dafür finden sich in der Literatur empirische Bestätigungen, die sich in pädagogische Empfehlungen ummünzen lassen (Kohlberg 1986; Kohlberg u. a. 1972; Higgins 1987, 1991; Higgins u. a. 1984).

3.1 Demokratische Schulstruktur

Kohlberg hat ein Modell einer ‚Just Community' für Schulen oder Gefängnisse entwickelt und exemplarisch erprobt: Die Teilnehmer/Insassen bilden eine Vollversammlung, die nach demokratischen Verfahren (‚one man one vote') die für das Zusammenleben geltenden Regeln und den Umgang mit Regelverstößen (Sanktionierung) festlegt. Die Begleitforschung hat Wirkungen in der kognitiven wie der motivationalen Dimension moralischer Entwicklung nachgewiesen. So etwa fand sich bei Teilnehmern von solchen Modellprojekten eine deutliche Erhöhung des moralischen *Urteilsniveaus*. Zum einen nämlich erzwingt die offene Aushandlung von Konflikten unter Gleichberechtigten eine explizite Darstellung der unterschiedlichen Sichtweisen von Tätern, Opfern, indirekt Betroffenen und Unbeteiligten. Es werden also die Fähigkeiten zur formalen Perspektivendifferenzierung und inhaltlichen Rollenübernahme geübt, die notwendige Vorbedingungen für moralische Konfliktlösungen darstellen. Zum anderen aber stehen die Verhandlungen unter dem moralischen Grundprinzip der Unparteilichkeit, sofern Lösungsvorschläge nur dann vorgetragen werden können, wenn sie auch öffentlich rechtfertigbar sind. Dabei kommt natürlich die Tatsache zur Geltung, daß alle schon von früh an über ein moralisches Grundwissen verfügen; jeder also kennt den kollektivkonsentierten (Minimal-)Katalog moralischer Leitlinien, denen öffentlich darstellbare Argumentationen zu genügen haben. Strittig also sind allein die Anwendungsbedingungen und Situationsdeutungen; und über diese ist dann diskursiv Einigung anzustreben.

Es zeigte sich aber auch ein deutlicher Anstieg der wechselseitigen *Verantwortlichkeit*, die die Teilnehmer für einander empfanden. Higgins u. a. (1984) legten Schülern von drei Modell- und drei normalen Schulen ein Dilemma vor, in dem es um die Verbindlichkeit positiver Pflichten ging: Infrage stand, ob man einem wenig beliebten Mitschüler unter eigenen Kosten helfen solle oder nicht. Es zeigte sich, daß in den Modell-Schulen 80 %, in den normalen hingegen nur 40 % der Befragten glaubten, daß die Mitschüler die Hilfeleistung für geboten hielten und 50 % (im Vergleich zu 5–12 % in den normalen Schulen) gaben an, sie selbst würden dieser Verpflichtung auch nachkommen. Oser und Althof (1996) berichten des weiteren aus einem laufenden Forschungsprojekt, daß Schüler in einer Just Community-Schule sich hoch mit ihrer Schule identifizierten und sich für gemeinschaftliche Projekte stark einsetzten. Der Vandalismus ging in diesen Schulen stark zurück

Für die Förderung moralischer Motivation scheint mir besonders die Tatsache bedeutsam, daß demokratisch strukturierte Modell-Schulen der ‚doppelten Moral' den Boden weitgehend entziehen. In extern kontrollierten Zwangsgemeinschaften nämlich wird sich immer eine Insassensubkultur herausbilden, deren informelle Erwartungen die öffentlichen Normen konterkarieren. Goffman (1961) hat dies am Extrembeispiel totaler Institutionen (z. B. Gefängnisse, psychiatrische Anstalten, Klöster) nachgewiesen. Aber auch in weniger restriktiv organisierten Institutionen finden sich Gegenkulturen: Im Industriebetrieb etwa zeigt der Begriff ‚Akkordbrecher' die Existenz niedrigerer informeller Leistungsnormen an. In der Schule werden akademische

Leistungserwartungen durch informelle Prestigezuweisungen aufgrund sportlicher Erfolge oder Engagement in außerschulischen Aktivitäten boykottiert (vgl. Coleman 1963). Solche Gegennormen werden vermutlich in Reaktion auf die latenten Funktionen herausgebildet, die die Schule neben der manifesten Funktion der Vermittlung von Wissensbeständen und Schulung der Denkfähigkeiten auch erfüllt: Es geht um die Disziplinierung künftiger Arbeitskräfte, den Aufbau einer formalen Leistungsmotivation und starken Konkurrenzorientierung sowie um die Legitimierung vorgängig gestifteter sozialer Ungleichheit (Bowles/Gintis 1974, 1978; Fend 1997). Gelingt es aber, die hoheitlich verfaßte Institution Schule in demokratisch organisierte Modell-Schulen (Just Communities) umzustrukturieren, so wird sich das Bedürfnis nach einer schützenden Insassensubkultur abschwächen. Wird die Schule nämlich in eigene Regie genommen, so wird sie weniger als Instrument der herrschenden Klasse erfahren, das auf fraglose Einordnung in betriebliche Hierarchien abzielt und nur der Umdeutung von sozialstruktureller in scheinbar leistungsgerechte Ungleichheit dient. In dem Maße, in dem Schüler ihr Zusammenleben selbst mitbestimmen können, sind sie durch autoritative Zurechtweisungen weniger bedroht und brauchen daher die eigene Würde und Identität nicht mehr so stark durch gegenkulturelle Wertbesetzungen schützen. Vielmehr können sie öffentlich Gerechtigkeit einklagen, freiwilliges Engagement für die eigenen Belange mobilisieren und sich mit der Organisation persönlich identifizieren. Das erhöht die Bereitschaft, das eigene Handeln an den selbstgesetzten Regeln zu orientieren[39].

Nun ist die Umgestaltung der Schulen in ‚gerechte Gemeinschaften' sensu Kohlberg in der bürokratisch reglementierten Schullandschaft Deutschlands ein aufwendiges und schwieriges Unterfangen. Aber auch unterhalb der Ebene einer globalen Schulstrukturreform läßt sich ansetzen: bei der Frage der Regelung akuter Konflikte, bei der Einübung allgemeiner Fähigkeiten zur Konfliktlösung, bei der Förderung von Rollenübernahme und moralischer Urteilsfähigkeit. Einige Möglichkeiten seien im folgenden kurz dargestellt.

3.2 Runder Tisch

Oser und Althof (1996; vgl. auch Oser 1997) schlagen zur Lösung akuter gravierender Konflikte in der Schulklasse das Verfahren des „Runden Tisches" vor. Dies ist eine dezentrale, punktuell und situativ einrichtbare Form einer ‚gerechten Problembehandlung': Lehrer und Schüler bringen gleichberechtigt ihre je spezifischen Gesichtspunkte und möglichen Lösungsvorschläge in die Debatte ein. Es findet eine offene Diskussion unter allen Beteiligten statt, und die Entscheidung erfolgt durch ein demokratisches Abstimmungsverfahren. Schon die Nutzung solch einfacherer Vorformen von gerechter Gemeinschaft erbringe – so erste Forschungsergebnisse – eine deutliche Steigerung der Identifikation der Schüler mit ihrer Schule und erhöhe entsprechend das Gefühl wechselseitiger moralischer Verantwortlichkeit.

3.3 Umgang mit ‚aggressivem' Schülerverhalten

Auch das Verfahren des Runden Tisches ist jedoch aufwendig und eher für übergreifendere Probleme angesagt. Häufig aber wird der Lehrer sich nur mit Streitigkeiten zwischen einzelnen Schülern konfrontiert sehen. Das erste Problem besteht nun darin zu entscheiden, wann ein Eingreifen des Lehrers pädagogisch geboten und wann die Lösung besser der Selbstregelungskompetenz der Kinder zu überlassen ist. Anknüpfend an mehrmonatige intensive teilnehmende Beobachtungen in Grundschulen (vgl. Krappmann/Oswald 1995, bes. Kap. 6; Krappmann 1993), benennt Oswald (1997) zwei Formen scheinbar aggressiven Schülerverhaltens, bei denen er dem Lehrer eher Zurückhaltung empfehlen würde, um den Kindern für die Entwicklung sozialer Fähigkeiten und Konfliktlösungskompetenzen einen Autonomiebereich zu belassen. Zum einen geht es ihm um ‚Normbruch-Sanktions-Prozesse', zum andern um ‚Spiele auf der Grenze' (rough and tumble play). Um mit den ersteren zu beginnen: Normverstöße sind alltägliche Vorkommnisse, die bei fast allen Kindern beobachtet wurden. Die Reaktionen schildert Oswald wie folgt: „Bereits Kinder auf der vierten Jahrgangsstufe erweisen sich oft als sehr vernünftig; in fast der Hälfte der von uns analysierten Fälle zielte die Sanktion auf Wiederherstellung der Ordnung unter Verzicht auf Sühne. In einem guten Drittel der Fälle geht es allerdings um eine Wiederherstellung des durch den Normbruch gestörten Gleichgewichts durch Sühne. Der Übeltäter wird dann zurechtgewiesen, beschimpft, beleidigt, verhöhnt oder bedroht. Nonverbale Varianten waren Boxen, Schlagen, Treten, gelegentlich wurde als Kompensation das Eigentum des anderen beschädigt, zerstört, konfisziert. Diese Sanktionen werden von erwachsenen Beobachtern, z.B. von Lehrern, die den vorangegangenen Normbruch nicht bemerkt haben, leicht für eine unangemessene Aggression gehalten und als ‚bullying' bestraft. Tatsächlich haben diese wie ‚bullying' wirkenden Sanktionshandlungen in ihrer Bedeutung mehr Ähnlichkeit mit dem Brüllen des Lehrers, der Ohrfeige der Mutter oder der Geldstrafe des Richters. Je härter die Bestrafung ist, desto eher wird sie vom bestraften

Normbrecher nicht akzeptiert und mit Gegenmaßnahmen beantwortet. Dies ist vor allem dann der Fall, wenn die Sanktion mit einem Gesichtsverlust einhergeht. Wenn Kinder einen Gesichtsverlust empfinden, wenn sie gekränkt oder in ihrer Ehre verletzt sind, dann eskaliert der Normbruch-Sanktions-Prozeß und gerät nicht selten außer Kontrolle. Schlägereien, bei denen nachträglich kaum noch einer zu sagen vermag, wie es zu der Eskalation gekommen ist und denen entsprechend schwierig pädagogisch zu begegnen ist, haben oft ihren Anlaß in Gesichtsverlusten. Insofern sind auch böse Schlägereien mit der Etikettierung als aggressives Verhalten oft sehr vereinfachend gekennzeichnet" (Oswald 1997, S. 395).

In solchen Interaktionssequenzen, auch wenn sie sich zuweilen negativ aufschaukeln mögen, können Kinder konkret das Wechselspiel eigener Aktionen und Reaktionen erleben und auch ein Gespür für die Angemessenheit eigener sanktionierender Antworten auf Fehlverhalten anderer entwickeln. Da der Lehrer aus der Beobachterperspektive oft nur den Schlußakt einer längeren Interaktionssequenz wahrnimmt, sollte er, sofern er bei heftigen Gewaltakten ein Eingreifen für nötig erachtet, nicht seine eigene Interpretation der Situation überstülpen, sondern eine Klärung anstreben, bei der jeder der Beteiligten seine Sicht des Handlungsablaufs darstellen kann und zugleich die der anderen anhören muß.

Auch beim „rough and tumble play", z. B. bei „spielerischen Kämpfen und lustvollen Verfolgungsjagden" solle der Lehrer auf Eingriff und Kontrolle verzichten: In diesen Spielen geht es darum, die prekäre Grenze zwischen Ernst und Spaß zu wahren und „mit nonverbalen Mitteln die Interaktion als Spiel zu ‚rahmen' (Goffman 1977) und wieder auf die Spaßseite zurückzuholen, wenn durch bestimmte Handlungen die Grenze zum Ernst überschritten wird. Im Üben dieser Strategie der Rahmung in Verbindung mit Strategien der Deeskalation und Eskalation in den von der jeweiligen Kultur gesetzten Grenzen dürfte die sozialisationstheoretische Bedeutung dieser Art von Spiel liegen" (Oswald 1997, S. 396).

Ich möchte die Analyse Oswalds noch um einen weiteren Typus von Konfliktaustragung ergänzen, dem ich gleichfalls sozialisatorische Bedeutung zuschreibe (vgl. ausführlicher Nunner-Winkler 1997a). Es geht um nonverbale Aggressionen wie Beleidigung, Hänseln, Verspotten, die der Etablierung von Gruppengrenzen und dem Austesten von geteilten Normen dienen. In der Adoleszenz muß der Heranwachsende seine eigenen Wertpräferenzen entwickeln oder stabilisieren, um daran seine Lebensführung und Zukunftsplanung zu orientieren. In der Auseinandersetzung mit Gleichaltrigen sieht sich der Jugendliche mit alternativen Optionen konfrontiert, etwa was die Zeitverwendung, die Konsumbedürfnisse, inhaltliche Interessenschwerpunkte anlangt. Dies erzwingt wertende Stellungnahmen und provoziert gegebenenfalls die Ablehnung und den Spott der anderen. Der verspottete Schüler aber kann erkennen, daß er selbst die vorgebrachten Beleidigungen scheitern, den Spötter ‚auflaufen' lassen kann[40]. Es wird ihm dies aber nur gelingen in dem Maße, in dem er lernt, die eigenen abweichenden Wertsetzungen wichtig zu nehmen und an ihnen trotz des ausgeübten Konformitätsdrucks festzuhalten. In solch durchaus schmerzlichen Auseinandersetzungen um die Zugehörigkeit zu Gruppen mit ihren sozialen Kontrollen bzw. um individuelle Autonomieansprüche und persönliche Wertbindungen wird sich der eigene Identitätsentwurf allmählich herausbilden und festigen.

Es gibt also Handlungsbereiche, die der autonomen Selbstregulierung der Heranwachsenden zu überlassen sind. Nur durch eigene Erfahrungen nämlich können sie lernen, mit Normbrüchen und Übergriffen, mit Gruppendruck und Konformitätszwang umzugehen und so die eigenen Handlungskompetenzen aufzubauen. Unstrittig aber gibt es auch Konstellationen, in denen ein Eingreifen des Lehrers geboten ist, weil beispielsweise bestimmte Schüler in stabile Täter- oder Opferrollen sich verwickeln oder verwickelt werden, aus denen sie ohne externe Unterstützung nicht mehr ausbrechen können. Wie soll der Lehrer sich in solchen Situationen verhalten, etwa wenn ein Kind in der Klasse ständig Opfer wird? Einige Empfehlungen lassen sich – etwas vereinfacht – in plakative Regeln fassen.

Die erste Regel lautet: Der Lehrer selbst hat sein eigenes Handeln am Kernprinzip von Moral zu orientieren, an der Forderung der Achtung vor der Person, die allen Schülern unabhängig von ihren je spezifischen Merkmalen, Fähigkeiten und Leistungen geschuldet ist. Zuweilen nämlich sind die Lehrer an der Stigmatisierung bestimmter Schüler mitbeteiligt, etwa indem sie sie besonders herausgreifen und vor der Klasse bloßstellen oder lächerlich machen.

Die zweite Regel lautet: Es ist wenig erfolgversprechend, ‚wohlmeinend' das Problem ad personam, etwa in Abwesenheit des Opfers, mit der Klasse zu diskutieren. Wenn ein Lehrer nämlich ein abwesendes Kind zum Gegenstand von erzieherischen Appellen macht, so hilft dies nicht nur nicht, sondern verstärkt seine Stigmatisierung sogar (vgl. Jacobi u. a. o. J.). Die Mitschüler lesen nämlich daran ab, daß auch der Lehrer den Betroffenen als nicht voll handlungskompetent einschätzt. In Analysen der kontraproduktiven Funktion von Lob und Tadel ist diese Fähigkeit von Schülern, am Lehrerverhalten implizite Unterstellungen abzulesen, im Detail belegt worden. (So etwa versteht der für eine Leistung besonders gelobte Schüler, daß der Lehrer ihm diese kaum zugetraut hätte, der für ein Versagen getadelte hingegen erkennt, daß der Lehrer von ihm mehr erwartet hätte, d. h. ihn für fähiger einschätzt; vgl. Meyer 1984, S. 95).

Die dritte Regel lautet: In stark zugespitzten Situationen mag direktes Eingreifen aktuell geboten sein, da ein Lehrer, der sich zum passiven Beobachter kraß unfairen Verhaltens macht, zum Normverfall beiträgt. Allerdings ist es wichtig, daß er beide Seiten in eine offene wechselseitige Anhörung zwingt, bevor er sich ein Urteil bildet.

Wichtiger als solche punktuell durchaus notwendigen Eingriffe jedoch sind Vorbeugemaßnahmen. So ist es sinnvoll, allgemeine Fairneßregeln aufzustellen und ‚einzuhämmern', z. B.: „Mehrere gegen einen ist unfair! Der Stärkere gegen den Schwächeren ist feig! Wenn sich einer ergibt, ist es unfair weiterzuschlagen! Einen Wehrlosen anzugreifen ist feig!" etc. Da Moral – wie oben gezeigt – von Kindern an den Bedeutungen von Worten abgelesen wird, mögen solche einfachen Regeln einzelnen helfen, die Definitionsmacht über die Situation zu gewinnen. So etwa kann ein Zuschauer auf die Hilflosigkeit des Opfers oder auf sein Unterwerfungssignal verweisen und so den Täter unter Druck setzen, sich den geltenden Normen zu unterwerfen oder kollektive Mißbilligung zu riskieren, also öffentlich als unfair oder feige gebrandmarkt zu werden. Auch mag es helfen, die Problematik von Gruppenterror abgelöst von allen konkreten Bezügen in offenen Klassengesprächen – etwa anhand literarischer Texte – zu behandeln. Dabei ist insbesondere auch die Rolle der passiven Zuschauer zu thematisieren. Diese nämlich tragen durch ihr Schweigen zum Terrorismus bei, und zwar die meisten weniger aus Boshaftigkeit denn aus Hilflosigkeit und aufgrund eigener Ängste.

Ein Ergebnis aus der oben berichteten Längsschnittstudie (vgl. Kap. 2.4) möge dies illustrieren: Im Alter von 10–11 Jahren wurde den Kindern folgende hypothetische Situation vorgelegt: „In deine Klasse ist ein neuer Schüler gekommen. Er stottert ein wenig. In der Pause stehen die Mitschüler um den Neuen herum und verspotten ihn. Er kann sich nicht richtig wehren und hat Mühe, nicht loszuheulen"[41]. Zunächst wurden die Kinder befragt, ob sie das Verhalten ihrer Mitschüler als richtig beurteilten. Wie aus Abbildung 4 ersichtlich, halten fast alle (99 %) dieses Verhalten für eindeutig falsch (vgl. Abb. 4).

Abbildung 4

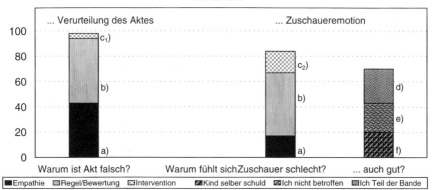

Verurteilung Akt:
Es ist falsch, das Kind zu verspotten, weil
a) das neue Kind ist traurig, weint, leidet
b) das tut man nicht/ das ist - die sind - feige, gemein, fies, unfair
c_1) ich würde eingreifen

Begründung Zuschaueremotion:
Zuschauer fühlt sich schlecht, weil
a) das neue Kind ist traurig, weint, leidet
b) das tut man nicht/ das ist - die sind - feige, gemein, fies, unfair
c_2) denkt, er sollte eingreifen

Zuschauer fühlt sich auch gut, weil
d) das neue Kind ist selber schuld
e) ist froh, daß er nicht verspottet wird
f) ist froh, daß er zur Gruppe gehört

Sie begründen diese Bewertung auch angemessen: Sie äußern Empathie („das Opfer ist traurig, leidet' – 48 %), verweisen auf die goldene Regel („was du nicht willst, das man dir tut, ...; auch der Täter würde sich in der Situation sehr unwohl fühlen' – 20 %) oder berufen sich ganz allgemein auf die Gültigkeit von Fairneßgeboten bzw. verurteilen Tat oder Täter („das tut man nicht; das ist ganz unfair; die sind ganz gemein' – 32 %). Dann wurden die Kinder gefragt, wie sie sich fühlen würden, wenn sie dabeistünden ohne einzugreifen. Die Mehrheit (69 %) gab an, sie würden sich als Zuschauer in dieser Situation schlecht fühlen. Wiederum äußerten einige Mitleid mit dem Opfer (18 %), einige wenige verwiesen auch auf Sanktionen (3 %); die meisten aber sagten, daß das Verhalten unrichtig sei und sie sich eigentlich verpflichtet fühlten einzugreifen (48 %). Zusätzliche 27 % behaupteten, sie würden selbst eingreifen (wobei vermutlich in dieser Angabe ein gut Teil geschönter Selbstdarstellung stecken dürfte).

Interessant aber ist, daß Kinder um die Ambivalenz der eigenen Haltung in solchen Situationen sehr wohl wissen. Die Folgefrage nämlich lautete: ‚Ein Kind sagte mir, es habe sich gut gefühlt. Kannst du das verstehen?' Dreiviertel aller Kinder können das sehr gut verstehen – denn: ‚Man ist froh, daß man nicht selbst das Opfer ist' (32 %) und ‚Man fühlt sich gut, wenn man Teil der Gruppe ist' (39 %)[42]. In seinen autobiographischen Erinnerungen hat Peter Weiss solche Gefühle beschrieben. Im Anschluß an eine Schilderung seiner eigenen vielfachen Opfererfahrungen berichtet er, daß er bald darauf Mitglied des Jungvolkes wurde: „Man gab mir eine Uniform, ein Halstuch, ein Hemd ... und ich nahm teil am Überfall auf das Zeltlager einer feindlichen Gruppe. Aus dem Hinterhalt stürzten wir uns über die Zelte, plünderten, brandschatzten ... Alle Zerstörungslust und Herrschsucht in uns durfte sich entfalten. ... Ich war mit dabei, als man einen Schwachen zum Ofen schleppte und ihn zwang, das heiße Eisen zu küssen, ich war dabei, als man einen Gefangenen auf ein Floß in ein überschwemmtes Grundstück hinausstieß und ihn mit Lehmklumpen bewarf. Ich war von kurzem Glück erfüllt, daß ich zu den Starken gehören durfte, obgleich ich wußte, daß ich zu den Schwachen gehörte" (Weiss 1980, S. 33)[43]. Lehrer nun können durch hypothetische Diskussionen von Texten wie etwa dem zitierten von Peter Weiss, von Filmen oder Videosequenzen die Chancen eröffnen, die ‚pluralistische Ignoranz' aufzubrechen. Alle Kinder wissen um Gruppenzwänge. Sie beobachten, wie einzelne wehrlose Opfer drangsalieren. Sie wissen, daß dies Unrecht ist und man eingreifen sollte. Dieses Wissen aber wehren sie ab, indem sie die Schuld dem Opfer zuweisen oder sich auf die eigenen Ängste, selbst von der Gruppe ausgeschlossen zu werden, konzentrieren. Zugleich aber ist ihnen auch nicht ganz wohl dabei. Jeder einzelne Zuschauer mag meinen, mit seinen Schuldgefühlen und Ängsten alleine zu stehen und glauben, alle anderen billigten und befürworteten das terroristische Verhalten. Im gemeinsamen Gespräch jedoch kann jeder erkennen, daß es allen anderen Kindern genauso geht, daß es also nur eines Zusammenschlusses der Zuschauer bedürfte, damit auch der stärkste Einzeltäter machtlos würde.

3.4 Training für Konfliktverhalten

Eine weitere, besonders bedeutsame Vorbeugemaßnahme ist die Förderung von Konfliktlösungskompetenzen. Ein erster Schritt ist die Einübung aktueller Selbstbeherrschung. Beispielsweise etwa hat man in Streßtraining-Seminaren mit Polizisten gute Erfahrungen damit gemacht, den Betroffenen Strategien zum Umgang mit der eigenen Erregung und Angst an die Hand zu geben. So wird Durchatmen, Entspannungsübungen oder Streßabfuhr durch körperliches Ausagieren (z. B. Herumlaufen) empfohlen. Das Wissen um die Nützlichkeit solch selbstbezogener Körpertechniken könnte in Form einfacher Regeln weitergegeben werden (z. B. „Zuerst Durchatmen!", „Zunächst aus dem Feld gehen!" etc.). Wann immer es möglich ist, empfiehlt es sich, die Konfliktaustragung zu verschieben. Die eingelegte Distanz sollte genutzt werden, um sich in die Lage des Gegners zu versetzen. Auch dafür sind – insbesondere im Kontext von Mediationsverfahren – Techniken erarbeitet worden (vgl. Eckert/Willems 1992). Ausgangspunkt dieser Verfahren ist die Einsicht, daß mögliche Kompromißbildung oft durch wechselseitiges Mißtrauen verstellt wird. Aus diesem Grund arbeitet man jeweils nur mit einer der Konfliktparteien. Die Beteiligten sollen zunächst in einem ersten Schritt nur unter sich sowohl eigene Interessenlagen und Sichtweisen klären wie auch eine Vorstellung von den Zielen und Situationsdeutungen des Gegners erarbeiten. Aufgrund solch hypothetischer Rollenübernahme vermögen die Teilnehmer den Gegner als rational interessegeleiteten Akteur mit verstehbaren Ängsten und Befürchtungen wahrzunehmen. Dieses Bild mag die ursprünglichen projektiven Böswilligkeitsunterstellungen ablösen. Sodann muß die Gruppe – immer noch hypothetisch – den Konflikt vor einem Publikum austragen, um zu erfahren, daß erfolgreicher ist, wer rational, ruhig und insbesondere gewaltfrei agiert. Das Einüben solcher Techniken ist ein wesentlicher erster Schritt zur Entwicklung tragfähiger Konfliktlösungen. Lehrer könnten versuchen, solche Verfahren bei fortgesetzten Spannungen zwischen stabilen Gruppierungen in der Schulklasse (z.B. ethnische Gruppen, Jungen und Mädchen, verfestigte Cliquen) einzusetzen.

3.5 Maßnahmen der Lehrerbildung

Bislang wurden einige pädagogische Maßnahmen diskutiert, die auf die Beeinflussung der Schüler zielen. Wichtig aber mag es auch sein, die Lehrer selbst zu unterstützen. Ausgangspunkt ist die Feststellung, daß bei uns heute vielfach eine Konfusion über Moral vorherrscht (vgl. Nunner-Winkler, in Vorbereitung). Der soziohistorische Wandel in den Moralvorstellungen nämlich hat eine relativistische Haltung befördert: Moral wird häufig – inhaltsfrei – mit individueller Gewissensentscheidung gleichgesetzt und damit ihr konstitutives Moment, nämlich ihr allgemeiner Verbindlichkeitsanspruch, preisgegeben. Es gilt also zunächst – bei der Lehrerbildung –, das moralische Urteilsvermögen zu schulen. Insbesondere ist auch ein angemessenes Verständnis des komplexen Konzepts der Toleranz und ihrer Grenzen zu erarbeiten. So muß deutlich werden, welche Grenzüberschreitungen intolerabel und daher strikt zu sanktionieren sind (etwa die Verletzung anderer aus Lust oder Eigennutz) und bei welchen Differenzen in Werthaltungen oder Lebensentscheidungen (etwa Fragen des Geschmacks oder politischer Einstellungen innerhalb des demokratischen Spektrums) die Autonomie des anderen zu achten ist (agree to disagree).

Soll die Schule also zur Entwicklung von Konfliktlösungskompetenzen und moralischem Engagement beitragen, so gilt es, in der Lehrerbildung moralphilosophische Debatten aufzunehmen, Verfahren zur gerechten Konfliktlösung im Schulraum zu erarbeiten und Strategien zur Einübung gewaltfreier Umgangsformen mit Konflikten zu vermitteln. Im Schulalltag sind dann Möglichkeiten zum Erfahrungsaustausch, Supervision und Beratung für Problemsituationen anzubieten. Es gilt, hochqualifizierte und engagierte Lehrer mit besonderen Anreizen gerade für die schwierigen Schulkontexte zu gewinnen.

3.6 Öffentliche Debatte

Nun ist die Schule zwar ein wichtiger Lernkontext für Kinder, aber weder der einzige noch der einflußreichste. Wie oben ausführlich dargelegt, haben Kinder bis zum Schulbeginn schon ein grundlegendes Wissen um Moral erworben, und die Basis für den Aufbau moralischer Motivation ist gelegt. Die Erfahrungen im Elternhaus, insbesondere auch mit der elterlichen Fähigkeit zur Konfliktbearbeitung sind dabei von hoher Bedeutsamkeit. Öffentliche Debatten über die intergenerationelle Tradierung von Gewalterfahrung und Gewaltbereitschaft einerseits[44] und gewaltfreie Formen von Konfliktregelung andererseits könnten indirekt einen bedeutsamen Beitrag zur Förderung moralischer Kompetenz der nachwachsenden Generation leisten.

3.7 Gesellschaftlicher Kontext

Schließlich aber werden Kinder nicht nur durch die Erfahrungen in Familie, Schule, Nachbarschaft geformt – ganz entscheidend ist der gesellschaftliche Kontext. Oben wurde bereits darauf hingewiesen, daß demokratische Verfahren Ziviltugenden befördern. Umgekehrt stellen manifeste soziale Ungerechtigkeit, ungeahndete Skrupellosigkeit, Heucheln oder Lügen im Wirtschaftsleben oder in der Politik negative Lernerfahrungen dar. Auch Ungleichverteilung, die nicht mehr im Interesse der Förderung des kollektiven Wohlstands steht und von daher legitimierbar wäre, provoziert Delinquenz. So mehren sich die Hinweise darauf, daß Diebstahl, Raub, Erpressung, Überfälle insbesondere von den Jugendlichen verübt werden, die selbst ökonomisch benachteiligt und zugleich perspektivlos zum Zeugen des wachsenden Reichtums und Luxus' der Begüterten werden (vgl. Pfeiffer u. a. 1996).

Doch nicht nur staatliche Eingriffe sind gefragt: Die Bürger selbst mögen Initiativen ergreifen und Ausgleich schaffen, wo Märkte und staatliche Deregulierung Ungleichheiten verschärfen. In den USA finden sich Beispiele solchen Bürgerengagements (vgl. Brauer, im Druck). Ein Versuch, an solche Ziviltugenden anzuknüpfen, die in den USA schon eine längere Tradition haben, ist eine Initiative von Pfeiffer. Er sucht Arbeitnehmer dafür zu gewinnen, daß sie Spenden für die Einrichtung von Sportstipendien für mittellose Jugendliche zeichnen, wobei die Arbeitgeber sich zu einer Vervielfachung der gestifteten Summe verpflichten. In dem Maße, in dem die Bürger in demokratischen Gesellschaften Selbstverantwortung für die eigenen Lebensformen übernehmen, mag es vielleicht gelingen, die Integrationskraft einer Gesellschaft zu stärken, die immer mehr zu einer Zwei-Drittel-Gesellschaft zu entarten droht. Ein anderes Beispiel ist die von einigen Sozialwissenschaftlern vorgetragene Forderung nach einem Einsatz besonderer Ressourcen zur Förderung der Bildung benachteiligter Schüler (,Verlierer der Bildungsexpansion') und für Arbeitsbeschaffungsmaßnahmen (vgl. auch die Presseerklärung von Eckert u. a. 1998). Eine solche Politik würde sich nicht nur ökonomisch rechnen, bezieht man die Kosten von Sicherungsmaßnahmen aufgrund der erhöhten Delinquenzraten perspektiveloser Jugendlicher ein, sie erlaubte auch und vor allem ein öffentliches Interesse an Gerechtigkeit zum Ausdruck zu bringen: Schließlich wird der Erwerb akademischer Qualifikationen massiv vom Staate subventioniert.

Um die vorgetragenen Überlegungen kurz zusammenzufassen: Kinder lernen Moral in der Familie. Das Wissen um die Bedeutsamkeit innerfamilialer Lernerfahrung ist öffentlich verfügbar zu machen und das Bewußtsein für unterschiedlich erfolgreiche Konfliktlösungsstile zu schärfen. Kinder lernen Moral auch im Umgang mit Gleichaltrigen. Sie brauchen autonome Handlungsspielräume, um soziale Kompetenzen zu entwickeln und die eigenen Identitätsabgrenzungen vollziehen und festigen zu können. Zugleich aber bedarf es zuweilen der externen Hilfestellung, so etwa wenn stabile Unterjochungsverhältnisse sich naturwüchsig eingespielt haben und von den Betroffenen selber allein nicht mehr aufgebrochen werden können. Hier ist der direkte Eingriff des Lehrers geboten. Zum anderen kann der Lehrer durch sein eigenes gerechtes Verhalten, durch die Etablierung und Einübung gerechter Verfahren zur Konfliktlösung (z.B. Runder Tisch, Mediationsverfahren) die moralische Entwicklung fördern. Angemessene Verhaltensweisen und geeignete Techniken sind den Lehrern in der Ausbildung nahezubringen.

Schließlich ist natürlich das gesamtgesellschaftliche Umfeld der wichtigste Lernkontext. Die Erfahrung ungerechter Ausgrenzung schädigt nicht nur die Opfer, sie läßt auch moralische Prinzipienlehre zur doppelbödigen Heuchelei verkommen. Gerade die Kinder lassen sich aber am wenigsten täuschen.

4 Anmerkungen

¹ Im folgenden Bericht greife ich Überlegungen auf, die ich andernorts z.T. ausführlicher dargestellt habe: Kap. 1.1: 1986; 1.3: 1994a, 1994b, 1996, 1997b; 1.4: 1995; Kap. 2.1: 1998b; 2.4: 1996, 1999b; Kap. 3.3: 1997a.
² Die genauere Spezifizierung dieser Geschlechtsgebundenheit hat Gilligan im Verlaufe der heftigen Debatte, die ihre These von den Zwei Moralen ausgelöst hat, immer wieder neu definiert. So hieß es zunächst alle, sodann zumindest die meisten Männer bzw. Frauen verträten eine rigide Gerechtigkeits- bzw. eine flexible Fürsorglichkeitsorientierung. Später lautete die These, beide Geschlechter verstünden beide Orientierungen; der Gesichtspunkt der Fürsorge würde jedoch ausschließlich von Frauen eingebracht und fehlte im kollektiven Diskurs, (trotz Schopenhauer!) würde die weibliche Stimme nicht gehört. In jüngster Zeit rekurriert selbst Gilligan auf möglicherweise dem Etikett ‚Geschlecht' zugrundeliegende Variablen, die (die empirisch ohnedies strittigen) Differenzen zu erklären vermöchten, wie etwa basale Machtunterschiede zwischen den Geschlechtern. (Zur Debatte um die These von der Geschlechtermoral vgl. Nagl-Docekal/Pauer-Studer 1993; Nunner-Winkler ²1995; Horster 1998).
³ In neueren Schriften hat Habermas diese Position revidiert (vgl. Kap. 1.3).
⁴ Gegen Gilligans Zwei-Moralen-Relativismus ist aus philosophischer Sicht einzuwenden, stellt sich das Problem, daß sich die Gültigkeit von Zwei Moralen nur von einem Metastandpunkt her behaupten läßt. Dazu bedarf es eines Kriteriums, das die Angemessenheit der beiden Moralen zu beurteilen erlaubt – und das dann eine einheitliche Moral konstituieren würde. (Die empirische Behauptung über die Geschlechtszuordnung der beiden moralischen Orientierungen ist zumindest strittig – aus meiner Sicht nicht triftig (vgl. u. a. Walker 1984); vgl. Broughton 1983; Nails 1983; Nunner-Winkler 1994 a,1994 b, 1998 a; vgl. auch Anmerkung 1).
⁵ Schlecht ist, was alle rationalen Menschen zu meiden suchen, also etwa Tod, Schmerz, Invalidität, Verlust von Freiheit und Entfaltungschancen oder die Einschränkung von Vergnügen.
⁶ Gut ist, was kein rationaler Mensch ohne Grund zu meiden sucht, nämlich Freiheit, Chancen, Vergnügen, Fähigkeiten, Gesundheit, Reichtum.
⁷ Wenngleich in der Moderne moralische Normen allein im vernünftigen Wollen aller fundieren, werden sie subjektiv wie die Entdeckung unveränderbarer ewiger Wahrheiten aus Poppers Dritter Welt erfahren und verstanden. Gründe hierfür dürften die individuelle Einsozialisierung in je schon vorgängig die Lebenspraxis regulierende Normen (vgl. Kap. 2.2) sowie die Unhintergehbarkeit kollektiver Lernprozesse (vgl. Kap. 1.3) sein.
⁸ Natürlich sind auch Fragen, die prima facie dem persönlichen Bereich zugehören, moralisierbar – so gewinnt auch die Frage der Urlaubsgestaltung moralische Relevanz, wenn etwa eine Urlaubsreise in das Griechenland der Obristen als Stützung eines Unrechtregimes gedeutet werden kann.
⁹ Frauen erhielten das Recht auf ein Studium zu Beginn dieses Jahrhunderts, das Wahlrecht nach dem Ersten Weltkrieg, gleiche Rechte im Ehevertragsrecht in den 60er Jahren (vgl. Köbl 1994) und erst kürzlich das Recht auf körperliche Selbstbestimmung (§ 218 StGB, Vergewaltigung in der Ehe). All diesen Veränderungen liegt die Forderung zugrunde, die Frau nicht länger als Besitztum des Mannes („Du sollst nicht begehren Deines Nächsten Haus, Hof, Weib, Kind, Knecht, Vieh!") zu sehen, sondern als gleichberechtigte Person zu achten.
¹⁰ Auch in der Frage der Verteilungsgerechtigkeit zeigt sich, daß Interessen und Moral in der Moderne als Gegensätze nicht angemessen verstanden werden können. Schon eine rein nutzenkalkulatorische Analyse mag Sozialhilfe oder wohlfahrtsstaatliche

Grundsicherung als kostengünstiger erweisen als Resozialisierung und Sicherheitsverwahrung (in den USA etwa hat sich seit dem Reaganism der 80er Jahre die Zahl der Gefängnisinsassen mehr als verdoppelt und den Kostenaufwand auf über 5 Milliarden Dollar hochgetrieben). Ähnliche Überlegungen lassen sich auch über das Verhältnis zur Dritten Welt anstellen. Die Politik einer gerechteren Verteilung (etwa in Form angemessener Bezahlung für Rohstoffe und Arbeitsleistungen aus Ländern der Dritten Welt) wäre nicht nur moralisch geboten, sondern auch im langfristigen wohlverstandenen Interesse der Ersten Welt, sofern diese nicht im eigenen Wohlstandskäfig eingesperrt zu leben wünscht.

[11] Für eine frühe Kritik an der Vernachlässigung von Inhalten in prozeduralistischen Moraltheorien vgl. Döbert (1986, 1987).

[12] Bei der Frage, ob der Arzt, vom Todkranken befragt, die Wahrheit sagen müsse oder, um Hoffnung und Lebenswillen zu stärken, zur Notlüge greifen solle, ist dies – bei Kant uns so altmodisch und rigide dünkende – Bestehen auf Ausnahmslosigkeit der Regelbefolgung auch heute noch nachvollziehbar: Nur wenn alle Patienten sicher sein können, daß ihre Fragen immer ehrlich beantwortet werden, können sie auch tröstlicher Information Glauben schenken, statt sich in unaufhebbaren Zweifeln zu zermartern. Das Wissen darum, daß überhaupt, und sei es nur im Extremfalle, von einer Notlüge Gebrauch gemacht wird, zerstört schon die bloße Möglichkeit der Vertrauensbildung (Gert 1988).

[13] Am Beispiel von Atomkraftwerken sind Umfang und Unaufhebbarkeit der Unbestimmtheitszone öffentlich vorgeführt worden: Die Wahrscheinlichkeitsberechnungen für Störfälle sind – insbesondere angesichts der Komplexität von Großorganisationen (vgl. Krohn/Weyer 1989) – mit großer Unsicherheit behaftet; die negativen Folgen auch einer störungsfreien Nutzung – Abstrahlung, ungelöste Probleme der Endlagerung – sind nicht verrechenbar gegen die zu erwartenden Probleme bei einer sofortigen Stillegung und verstärkten Nutzung fossiler Energien (Klimaveränderung). Und auch in der Bewertung unterschiedlicher möglicher Folgearten ist Konsens nicht zu erwarten: Wie ließe sich auch Übereinstimmung erzielen bei Wertungen, die statistische Gesundheitsrisiken mit möglichen politisch fatalen Folgen bei steigender Arbeitslosigkeit zu kontrastieren suchen.

[14] Habermas' Konzept des dramaturgischen Handelns ähnelt dem interpretativen Modell, sofern die Eigenständigkeit der subjektiven Perspektive gegenüber der Annahme vorgängig geteilter Bedeutungen betont wird. Allerdings ist der Handelnde in dieser Zwei-Welten-Theorie – allein die objektive Welt vorgegebener Randbedingungen und die subjektive Welt innerer Erlebnisse und Deutungen kommen in den Blick – auf die Funktion der Selbstdarstellung reduziert und allein an der Akklamation des Publikums interessiert. Das interpretative Paradigma stellt demgegenüber eine Art Zwischenmodell zwischen Habermas' dramaturgischem und kommunikativem Handeln dar: Zwar liegt der Akzent auf Konsensorientierung und Intersubjektivität, aber der für das kommunikative Handeln konstitutive Bezug auf eine Ausweisbarkeit der je erzielten Kompromisse an übersituativ gültigen Prinzipien von Richtigkeit, Wahrheit, Wahrhaftigkeit fehlt.

[15] Am Beispiel der Entwicklung der Gerechtigkeitsvorstellungen hat Döbert (1979) als Spezifikum höherer Entwicklungsstufen die Fähigkeit herausgearbeitet, die verschiedenen Kriterien von Gerechtigkeit (Gleichheit, Beitragsgerechtigkeit, Bedürfnisorientierung) gegeneinander auszubalancieren und je kontextspezifische Integrationen zu leisten. Auch Döberts Analyse der BGH-Entscheidung zum § 218 StGB (1996) belegt die auf höheren Reflexionsstufen mögliche Einbeziehung konfligierender Gesichtspunkte. Döbert spricht – an Piaget anknüpfend – von der Negation der Negation im Sinne der wechselseitigen Relativierung konträrer Sichtweisen im Blick auf eine mögliche Integration.

[16] Eckensberger und Reinshagen (1980) analysieren die moralische Entwicklung in Form einer Spirale, wobei die Stufen 4–6 eine Wiederholung der Stufenabfolge 1–3 auf erhöhtem Niveau, nämlich auf Systemebene darstellen.

[17] In einer Folgeuntersuchung konnten Nucci und Lee (1993) zeigen, daß religiös gebundene Kinder auch zwischen religiösen Vorschriften (z. B. „Man soll am Sonntag zur Kirche gehen bzw. am Sabbat nicht arbeiten!") und moralischen Geboten zu unterscheiden wußten. Moralische Regeln gelten unabänderlich, universell und unabhängig von Gottes Gebot; religiöse Vorschriften hingegen sind zwar unabänderlich, aber nicht universell gültig (sie gelten nur für die Angehörigen der eigenen Religionsgemeinschaft) und an Gottes Gebot gebunden.

[18] Das Dilemma ist noch komplexer, sofern zugleich ein implizites Versprechen (nämlich den alten Freund zu treffen) und persönliche Bedürfnisse (der neue Klassenkamerad macht für den gleichen Termin ein besonders attraktives Angebot) im Spiel waren.

[19] In Kindergärten aus unterschiedlichen Stadtteilen Münchens und der Umgebung wurden alle deutschsprachigen, neu eingetretenen Kinder erfaßt, deren Eltern die Zustimmung dazu erteilten (Verweigerungen gab es kaum). Die Stichprobe enthält in etwa gleich viele Jungen wie Mädchen und liegt, was den sozioökonomischen Status anlangt, geringfügig über den für die Bundesrepublik repräsentativen Durchschnittswerten (vgl. Schneider/Nunner-Winkler 1989).

[20] Diese Bildgeschichten wurden in Zusammenarbeit mit Beate Sodian entwickelt (vgl. Nunner-Winkler/Sodian 1987).

[21] Protagonist entwendet einem Spielkameraden heimlich Süßigkeiten (Diebstahl). Protagonist weigert sich, mit einem benachteiligten Kameraden einen zu Unrecht erhaltenen Preis zu teilen (die Kinder hatten um die Wette Türme gebaut, beide Türme waren gleich hoch; aber ein drittes Kind, das als Schiedsrichter fungierte, sprach dem Protagonisten den Preis zu) (Ungerechtigkeit).

[22] Protagonist weigert sich, sein Coca mit einem durstigen Bittsteller zu teilen (Teilen). Protagonist weigert sich, bei einem Wettbewerb einem hilfsbedürftigen Kind zu helfen, weil er selbst möglichst gut abschneiden will; ein drittes Kind hilft (Helfen).

[23] Ein Beispiel möge dies illustrieren: X beobachtet ihren Liebhaber, wie er vertraut seinen Arm um eine hübsche junge Frau legt. Sie empfindet rasenden Schmerz, Wut, Eifersucht, Zorn, Trauer. Erfährt sie jedoch, daß die junge Frau seine Schwester ist, d. h. ändert sich der kognitive Gehalt des Urteils, ist die Emotion wie weggeblasen. War X ihres Liebhabers ohnedies schon überdrüssig, d. h. hat der beobachtete Sachverhalt geringe subjektive Bedeutsamkeit für X, mag sie keine heftigen negativen Emotionen, gegebenenfalls sogar Erleichterung verspüren. Richtung und Intensität der Emotion also geben Aufschluß über die Bedeutung, die eine Person im Kontext ihrer persönlichen Wertbindungen einem bestimmten Sachverhalt beimißt.

[24] Dies gilt zumindest für jüngere Kinder, die anderen die gleiche Emotion zuschreiben, die sie selbst in der entsprechenden Situation empfinden würden (vgl. Zelko u. a. 1986).

[25] Es wurde folgende Situation vorgelegt: „Ihr habt gemeinsam ein Klassenfest gefeiert und abgemacht, euch am folgenden Tag zum Aufräumen zu treffen." An diese Ausgangssituation schlossen sich unterschiedliche Szenarien an: „Am nächsten Tag möchtest du lieber z. B. schwimmen gehen (hedonistisches Bedürfnis); lieber z. B. ein Fußball-Länderspiel ansehen oder einen Zirkus besuchen (einmaliges Ereignis); lieber die einzige Gelegenheit zur Anmeldung für einen zweiwöchigen Ferienkurs, z. B. einen Schach-, Computer- oder Reitkurs nutzen."

In einem Vorinterview waren die jeweiligen individuellen Lieblingsbeschäftigungen für das hedonistische Bedürfnis/das einmalige Ereignis/den Ferienkurs exploriert worden, die dann individuell in die jeweiligen Geschichten eingesetzt wurden, um so die potentielle Versuchung zu erhöhen.

Das letzte Szenario sah so aus: „Auf dem Wege zur Schule begegnest du einem kleinen Kind, das weint, weil es sich verlaufen hat und nicht mehr nach Hause findet." Die Kinder wurden gefragt: „Findest du es richtig, wenn du nicht zum Aufräumen gingst, weil du lieber ... (hedonistisches Bedürfnis/einmaliges Ereignis/Kursanmeldung/Kind begleiten)? Warum? Was würdest du tatsächlich tun? Und wenn es sicher nicht aufkäme? Wie würdest du dich fühlen, wenn du nicht zum Aufräumen gegangen wärest, weil du lieber ...? Und wie würdest du dich fühlen, wenn du gegangen wärest, aber ein anderer Klassenkamerad ist nicht gekommen, weil er sich für einen Ferienkurs anmelden wollte?"
Ich danke Angelika Weber für Anregungen bei der Entwicklung dieser Vorgaben.

[26] G. Blasi (im Druck) bestreitet die Triftigkeit der Interpretation Turiels. Ihm zufolge bezöge sich die Universalität und Autoritätsunabhängigkeit der kindlichen Negativbewertung von Schlagen nicht auf die Gültigkeit normativer Erwartungen, sondern allein auf die empirische Tatsache, daß Schmerzzufügung ein inhärenter und damit universell zutreffender Bestandteil der Handlung des Schlagens sei. Die hier vorgelegten Ergebnisse allerdings entsprechen eher Turiels Deutung als Blasis Kritik: Die meisten Kinder begründeten die Regelgeltung nicht unter Rückgriff auf eine Beschreibung der Schädigung, sondern gerade unter Verweis auf die Gültigkeit der Regel. So etwa sagten sie: „Das darf man nicht; das ist böse und gemein"; darüber hinaus vermochten sie bei äquivalenter Schadenszufügung, nämlich einer Mißachtung der Bedürfnisse des Opfers, angemessen zwischen der Fundierung der Norm in Gerechtigkeitserwägungen bzw. in Bedürftigkeit zu unterscheiden, wie die unterschiedlichen Begründungen für die Pflicht zu teilen in der Coca- und in der Preis-Geschichte belegen.

[27] Äußerungen der folgenden Art wurden als mögliche, d.h. einzeln weder notwendige noch hinreichende Indikatoren für niedrige moralische Motivation gewertet: Das Kind gibt quasi naiv zu, daß es erwartet sich wohl zu fühlen, wenn es das Versprechen bricht, um eigene Bedürfnisse zu befriedigen; wechselt von einer ursprünglich negativen Emotionserwartung zu einer positiven, wenn der Interviewer die Nicht-Entdeckbarkeit der Regelübertretung zusichert; gesteht sich selbst das Recht zu, das Versprechen zu brechen, um die Kursanmeldung vornehmen zu können, aber äußert zugleich helle Empörung, sollte ein Klassenkamerad dasselbe tun. Zwei unabhängige Rater ordneten die Protokolle zunächst einer von sieben Ausprägungen auf einer Skala moralischer Verläßlichkeit zu, die von ‚offen amoralisch' über ‚vorwiegend strategisch' bis zu ‚hoch moralisch motiviert' ging. 86 % der Einstufungen wiesen eine volle Übereinstimmung auf; Differenzen betrafen meist die mittleren Kategorien und wurden einvernehmlich geklärt. Im folgenden werden nur die Ergebnisse der auf eine dreistufige Skala reduzierten Klassifikation berichtet.
Ich danke G. Blasi für Unterstützung bei der Entwicklung der Rating-Skala.

[28] Selman (1979) illustriert die Stufenabfolge an einem einfachen Beispiel: Der kleine Junge schenkt seiner Mutter ein aufziehbares Dampfschiffchen für die Badewanne; schließlich ist das einfach das (objektiv) Schönste, was es auf der Welt gibt (egozentrische Stufe); der etwas ältere Bruder lacht ihn aus: „Die Mami spielt doch nicht mit Dampfschiffchen" (subjektive Rollenübernahme); die noch ältere Schwester hingegen ist überzeugt, die Mutter wird sich freuen, weil sie weiß, daß der Kleine ihr eine Freude bereiten wollte (reflexive Rollenübernahme). Anhand einer Parabel läßt sich nun die über die bloße Erkenntnis subjektiver differierender Sichtweise hinausgehende Notwendigkeit einer angemessenen ‚gerechten' Integration der Perspektiven erläutern. Kläger A kommt zum Richter und beschuldigt B, seine Interessen verletzt zu haben. Der Richter verständnisvoll zu A: „Du hast recht." B kommt zum Richter und erläutert, daß er die Interessen A's gar nicht bzw. nur berechtigtermaßen verletzt habe. Der Richter zu B: „Du hast recht." Der Beisitzer zum Richter: „Du kannst doch nicht beiden recht geben." Worauf der Richter ihn weise bescheidet: „Da hast du wieder

recht." Die Einsicht in differierende Weltsichten genügt nicht; sollen Interaktionen weiterhin möglich sein, so ist eine Integration dieser Perspektiven zu leisten. Der Richter hat ein Urteil zu fällen und dies hat gerecht zu sein.

[29] Selman/Byrne (1980) geben folgende Altersverteilung für die Stufen an: Im Alter von 4 Jahren sind 80 % noch auf der Stufe 0 und erst 20 % auf Stufe 1; im Alter von 6 sind 90 % auf Stufe 1 und nur noch 10 % auf Stufe 0; im Alter von 8 sind 40 % noch auf Stufe 1, 50 % auf Stufe 2 und 10 % schon auf Stufe 3; im Alter von 10 Jahren sind nur noch 20 % auf Stufe 1, 60 % sind auf Stufe 2 und 20 % auf Stufe 3. Wimmer/Perner (1983) bestätigen diese Ergebnisse: In einer Serie sorgfältig kontrollierter experimenteller Untersuchungen fanden sie, daß Kinder ab etwa 6 Jahren beginnen, „die rekursive Struktur propositionaler Einstellungen zu verstehen, d. h. sie können repräsentieren, was Person A über das glaubt, was Person B glaubt" (vgl. Sodian 1986, S. 56). Im Kontext der Entwicklung epistemischen Denkens wurde eine analoge Sequenz beschrieben (vgl. Chandler 1987).

[30] Neyer (in Vorbereitung) fand in einer Untersuchung von Zwillingen, also einander hochvertrauten Personen, an einem Vergleich der von Zwilling A selbst vorgenommenen und der ihm von Zwilling B zugeschriebenen Situationsbewertungen, daß ‚Projektion' stets ‚Empathie' überwog: Die A von B zugeschriebenen Bewertungen ähnelten stärker B's eigenen als A's Bewertungen. Sicherlich aber differieren Individuen in ihrer Fähigkeit, sich in die Gefühlswelt und den Handlungskontext anderer hineinzuversetzen – große Schriftsteller legen mit ihren dichten Beschreibungen der Binnensicht von Romanhelden davon beredt Zeugnis ab.

[31] Broder antwortet auf den Zuruf von Theatergästen bei der Frankfurter Bühnenbesetzung: „Kommen Sie mir nicht immer mit Ihrem Auschwitz!" mit der Frage: „Ihrem Auschwitz? Wessen Auschwitz?" (1986, S. 219)

[32] Das geteilte objektive Zeitkonzept wird immer früher erworben. Dies läßt sich auch an Veränderungen in der Präsenz von Uhren ablesen: Lange bot die Kirchturmuhr die einzige zeitliche Orientierungsmöglichkeit für das ganze Dorf; dann kamen die Honoratioren in den Besitz kostbarer Taschenuhren; schließlich diente das Geschenk einer Uhr anläßlich von Firmung oder Konfirmation zur öffentlichen Markierung des Übergangs in das Erwachsenenalter. Heute hingegen erhalten Kinder zum Teil schon im Vorschulalter eine eigene Uhr.

[33] Die gleiche dilemmatische Struktur, die gleichwohl den Weg offener kollektiver Diskurse und demokratischer Entscheidungsfindung erlaubt, zeigt sich derzeit in vielen ökologischen und politischen Debatten: etwa um die Nutzung genmanipulierter Pflanzen (vgl. Döbert 1997), um die Nutzung knapper Wasserreserven oder in den Auseinandersetzungen über den Einsatz von UNO-Truppen.

[34] Auch auf einem standardisierten Meßinstrument läßt sich diese Interpretation bestätigen: So erzielten 85 % der jüngeren, aber nur 17 % der älteren Jugendlichen hohe Punktwerte auf einem Autoritarismus-Index.

[35] Wie Reuband (1988, 1997) dokumentierte, hat sich seitdem ein kontinuierlicher Abbau des intrafamilialen Autoritarismus vollzogen, der in der antiautoritären Bewegung der Nach-68iger-Jahre bloß reflexiv ins öffentliche Bewußtsein gehoben wurde.

[36] Typische Reaktionen etwa sind: Vater und Mutter warten, bis sich beide beruhigt haben, und versuchen die Schwierigkeiten dann in einem ruhigen Gespräch zu klären; Vater und Mutter sind zum Einlenken bereit etc.

[37] Beispiele sind: Brüllt Partner an; droht mit Weglaufen; bekommt körperliche Beschwerden; sucht die Kinder auf die eigene Seite zu ziehen.

[38] Dieses Ergebnis stimmt zusammen mit anderen Untersuchungen, die eine erhöhte Bereitschaft zum Einsatz innerfamilialer Gewalt (gegenüber Partnern und Kindern) bei Befragten fanden, die in ihrer Kindheit Zeuge gewaltförmiger Auseinandersetzungen zwischen ihren Eltern geworden waren. Für einen Überblick über die For-

schungsliteratur und eigene Ergebnisse aus einer Repräsentativbefragung vgl. Wetzels (1997).

[39] Kohlbergs Grundannahme, demokratische Teilhabe fördere die Bereitschaft, das eigene Handeln an moralischen Prinzipien und nicht allein an Nutzenmaximierung zu orientieren, läßt sich auch auf der Makroebene politischer Systeme bestätigen. Vor etwa 20 Jahren wurden in Italien Regionalregierungen eingeführt. Diese sollten dezentral Verwaltungsaufgaben und die Versorgung mit Dienstleistungen in eigene Regie nehmen. Putnam, R. D. u. a. (1993) untersuchten längsschnittlich die Leistungsfähigkeit dieser anfänglich genau gleich ausgestatteten Regionalregierungen und fanden deutliche Auseinanderentwicklungen, was Effizienz und Bürgernähe anging. Erfolgreiche Regierungen – so erklärt Putnam die gefundenen Unterschiede – waren von den Ziviltugenden ihrer Bürger getragen: Diese wiesen ein hohes Interesse und eine aktive Beteiligung an öffentlichen Angelegenheiten auf, zeigten Solidarität, Toleranz und Vertrauen in die Regierung und ihre Mitbürger. Die Ausbildung solcher Ziviltugenden deutet er als Korrelat politischer Gleichheit und horizontaler Kooperationsstrukturen, ihren Mangel als Korrelat vertikaler Patron-Klienten-Abhängigkeiten.
Ziviltugendhaftigkeit begreift Putnam als ,soziale Tatsache' sensu Durkheim: Ein einzelner überzeugter Demokrat kann das vorherrschende Klima wechselseitigen Mißtrauens und individueller Isolierung, von Familismus, Nepotismus und personalistischer Klienten-Patron-Politikorientierung in den ineffizienten Regionen nicht aufbrechen. Die geteilte Bereitschaft zu vertrauensvoller Zusammenarbeit sind ebenso wie das Klima wechselseitigen Mißtrauens und realer Korruption Merkmale des Gemeinwesens. Deren Entstehung verfolgt Putnam zurück bis in das frühe Mittelalter, wo republikanische Stadtstaaten im Norden mit der stark autokratischen Regierung Friedrich II. und dem nachfolgenden Feudalsystem im Süden kontrastierten und die Entwicklung horizontaler Bürgernetzwerke bzw. eine vertikale Untertanen-Herrscher-Beziehung beförderten.

[40] Anders als bei den Sprechakten des Mitteilens oder Versprechens nämlich, die allein in die Kompetenz des Sprechers fallen (vgl. Austin 1962), ist für das Gelingen von Beleidigung die Getroffenheit des Opfers unabdingbar. Beispielsweise ist es möglich zu sagen: „Ich habe dir mitgeteilt, daß x ..." oder: „Ich habe dir versprochen, daß y ... – du aber hast mir nicht geglaubt." Die Tatsache, daß ich eine Mitteilung gemacht, ein Versprechen gegeben habe, ist durch deinen Unglauben nicht aufgehoben. Man kann aber nicht sagen: „Ich habe dich beleidigt – du aber warst nicht gekränkt." Wenn du nicht gekränkt warst, ist es mir nicht gelungen, dich zu beleidigen – der Akt ist nicht vollzogen worden.

[41] Den Mädchen wurde die Geschichte mit einem weiblichen Opfer vorgelegt.

[42] Weitere 30 % nutzen den Abwehrmechanismus der Projektion und schieben dem Opfer die Schuld in die Schuhe (,der hat's verdient' – 30 %).

[43] Was sich in den kindlichen Empfindungen widerspiegelt, ist aus anderen Forschungstraditionen nur allzu gut bekannt. Wie Asch (1956) gezeigt hat, wie die Forschungen zum Bystander-Verhalten belegen (vgl. Latané/Darley 1970), finden sich die meisten von uns dazu bereit, wider unser eigenes besseres Wissen falsche Aussagen zu machen oder dringlich gebotene Hilfe zu unterlassen – allein aus dem Grund, weil wir fürchten, dumm dazustehen, aus der Reihe zu tanzen, aufzufallen und damit potentiell zum Angriffspunkt von Gruppenablehnung und Verachtung zu werden.

[44] Etwa 10 % aller Kinder werden Opfer elterlicher Mißhandlungen, und überproportional viele setzen dann später selbst wieder Gewalt ein bei der Erziehung ihrer Kinder oder auch im Umgang mit ihren Partnern. Zwei Drittel all der Kinder, die sexuell mißbraucht werden, waren elterlicher Gewaltausübung ausgesetzt.

5 Abbildungen und Tabellen

Abbildung 1:   Regelbegründung 94
Abbildung 2:   Ausnahme von Regeln: Rechtfertigung 95
Abbildung 3:   Begründung negativer Emotionen 98
Abbildung 4:   Gruppenspott 129

Tabelle 1:   Position zum frühkindlichen Moralverständnis 90

6 Literatur

Ackerman, B. (1980): Social justice in the liberal state. New Haven/London

Adelson, J. (1980): Die politischen Vorstellungen des Jugendlichen in der Frühadoleszenz. In: Döbert, R./Habermas, J./Nunner-Winkler, G. (Hrsg.): Entwicklung des Ichs. Königstein/Ts., S. 272–293

Alder, D. (1992): Die Wurzel der Polaritäten. Geschlechtertheorie zwischen Naturrecht und Natur der Frau. Frankfurt/M.

Apel, K. O. (1988): Diskurs und Verantwortung. Das Problem des Übergangs zur postkonventionellen Moral. Frankfurt/M.

Asch, S. E. (1956): Studies of independence and conformity. A minority of one against an unanimous majority. Psychological Monographs, 70, 9

Asendorpf, J. B./Nunner-Winkler, G. (1992): Children's moral motive strength and temperamental inhibition reduce their immoral tendencies in real moral conflicts. In: Child Development, 63, S. 1223–1235

Austin, J. L. (1962, 1975^2): How to do things with words. Oxford

Baron, M. (1984): The alleged moral repugnance of acting from duty. In: The Journal of Philosophy, 81, S. 197–220

Baumrind, D. (1967): Child care practices anteceding three patterns of preschool behavior. In: Genetic Psychology Monographs, 75, S. 43–88

Baumrind, D. (1971): Current patterns of parental authority. Developmental Psychology Monograph, 4, Part 2, S. 1–103

Beck, U. (1993): Die Erfindung des Politischen. Frankfurt/M.

Berlin, I. (1992): Das krumme Holz der Humanität. Kapitel der Ideengeschichte. Frankfurt/M.

Blasi, A. (in Vorber.): The nature of „early morality" in children's development. A case study of psychological disagreement. In: Edelstein, W./Nunner-Winkler, G. (Hrsg.): Moral im Kontext. Frankfurt/M.

Bowles, S./Gintis, H. (1974): Intelligenzquotient und Klassenstruktur. In: Leviathan, S. 27–52

Bowles, S./Gintis, H. (1978): Pädagogik und die Widersprüche der Ökonomie. Frankfurt/M.

Brauer, K. (im Druck): „Eigenes Leben" ohne „Dasein für Andere"? Oder: Die gesellschaftlichen Grenzen der Individualisierung. Verhandlungen des gemeinsamen Kongresses der Deutschen, Österreichischen und Schweizerischen Gesellschaft für Soziologie. Freiburg

Broder, H. M. (1986): Antisemitismus – ja bitte! In: Süddeutsche Zeitung vom 18./19.1.1986

Broughton, J. M. (1983): Women's rationality and men's virtues: A critique of gender dualism in Gilligan's theory of moral development. Social Research, 50, S. 597–642

Bujo, B. (1991): Afrikanische Anfrage an das europäische Menschenrechtsdenken. In:

Hoffmann, J. (Hrsg.): Begründung von Menschenrechten aus der Sicht unterschiedlicher Kulturen, Bd. 1. Frankfurt/M., S. 211–224

Candee, D./Kohlberg, L. (1987): Moral judgment and moral action: A reanalysis of Haan, Smith, and Block's (1968) Free Speech Movement data. In: Journal of Personality and Social Psychology, 52, S. 554–564

Chandler, M. (1987): The Othello effect. Essay on the emergence and eclipse of skeptical doubt. In: Human Development, 30, S. 137–159

Colby, A./Gibbs, J./Kohlberg, L./Speicher-Dubin, B./Candee, D. (1979): Standard Form Scoring Manual, Part Three, Form A. Harvard University. Center for Moral Education. Harvard

Colemann, J. S. (1963): Academic achievement and the structure of competition. In: Halsey, A. H. u. a. (Hrsg.): Education, economy, and society. Glencoe/Ill., S. 367–387

Condorcet, J. A. de (1789/1979): Über die Zulassung der Frauen zum Bürgerrecht (1789). In: Schröder, H. (Hrsg.): Die Frau ist frei geboren. München, Bd. 1, S. 55 ff.

D'Sa, F. X. (1991): Das Recht, ein Mensch zu sein und die Pflicht, kosmisch zu bleiben. In: Hoffmann, J. (Hrsg.): Begründung von Menschenrechten aus der Sicht unterschiedlicher Kulturen. Frankfurt/M., Bd. 1, S. 157–185

Damon, W. (1977): The social world of the child. San Francisco

Damon, W. (1996): Moralische Entwicklung in Schule und Betrieb. In: Stark, W./Fitzner, T./Giebeler, K./Schubert, C. (Hrsg.): Moralisches Lernen in Schule, Betrieb und Gesellschaft. Internationaler Kongreß der Evangelischen Akademie Bad Boll. Protokolldienst 7/96. Bad Boll, S. 63–69

Dawkins, R. (1976): The selfish gene. Oxford

Dawkins, R. (1987): The blind watchmaker: Why the evidence of evolution reveals a universe without design. New York

Dienstbier, R. A. (1984): The role of emotion in moral socialization. In: Izard, C. E./Kagan, J./Zajonc, R. B. (Hrsg.): Emotions, cognition, and behavior. Cambridge, S. 484–514

Döbert, R. (1979): Zur Rolle unterschiedlicher Gerechtigkeitsstrukturen in der Entwicklung des moralischen Bewußtseins. Kurzfassung (Bericht über den 31. Kongreß der Deutschen Gesellschaft für Psychologie, Mannheim 1978). Göttingen

Döbert, R. (1986): Wider die Vernachlässigung des ‚Inhalts' in den Moraltheorien von Kohlberg und Habermas. Implikationen für die Relativismus/Universalismus Kontroverse. In: Edelstein, W./Nunner-Winkler, G. (Hrsg.): Zur Bestimmung der Moral. Frankfurt/M., S. 86–125

Döbert, R. (1987): Horizonte der an Kohlberg orientierten Moralforschung. In: Zeitschrift für Pädagogik, 33, S. 491–511

Döbert, R. (1996): § 218 vor dem Bundesverfassungsgericht. Verfahrenstheoretische Überlegungen zur sozialen Integration. In: van den Daele, W./Neidhardt, F. (Hrsg.): Kommunikation und Entscheidung. Politische Funktionen öffentlicher Meinungsbildung und diskursiver Verfahren. Berlin, S. 327–367

Döbert, R. (1997): Rationalisierungseffekte durch Diskurse? Beobachtungen einer Technikfolgenabschätzung. In: Analyse und Kritik, 19, S. 77–107

Döbert, R./Nunner-Winkler, G. (1982): Formale und materiale Rollenübernahme. In: Edelstein, W./Keller, M. (Hrsg.): Perspektivität und Interpretation. Die Entwicklung des sozialen Verstehens. Frankfurt/M., S. 320–374

Döbert, R./Nunner-Winkler, G. (1983): Moral, Urteilsniveau und Verläßlichkeit. Die Familie als Lernumwelt für kognitive und motivationale Aspekte des moralischen Bewußtseins in der Adoleszenz. In: Lind, G./Hartmann, H. A./Wakenhut, R. (Hrsg.): Moralisches Urteilen und soziale Umwelt. Weinheim, Basel, S. 95–122

Döbert, R./Nunner-Winkler, G. (1984): Die Bewältigung von Selbstmordimpulsen im Jugendalter. Motivverstehen als Dimension der Ich-Entwicklung. In: Edelstein, W./Habermas, J. (Hrsg.): Soziale Interaktion und soziales Verstehen. Frankfurt/M., S. 348–380

Dornes, M. (1995): Der kompetente Säugling. Die präverbale Entwicklung des Menschen. Frankfurt/M.

Dworkin, R. (1984): Bürgerrechte ernstgenommen. Frankfurt/M.

Eckensberger, U. S./Reinshagen, H./Eckensberger, L. H. (1975): Kohlbergs Interview zum moralischen Urteil. Teil III: Auswertungsmanual – Form A. Saarbrücken: Universität des Saarlandes

Eckensberger, L. H./Reinshagen, H. (1980): Kohlbergs Stufentheorie der Entwicklung des Moralischen Urteils: Ein Versuch ihrer Reinterpretation im Bezugsrahmen handlungstheoretischer Konzepte. In: Eckensberger, L. H./Silbereisen, R. K. (Hrsg.): Entwicklung sozialer Kognitionen: Modelle, Theorien, Methoden, Anwendung. Stuttgart, S. 65–131

Eckert, R./Willems, H. (zusammen mit Goldbach, H.) (1992): Konfliktintervention. Perspektivenübernahme in gesellschaftlichen Auseinandersetzungen. Opladen

Eckert, R. u. a. (Hrsg.) (1998): Zukunftsinvestition Jugend – Sicherung der Minimalqualifikationen für den Arbeitsmarkt, Konfliktschlichtung und moralische Erziehung als öffentliche Aufgabe. Symposium im Wissenschaftzentrum Bonn am 24.4.1998. Bonn

Elias, N. (1984): Über die Zeit. Frankfurt/M.

Elkind, D. (1980): Egozentrismus in der Adoleszenz. In: Döbert, R./Habermas, J./Nunner-Winkler, G. (Hrsg.): Entwicklung des Ichs. Königstein/Ts., S. 170–178

Eysenck, H. J. (1977): Kriminalität und Persönlichkeit (1964). Wien

Fend, H. (1997): Der Umgang mit Schule in der Adoleszenz. Aufbau und Verlust von Lernmotivation, Selbstachtung und Empathie. Bern

Fischer, J. (1989): Ökologischer Realismus. Die Definition des Unverzichtbaren. In: Fischer, J. (Hrsg.): Ökologie im Endspiel. München, S. 17–30

Frankfurt, H. G. (1988): The importance of what we care about. Philosophical essays. Cambridge, New York

Freeman, J. (1993): Parents and families in nurturing giftedness and talent. In: Heller, K. A./Mönks, F. J./Passow, A. H. (Hrsg.): International handbook of research and development of giftedness and talent. Oxford, S. 669–683

Galtung, J. (1994): Menschenrechte – anders gesehen. Frankfurt/M.

Geiger, T. (1962): Recht und Moral (1947). In: Geiger, T. (Hrsg.): Arbeiten zur Soziologie. Neuwied

Gert, B. (1973): The moral rules. A new rational foundation for morality. New York

Gert, B. (1988): Die moralischen Regeln. Eine neue rationale Begründung der Moral. Frankfurt/M.

Giddens, A. (1988): Die Konstitution der Gesellschaft. Grundzüge einer Theorie der Strukturierung. Frankfurt/M., New York

Gilligan, C. (1984): Die andere Stimme. Lebenskonflikte und Moral der Frau. München

Gilligan, C. (1986): Remapping development: The power of divergent data. In: Cirillo, L./Wapner, S. (Hrsg.): Value presuppositions in theories of human development. Hillsdale/NJ, S. 37–53

Goffman, E. (1961): Asylums. Essays on the social situation of mental patients and other inmates. Garden City/NY

Goffman, E. (1977): Rahmen-Analyse. Frankfurt/M.

Gray, J. (1994): After the New Liberalism. Social Research. In: International Quarterly of the Social Sciences, 61, S. 719–735

Habermas, J. (1981): Theorie des kommunikativen Handelns. Bd.1: Handlungsrationalität und gesellschaftliche Rationalisierung. Frankfurt/M.

Habermas, J. (1983): Moralbewußtsein und kommunikatives Handeln. Frankfurt/M.

Habermas, J. (1988): Nachmetaphysisches Denken. Frankfurt/M.

Habermas, J. (1992): Faktizität und Geltung. Beiträge zur Diskurstheorie des Rechts und des demokratischen Rechtsstaats. Frankfurt/M.

Hare, R. M. (1963): Freedom and reason. New York

Hartfiel, G. (1976): Wörterbuch der Soziologie. Stuttgart

Heitmeyer, W./Collmann, B./Conrads, J./Matuschek, I./Kraul, D./Kühnel, W./Möller, R./Ulbrich-Hermann, M. (1995): Gewalt. Schattenseiten der Individualisierung bei Jugendlichen aus unterschiedlichen Milieus. Weinheim, München

Herrnstein, R. J./Murray, C. (1994): The Bell curve. New York

Herzog, W. (1991): Das moralische Subjekt. Pädagogische Intuition und psychologische Theorie. Bern

Hess, H. (1970): Mafia. Tübingen

Higgins, A. (1987): Moralische Erziehung in der Gerechte-Gemeinschaft-Schule. Über schulpraktische Erfahrungen in den USA. In: Lind, G./Raschert, J. (Hrsg.): Moralische Urteilsfähigkeit. Weinheim, Basel, S. 54–72

Higgins, A. (1991): The Just Community approach to moral education: Evolution of the idea and recent findings. In: Kurtines, W. M./Gewirtz, J. L. (Hrsg.): Handbook of moral behavior and development. Vol. 3: Application. Hillsdale/NJ, S. 111–141

Higgins, A./Power, C./Kohlberg, L. (1984): The relationship of moral atmosphere to judgments of responsibility. In: Kurtines, W. M./Gewirtz, J. L. (Hrsg.): Morality, moral behavior, and moral development. New York, S. 74–106

Hoffman, M. L./Saltzstein, H. D. (1967): Parent discipline and the child's moral development. In: Journal of Personality and Social Psychology, 5, S. 45–57

Honegger, C. (1991): Die Ordnung der Geschlechter. Die Wissenschaften vom Menschen und das Weib, 1750–1850. Frankfurt/M.

Honneth, A. (1992): Kampf um Anerkennung. Zur moralischen Grammatik sozialer Konflikte. Frankfurt/M.

Hopf, C./Rieker, P./Sanden-Marcus, M./Schmidt, C. (1995): Familie und Rechtsextremismus. Familiale Sozialisation und rechtsextreme Orientierungen junger Männer. Weinheim, München

Horster, D. (Hrsg.) (1998): Weibliche Moral – ein Mythos? Frankfurt/M.

Jacobi, J. u. a. (o.J.): Zwischenbericht des DFG-Forschungsprojekts „Prozesse politischer Sozialisation bei 9–12jährigen Jungen und Mädchen".

Kant, I. (1787/1959): Kritik der praktischen Vernunft. Hamburg

Kant, I. (1959): Über ein vermeintliches Recht, aus Menschenliebe zu lügen. In: Vorländer, K. (Hrsg.): Immanuel Kant: Kleinere Schriften zur Geschichtsphilosophie Ethik und Politik. Hamburg

Keller, M./Edelstein, W. (1993): Die Entwicklung eines moralischen Selbst von der Kindheit zur Adoleszenz. In: Edelstein, W./Nunner-Winkler, G./Noam, G. (Hrsg.): Moral und Person. Frankfurt/M., S. 307–334

Köbl, U. (1994): Recht und Rechtswissenschaft. In Deutsche Forschungsgemeinschaft, Senatskommission für Frauenforschung (Hrsg.): Sozialwissenschaftliche Frauenforschung in der Bundesrepublik Deutschland. Bestandsaufnahme und forschungspolitische Konsequenzen. Berlin, S. 168–189

Kohlberg, L. (1974): Stufe und Sequenz: Sozialisation unter dem Aspekt der kognitiven Entwicklung. In: Kohlberg, L. (Hrsg.): Zur kognitiven Entwicklung des Kindes. Frankfurt/M., S. 7–255

Kohlberg, L. (1976): Moral stages and moralization: The cognitive-developmental approach. In: Lickona, T. (Hrsg.): Moral development and behavior: Theory, research and social issues. New York, S. 31–53

Kohlberg, L. (1981): Essays on moral development. Vol. 1: The philosophy of moral development. Moral stages and the idea of justice. San Francisco

Kohlberg, L. (1984): Essays on moral development. Vol. 2: The psychology of moral development. The nature and validity of moral stages. San Francisco

Kohlberg, L. (1986): Der ‚Just Community'-Ansatz der Moralerziehung in Theorie und Praxis. In: Oser, F./Fatke, R./Höffe, O. (Hrsg.): Transformation und Entwicklung. Grundlagen der Moralerziehung. Frankfurt/M., S. 21–55

Kohlberg, L./Scharf, P./Hickey, J. (1972): The justice structure of the prison. A theory and an intervention. In: The Prison Journal, LI, S. 3–14

Kohlberg, L. u. a. (1983): Moral stages: A current formulation and a response to critics. In: Meacham, J. A. (Hrsg.): Contributions to human development (Vol. 10). Basel

Krappmann, L. (1993): Bedrohung des kindlichen Selbst in der Sozialwelt der Gleichaltrigen. Beobachtungen zwölfjähriger Kinder in natürlicher Umgebung. In: Edelstein,

W./Nunner-Winkler, G./Noam, G. (Hrsg.): Moral und Person. Frankfurt/M., S. 335–362

Krappmann, L./Oswald, H. (1995): Alltag der Schulkinder: Beobachtungen und Analysen von Interaktionen und Sozialbeziehungen. Weinheim, München

Krohn, W./Weyer, J. (1989): Gesellschaft als Labor. Die Erzeugung sozialer Risiken durch experimentelle Forschung. In: Soziale Welt, 40, S. 349–373

Latané, B./Darley, J. M. (1970): The unresponsive bystander: Why doesn't he help? New York

Lichtenstein, H. (1986): Die Fassbinder-Kontroverse oder das Ende der Schonzeit. Königstein/Ts.

Marquard, O. (1981): Abschied vom Prinzipiellen. Stuttgart

Merelman, R. M. (1969): The development of political ideology: a framework for the analysis of political socialization. In: American Political Science Review, 63, S. 75–93

Meuschel, S. (1981): Kapitalismus oder Sklaverei. Die langwierige Durchsetzung der bürgerlichen Gesellschaft in den USA. Frankfurt/M.

Meyer, W. U. (1984): Das Konzept von der eigenen Begabung. Bern, Stuttgart, Toronto

Moore, B. (1987): Ungerechtigkeit. Die sozialen Ursachen von Unterordnung und Widerstand. Frankfurt/M.

Nagl-Docekal, H./Pauer-Studer, H. (Hrsg.) (1993): Jenseits der Geschlechtermoral. Beiträge zur feministischen Ethik. Frankfurt/M.

Nails, D. (1983): Social-scientific sexism: Gilligan's mismeasure of man. In: Social Research, 50, S. 643–663

Neyer, F. J./Banse, R./Asendorpf, J. B. (im Druck): The role of projection and empathic accuracy in dyadic perception between older twins. Journal of Social and Personal Relationships

Nucci, L./Lee, J. (1993): Moral und personale Autonomie. In: Edelstein, W./Nunner-Winkler, G./Noam, G. (Hrsg.): Moral und Person. Frankfurt/M., S. 69–103

Nunner-Winkler, G. (1986): Ein Plädoyer für einen eingeschränkten Universalismus. In: Edelstein, W./Nunner-Winkler, G. (Hrsg.): Zur Bestimmung der Moral. Frankfurt/M., S. 126–144

Nunner-Winkler, G. (1988): Toleregeln und Betroffenheit. Eine Analyse der Kontroverse um das Fassbinder-Stück ‚Die Stadt, der Müll und der Tod'. In: Forum für Philosophie, Bad Homburg (Hrsg.): Zerstörung des moralischen Selbstbewußtseins: Chance oder Gefährdung? Frankfurt/M., S. 66–90

Nunner-Winkler, G. (1991): Enttraditionalisierungsprozeß: Auswirkungen auf politische Orientierungen bei Jugendlichen? In: Heitmeyer, W./Jacobi, J. (Hrsg.): Politische Sozialisation und Individualisierung. Perspektiven und Chancen politischer Bildung. Weinheim, München, S. 57–75

Nunner-Winkler, G. (1994a): Der Mythos von den Zwei Moralen. In: Deutsche Zeitschrift für Philosophie, 42, S. 237–254

Nunner-Winkler, G. (1994b): Moral in der Politik. Eine Frage des Systems oder der

Persönlichkeit? In: Derlien, H. U./Gerhardt, U./Scharpf, F. W. (Hrsg.): Systemrationalität und Partialinteresse. Baden-Baden, S. 123–149

Nunner-Winkler, G. (Hrsg.) (^{2}1995): Eine weibliche Moral. Die Kontroverse um eine geschlechtsspezifische Ethik. München

Nunner-Winkler, G. (1995): Menschenrechte. Zur Universalisierbarkeit und inhaltlichen Reichweite westlicher Vorstellungen. In: Wissenschaft und Frieden (W & F), 13, S. 6–11

Nunner-Winkler, G. (1996): Normenerosion. In: Frommel, M./Gessner, V. (Hrsg.): Normenerosion. Baden-Baden, S. 15–32

Nunner-Winkler, G. (1997a): Reibereien oder Gruppenterror? Ein Kommentar zum Konzept ‚Bullying'. In: Empirische Pädagogik, 11, S. 423–438

Nunner-Winkler, G. (1997b): Zurück zu Durkheim? Geteilte Werte als Basis gesellschaftlichen Zusammenhalts. In: Heitmeyer, W. (Hrsg.): Was hält eine multiethnische Gesellschaft zusammen? Frankfurt/M., S. 360–402

Nunner-Winkler, G. (1998a): Mythos oder Mystifizierung – Replik zu Andrea Maihofers Stellungnahme. In: Horster, D. (Hrsg.): Weibliche Moral – ein Mythos? Frankfurt/M., S. 120–141

Nunner-Winkler, G. (1998b): Erziehung und Sozialisation. In: Schäfers, B./Zapf, W. (Hrsg.): Handwörterbuch zur Gesellschaft Deutschlands. Opladen, S. 178–188

Nunner-Winkler, G. (1999a): The development of moral understanding and moral motivation. In: Weinert, F. E./Schneider, W. (Hrsg.): Individual development from 3 to 12. Findings from a longitudinal study. New York, S. 253–290

Nunner-Winkler, G. (1999b): Sozialisationsbedingungen moralischer Motivation. In: Leu, H. R./Krappmann, L. (Hrsg.): Zwischen Autonomie und Verbundenheit – Bedingungen und Formen der Behauptung von Subjektivität. Frankfurt/M., S. 299–329

Nunner-Winkler, G. (in Vorber.): Changes in moral understanding. An intergenerational comparison. In: Edelstein, W./Nunner-Winkler, G. (Hrsg.): Moral im Kontext. Frankfurt/M.

Nunner-Winkler, G./Asendorpf, J. (1994): Cross-domain: Inhibition and moral motivation. In: Weinert, F. E./Schneider, W. (Hrsg.): The Munich Longitudinal Study on the Genesis of Individual Competencies (LOGIC): Assessment and Results of Wave Eight. Max-Planck-Institute for Psychological Reasearch. München, S. 108–118

Nunner-Winkler, G./Sodian, B. (1987): Moral development. In: Weinert, F. E./Schneider, W. (Hrsg.): The Munich Longitudinal Study of the Genesis of Individual Competencies (LOGIC): Report No. 2: Documentation of assessment procedures used in Waves one to three. Max-Planck-Institute für Psychological Research. München, S. 126–130

Nunner-Winkler, G./Sodian, B. (1988): Children's understanding of moral emotions. In: Child Development, 59, S. 1323–1338

Nussbaum, M. C. (1993): Menschliches Tun und soziale Gerechtigkeit. Zur Verteidigung des aristotelischen Essentialismus. In: Brumlik, M./Brunkhorst, H. (Hrsg.): Gemeinschaft und Gerechtigkeit. Frankfurt/M., S. 323–361

Oser, F. (1997): Abschied von der Heldenmoral. In: Peterander, F./Opp, G. (Hrsg.): Themenheft: Gesellschaft im Umbruch – Die Heilpädagogik vor neuen Herausforderungen. Beiträge vom 26. April 1996 zum 70. Geburtstag von Prof. Dr. Otto Speck. In: Vierteljahresschrift für Heilpädagogik und ihre Nachbargebiete, 66, S. 225–246

Oser, F./Althof, W. (1992): Moralische Selbstbestimmung. Modelle der Entwicklung und Erziehung im Wertebereich. Stuttgart

Oser, F./Althof, W. (1996): Probleme lösen am „runden Tisch": Pädagogischer Diskurs und die Praxis von „Just Community"-Schulen. In: Stark, W./Fitzner, T./Giebeler, K./Schubert, C. (Hrsg.): Moralisches Lernen in Schule, Betrieb und Gesellschaft. Internationaler Kongreß der Evangelischen Akademie Bad Boll. Protokolldienst 7/96. Bad Boll, S. 206–222

Osgood, Ch. E./Suici, G. J./Tannenbaum, P. H. (1991): The measurement of meaning. Urbana/Ill.

Oswald, H. (1997): Zwischen „Bullying" and „rough and tumble play". In: Empirische Pädagogik, 3, S. 385–402

Parsons, T. (1964): The social system. London

Perrig, W. J. (1996): Implizites Lernen. In: Hoffmann, J./Kintsch, W. (Hrsg.): Lernen. Göttingen, S. 203–233

Pfeiffer, C./Brettfeld, K./Delzer, I./Link, G. (1996): Steigt die Jugendkriminalität wirklich? In: Pfeiffer, C./Greve, W. (Hrsg.): Forschungsthema „Kriminalität". Festschrift für Hans Barth. Baden-Baden, S. 19–56

Piaget, J./Inhelder, B. (1969): Die Entwicklung der physikalischen Mengenbegriffe. Stuttgart

Piaget, J./Inhelder, B. (1977): Von der Logik des Kindes zur Logik des Heranwachsenden. Freiburg

Popper, K. R. (1973): Objektive Erkenntnis. Hamburg

Puka, B. (1986): Vom Nutzen und Nachteil der Stufe 6. In: Edelstein, W./Nunner-Winkler, G. (Hrsg.): Zur Bestimmung der Moral. Philosophische und sozialwissenschaftliche Beiträge zur Moralforschung. Frankfurt/M., S. 241–290

Putnam, H. (1995): Words and life. Cambridge/MA, London

Putnam, R. D. zusammen mit Leonardi, R./Nanetti, R. Y. (1993): Making democracy work. Civic traditions in modern Italy. Princeton/NJ

Rawls, J. (1972): A theory of justice. London, Oxford, New York

Rawls, J. (1993): Gerechtigkeit als Fairness: politisch und nicht metaphysisch. In: Honneth, A. (Hrsg.): Kommunitarismus: Eine Debatte über die moralischen Grundlagen moderner Gesellschaften. Frankfurt/M., S. 36–67

Reuband, K. H. (1988): Von äußerer Verhaltenskonformität zu selbständigem Handeln: Über die Bedeutung kultureller und struktureller Einflüsse für den Wandel in den Erziehungszielen und Sozialisationsinhalten. In: Luthe, H. O./Meulemann, H. (Hrsg.): Wertwandel – Faktum oder Fiktion? Bestandsaufnahmen und Diagnosen aus kultursoziologischer Sicht. Frankfurt/M., New York, S. 73–97

Reuband, K. H. (1997): Aushandeln statt Gehorsam. Erziehungsziele und Erziehungspraktiken in den alten und neuen Bundesländern im Wandel. In: Böhnisch, L./Lenz, K. (Hrsg.): Familien. Eine interdisziplinäre Einführung. Weinheim, München, S. 129–153

Ross, W. D. (1938): The foundation of ethics. Oxford

Schneider, W./Nunner-Winkler, G. (1989): Parent interview. In: Weinert, F. E./Schneider, W. (Hrsg.): The Munich Longitudinal Study on the Genesis of Individual Competencies (LOGIC). Report Nr. 5: Results of Wave three (Vol. 26–40): Max-Planck-Institute for Psychological Research. München

Selman, R. (1979): Assessing interpersonal understanding: An interview and scoring manual in five parts (unpubl. Paper). Harvard-Judge Baker Social Reasoning Project. Boston

Selman, R. (1984): Die Entwicklung des sozialen Verstehens. Frankfurt/M.

Selman, R. L./Byrne, D. F. (1980): Stufen der Rollenübernahme in der mittleren Kindheit – eine entwicklungslogische Analyse. In: Döbert, R./Habermas, J./Nunner-Winkler, G. (Hrsg.): Entwicklung des Ichs. Königstein/Ts., S. 109–114

Skinner, B. F. (1974): About behaviorism. New York

Sloane, K. (1985): Home influence on talent development. In: Bloom, B. S. (Hrsg.): Developing talent in young people. New York, S. 439–476

Snarey, J. (1985): Cross-cultural universality of socio-moral development: A critical review of Kohlbergian research. In: Psychological Bulletin, 97, S. 202–232

Sodian, B. (1986): Wissen durch Denken? Über den naiven Empirismus im Denken von Vorschulkindern. Münster

Stayton, D. J./Hogan, R./Ainsworth, M. D. S. (1971): Infant obedience and maternal behavior: The origins of socialization reconsidered. In: Child Development, 42, S. 1057–1069

Stratenwerth, G. (1958): Rechtsphilosophie. In: Fischerlexikon Philosophie. Frankfurt/M., S. 290–296

Strawson, P. F. (1978): Freiheit und Übelnehmen. In: Pothast, U. (Hrsg.): Seminar: Freies Handeln und Determinismus. Frankfurt/M., S. 201–233

Tugendhat, E. (1993): Vorlesungen über Ethik. Frankfurt/M.

Turiel, E. (1983): The development of social knowledge. Morality and convention. Cambridge

Walker, L. J. (1984): Sex differences in the development of moral reasoning: A critical review. In: Child Development, 55, S. 677–691

Weber, M. (1956): Der Sinn der „Wertfreiheit" der Sozialwissenschaften. In: Weber, M. (Hrsg.): Soziologie, Weltgeschichtliche Analysen, Politik. Stuttgart, S. 263–310

Weinert, F. E./Schneider, W. (Hrsg.) (1999): Individual development from 3 to 12. Findings from a longitudinal study. New York

Weiss, P. (1980): Abschied von den Eltern. Frankfurt/M.

Weizsäcker, C. F. (1978): Die friedliche Nutzung der Kernenergie – Chancen und Risiken. Vortrag im Wissenschaftszentrum Bonn, 9.3.1978. Bonn

Weizsäcker, C. F. (1986): Einleitung. In: Meyer-Abich, K. M./Schefold, B. (Hrsg.): Die Grenzen der Atomwirtschaft. Die Zukunft von Energie, Wirtschaft und Gesellschaft. München, S. 9–15

Weizsäcker, C. F. (1988): Bewußtseinswandel. München, Wien

Wetzels, P. (1997): Gewalterfahrungen in der Kindheit. Sexueller Mißbrauch, körperliche Mißhandlung und deren langfristige Konsequenzen. Baden-Baden

Wilson, T. B. (1973): Theorien der Interaktion und Modelle soziologischer Erklärung. In: Arbeitsgruppe Bielefelder Soziologen (Hrsg.): Alltagswissen, Interaktion und gesellschaftliche Wirklichkeit. Band 1: Symbolischer Interaktionismus und Ethnomethodologie. Reinbek, S. 54–79

Wimmer, H./Perner, J. (1983): Beliefs about beliefs: Representation and constraining function of wrong beliefs in young children's understanding of deception. In: Cognition, 13, S. 103–128

Wittgenstein, L. (1984): Philosophische Untersuchungen (Bd. 1, Werkausgabe). Frankfurt/M.

Wrong, D. H. (1961): The oversocialized concept of man in modern sociology. In: American Soiological Review, 26, S. 83–193

Zelko, F. A./Duncan, S. W./Barden, R. C./Garber, J./Masters, J. C. (1986): Adults' expectancies about children's emotional responsiveness: Implications for the development of implicit theories of affect. In: Developmental Psychology, 22, S. 109–114

Gerd E. Schäfer

Sinnliche Erfahrung bei Kindern

Inhalt

1	Ausgangspunkte	157
1.1	Aktivität und Kreativität – das Bild vom Kind, von dem hier ausgegangen wird	157
1.1.1	Anknüpfung an Piaget	157
1.1.2	Säuglingsforschung	158
1.1.3	Wahrnehmungsforschung	159
1.1.4	Tiefenpsychologie	160
1.2	„Mit den Sinnen begreifen" – ein immer noch uneingelöstes pädagogisches Programm	162
2	Begriffliche Überlegungen	163
2.1	Überlegungen zum Begriff der Erfahrung	164
2.1.1	Zur inneren Struktur des Erfahrungsprozesses – eine phänomenologisch-pragmatische Beschreibung (Dewey)	166
2.1.2	Erfahrungen spiegeln die Komplexität des Alltags wider	168
2.1.3	Erfahrungsbildung kognitionswissenschaftlich betrachtet (Lakoff)	169
2.1.4	Erfahrung als subjektive Konstruktion (Maturana/Varela)	170
2.1.5	Erfahrungsbildung als ästhetischer Prozeß (Bateson)	171
2.2	Was kann man unter sinnlicher Wahrnehmung verstehen?	173
3	Die Konstruktion von Sinneswelten	175
3.1	Zur Neurobiologie der sinnlichen Wahrnehmung am Beispiel der Fernsinne	175
3.1.1	Wahrnehmen ist Konstruieren	176
3.1.2	Getrennte Verarbeitung	176
3.1.3	Komplexe Integration	177
3.1.3.1	Verkabelung	177
3.1.3.2	Bioelektrische Einheitssprache	178
3.1.4	Auch Wahrnehmen will gelernt sein	179
3.1.5	Das Gedächtnis ist ein konstruktiver Bestandteil der Wahrnehmung	180
3.1.6	Sinnlicher „Input" als Modulation	181
3.1.7	Folgerungen	182
3.2	Säuglings- und Kleinkindforschung	182
3.2.1	Was nehmen kleine Kinder wahr?	182
3.2.2	Schlüsse daraus	185
4	Körpererfahrung	185
4.1	Was sind Körperwahrnehmungen?	187
4.2	Neurobiologische Untersuchungen zu somatosensorischen Erfahrungen	187
4.2.1	Anfänge der somatosensorischen Entwicklung	188

4.2.2	Zweizeitige Entwicklung	188
4.2.3	Schlüsse und kritische Anmerkungen	190
4.3	Ergebnisse aus der Kognitionsforschung	192
4.3.1	Erkenntnisse aus der älteren Entwicklungspsychologie: Werner (^{4}1959)	192
4.3.1.1	Aktionsdinge	192
4.3.1.2	Physiognomische Anschauungsweise	193
4.3.1.3	Aktions- und Verhaltenswelten	194
4.3.1.4	Magisches Denken	194
4.3.1.5	Zusammenfassung	195
4.3.2	Das Piagetsche Konzept von der sensumotorischen Intelligenz	197
4.3.2.1	Kurze Erläuterung des Modells	197
4.3.2.2	Fragen und Anmerkungen	198
4.3.3	Alltagskategorisierungen – Lakoff	200
4.3.3.1	Basic-level-categories	200
4.3.3.2	Image-schematic level	201
4.3.3.3	Verbindungen zu bisherigen Überlegungen	205
4.4	Klinische Forschung zu einer basalen Sprache des Körpers: Autismus	205
4.4.1	Ältere psychoanalytische Autismusforschung: Bruno Bettelheim	206
4.4.2	Empfindungsobjekte: Tustin	207
4.4.3	Der autistisch-berührende Erfahrungsmodus: Ogden	208
4.4.4	Schlüsse aus der klinischen Forschung	211
5	Emotionale Wahrnehmung	213
5.1	Neurobiologie der Emotionen	215
5.1.1	Damasio (1994) – Grundthesen zu Gefühlen und Empfindungen	215
5.1.2	Damasios Theorie der Gefühle	217
5.1.2.1	Primäre Gefühle	217
5.1.2.2	Sekundäre Gefühle	218
5.1.2.3	Empfindungen	219
5.1.2.4	Die kognitive Funktion von Gefühlen und Empfindungen	220
5.1.3	Die Notwendigkeit von Erfahrung in der Entwicklung von Emotionen – eine erste Zwischenbilanz	221
5.1.4	Was sind Gefühle – eine zweite Zwischenbilanz	222
5.2	Säuglingsforschung	224
5.2.1	Greenspans Modell der dualen Codierung	225
5.2.2	Frühe Entwicklung unter emotionalem Aspekt	226
5.2.2.1	Beziehungen zur Wirklichkeit und Selbstempfinden (Greenspan)	226

5.2.2.2	Einige Anmerkungen zum Greenspan-Modell	234
5.3	Einige Ergebnisse klinisch-psychoanalytischer Forschung – Winnicott	236
5.3.1	Von der Erbarmungslosigkeit zum Schuldgefühl – Frühe Stadien emotionaler Differenzierung durch Objektbeziehungen	237
5.3.1.1	Erster Schritt: Von der Unintegration zu einer ersten Ich-Abgrenzung	237
5.3.1.2	Zweiter Schritt: Kontinuität des Seins	240
5.3.1.3	Dritter Schritt: Trennung zwischen Subjekt und Welt	242
5.3.2	Metamorphosen der Aggression	244
5.3.3	Zurück zur Körpererfahrung	246
6	Pädagogische Schlußfolgerungen	247
6.1	Ästhetisches Denken	247
6.1.1	Das Entwicklungsverständnis	247
6.1.2	Erfahrungsbildung und ästhetisches Denken	248
6.2	Vorschulische Erziehung als ästhetische Erfahrungsbildung	252
6.2.1	Ästhetische Erfahrung ist nicht nur Singen, Malen, Basteln	252
6.2.1.1	Ästhetische Erfahrung als Alltagserfahrung	252
6.2.1.2	Ästhetische Erfahrung und multiple Intelligenzen	253
6.2.2	Ansätze für ein frühkindliches Bildungskonzept auf der Basis ästhetischer Erfahrung	255
6.2.2.1	Spielen	255
6.2.2.2	Gestalten	256
6.2.2.3	Sammeln	257
6.2.2.4	Lernen	259
6.2.2.5	Bildung der Gefühle	262
6.3	Folgerungen für zwei pädagogische Problemfelder	265
6.3.1	Behinderungen kindlichen Lernens	265
6.3.1.1	Scheitern basaler somatosensorischer Strukturierung	265
6.3.1.2	Frühe Förderung bei Behinderungen	266
6.3.1.3	Ästhetisches Denken und sonderpädagogische Didaktik	269
6.3.2	Grundsätzliche Überlegungen zur Medienerziehung	270
6.4	Nachahmen, Ritualisieren, Variieren	274
6.4.1	Kurze Zusammenfassung	274
6.4.2	Drei Bildungskonzepte der Frühpädagogik im Vergleich	275
6.5	Zwei Fragen zum Schluß	279
7	Anmerkungen	281
8	Literatur	285

1 Ausgangspunkte

Kapitel 1 entfaltet ein Verständnis vom Kind als einem aktiv sich seine Umwelt erzeugenden Subjekt. Wenn hier nicht von einem Subjekt gesprochen wird, das sich seine Umwelt aktiv aneignet, dann hat dies seinen Grund darin, daß – wie der Gesamtverlauf der vorliegenden Diskussion zeigen wird – die Vorstellung von einer Art Input, den sich das Kind zu eigen macht, keine Begründung aus einschlägigen empirischen Forschungen unterschiedlicher Herkunft (hier vor allem: neurobiologische Kognitionsforschung, Säuglings- und Kleinkindforschung, klinisch-tiefenpsychologische Forschung) erfährt. Macht man sich ein Bild von den „Aneignungsprozessen" des Subjekts auf der Basis dessen, was man aus den genannten Quellen über innersubjektive Verarbeitung erschließen kann, dann muß man von einer Konstruktion der Wirklichkeit und des Subjekts sprechen, die durch differenzierende Entwicklungsprozesse ermöglicht und vorangetrieben wird. Im Zusammenhang solcher ontogenetisch sich entwickelnder Selbst- und Wirklichkeitsentwürfe stellen die sinnlichen Erfahrungswelten den zentralen Ausgangspunkt in der frühen Kindheit und in einem späteren, auf eigene Wahrnehmungen bezogenen Lernen dar. Doch „mit den Sinnen begreifen" erweist sich als ein in der Pädagogik wohl vielfach vertretenes und didaktisch ausgemaltes, jedoch kaum differenziert auf der Basis von Forschungen verschiedener empirischer Fachrichtungen entfaltetes Programm.

1.1 Aktivität und Kreativität – das Bild vom Kind, von dem hier ausgegangen wird

1.1.1 Anknüpfung an Piaget

Im Hinblick auf das heutige Bild vom Kind nehmen die Untersuchungen von Piaget (1966, 1967, 1976) eine Schlüsselstellung ein. Er hat durch seine Beobachtungen und nachgehenden Befragungen von Kindern drei Grundfiguren kindlichen Denkens herausgearbeitet.

Man muß seine bereits vorhandenen Begriffs- und Vorstellungsschemata nutzen, um etwas Neues zu verstehen. Das bedeutet aber auch, man kann kein Wissen in Kinder hineinfüllen. Sie erfahren nur, was sie mit ihren eigenen Mitteln und Werkzeugen auch ergreifen können.

Sein zweiter wichtiger Beitrag zum Bild des sich selbst entwickelnden Kindes besteht darin, zu zeigen, daß die Aneignung von Wirklichkeit einen doppelten Prozeß verlangt: Zum einen die Anpassung der

Wirklichkeit an die Muster des subjektiven Denkens (Assimilation), zum anderen eine Anpassung der subjektiven Erkenntnismuster an die Muster der Wirklichkeit (Akkomodation). Im Erkennen werden die Muster des bisherigen Denkens der Wirklichkeit so angepaßt und die Muster der Wirklichkeit dem Denken so anverwandelt, daß sie beide zu einer Überschneidung kommen können. Man erkennt Neues in dem Maße, in dem man sich und das Bild der Wirklichkeit solange verändert, bis sie sich einander angenähert haben. Wir erkennen jedoch die Wirklichkeit umso *„richtiger"* und *„besser"*, je mehr wir in der Lage sind, uns selbst den Mustern der Wirklichkeit anzupassen. Hinzu kommt noch ein dritter Aspekt:

Kindliches Denken beginnt bereits mit dem (sensomotorischen) Handeln des Säuglings und besteht zu einem großen Teil aus solchen verinnerlichten Handlungen (Operationen).

Die Folgen dieser Auffassung für unser Verständnis von kindlichem Lernen: Das Bild Piagets vom kindlichen Denken ist eindeutig kognitiv orientiert. Das, was hier mit sinnlicher und emotionaler Erfahrung diskutiert werden wird, liegt nicht in seinem Erkenntnisinteresse. Dennoch liefert seine Auffassung vom kindlichen Denken auch wichtige Grundlagen für das hier vertretene Verständnis:

- Sein Modell der kognitiven Schemata läßt sich ohne Schwierigkeiten zu dem des Musters erweitern, das außer kognitiven Denkanteilen auch emotionale und ästhetische Aspekte des Denkens enthält (vgl. Ciompi 1982).
- Er hat mit dem Assimilations- und Akkomodationsmodell eine brauchbare Vorstellung für die Interaktion komplexer Muster geliefert.
- Er hat zwar nicht den sinnlichen Wahrnehmungsprozeß beschrieben, ist aber der kindlichen Erfahrungsbildung bis auf den Grund des sensomotorischen Nachvollzugs gefolgt. Er hat damit eine wesentliche, sensorische Komponente im kindlichen Bildungsprozeß namhaft gemacht.

1.1.2 Säuglingsforschung

Das Bild vom Kind, das sich aktiv seine Umwelt aneignet, wurde durch die moderne Säuglingsforschung (wie sie insbes. in Kap. 3 und 4 diskutiert werden wird) erweitert.

Wir wissen heute, daß bereits Neugeborene all ihre Sinne gebrauchen, um damit Erfahrungen über ihre Umwelt zu sammeln, auch wenn noch nicht alle Sinneskanäle voll entwickelt sind. Indem der Säugling seine Sinne nützt, entwickelt und differenziert er sie. Ohne entsprechende Möglichkeiten des Ausprobierens bleiben seine sinnlichen Erfahrungswege stumpf, mit entsprechenden Folgen in der Architektur des Gehirns. Die dritte wichtige Erkenntnis der Säuglingsforschung besteht darin, daß das kleine Kind von Geburt an in eine interessierte Kommunikation eingebunden ist. Nicht nur, daß die Mutter mit dem Säugling spricht; auch der Säugling sendet Signale, die die Mutter versteht oder zu verstehen sucht. Diese Kommunikation bei Mutter und Kind erfolgt nur z. T. über die Sprache und ihre Vorläufer, mehr hingegen über körperliche Gesten und Signale: Der Säugling drückt seinen Zustand durch die Haltungen oder Bewegungen seines Körpers aus. Alles was das kleine Kind nun mit seinen Sinnen wahrnimmt, ist in einen solchen Dialog der Körper eingebettet, wird von diesem Dialog her interpretiert, bekommt von da her für Säugling und Pflegeperson einen (emotionalen) Sinn.

Diese Ergebnisse erlauben ebenfalls Hinweise auf die Bedeutung sinnlicher Erfahrungen: Zum einen weisen sie auf die zentrale Stellung der sinnlichen Wahrnehmung für den frühkindlichen Bildungsprozeß hin. Zum anderen machen sie deutlich, wie Wahrnehmungen in Kommunikationsprozesse eingebettet sind und von diesen mitgestaltet werden. Wahrnehmung ohne implizite kommunikative Interpretation gibt es demnach nicht. Letztere muß als ein Teil der Wahrnehmung miterfaßt werden. Von der neurobiologischen Wahrnehmungsforschung wurden diese Ergebnisse weiter vertieft.

1.1.3 Wahrnehmungsforschung

Dritte Quelle des Bildes vom aktiv sich selbst entwickelnden Kind ist die moderne Wahrnehmungsforschung (zusammenfassend Roth 1994).

Sie konnte bis in die Details sinnlicher Wahrnehmungsprozesse hinein belegen, daß wir beim Wahrnehmen nicht ein äußeres Bild der Wirklichkeit in unseren Kopf hereinnehmen, sondern die Wirklichkeit mit den Mitteln des Gehirns und seiner Denkprozesse in uns erzeugen. Aus Sinnessignalen, die in einem sehr weit verzweigten Prozeß des Zentralen Nervensystems (ZNS) aufgeteilt, analysiert und wieder zusammengefügt werden, entsteht in unserem Kopf ein Bild von Wirklichkeit, das für uns bedeutsame Merkmale der äußeren Wirklichkeit erzeugt. Aus der Wahrnehmungsforschung wissen wir ebenfalls, daß unsere Sinne nicht getrennt voneinander funktionieren. Zwar hat jedes Sinnessystem seine eigenen Verarbeitungsnetze. Aber diese funktionalen Netze stehen miteinander in enger Verbindung. Dabei erfolgt diese Verknüpfung bereits auf allen Ebenen des gesamten Verarbeitungsprozesses. Die verschiedenen Wahrnehmungsweisen beeinflussen sich bereits während des Wahrnehmungsprozesses gegenseitig. Sinn dieser engen Verbindung scheint zu sein, daß sich Informationen verschiedener sensorischer Modalitäten ergänzen können. Wenn ich etwas aus vielen Quellen weiß, weiß ich es besser, als wenn ich es nur aus einer Quelle weiß. Schließlich sind einzelne Wahrnehmungsweisen nicht nur mit den anderen sinnlichen Wahrnehmungssystemen verbunden, sondern ebenfalls mit unseren emotionalen Verarbeitungskreisen, die über Auswahl des Wahrgenommenen, den Grad der Aufmerksamkeit oder die Auswahl des Wahrgenommenen nach seiner subjektiven Bedeutung bestimmen. Isolierte Wahrnehmung gibt es also nicht. Wahrnehmung als subjektive Konstruktion umfaßt ein weitverzweigtes Verarbeitungsnetz, in welchem nicht nur die verschiedenen Sinnessysteme (intermodal) zusammengefaßt sind, sondern ebenfalls alle weiterverarbeitenden Denkprozesse einschließlich der Emotionen und dem Gedächtnis. Wahrnehmen erzeugt also keine Abbilder, sondern ist bereits ein hochkomplexer Denkprozeß.

Konstruktivität und Kontextgebundenheit von Wahrnehmungsprozessen wurden von der Wahrnehmungsforschung herausgestellt. Hinzu kommt die Einsicht, daß es im ZNS keine isolierten Verarbeitungsweisen gibt. Auch wenn bis ins kleinste Detail spezialisierte Funktionen vorhanden sind, so bleiben sie doch ständig mit allen anderen Verarbeitungsfunktionen gekoppelt und zu einem hochkomplexen Verarbeitungsmuster zusammengeschlossen. Die Neurobiologie liefert uns damit wesentliche Argumente gegen eine isolierte Betrachtung und Förderung einzelner Funktionen und für eine vielfältig sensorisch geprägte, komplexe Form der Erfahrungsbildung.

1.1.4 Tiefenpsychologie

Schließlich hat die moderne Tiefenpsychologie das Bild des kindlichen Denkens um eine wesentliche Facette erweitert. Während die bisherigen Überlegungen erbracht haben, daß Wahrnehmen und Denken in einem sehr engen Zusammenhang stehen, gibt die Tiefenpsychologie – und hier insbesondere die Psychoanalyse – den Hinweis, daß Denken und Phantasieren nur künstlich voneinander zu trennen sind (zusammenfassend Schäfer 1989). Nach ihrer Vorstellung ist Phantasieren ein wichtiger Teil des Denkens. Ähnlich, wie in Piagets doppelter Sicht des Denkprozesses, betrachtet auch die Psychoanalyse das Erfassen von Wirklichkeit als einen zweidimensionalen Prozeß: zum einen wird die Wirklichkeit als Wirklichkeit in ihren Sachbezügen möglichst objektiv erfaßt. Zum anderen hat Wirklichkeit immer auch eine Bedeutung *für* das Subjekt. Der Mond als astrophysikalisches Phänomen ist das eine; die Bedeutung, die der Mond in einer lauen Sommernacht für ein Liebespaar annimmt, ist das andere. Aus dem Beispiel wird vielleicht auch klar: Die Funktion der Phantasien ist es, die subjektive Bedeutung, die die Wirklichkeit *für* einen Menschen hat, zum Vorschein zu bringen und sie in die zwischenmenschliche Kommunikation einzufügen. Bestimmte Ausschnitte der Wirklichkeit mögen eine hohe realistische, soziale oder kulturelle Bedeutung haben (die Raumforschung, politische Prozesse, ein Konzertereignis). Subjektive Bedeutung gewinnen sie jedoch erst, wenn wir sie ins Spiel unserer Phantasien einlassen.

Das zu wissen, ist im Umgang mit Kindern wichtig, für die die Welt eine Welt des subjektiven Interesses ist. Wo wir ihnen den Zugang zu einer persönlich bedeutsam werdenden Wirklichkeit – über Phantasie und Spiel – verstellen, laufen wir Gefahr, den Zugang zur Wirklichkeit überhaupt zu versperren.

Die moderne Tiefenpsychologie hat also Kontextbedingungen des Wahrnehmens, Denkens und Verarbeitens herausgestellt, welche die moderne Kognitionsforschung im Dunkel gelassen hat. Im Zusammenhang mit der Wahrnehmungsforschung, die auf die Komplexität dieser Prozesse hinweist, ist es notwendig geworden, diese bisher gerne vernachlässigten Aspekte in den Gesamtprozeß zu integrieren, um ein einigermaßen umfassendes Bild von diesem synthetischen Geschehen zu erlangen. Es erweist sich, daß Phantasieren, Spielen, ästhetisches Gestalten insbesondere die subjektiven Anteile des Prozesses der Wahrnehmung und Wahrnehmungsgestaltung zur Geltung bringen. Neben den Prozessen, die die wahrgenommene Wirklichkeit im ZNS repräsentieren, sind demnach die Prozesse bedeutsam, welche die subjektiven Hintergrundkontexte von Wahrnehmung mobilisieren und auf diese Weise zur Erfahrungsbildung beitragen. Das Bild der sensorischen Wahrnehmung wurde durch die Tiefenpsychologie damit um ein Spektrum innerer Prozesse bereichert, welche das Wahrnehmungsgeschehen mit den Kontexten individuell gelebter Geschichte verknüpfen.

Die Aktivität des Kindes ist also eng mit seiner sinnlichen Wahrnehmung und Verarbeitung verknüpft. Denken erweist sich in den ersten Lebensjahren als wesentlich sensorisch geleitet. Es macht daher Sinn, die Bedeutung und Entstehung sensorischer Erfahrung im kindlichen Leben genauer zu untersuchen.

1.2 „Mit den Sinnen begreifen" – ein immer noch uneingelöstes pädagogisches Programm

„Mit den Sinnen begreifen" gilt in der Pädagogik als eine historisch gewachsene Selbstverständlichkeit. Sinnlichkeit steht dabei für die Unmittelbarkeit der kindlichen Erfahrung. Dennoch hat diese Maxime vorwiegend nur Spuren in einzelnen pädagogischen Ansätzen hinterlassen. Eine Reflexion darüber, was diese Maxime generell und vielleicht noch vor einem empirischen Forschungshintergrund pädagogisch bedeuten mag, läßt sich jedoch kaum finden. Vorwiegend wird sie als kritisch gedachter Gemeinplatz angeführt, um – irgendwie – die engen Grenzen institutioneller Lehr- und Lernbemühungen herauszustellen. Eine der Ausnahmen in dieser Hinsicht bilden u. a. die schulpädagogischen Überlegungen von Wagenschein oder Rumpf und ihrer geistigen Begleiter und Nachfolger. In der gegenwärtigen frühpädagogischen Diskussion spielen sie jedoch höchstens als historische Konzepte eine Rolle.

Die relative Wirkungslosigkeit dieses Programms – sichtbar z. B. in dem in der schulpädagogischen Diskussion zur Floskel gewordenen Verweis auf Pestalozzis Rede von „Kopf, Herz und Hand" – hat gewiß sehr komplexe Ursachen: Es bringt größte Schwierigkeiten für die Umsetzung in praktisches, pädagogisches Handeln mit sich, die umso mehr anwachsen, je mehr es als Bestandteil einer allgemeinen Bildung aufgefaßt werden müßte, die möglichst viele Kinder in umfassend konzipierten Bildungsinstitutionen erreichen will.

Ein zweiter wichtiger Grund mag darin liegen, daß wir als Erwachsene Traditionen von unsinnlichen Lernkulturen in uns selbst verkörpern, aus denen nur einzelnen Menschen ein Ausbruch gelingt. Einfach Programme sinnlicher Erfahrung zu entwickeln, greift zu kurz, wie sich im Verlauf meiner Überlegungen noch zeigen wird.

Ein dritter Grund wäre noch anzuführen. Wir wissen viel zu wenig, was sinnliche Erfahrung überhaupt ist. Am deutlichsten erkennt man dies daran, daß man sie für etwas Unmittelbares hält, das sich von selbst, ungebrochen und intensiv einstellen würde, wenn man nur Gelegenheit dazu gäbe. Das wirkt so, als warte in uns nur so eine Gier nach sinnlicher Unmittelbarkeit auf ihre Befreiung zur lebendigen Verwirklichung. Nach dem derzeitigen Erkenntnisstand der empirischen Forschung dürfte es sich bei dieser Auffassung jedoch um ein Mißverständnis handeln. So wird sich zeigen, daß sinnliche Erfahrung nur dann als einigermaßen unmittelbar gegeben angesehen werden kann, wenn man sie lediglich mit der Funktion und dem Gebrauch eines Sinnesorgans gleichsetzt. Selbst dies kann aber für die erste Zeit nach der Geburt noch nicht als selbstverständlich vorausgesetzt werden.

Ich werde mich deshalb darum bemühen darzustellen, daß unser Verständnis von der sinnlichen Wahrnehmung verkürzt ist; darüber hinaus scheinen pädagogische Vorstellungen darüber, wie sinnliche Wahrnehmungen zu differenzieren und zu kultivieren sind, weitgehend zu fehlen oder an den Rand pädagogisch-institutionellen Interesses gedrängt. Am Schluß wird sich die Frage stellen, ob wir als Gesellschaft überhaupt interessiert sind, Kinder zu unterstützen, die ihr Subjektsein als ein Denken, Handeln und Urteilen aus eigener Erfahrung heraus begreifen.

Die folgenden Überlegungen haben also zwei Ziele: zum einen, vor allem die frühkindlichen Ausprägungen der Sinnestätigkeiten zu beschreiben und, zweitens, herauszuheben, wie Sinnestätigkeit in die alltägliche Erfahrungsbildung eingebaut ist. Ich werte zu diesem Zweck vorwiegend Ergebnisse aus drei Forschungsgebieten aus: der neurobiologischen Kognitionsforschung, der direkten Säuglingsbeobachtung und der klinisch orientierten tiefenpsychologischen Forschung. Allerdings muß ich einräumen, daß es sich dabei nur um einen ausschnitthaften Versuch handeln kann, da eine ausgearbeitete Theorie der Sinnestätigkeit, eine Theorie ästhetischer Erfahrung, meines Wissens bislang nicht vorliegt. Deshalb erscheint es auch notwendig, die Voraussetzungen zu klären, von denen ich ausgehe.

2 Begriffliche Überlegungen

Kapitel 2 bereitet die – dann in den späteren Kapiteln ausgearbeitete – These vor, daß sinnliche Prozesse in einen weitverzweigten, inneren Verarbeitungsprozeß eingebettet sind. Es macht daher wenig Sinn, von einzelnen Sinnesfunktionen und ihren Leistungen zu sprechen. Vielmehr muß man auf einen breit angelegten Prozeß eingehen, in dem Sinneserfahrungen im Kontext innerer Verarbeitungsprozesse erzeugt und hervorgebracht werden. Das bedeutet, daß es – aus der Sicht der Pädagogik – nicht darum gehen kann, partielle, sinnliche Anregungen anzustreben. Vielmehr muß die Bedeutung sinnlicher Prozesse im Gesamtzusammenhang menschlicher Denk- und Verarbeitungsprozesse interessieren. Um die Bedeutung von sinnlichen Prozessen in diesem erweiterten Kontext deutlich zu machen, wird hier von sinnlicher Erfahrung gesprochen. Es werden verschiedene Modelle vorgestellt, wie man sich einen breit angelegten, kontextbezogenen Erfahrungsprozeß vorstellen kann. Darüber hinaus wird systematisch geklärt, daß sich sinnliche Wahrnehmung/Erfahrung auf drei Bereiche bezieht: (1) Auf den Bereich der Fernsinne, (2) den der Körperwahrnehmung (coenästhetisch, somatosensorisch) und (3) auf den Bereich der Wahrnehmung von Beziehungen (emotionale Wahrnehmung).

2.1 Überlegungen zum Begriff der Erfahrung

Der Begriff des Lernens rückt zumeist zwei Gesichtspunkte in den Vordergrund: einen Stoff, der zu lernen wäre und eine Person, die lernt. Die Beziehungen, die zwischen beiden hergestellt werden und die man üblicherweise Lernen nennt, beschränken sich in der Regel auf die beiden Fragen, wie eine Sache zubereitet werden kann, damit sie von der Person gelernt wird, und wie eine Person ihre körperlichen und geistigen Kapazitäten strukturieren und gebrauchen muß, um eine bestimmte Sache zu erlernen. Wer lernt, verfolgt das Ziel, sich etwas Bestimmtes anzueignen, wer lehrt, versucht Bedingungen günstig zu gestalten, daß gelernt werden kann. Das Interesse am Lernprozeß beschränkt sich also vorwiegend auf bestimmte Lernziele und eine möglichst geglückte Verbindung zwischen diesen und einem, der lernt.

Wenn ich nun vom Lernen als einem Prozeß der Erfahrung spreche, setze ich einen Akzent, der in der Regel vernachlässigt wird; d. h., ich rücke einen Verarbeitungsprozeß in den Mittelpunkt meines Interesses, der breiter und tiefer angelegt ist, als es die Ziel-Mittel-Diskussion des Lernens zuläßt. Diese beschränkt sich weitgehend auf die Betrachtung einzelner Funktionen, die nach Meinung von Fachleuten und Forschern das Zentrum einer Lernaufgabe bilden. In der Regel interessieren dabei die kognitiv-rationalen Funktionen, beispielsweise bei mathematischen Lernzielen, die sensomotorischen bei solchen, die mit Bewegung zu tun haben, ästhetische, die unsere gestalterischen Fähigkeiten ansprechen, sinnliche, wenn eine besondere Aufmerksamkeit der Wahrnehmung verlangt ist.

Erfahrungen jedoch macht man nicht durch die Lösung bestimmter Lernprobleme, sondern erst dann, wenn das, was man lernt, auch auf individuell unterschiedliche Weise als sinngebend in die eigene Geschichte eingefügt wird, so daß sie einen Teil des – akzeptierten oder auch vom Bewußtsein nicht geschätzten – Selbst werden. Eine Erfahrung machen heißt also, mögliche Sinnaspekte einer Sache mit subjektiven Sinnentwürfen zu verknüpfen.

Nun ist diese Produktion von Sinn durch individuelle Verknüpfung sachbezogener und subjektbezogener Sinndimensionen nichts, was man im üblichen Sinn als Lernziel formulieren und dementsprechend angehen kann. Deshalb bringt es nur geringen pädagogischen Gewinn, den Sinn von verschiedenen Wirklichkeitsbereichen scheinbar objektiv zu explizieren und dem pädagogischen Handeln als Perspektiven anzuempfehlen. Dieses Vorgehen ließe die Frage außer acht, auf welche Art und Weise denn ein Subjekt seinen Sinn selbst findet oder erzeugt.

Auch darauf gibt es jedoch keine eindeutige Antwort, denn genau dieser Prozeß hängt von spezifischen subjektiven und objektiven Gegebenheiten ab, die sich häufig genug jeder wohlmeinenden Ab- und Voraussicht entziehen. Man wird vielleicht eher fragen müssen, ob es Strukturen und Bedingungen gibt, die die individuell befriedigende Verbindung von subjektiven und objektiven Sinndimensionen verhindern. Die folgenden Überlegungen geben Anlaß zur Auffassung, daß die mangelnde Berücksichtigung der Komplexität innersubjektiver Verarbeitungsprozesse und – damit verbunden – die zu eindimensionalen Zurichtungen von Lehrprozessen ein Lernen als Erfahrungsprozeß erschweren und teilweise sogar verhindern.

Darüber hinaus, speziell zur Zeit der frühen Kindheit, müssen wir davon ausgehen, daß Lernen noch nicht nach gezielten, funktional orientierten Zusammenhängen erfolgt; daß die Kategorien von Einzelfunktionen – wie soziale, moralische, kognitive, emotionale oder motorische Entwicklungen – zwar ein wissenschaftliches Bemühen um ein klareres Verständnis einzelner psychischer Bereiche fördern, aber nicht das wiedergeben kann, was Kinder tatsächlich tun, wenn sie klüger, geschickter, umgänglicher und emotional ausgeglichener werden.

Die ältere Entwicklungspsychologie, die sich vorwiegend auf direkte Beobachtungen gestützt hat, war deshalb in ihren Beschreibungen oftmals näher am Alltagsgeschehen und damit pädagogisch leichter nachvollziehbar als heutige, empirisch ausgefeilte Untersuchungen zu funktionalen Teilaspekten. Das Wiedererstarken von Forschungsansätzen, die sich am Alltagsgeschehen orientieren (z. B. in der Intelligenzforschung, in der direkten Kinderbeobachtung), das neu gewachsene Interesse an biographischen Forschungsmethoden oder an den tiefenpsychologischen Forschungen, unterstützt durch neurobiologische Forschungsfortschritte, welche auch immer mehr das komplexe Zusammenspiel von Details und Einzelfunktionen als Problemfeld angehen (vgl. z. B. Hirnforschung, künstliche Intelligenz), ermöglichen es, den notwendigen Detailforschungen eine zweite Forschungsperspektive zur Seite zu stellen, die sich mit den Fragen beschäftigt, wie denn die vielen verschiedenen Aspekte menschlichen Denkens, Fühlens und Handelns zusammenwirken, damit bestimmte Entwicklungen und Erfahrungen möglich werden.

Die Pädagogik ist dringend auf solche Forschungen angewiesen, wenn sie sich nicht nur als praktische Vollstreckerin funktionaler Zielsetzungen verstehen will, sondern ihre Tätigkeit als Hilfe zu einer subjektiven Selbstwerdung und Selbstgestaltung betrachtet, auf der Basis von Aufgabenstellungen und Herausforderungen, die uns durch die Geschichte unseres sozialen Zusammenlebens und unserer Kultur gegeben sind. Es wäre sicherlich falsch zu behaupten, die Pädagogik habe diese Problemstellung zu wenig gesehen. Sie ist sie bis heute nur zu wenig erfahrungswissenschaftlich angegangen. Z.B. hat sie mit dem Begriff der Ganzheitlichkeit durchaus längst dieses Problem fokussiert. Allerdings ist dieser Begriff inzwischen zu einer nurmehr wohlmeinenden Forderung degeneriert, zu einer Floskel, deren Zitat verschleiert, wie wenig man darüber weiß, was sich hinter diesem Begriff verbirgt.

Um also die Komplexität des kindlichen Entwicklungsprozesses herauszuheben, benutze ich den Begriff der Erfahrung und stelle die Frage, was wir darüber wissen, wie Erfahrungen zustande kommen. Selbstverständlich muß auch das Erfahrungen-Machen als ein Lernprozeß verstanden werden. Gegenüber dem obigen Lernverständnis geht jedoch der Erfahrungsbegriff von einer größeren Tiefe und Breite der notwendigen Lernprozesse aus und von einer konsequenteren Vorstellung von der Aktivität des Subjekts. Die folgenden Ausführungen sollen die Facetten eines Nachdenkens über den Prozeß der Erfahrung weiter klären. Dabei werde ich so vorgehen, daß ich einige Modelle von Erfahrungsprozessen in der Absicht aneinanderfüge, ein differenziertes, vorläufiges Verständnis von Erfahrung zu zeichnen.

2.1.1 Zur inneren Struktur des Erfahrungsprozesses – eine phänomenologisch-pragmatische Beschreibung (Dewey)

In meinen Überlegungen zum Erfahrungsbegriff gehe ich von einer eher phänomenologisch-pragmatischen Beschreibung in Anlehnung an Dewey (1988) aus, die ich dann durch aktuelle Denkmodelle erweitern und konkretisieren möchte. Erfahrung verweist danach auf einen Weg, auf einen Prozeß, in dessen Verlauf sie gebildet wird. Ich verstehe also Erfahrung nicht als etwas, was einfach vorhanden oder nicht vorhanden ist. Vielmehr wird Erfahrung erzeugt, wenn bestimmte innere Wege der Verarbeitung eingeschlagen werden (können). In Anlehnung an Dewey möchte ich den Erfahrungsprozeß zunächst thesenhaft beschreiben:
- Erfahrung hat *Breite*. Sie steht niemals für sich. Sie braucht einen Hintergrund, vor dem sie entsteht und sich abhebt. Sie bedarf eines Netzes von Beziehungen zu anderen Gegenständen oder Vorgängen, mit welchen sie integrierend oder abgrenzend verbunden ist. Sie findet sich ebenso in Kontexte des Bewußtseins und Erkennens eingebettet, die sie bestätigend oder kontrastierend fortführt, wie sie auf Muster des Unbewußten reagiert.

- Erfahrung gewinnt dadurch *Tiefe*, daß sie sich nicht nur an das aktuelle Fenster der bewußten Aufmerksamkeit richtet, sondern den gesamten Bereich menschlicher Erlebnisse und Tätigkeiten miteinbezieht. Emotionalität, Sinnlichkeit, Ästhetik durchdringen und gestalten die Erfahrung ebenso, wie vielleicht auch bewußtes, logisches Denken. Sie bekommt damit einen unverwechselbaren, individuellen Stempel aufgeprägt. Es ist immer *jemand*, der eine Erfahrung macht.
- Wenn Erfahrungen nur in Kontexten gemacht werden können, dann enthält dies, daß sie auch die Kontexte der Vergangenheit und der Gegenwart miteinander verbinden. Erfahrung setzt Muster aus der Vergangenheit variierend, differenzierend und kontrastierend fort. Sie hat eine *Zeitgestalt*. Ihre augenblickliche Erscheinungsweise ist ebenso durch die vorangegangenen Erfahrungen begründet, wie durch die komplexen Bedingungen der Gegenwart.
- Dewey hat darüber hinaus betont, daß Erfahrung kein augenblickliches, punktuelles Ereignis fixiert, sondern nur als Prozeß mit einer eigenen *Verlaufsgestalt*, mit einem eigenen zeitlichen Rhythmus zu haben ist. „Die ‚Erfahrung' besteht aus spannungsgeladenem Material und durch eine zusammenhängende Reihe von verschiedenen Ereignissen bewegt sie sich auf ihren Höhepunkt zu" (Dewey 1988, S. 56).
- In der Erfahrung schließen sich Erkenntnisfähigkeit, Sinnlichkeit, Emotionalität zu einem dynamischen, individuellen Muster zusammen. Der Begriff des Musters verweist dabei auf eine komplexe Ordnung, die auch ästhetischen Charakter hat. Ästhetik ist dabei ein Aspekt der Ordnung komplexer, sinnlicher Erfahrungen. „Ohne sie kommt das Denken zu keinem Schluß. Kurz, die ästhetische Erfahrung läßt sich nicht scharf von der intellektuellen trennen, da letztere, um in sich vollständig zu sein, den Stempel der Ästhetik tragen muß" (ebd., S. 51).
- *Erfahrung ist mithin* – ob man das will oder nicht - *ästhetisch geprägt*. In ihr verbinden sich die Momente eines analysierend-differenzierenden Wahrnehmens und Denkens (gerichtete Aufmerksamkeit und analytisches Denken) mit denen eines auf Verbindungen und Zusammenhänge gerichteten Wahrnehmens und Verarbeitens (ungerichtete Aufmerksamkeit, ästhetisches Denken). Der Prozeß der Erfahrung verweist somit auf sinnliche Wahrnehmung als eines seiner Fundamente.

Dieser so zunächst umschriebene Erfahrungsprozeß läßt sich durch Modelle aus der Kognitionstheorie weiter präzisieren und konkretisieren.

2.1.2 Erfahrungen spiegeln die Komplexität des Alltags wider

Aus kognitionswissenschaftlicher Sicht erweist sich der Begriff der Erfahrung als sinnvoll, wenn man Lernen als ein komplexes Geschehen in Alltagszusammenhängen begreift.

In der Intelligenzforschung (vgl. zusammenfassend Ernst 1988) hat sich herausgestellt, daß die Höhe des IQ nicht mit einer entsprechenden Fähigkeit, im Alltag Probleme zu lösen, gleichgesetzt werden kann. Vornehmlich zwei Faktoren unterscheiden Alltagssituationen von isolierten Lernsituationen:
- Probleme sind in einen komplexen Kontext eingebettet,
- an den Problemstellungen und -lösungen sind Emotionen beteiligt.

So hat sich das Verständnis von Alltagsintelligenz entscheidend gewandelt. Es hat sich als ein eigenständiges Konzept gegenüber den bisherigen Intelligenzdefinitionen etabliert. Vor allem wird Alltagsintelligenz als zielgerichtete Anpassung an die relevante Außenwelt beschrieben, an der entscheidend auch emotionale Faktoren beteiligt sind, und nicht mehr als eine Summe von irgendwie definierten Intelligenzfaktoren (vgl. Sternberg/Wagner 1986). Damit wird der Intelligenzbegriff abhängig von der jeweiligen Kultur, in der ein Mensch heranwächst. Insbesondere verlangt eine so vorgestellte Alltagsintelligenz Fähigkeiten in drei Bereichen:
- ein Wissen über sich selbst,
- ein Wissen, wie man mit anderen Menschen umgeht, und
- ein Wissen, wie man Aufgaben löst.

In Konsequenz einer solchen Aufteilung hat dann Gardner (1989) eine interpersonale und eine intrapersonale Intelligenz unterschieden. Man hat also zunächst Alltagsintelligenz wiederum in verschiedene Intelligenzen aufgeteilt. Mit dem Aspekt der Einschätzung von sich selbst und von anderen an einer Aufgabe beteiligten Personen sind dabei emotionale Faktoren ins Zentrum der Betrachtung gerückt.

Dies hat nun neuerdings dazu geführt, daß man eine „emotionale Intelligenz" als in Alltagssituationen entscheidenden Intelligenzaspekt herausgestellt hat (vgl. Goleman 1995; Stemme 1997). Dabei konzentriert sich in diesem Begriff vor allem die Fähigkeit zur Selbst- und Fremdwahrnehmung. Dieser Begriff der emotionalen Intelligenz isoliert jedoch das emotionale Geschehen als einen Bereich einer eigenständigen und abgegrenzten Verarbeitungsweise innerhalb des ZNS (vgl. die Kritik bei Greenspan 1997).

Nun werden aber Alltagssituationen nicht nur von emotionalen Aspekten bestimmt, sondern sind Situationen, in denen ein komplexes

Zusammenspiel von kognitiven, emotionalen, gegebenenfalls sozialen oder auch ästhetischen Aspekten bewältigt werden muß. Emotionale Aspekte sind also nur ein Teil dieses Zusammenspiels. Wenn man von Alltagserfahrung spricht, geht es nicht nur um eine Anerkennung emotionaler Faktoren neben solchen der rationalen Verarbeitung, sondern um die allmählich verarbeitende Durchdringung eines zunächst kaum überschaubaren und von vielen Faktoren mitbewirkten Gesamtzustandes, um ihn – zum Zweck einer Entscheidungsfindung – in überschaubare Einzelaspekte zu strukturieren, die dann gegeneinander abgewogen werden müssen.

In diesem Zusammenhang verdient deshalb die Auffassung besondere Beachtung, daß es die Komplexität des Denkens in Alltagssituationen ist, die Alltagsintelligenz von der abstrakten Intelligenz der traditionellen Intelligenztests unterscheidet. „Was immer ein Intelligenzquotient ausdrückt, er erfaßt auf keinen Fall die Fähigkeit, auf komplexe und interaktive Weise neuartige Informationen denkend zu verarbeiten" (Ceci/Liker, zit. nach Ernst 1988, S. 25).

Damit ist der Forschung die Aufgabe gestellt, den Strukturen und Dynamiken dieser komplexen Verarbeitung nachzuspüren, also dem, was ich hier mit dem Begriff der Erfahrungsbildung bezeichnet habe.

2.1.3 Erfahrungsbildung kognitionswissenschaftlich betrachtet (Lakoff)

Im Ausgang von solchen Alltagsuntersuchungen läßt sich Erfahrungsbildung kognitionswissenschaftlich weiter präzisieren. Lakoff (1988) stellt einer „objectivist cognition" eine „experientialist cognition" gegenüber. In der „objectivist cognition" wird Bedeutung aus einem rational überlegten Zusammenhang gewonnen. In der „experientialist cognition" hingegen geht Bedeutung aus körperlich vermittelten, sinnlichen Erfahrungen hervor. Auf diesen bauen imaginative Prozesse auf, durch welche die Körpererfahrungen in abstrakte Bilder übersetzt werden. Rationales Denken ist dann „the application of very general cognitive prozesses – focusing, scanning, superimposition, figure-ground reversal etc. – to such structures" (Lakoff 1988, S. 121).

Auf der Körperebene schließen sich basale Wahrnehmungserfahrungen – sensomotorische, emotionale und soziale Wahrnehmungsbereiche – zusammen. Diese werden durch angeborene (genauer durch in die Wahrnehmung selbst eingebaute) Mechanismen zu Mustern und Schemata geordnet. Erst durch die imaginativen Prozesse – wie Schemabildung, metaphorische oder kategoriale Prozesse – erhalten sie eine von den Körpererfahrungen relativ abgrenzbare Struktur, die dann mit den Mitteln des rationalen Denkens weiter gedacht werden kann.

Die Vorstellung von bloßen Sinneseindrücken, die den Anlaß und den Inhalt des Denkens bilden oder auf die das Denken angewandt wird, greift also zu kurz, wenn man ein erfahrungsorientiertes Denken meint. Vielmehr erwächst das rationale Denken selbst in mehreren Schritten aus den körperhaften Wahrnehmungsprozessen. Eingebettet in soziale Interaktionen, welche ebenfalls zu den subjektiven Sinndeutungen beitragen, bilden sie die Basis eines subjektiven Verständnisses von Welt. So kann Johnson resümieren: „'Experience', then, is to be understood in a very rich, broad sense as including basic perceptual, motor-program, emotional, historical, social, and linguistic dimensions. I am rejecting the classical empiricist notion of experience reducible to passively received sense impressions, which are combined to form atomic experiences. By contrast, experience involves everything that makes us human – our bodily, social, linguistic, and intellectual being combined in complex interactions that make up our understanding of our world" (Johnson 1987, S. XVI).

2.1.4 Erfahrung als subjektive Konstruktion (Maturana/Varela)

Mit dem nächsten Schritt in diesen Überlegungen zu einer Klärung des Erfahrungsbegriffs, läßt sich eine mögliche innere Organisation aufzeigen, die komplexe Erfahrungen zusammenbindet. Sie werden verdeutlichen helfen, daß ein Lernen, welches auf Erfahrungen gerichtet ist, mit einem über sensorische Kanäle vermittelten Input-Output-Denken nicht angemessen erfaßt werden kann. Ich greife dabei auf das systemische Denkmodell von Maturana und Varela zurück (1987).

Danach sind Organismen Einheiten, die aus einer eigenen Dynamik und aus einem eigenen Systemzusammenhang reagieren. Wie ein solches individuelles System auf einen Einfluß von außerhalb seiner selbst reagiert, entscheidet sich also durch seine eigenen inneren Konstellationen und Vorgänge, die in der Regel so organisiert sind, daß sie den eigenen Lebenszusammenhang zumindest nicht zerstören. Man kann diesen Gedanken auch auf die komplexe Organisation von Erfahrung anwenden und diese als Lernprozesse ansehen, die einen eigenen systemischen Zusammenhang bilden. Neue Erfahrungen entstehen dann nicht als Input von außen, sondern als eine interne Antwort bestehender Erfahrungszusammenhänge auf einen neuen Aspekt von Wirklichkeitswahrnehmung.

Einwirkungen von außen sind – so betrachtet – Störungen eines bestehenden Zusammenhangs („Perturbationen"; vgl. Maturana/Varela 1987, S. 27). Solange Perturbationen für das Individuum verträglich sind, kann es zu Wechselwirkungen zwischen dem Individuum und seiner „störenden" Umwelt kommen. Beide befinden sich dann in einem Zustand der strukturellen Koppelung, in dem jeder aus seiner eigenen Dynamik heraus reagiert. Die Geschichte dieser strukturellen Koppelung in den Erfahrungen eines Individuums ist die Geschichte seiner Ontogenese. Wichtig ist: „Bei den Interaktionen zwischen den Lebewesen und der Umgebung innerhalb dieser strukturellen Kongruenz determinieren die Perturbationen der Umgebung nicht, was dem Lebewesen geschieht; es ist vielmehr die Struktur des Lebewesens, die determiniert, zu welchem Wandel es infolge der Perturbation in ihm kommt. Eine solche Interaktion schreibt deshalb ihre Effekte nicht vor" (Maturana/Varela 1987, S. 106). Sie wirkt allenfalls als eine Einschränkung auf die Variationsbreite der Reaktionsmöglichkeiten (Bateson 1981, S. 515).

Als Erfahrung muß daher die gesamte Reaktion eines Individuums – aus seinen eigenen Kontexten und seiner eigenen Dynamik heraus – auf solche Perturbationen angesehen werden.

Damit entsteht Erfahrung aus einer konkreten Situiertheit eines bis zu diesem Zeitpunkt so gewordenen Individuums, in einem bestimmten zeitlichen, räumlichen und psychosozialen Kontext. Erfahrung ist mithin geschichtlich organisiert.

2.1.5 Erfahrungsbildung als ästhetischer Prozeß (Bateson)

Der Vorgang der strukturellen Koppelung ist – von einem der beiden beteiligten Systeme aus gesehen – identisch mit dem Prozeß der Wahrnehmung. So gesehen bezeichnet Wahrnehmung mehr als nur einen sensorischen Vorgang, sondern ein Geschehen, durch welches das Zusammenwirken zweier individueller Systemzusammenhänge aufeinander abgestimmt wird. Wahrnehmen beschäftigt sich dann mit der Frage des Zusammenpassens oder Nicht-Zusammenpassens zweier komplexer, systemischer Muster. Im Falle der menschlichen Erfahrung ist das eine Muster die subjektive Erfahrungsgeschichte, das andere der Ausschnitt aus der Wirklichkeit, die das Subjekt umgibt und berührt.

Um deutlich zu machen, daß ein solcher Wahrnehmungsvorgang nicht auf ein spezifisches sensorisches Organ angewiesen ist, sondern das Insgesamt eines Berührungs- und Kommunikationsprozesses zwischen zwei Organisationen ausmacht, sei ein Beispiel angeführt: In einem Brief an John Todd spekuliert Gregory Bateson über „die Sicht, die ein Weizenfeld (oder besser noch ... eine Wiese mit gemischten Arten) vom Tod des Bauern haben kann, der es bewirtschaftet. Nicht der neue Wert von soundsoviel ‚Litern Berieselung pro Woche', sondern die Veränderung dieses Wertes ist es, was das Feld beeinflussen wird

... Nehmen wir einmal an, daß (das Leben des Feldes sich durch ein dynamisches Muster auszeichnet), eine Art Tanz, ziemlich formal, etwa ein Menuett. Und daß der Zweck, die Funktionsweise usw. dieses Menuetts dahin geht, andere Tanzmuster auszumachen und zu klassifizieren. Die Wiese mit ihrer interagierenden Artenvielfalt tanzt einen endlosen Tanz und wird dabei von Informationen (d.h. Nachrichten von Veränderungen und Kontrast) ‚über' die Umwelt angestoßen; das heißt, das dynamische Muster ist eine Art nicht-lokalisiertes Sinnesorgan. Ha!" (Bateson/Bateson 1993, S. 281f.).

Die Reaktionen der Wiese oder des Weizenfeldes auf die Art und Weise eines Bauern, sein Feld zu bestellen, wird als ein Wahrnehmungsprozeß bezeichnet. Genauso nimmt das Feld es wahr, wenn der Bauer stirbt. Was sind die Voraussetzungen einer solchen Wahrnehmung?

- Daß das Feld mit seinen verschiedenen Pflanzen und Bedingungen einen dynamischen Zusammenhang bildet. Wir sprechen von einem Ökosystem.
- Daß dieser Zusammenhang auf Veränderungen reagiert. Veränderungen (der Tod des Bauern, die damit verbundene Vernachlässigung der Wiese) rufen Veränderungen im Ökosystem des Feldes hervor. Es reagiert mit den ihm eigenen Möglichkeiten auf das Ausbleiben bestimmter Kultivierungsprozesse.

Es findet also durch dieses Interaktionsgeschehen so etwas wie ein Informationsaustausch statt. Wie das Feld auf das Muster der Tätigkeiten der Kultivierung ein passendes Antwortmuster aus seinen eigenen Zusammenhängen heraus erzeugt, bildet es ein anderes, passendes Muster auf deren Ausbleiben heraus. Eine Wachstumsdynamik antwortet auf eine Handlungsdynamik.

Wenn wir die Wahrnehmung der Dynamik einer dramatischen Szene auf einer Bühne, des dynamischen Zusammenhangs eines Musikstückes oder der Komposition eines Bildes als ästhetische Wahrnehmung bezeichnen, dann ist ästhetische Wahrnehmung auf das Erfassen von Mustern von Zusammenhängen gerichtet. Bauer und Feld kommunizieren also über eine Art ästhetischer Wahrnehmung.

Erfahrungen eines Subjekts, von denen wir annehmen, daß sie einen systemischen Zusammenhang bilden, sind zu dynamischen Mustern geordnet. Erfahrung wird so gesehen durch ästhetische Prozesse gewichtet und zusammengehalten. Dies wiederum wird durch ästhetische Wahrnehmung erfaßt. Dieses Erfahrungsverständnis muß nun durch den Begriff des Sinnlichen erweitert werden.

2.2 Was kann man unter sinnlicher Wahrnehmung verstehen?

Wenn ich frage, was sinnliche Wahrnehmung sein mag, stütze ich mich bei der Suche nach Antworten auf humanwissenschaftliche Problemzugriffe.
Ich gehe davon aus, daß es drei Formen der Wahrnehmung gibt:
(1) die Wahrnehmung über die Fernsinne (Augen, Ohren, Nase);
(2) die Körperwahrnehmung, die Wahrnehmung der Wirkung, die ein Gegenstand auf den eigenen Körper ausübt;
(3) die emotionale Wahrnehmung.

Diese Wahrnehmungsformen sind unterschiedlich organisiert. Sie können in dem Maße zu Bewußtsein kommen, in dem ihnen „Sprache" verliehen wird. Die Wege der fernsinnlichen Erfahrung scheinen uns einigermaßen vertraut. Ihnen gegenüber wirken körperliche und emotionale Erfahrung unzuverlässiger, subjektiver und zuweilen schwerer mitteilbar.
Ad (1): Kognitionswissenschaftliche Forschungen, insbesondere aus der Neurobiologie, zeigen den Wahrnehmungsprozeß als einen Konstruktionsprozeß. Die Wahrnehmungsdaten werden – wie w.u. näher dargestellt – bereits in den Sinnesorganen in Teilinformationen aufgebrochen, werden dann in verschiedensten spezialisierten Zentren des ZNS parallel verarbeitet und schließlich zu einem Gesamtbild integriert. Diese Parallelverarbeitung bedarf einer ständigen Integration der getrennt ablaufenden Teilverarbeitungsprozesse über ein Netzwerk von Rückkoppelungsprozessen. Ferner kann nur das wahrgenommen werden, wofür entweder durch die genetische Ausstattung, mehr aber noch durch Lernprozesse, auch Interpretationsmuster zur Verfügung stehen. Das bedeutet, daß Wahrnehmung nicht die wahrgenommene Wirklichkeit widerspiegelt, sondern, daß sie mit den Mitteln der „Sprache" des Gehirns und der vergangenen Erfahrungen, die als Gedächtnis gespeichert sind, konstruiert und entworfen wird. Dabei spielen auch alle Wahrnehmungsmodi (Sehen, Hören, Tasten, Riechen, aber auch körperliche und emotionale Wahrnehmung) zusammen: Lücken in einem Wahrnehmungsbereich werden durch Informationen aus anderen Wahrnehmungsbereichen ergänzt. Je vielfältiger etwas wahrgenommen wird, desto informativer ist das Wahrnehmungsbild.
Ad (2): Einen zweiten wesentlichen Bereich der Wahrnehmung bilden die Wahrnehmungen des Körpers. Dazu gehören die Wahrnehmungen der Körpergrenzen, des Tastsinns. Sie werden er-

weitert durch die Wahrnehmungen der inneren Befindlichkeit des Körpers. Dazu gehören die Wahrnehmungen der Raumlage und des Gleichgewichts, der Körperspannungen und Körperrhythmen, sowie solche des körperlichen Wohl- oder Mißbefindens. Diese Wahrnehmungsweisen sind bereits dem Säugling vertraut und von hoher Bedeutung für ihn. Wir wissen von der hohen Bedeutsamkeit des Tastsinns für Säuglinge und Kleinkinder (s.u.). Aber auch das Raumlageempfinden ist eine der ersten Wahrnehmungsempfindungen, die bereits intrauterin ausgebildet werden. Die Bedeutung des Aufnehmens, Wiegens oder Schaukelns für Säuglinge und Kleinkinder macht auf diesen wichtigen kindlichen Wahrnehmungsbereich aufmerksam.

Auch über diese Grenz- und Innenwahrnehmung des Körpers erfahren wir Informationen aus der Außenwelt, wenn auch indirekt: wir nehmen die Wirklichkeit über die Wirkungen wahr, die sie an und in unserem Körper auslöst.

Ad (3): Der dritte Wahrnehmungsbereich ist der der emotionalen Wahrnehmung. Dabei wird diese als Wahrnehmung von Beziehungen verstanden, die *zwischen* Personen oder einer Person und ihrer sachlichen Umwelt bestehen. Emotionen verleihen diesen Beziehungen nicht nur Ausdruck, sondern sie geben dieser Beziehungshaftigkeit eine Struktur: Liebe, Haß, Wut oder Angst z.B. sind als wahrgenommene Gefühle einerseits Zeichen von Beziehung und Kommunikation; andererseits verleihen sie dieser eine situationsbezogene Form. Über Empathie oder Einfühlung wird die emotionale Wahrnehmung zur zwischenmenschlichen Verständigung gebraucht und benötigt.

Die Fernsinne interpretieren die Wirklichkeit als Wirklichkeit außerhalb des Selbst. Die Wahrnehmung über die Tast- und Körpersinne registriert die Wirkungen, die eine Wirklichkeit auf unseren Körper ausübt. Die Realität des Wahrgenommenen bleibt dabei relativ unklar. Im Vordergrund steht die Antwort des Körpers. Die emotionale Wahrnehmung schließlich richtet sich auf ein Dazwischen, auf die Beziehungen zwischen einem Subjekt und dem wahrgenommenen Anderen. Alle diese Wahrnehmungsweisen wirken zusammen und entwerfen ein vielschichtiges Bild der menschlichen Wirklichkeit.

Im Folgenden werde ich diese drei Wahrnehmungsbereiche einzeln untersuchen. Dabei werde ich im Auge behalten, inwiefern sie zu einer komplexen Erfahrungsbildung beitragen.

3 Die Konstruktion von Sinneswelten

Die Überlegungen in Kapitel 3 wollen deutlich machen, daß Wahrnehmen – speziell über die Fernsinne – einen Konstruktions- und Denkprozeß enthält, der zum größten Teil unbewußt abläuft. Er scheint zweizügig angelegt zu sein: auf der einen Seite werden aus vielen einzelnen Verarbeitungselementen Wahrnehmungserfahrungen integrativ aufgebaut. Auf der anderen Seite werden aus globalen Wahrnehmungserfahrungen allmählich Differenzierungen herausgearbeitet. Wahrnehmungserfahrungen sind dabei nicht isoliert zu machen, sondern stehen von Anfang an und untrennbar im Zusammenhang verschiedener sensorischer Modalitäten. Sie schließen notwendig Gedächtnis und weitere Denkprozesse ein. Ferner werden sinnliche Erfahrungen stets auf der Basis vorausgegangener Erfahrungsmuster gedeutet und verändert.

Wahrnehmungsmöglichkeiten von Säuglingen sind von Geburt an gegeben und werden auch sofort eingesetzt, um die Umwelt zu erfassen. Dabei muß man sich die sensorischen Erfahrungen von Säuglingen und Kleinkindern zunächst als sehr global strukturiert vorstellen. Die Isolierung einzelner Wahrnehmungsleistungen scheint einen Lern- und Differenzierungsprozeß des Kindes vorauszusetzen. Dieser ist in eine bedeutungsgebende zwischenmenschliche Beziehung eingefügt.

3.1 Zur Neurobiologie der sinnlichen Wahrnehmung am Beispiel der Fernsinne[1]

Die Ergebnisse der Neurobiologie geben eher den Phänomenologen recht als der Alltagstheorie der Wahrnehmung, die Wahrnehmen wie ein inneres Abbilden betrachtet, wobei diese inneren Bilder dann von einer höheren Instanz zu interpretieren wären. Die Schritte der Wahrnehmung, wie sie vom Gehirn vollzogen werden, sind im Bereich der visuellen Wahrnehmung ziemlich differenziert erforscht worden; ich werde mich auf diesen Beispielbereich beschränken. Darüber hinaus lassen sich einige Ansichten über die inneren Verarbeitungsstrategien des Gehirns, die ins Gehirn eingebaute Erkenntnistheorie, vor diesem Hintergrund am besten darstellen. Sie gelten prinzipiell auch für die anderen sensorischen Wahrnehmungsbereiche.

3.1.1 Wahrnehmen ist Konstruieren

> „Die visuellen Reize, die das Gehirn in Form von Nervenimpulsen erreichen, stellen keinen eindeutig definierten Code dar, der nur entschlüsselt werden müßte. Zum Beispiel ändert sich die Wellenlänge des Lichts, das von einer Oberfläche reflektiert wird, mit der Beleuchtung, und trotzdem vermag das Gehirn dieser Oberfläche eine gleichbedeutende Farbe zuzuordnen" (Zeki 1993, S. 26).

Das gleiche Problem taucht z. B. auch beim Bewegungssehen auf, wo aus den wahrgenommenen Details einer Bewegung der gesamte Gegenstand konstruiert werden muß.[2] Wahrgenommene Fakten wären dann der invariante Auszug von konstanten Merkmalen aus verschiedenen Situationen. Fakten im Sinne von simplen Tatsachen also gibt es nicht; sie sind ein imaginäres Konstrukt des Gehirns.

3.1.2 Getrennte Verarbeitung

Für die Konstruktion der äußeren Wirklichkeit bedient sich das Gehirn, wie die Neurobiologie herausfand, einer zum Teil extrem anmutenden Arbeitsteilung. Die Wahrnehmungsimpulse werden erst einmal in viele kleine Einzelfunktionen unterteilt. Verschiedene, anatomisch lokalisierbare Teilregionen der Hirnrinde haben sich auf die Bearbeitung solcher Teilfunktionen spezialisiert. Im visuellen Bereich „sind vier parallel arbeitende Systeme für verschiedene Attribute des visuellen Reizes zuständig – eines für Bewegung, eines für Farbe und zwei für die Form" (Zeki 1993, S. 30). Hinzu kommen zwei weitere Zentren, „in denen die verschiedenen Signale zusammenlaufen, bevor sie an die spezialisierten visuellen Areale weitergeleitet werden" (ebd.).

Die Differenzierungen gehen z. T. so weit, daß einzelne Zellgruppen nur bei bestimmten räumlichen Richtungen ansprechen. Die beiden Verteilungszentren sind an der Verbindung der so aufgesplitterten Wahrnehmungsarbeit mit dem bewußten Denken beteiligt. Sie können durch lokale Schädigungen auch ausfallen und entsprechende visuelle Wahrnehmungsstörungen hervorrufen. Die basale Verarbeitung erfolgt jedoch ohne Beteiligung des Bewußtseins. Aber wir können ohne dessen Mitarbeit offensichtlich keine Wahrnehmung machen; d. h., das Wahrgenommene bleibt ohne erkennbare Folgen für das Individuum.

3.1.3 Komplexe Integration

Derart bis in kleinste Details aufgespaltene Verarbeitung bedarf einer Integration, damit sich ein einheitliches Bild der Umwelt einstellen kann. Hier steht nun die Struktur des Gehirns als ein Erkenntnis gewinnendes Instrument insgesamt zur Diskussion. Dabei stelle ich zwei Gedanken in den Vordergrund.

3.1.3.1 Verkabelung

Im Gegensatz zur z.T. hochspezialisierten Einzelverarbeitung in den einzelnen Zentren der Hirnrinde ist deren neuronale Grundstruktur relativ einförmig: Es finden nur eine begrenzte Anzahl von Zelltypen (insbesondere zwei: Pyramidenzellen und Sternzellen; vgl. Braitenberg/Schütz 1990) Verwendung; der Feinbau der Hirnrinde unterscheidet sich in den verschiedenen Zentren nur geringfügig; man findet überall im Cortex einen Zusammenschluß von Neuronen zu Zellgruppen, Modulen, die in ähnlicher Weise funktionieren. Darüber hinaus fällt auf, daß alle Pyramidenzellen der Großhirnrinde zumindest prinzipiell über zwei oder drei Zwischenstationen miteinander in Verbindung stehen. Die Großhirnrinde ist also reichlich mit sich selbst verkabelt. Diese Querverbindungen in der Hirnrinde werden nun nicht durch übergeordnete Zentren organisiert, sondern durch vielfältige gegenseitige Rückkoppelungen. Alles steht dadurch mit allem in Verbindung. Man muß dabei jedoch im Auge behalten, daß diese Verbindungen z.T. nur sehr randständig gegeben sind. Schließlich muß man in Rechnung stellen, daß die internen Verbindungen der Rinde hundert- bis tausendfach die Nervenverbindungen überwiegen, welche das Gehirn über die Sinnesorgane mit Wahrnehmungen versorgen.

> „Die Großhirnrinde besteht also fast nur aus einer riesigen Zahl von Interneuronen: Nervenzellen, die weder direkt mit dem Eingang noch mit dem Ausgang verbunden sind und offenbar der internen Datenverarbeitung im Cortex dienen" (Braitenberg/Schütz 1990, S. 184).

Die Großhirnrinde befaßt sich also überwiegend mit ihren internen Tätigkeiten, insbesondere der Modulation ihrer inneren Verbindungen. Aus diesen Einsichten kann man Schlüsse über wesentliche Arbeitsweisen des Gehirns ziehen, die dann natürlich auch die Ansichten über sinnliche Wahrnehmung mitbestimmen:

- Die Großhirnrinde ist ein relativ in sich geschlossenes Verarbeitungssystem, das nur an wenigen Stellen durch Einflüsse aus der Außenwelt (z. B. Sinneswahrnehmungen) moduliert werden kann (Maturana/Varela 1987).
- Ihre spezifischen Leistungen erbringt sie vor allem durch die Art und Weise ihrer internen Verbindungen und Verarbeitungen (vgl. Engel 1992).
- Sämtliche Teile des Gesamtsystems können sich gegenseitig beeinflussen (ebd.).
- Während also die einzelnen Zentren in ihrer Funktion hoch spezialisiert sind, gleicht das Netz der Verbindungen „weniger einer präzise vorprogrammierten Maschine als einem Netzwerk von diffusen, durch Aktivität veränderlichen Verbindungen" (ebd., S. 194).

Für die sinnliche Wahrnehmung ergibt sich daraus,
- daß es keine isolierten Wahrnehmungen gibt. Sie sind immer eingebettet in die Kontexte, welche die Gesamtstruktur des Gehirns bilden. Das Gehirn interpretiert die Wahrnehmung durch diese Gesamtstruktur;
- daß Wahrnehmung eine Integrationsleistung darstellt, in der der sensorische Input in die Gesamtstruktur der Kontexte eingefügt werden muß;
- daß diese Integration mit einer komplexen Neustrukturierung nicht nur des Wahrgenommenen, sondern auch seiner relevanten Kontexte im Gehirn einhergeht.

Sinnliche Wahrnehmung ist also von vornherein auf eine komplexe Erfahrungsbildung angelegt.

3.1.3.2 Bioelektrische Einheitssprache

> „Die spezifische Modalität der Sinnesorgane, auf der unsere Sinneswelt zu beruhen scheint, ist ‚hinter' den Sinnesorganen offenbar verschwunden. Die Sinnesorgane übersetzen die ungeheure Vielfalt der Welt in die ‚Einheitssprache' der bioelektrischen Ereignisse (Nervenpotentiale), denn nur diese Sprache kann das Gehirn verstehen" (Roth 1987, S. 232).

Die Sinnesorgane haben die Aufgabe, dem Gehirn, das nur diese Sprache versteht, die verschiedensten Umweltereignisse, Qualitäten, Quantitäten, Modalitäten und Intensitäten, die wahrgenommen werden können, in seine Sprache zu übersetzen. „Der Bau der Sinnesorgane und ihre Leistungen legen also fest, welche Umweltereignisse überhaupt auf das Gehirn einwirken können. Für das Gehirn existieren aber nur die neuronalen Botschaften, die von den Sinnesorganen kommen, nicht aber die Sinnesorgane selbst ... Das Gehirn bewertet dabei die eintreffenden Signale strikt nach dem Ort ihrer Verarbeitung: alles, was an neuronalen Impulsen in den Hinterhauptscortex gelangt, ist ein Seheindruck, und was in bestimmten Regionen des Hinterhauptscortexes verarbeitet wird, ist eine bestimmte Farbe, völlig unabhängig von der tatsächlichen Abkunft des Signals" (ebd., S. 234).

Auch wenn man der bioelektrischen Einheitssprache noch eine zweite Sprache, die bioche mische, hinzufügen muß (Vincent 1992), ändert dies prinzipiell nichts daran, daß die modale Spezifizierung der Wahrnehmungen nach den Sinnesorganen aufgehoben wird und durch bestimmte lokale Verarbeitungsweisen vom Gehirn erst wieder erzeugt werden muß.

Daraus ergibt sich für das Verständnis der sinnlichen Wahrnehmung: Die Sinnesempfindungen entstehen nicht in den Sinnesorganen, sondern im Gehirn, und zwar je nach dem Ort, an dem sie eintreffen und verarbeitet werden – eine Einsicht, die unserer gern gepflegten Auffassung von der Unmittelbarkeit des sinnlichen Eindrucks ins Gesicht schlägt. Auch hier ist es das Gehirn, das diesen Eindruck erst hervorbringt.

3.1.4 Auch Wahrnehmen will gelernt sein

Die Untersuchung der frühen Entwicklung von Wahrnehmungserfahrungen hat ergeben, daß auch die sinnliche Wahrnehmung nicht von Geburt an ausreichend für ihre Aufgabe vorstrukturiert ist. Wir müssen annehmen, daß das ZNS durch sinnliche Erfahrungen, die es in seiner frühesten, nachgeburtlichen Entwicklung macht, in der Struktur selbst noch verändert wird. Aller Wahrscheinlichkeit nach gibt es dafür sensible Phasen. Relativ genau konnte dies bei der visuellen Entwicklung nachgewiesen werden.[3] Binokulare Koordination, räumliches Sehen, die Wahrnehmung von Bewegung und die Feinjustierung der Wahrnehmung auf die Strukturen der normalen Umwelt des Neugeborenen können nicht genetisch vollständig vorprogrammiert werden, vor allem, weil ja gar nicht alle Informationen von vornherein bekannt sind, die dazu benötigt werden (z. B. der Augenabstand, die Tiefe der Lage der Augäpfel, die Koordination des Sehens mit den Bewegungen des Kopfes und des Körpers). Deswegen produziert das ZNS zunächst Verbindungen zwischen seinen Neuronen in der Überzahl. Was davon später nicht gebraucht wird, bildet sich wieder zurück. Verbindungen, die mit den Aufgabenstrukturen übereinstimmen, bleiben hingegen erhalten. Die neuronale Strukturierung der Wahrnehmung erfolgt also zu einem wichtigen Teil erfahrungsabhängig durch Ausprobieren. Wird diese durch epigenetische Entwicklungsprozesse der Selbstorganisation erfolgende Feineinstellung durch Sinnesbeeinträchtigungen (sei es aus psychischen oder organischen Gründen) gestört oder gar verhindert, etablieren sich z.T. ungeeignete Strukturen und Verbindungen, die nach einer bestimmten Zeit nicht mehr rückgängig zu machen sind.

Man nimmt an, daß solche epigenetischen Entwicklungsprozesse, die zu festen, kaum mehr veränderbaren Strukturen des Cortex führen, nicht nur im visuellen Bereich, sondern in allen sensorischen und wahrscheinlich auch noch in anderen funktionellen Bereichen des ZNS stattfinden.

3.1.5 Das Gedächtnis ist ein konstruktiver Bestandteil der Wahrnehmung

Auch das Gedächtnis ist an der Konstruktion der Wahrnehmung beteiligt. Es funktioniert wie ein Sinnesorgan. Neue Muster werden dadurch wahrgenommen und erkannt, daß sie mit alten Erfahrungsmustern verglichen werden.
- Erkennen ist zu einem wesentlichen Teil *Wiedererkennen von Gleichem und Ähnlichem.*
- Vergleichen verhilft zur *Kohärenz* der einzelnen Wahrnehmungsdaten. Sie werden analog zu den Mustern geordnet, die als die gesammelten Erfahrungen des Gehirns bereits vorliegen. Sie können entweder passend gemacht werden oder nicht. Was nicht paßt, abweicht, neu ist, wird entweder „ausgeschieden" oder weiter bearbeitet.[4]
- Durch das Gedächtnis werden *unvollständige Wahrnehmungen ergänzt.*[5]
- Durch den Vergleich neuer Wahrnehmungen mit den im Gedächtnis gespeicherten Mustern wird die *Komplexität der vom Gehirn zu verarbeitenden „Information" reduziert*: Alles was bereits bekannt ist, muß möglicherweise nicht weiter bearbeitet werden; alles was neu, ungewöhnlich ist, von den bekannten Mustern abweicht, ist wert, daß es einer genaueren Prüfung unterzogen wird.[6]

Das Gedächtnis ist weit verzweigt und in Mustern organisiert. Muster, die in ähnlicher Weise auftreten, verstärken sich.[7]

Das Gedächtnis entwickelt Wahrnehmungsmuster weiter und differenziert sie. Es bewertet ihre Tauglichkeit für mögliche neue, zukünftige Erfahrungen nicht nur dadurch, daß es sie mit vorhandenen Mustern vergleicht, sondern auch dadurch, daß es vorhandene Muster zu neuen, möglichen Mustern kombiniert.[8]

3.1.6 Sinnlicher „Input" als Modulation

Wenn das Gehirn ein relativ abgeschlossenes System mit einer eigenen Sprache ist, wenn seine Verarbeitung – linear und verzweigt zugleich – netzwerkartig in räumlichen und zeitlichen Mustern erfolgt, was geschieht dann dem Gehirn durch die sinnliche Wahrnehmung, die ja irgendwie die äußere Welt im Gehirn zur Geltung bringt?

Nichts wird direkt von außen nach innen transportiert. Es geht nur um Unterschiede, die einen Unterschied machen (Bateson 1982): Unterschiede in der äußeren Welt führen – über die Wahrnehmung – zu Unterschieden in Nervenzellen, die zu Unterscheidungen in den Verarbeitungskreisläufen führen, die als unterschiedliche Wahrnehmungen interpretiert werden können.

Veränderungen innerhalb des ZNS treten nur ein, wenn sie durch innere Funktionen, Strukturen und Prozesse zugelassen und ermöglicht werden. Diese sind z.T. biologisch vorgegeben, zum weitaus größeren Teil jedoch das Erbe der Vorerfahrungen, die ein Subjekt gemacht hat. Man kann also sagen: Veränderungen innerhalb des ZNS treten nur auf, soweit es seine Entstehungsgeschichte zuläßt und nur im Rahmen dieser gewachsenen Struktur- und Prozeßmöglichkeiten.

Über die Sinne in das Hirn gelangen also Wahrnehmungsmuster, die die Muster der inneren Verarbeitung überlagern. Ob sich durch diese Überlagerung Veränderungen im Gehirn und seinen Prozessen ergeben, ist nicht vorhersagbar, sondern hängt von den jeweiligen kontextuellen Bedingungen ab. Es gibt mehrere prinzipielle Möglichkeiten:

- Das eintretende Muster ist zu schwach und wird durch die stärkeren Muster der inneren Prozesse überlagert, „zum Schweigen" gebracht. Das Wahrgenommene bleibt bedeutungslos.
- Das Muster der Wahrnehmung und die Muster der inneren Prozesse bilden zusammen ein Metamuster (Interferenzmuster). D.h., das Muster der Wahrnehmung moduliert in kleinerem oder größerem Umfang die Muster der inneren Prozesse. Ob diese Modulation erheblich oder unerheblich ausfällt, hängt vom inneren Zustand der Verarbeitung einerseits und von der Prägnanz der Wahrnehmungsmuster andererseits ab. Sie wird als Bedeutungsänderung erfahren.
- Das Wahrnehmungsmuster schwingt identisch mit den inneren Verarbeitungsmustern; d.h. es potenziert diese inneren Muster. Dies ist nicht nur einfach gleichbedeutend mit der Verstärkung vorhandener

Muster. Wo die Rückkoppelung innerer und äußerer Prozesse sich nicht gegenseitig moduliert und damit auch dämpft, kann die ungebremste Koppelung innerer und äußerer Muster zu einem „Durchdrehen" des gesamten Systems führen.[9]
- Das äußere Wahrnehmungsmuster dominiert das innere, versklavt es gleichsam (z.B. bei massiver positiver Verstärkung oder stark negativen Sanktionen wie z.B. Folter).

3.1.7 Folgerungen

Wahrnehmungen über die Fernsinne sind von vornherein komplex angelegt. Zum einen kann man keine Wahrnehmungen machen, ohne daß das Reservoir bereits gemachter Wahrnehmungserfahrungen den Vergleichsmaßstab abgibt. Zum anderen sind die einzelnen Wahrnehmungsmodalitäten so miteinander verknüpft, daß stets komplexe Wahrnehmungserfahrungen zustande kommen. Sehen oder Hören ist zudem ohne gleichzeitige Koordination mit der Körpermotorik über die Körperwahrnehmung kaum möglich. Darüber hinaus werden einzelne Seh-, Hör- oder Riechwahrnehmungen durch Vergleich mit anderen Sinnesmodalitäten interpretiert und präzisiert. Das muß man im Auge behalten, wenn man im Folgenden die Ergebnisse der Wahrnehmungsforschung bei Säuglingen zur Kenntnis nimmt; denn diese spiegeln zunächst einmal das funktional orientierte Erkenntnisinteresse der Forscher: Was können Kinder sehen, hören, riechen usw. Allerdings zwingen überraschende Leistungen von Säuglingen, verschiedene Wahrnehmungsarten miteinander in Beziehung zu setzen, dazu, über diese funktionale Betrachtungsweise hinauszugehen und nach dem intermodalen Zusammenwirken sinnlicher Wahrnehmungen zu fragen.

3.2 Säuglings- und Kleinkindforschung

3.2.1 Was nehmen kleine Kinder wahr?

Faßt man zusammen, was bereits Neugeborene und Säuglinge im ersten Lebensjahr wahrnehmen können, so sind diese Leistungen erstaunlich. Sie widersprechen auch den früheren Auffassungen von einer Reizschranke, hinter der sich Neugeborene vor Wahrnehmungseindrücken zurückziehen. Vielmehr scheinen Säuglinge von Anfang an interessiert an ihrer Umwelt sowie bereit zu sein, auf sie – im Maße ihrer Möglichkeiten – zuzugehen.[10]

Einschränkungen entstehen – zum einen – lediglich durch die Struktur der Wahrnehmungen, die gemacht werden; denn diese entspricht offensichtlich (noch) nicht der der Erwachsenen, die ihre Wahrnehmungen fein säuberlich nach Modalitäten der Sinneswahrnehmung – sehen, hören, schmecken, riechen etc. – ordnen können. Zwar berichten die Forschungsergebnisse in den einzelnen Sinnesbereichen eben auch entsprechende funktional abgrenzbare Leistungen. Doch können Untersuchungen, die sich lediglich auf einen modalen Leistungsbereich beziehen, nur Ergebnisse in diesem Bereich erbringen. Es gibt aber auch eine Reihe von Wahrnehmungsuntersuchungen, die gerade das intermodale Zusammenwirken verschiedener Sinnesbereiche ins Auge fassen.

Zum anderen entstehen Begrenzungen der frühkindlichen Sinneserfahrung durch die Verarbeitungsweise und Verarbeitungskapazität des kleinen Kindes. Es schützt sich vor allzu heftigen Reizen und wendet sich ab, wenn ihm etwas zu viel wird. Ein stärkerer Schutz vor Reizüberflutung als beim Erwachsenen, kann aber nicht als eine Art Moratorium interpretiert werden, in welchem das Kind sich vor Welterfahrungen noch zurückhält.

Nimmt man einzelne Sinnesbereiche in Augenschein[11], so können Säuglinge im Bereich der visuellen Wahrnehmung Objekten folgen, die sich bewegen. Sie können verschiedene Farben kategorial unterscheiden, lieben Wahrnehmungsmuster mehr als unstrukturierte Wahrnehmungsreize. Insbesondere interessieren sie sich für das menschliche Gesicht und nehmen dabei zunächst die Umrisse, dann zunehmend seine Binnenstrukturen war. Bereits ab dem 2.–4. Lebensmonat können sie richtige Gesichter von solchen unterscheiden, bei denen die Organe nicht an der richtigen Stelle sitzen. Später kommen die Unterscheidungen verschiedenster Gesichtsausdrücke hinzu, oder von fremden und bekannten Gesichtern.

In der auditiven Wahrnehmung, die bereits intrauterin erstaunlich präzise funktioniert, spielt die menschliche Stimme eine bedeutsame Rolle. Die mütterliche Stimme kann von anderen unterschieden werden. Verschiedenheiten zwischen der menschlichen Stimme und synthetischen Geräuschen werden bemerkt. Sogar verschiedene Lautäußerungen können differenziert werden.

Ähnlich ausgebildet sind die Geruchswahrnehmungen kleiner Kinder. Bereits nach wenigen Tagen können z. B. Neugeborene den Geruch der Mutter von dem anderer Personen unterscheiden. Bekannt ist ja auch, daß sie schon früh Präferenzen für verschiedene Geschmacksrichtungen entwickeln.

An all diesen sinnlichen Leistungen fällt auf, daß sie mit Alltagsprozessen zusammenhängen, die für das Kind wichtig sind. Diese bestehen hauptsächlich aus den zwischenmenschlichen Beziehungen des Kindes zu seinen Pflegepersonen. Säuglinge und Kleinkinder können also die für sie wichtige Umwelt schon sehr früh und sehr genau wahrnehmen. Diese Leistungen orientieren sich offensichtlich eher an komplexen Alltagsmustern, die es zu entziffern gilt, als an spezifischen Einzelfunktionen.

Dies hängt natürlich damit zusammen, daß die frühe Sinneswahrnehmung hauptsächlich innerhalb eines Kommunikationszusammenhanges mit seiner Umwelt stattfindet. Sensorische Wahrnehmung hat für Säuglinge und Kleinkinder kommunikative Bedeutung. Die geht zwar im Laufe der späteren Entwicklungen nie ganz verloren (wir sprechen beispielsweise im Bereich der Medien auch von visueller *Kommunikation*), wird aber mit der Entwicklung des Sprechens zunehmend von verbaler Kommunikation überlagert. Zu einem Zeitpunkt, zu dem die sprachliche Kommunikation noch nicht entwickelt ist, muß man Befindlichkeiten und Wünsche den tatsächlichen Handlungen und Erscheinungen der Umwelt ablesen, werden Wahrnehmungsprozesse als Kommunikationsträger gebraucht. Größere Wahrnehmungsdefizite beeinträchtigen die Kommunikationsfähigkeit (vgl. zusammenfassend zur Kommunikation, die in Handlungs- und Wahrnehmungsprozesse eingebettet ist: Brazelton/Cramer 1991; zusammenfassend zur vorsprachlichen Kommunikation: Papousek 1994).

Diese Verbindung der frühkindlichen Wahrnehmungsprozesse mit den wichtigen Alltagsgegebenheiten des Kindes einerseits sowie die Einbettung des sensorischen Geschehens in das früheste kommunikative Geschehen andererseits sollte verständlich machen, daß die frühesten sensorischen Leistungen eher komplexe Leistungen sind und auch sein müssen, auch wenn gerade diese Komplexität der wissenschaftlichen Interpretation Schwierigkeiten bereitet. Diese ist es ja gewöhnt, das Komplexe aus dem Zusammenspiel von vorgängigen, elementaren Leistungen zu begreifen. In der kindlichen Entwicklung scheinen wir – zumindest, was die sinnliche Erfahrung betrifft – eher vor einem umgekehrten Prozeß zu stehen, durch den „elementare" Einzelleistungen durch Differenzierungen aus komplexen Gesamtleistungen herausgegrenzt werden.

Dieser Zusammenhang verweist auf die Bedeutung, die die Säuglings- und Kleinkindforschung im Bereich sinnlicher Wahrnehmung der intermodalen bzw. kreuzmodalen Wahrnehmung beimißt – also der unmittelbaren Verbindung verschiedener sensorischer Bereiche. In der Forschung wird dieses Phänomen zumeist als Fähigkeit untersucht, Wahrnehmungen, die mit einem sensorischen Modus gemacht wurden, in solche eines anderen zu übersetzen – z. B. visuelle in akustische, optische in taktile –, oder Wahrnehmungen eines Bereiches mit denen eines anderen Wahrnehmungsbereiches zu verknüpfen. So haben kleine Kinder z. B. wenig Probleme, die besondere Form eines Schnullers, den sie im Mund gefühlt haben, dann dem entsprechenden visuellen Bild zuzuordnen, oder Sprachrhythmen mit den richtigen Sprachbewegungen in einem Film zu verknüpfen. Anscheinend ist es für Säuglinge selbstverständlich, daß Gesehenes auch zu fühlen ist oder Gesehenes und Gehörtes zusammengehören. Ein vielleicht erstaunliches Experiment in diesem Zusammenhang sei kurz angeführt: „Läßt man sechs bis elf Monate alte Kleinkinder zuerst einen unterbrochenen Ton hören und zeigt ihnen dann zwei Bilder – eines mit einer unterbrochenen Linie und eines mit einer durchgezogenen –, so bevorzugen sie die unterbrochene Linie. Läßt man sie erst einen durchgehenden Ton hören, so bevorzugen sie anschließend die durchgehende Linie" (Dornes 1993, S. 46).

3.2.2 Schlüsse daraus

Die sensorischen Leistungen der Säuglinge und Kleinkinder belegen,
- daß sie bereits kurz nach der Geburt damit beginnen, ihre Umwelt differenziert wahrzunehmen;
- daß sie in eine zwischenmenschliche Kommunikation eingebunden sind, die ihnen hilft, diesen Wahrnehmungen eine Bedeutung zu geben;
- daß sie damit in die Lage versetzt werden, ihre eigene Lebenswelt in den für sie wichtigen Bereichen zu strukturieren und zu interpretieren;
- daß sie für diese Interpretationsleistung auf das Zusammenspiel multipler sensorischer Wahrnehmungsleistungen angewiesen sind.

Die folgenden Kapitel werden zeigen, daß das Konzert der Sinne noch wesentlich vielfältiger ist, als es bereits diese Überlegungen am Beispiel der Fernsinne erbracht haben.

4 Körpererfahrung

Kapitel 4 hebt die Bedeutung somatosensorischer Erfahrungsbildung in mehrfacher Hinsicht heraus:
Es gibt eine Sprache des Körpers. Im Verlaufe des Kapitels werden verschiedene Facetten dieser Sprache (vor unterschiedlichen theoretischen Hintergründen) deutlich:

- somatosensorische Empfindungen; von der Neurobiologie werden vornehmlich die Wahrnehmungswelten des Haut-, Tast- und Gleichgewichtssinnes angesprochen;
- sensumotorisch-handlungsbezogene Erfahrungswelten, die aber auch mit affektiven Erfahrungen verlötet sind (Werner, Piaget, Lakoff);
- somatosensorisch-imaginative Erfahrungsprozesse (Tustin, Ogden, Lakoff);
- sowie Erfahrungen des Trieberlebens auf der Basis von Nahrungsaufnahme, Verdauung und Ausscheidung (Bettelheim).

Diese Sprache des Körpers strukturiert einerseits die grundlegenden primären Erfahrungen in der ersten Zeit nach der Geburt des Kindes. Andererseits bilden sie als basale Stufe von Erfahrungen einen strukturellen Ausgangspunkt, der in imaginative Bilderwelten umgesetzt werden kann und derart auch abstrakten Denkprozessen zugrunde liegt.

Es wird herausgearbeitet, daß diese basale körpersensorische Strukturierung eine Voraussetzung dafür bildet, daß der Säugling in einen produktiven Austausch mit seiner Umwelt gelangen kann. Damit dies gelingt, müssen zwei Voraussetzungen gegeben sein:
- Nach den neurobiologischen Überlegungen müssen „normale" Umwelterfahrungen im Alltag des Kindes möglich sein;
- nach den klinisch-tiefenpsychologischen Ausführungen müssen diese Erfahrungsmöglichkeiten in zwischenmenschliche Beziehungen eingebettet sein, die ihnen Bedeutungen verleihen, die die Basis von zwischenmenschlicher Kommunikation auf einer vorsymbolischen Ebene der Körpersprache bilden.

Wo diese Voraussetzungen ausreichend gegeben sind, scheint einer Umsetzung basaler, körpersensorischer Erfahrungsmuster auf eine Ebene der Vorstellungs- und Bilderwelten nichts im Wege zu stehen.

Es zeigt sich jedoch auch,
- daß eine klare Trennung der verschiedenen Sinnesmodalitäten hinsichtlich ihrer Wirkung auf die geistige Entwicklung nicht möglich ist;
- daß es wohl eine Hierarchie der Sinnesentwicklungen gibt, an deren Basis die körpersensorischen Empfindungen stehen, daß aber andererseits die Dominanz eines Erfahrungsbereiches die anderen nicht überflüssig macht;
- daß die gesamte sensorische Entwicklung auch nicht von der emotionalen Wahrnehmung abzutrennen ist.

4.1 Was sind Körperwahrnehmungen?

Körperwahrnehmungen, somatosensorische Empfindungen, sind alle körperbezogenen Empfindungen, wie Tastsinn, Hautsinn, Wärmeempfindungen, körpermotorische und viszerale Empfindungen, Empfindungen der Raumlage. Es gehören dazu also Wahrnehmungen des Haut- und Körperkontaktes, Rhythmen, Vibrationen, Resonanzen, Temperaturempfindungen, körperliches Wohlbefinden oder Unpäßlichkeiten, Spannungen, Gleich- und Ungleichgewichte, Schwere- und Leichtigkeitsempfindungen, Wahrnehmungsempfindungen von Offen- oder Geschlossenheit, oder die körperlichen Auswirkungen des Schalls. Es sind Wahrnehmungsempfindungen, denen Erwachsene nur noch recht eingeschränkt ihre Aufmerksamkeit widmen, die jedoch in den ersten Lebenswochen und -monaten entscheidende Wahrnehmungsfelder des Säuglings und Kleinkindes bilden. Spitz (1972) hat unter dem Begriff der coenästhetischen Empfindungen auf diese Wahrnehmungsweisen aufmerksam gemacht. Es gibt jedoch auch Erwachsene, die derartige Sinneswahrnehmungen bis hin zu höchsten Differenzierungen weiterentwickeln. Dazu gehören z.B. Akrobaten, Flieger, Tänzer, Sportler, Schauspieler. Aber auch Dichter, Musiker, Maler, Bildhauer, oder Künstler generell, sind auf diese Fähigkeiten angewiesen. Dies deutet darauf hin, daß der Verlust der Wahrnehmungsfähigkeit für derartige Empfindungen im Laufe des Heranwachsens kein natürlicher, sondern ein kulturell unterstützter, vielleicht sogar erzwungener Prozeß ist. Manchen Berufsgruppen wird eine Entwicklung dieser Fähigkeiten zugestanden, für die meisten jedoch als unwesentlich betrachtet. Die schulische Bildung dürfte bei diesem kulturellen Auswahlprozeß eine zentrale Rolle im Sinne der Vernachlässigung spielen. Wo eine differenzierende Entwicklung stattfindet, wird sie deshalb besonderen Begabungen und individueller Durchsetzungsfähigkeit zuzurechnen sein.

4.2 Neurobiologische Untersuchungen zu somatosensorischen Erfahrungen

Die Aussagen, die über die Konstruktion von Sinneswelten gemacht wurden, gelten sinngemäß auch für die Entwicklungen der somatosensorischen Empfindungen. Im augenblicklichen Diskussionszusammenhang sind daher nur einige spezifische Ergänzungen notwendig.

4.2.1 Anfänge der somatosensorischen Entwicklung

Die Entwicklung somatosensorischer Reaktionen beim Fötus ist in der 14.–15. Schwangerschaftswoche abgeschlossen. Zunächst sind es die Berührungsempfindungen der Haut, dann die des Gleichgewichtssinnes und die der propriozeptiven Wahrnehmung, die sich ausbilden.

Man kann vermuten, daß die Bedeutungen eines Sinnesempfindens für die Entwicklung des Subjekts umso größer ist, je eher sich diese Sinnesfähigkeiten in der Ontogenese herausbilden. So gesehen, scheinen Berührung, Raumlage und die Wahrnehmung der eigenen Körperorgane die Basis für alle weiteren Sinneserfahrungen zu bilden (Gottfried 1990). Möglicherweise können die späteren Entwicklungen anderer Sinnesbereiche von Strukturierungen profitieren, die durch die vorausgegangenen somatosensorischen Basiserfahrungen bereits etabliert wurden (Greenough 1990). Dies würde auch die zahlreichen Befunde bestätigen, daß Berührungen und andere Stimulationen des somatosensorischen Bereichs förderlich für die gesamte frühe Entwicklung sind (Diamond 1990; Gottfried 1990; Montague 1971). Greenough (1990) sieht auch Vorteile für die Integration der verschiedenen Sinnesbereiche, wenn ihre Entwicklungen sukzessive ablaufen.

4.2.2 Zweizeitige Entwicklung

Wie auch bei anderen Entwicklungen sensorischer Fähigkeiten, kann man bei der somatosensorischen Frühentwicklung von einer Zweiteilung ausgehen. In einem ersten Entwicklungsschub wird die grundlegende Architektur der entsprechenden Strukturen des ZNS festgelegt. Eine zweite Entwicklungsphase bringt Differenzierungen und Feinabstimmungen zustande (Greenough 1990; Merzenich 1990). Die Frage ist nun, wie sich Umwelteinflüsse auf die Entwicklung der sensorischen Fähigkeiten, speziell der somatosensorischen, auswirken. Zahlreiche Ergebnisse sprechen dafür, daß die corticalen Strukturen durch Erfahrung lebenslang differenziert werden können (Greenough 1990; Merzenich 1990). Vier, allerdings recht allgemeine, pädagogisch bedeutsame Folgerungen lassen sich auf die vorhandenen Untersuchungsergebnisse stützen:
- Ohne ausreichende Gelegenheit zu einschlägigen Erfahrungen in und mit der Umwelt, bleiben die sinnlichen Erfahrungsmodi unentwickelt. Es entsteht der Eindruck schwerer Sinnesstörungen.
- Allerdings scheint es so zu sein, daß für die Entwicklung der sensorischen Grundarchitektur ganz normale Alltagserfahrungen ausreichen. „With eyes open or whiskers intact, a monkey or a rat will de-

velop normal neuroanatomical connections in the primary visual area or in the vibrissal ‚barrel'field" (Merzenich 1990, S. 49). Das bedeutet weiter, daß nur starke sensorische Deprivationen dazu führen werden, daß die Grunderfahrungen für die Strukturierung und Anpassung des Nervensystems an eine spezifische Umwelt ausbleiben.

- Die dritte Aussage bleibt ebenfalls unspezifisch: durch entsprechende sensorische Erfahrungsdifferenzierungen werden auch die internen Strukturen des ZNS verändert. Das Gehirn scheint – allerdings in begrenztem Rahmen – eine lebenslange Veränderungsfähigkeit in der Ausdifferenzierung zu besitzen, während neue Strukturen nicht mehr gebildet werden können. Diese Variabilität wurde für den taktilen Bereich im ZNS von Primaten nachgewiesen (Merzenich 1990).
- Die vierte Folgerung dürfte für die menschliche Entwicklung die vermutlich entscheidendste sein. Durch die basale Architektur, angeregt von Alltagserfahrungen, sowie durch die Feindifferenzierungen, vermittelt durch spezifische Gelegenheiten, die sich über die gesamte Lebensspanne erstrecken, sind sensorische Erfahrungen höchst individuell (ebd.). Das bedeutet, daß die aktuelle sensorische Erfahrungsweise an irgendeinem Punkt der individuellen Entwicklung, prinzipiell durch die Vorerfahrungen des Individuums bis zu diesem Punkt geprägt sind. Dies gilt wohl für die taktilen Erfahrungen bei Primaten genauso, wie für die verschiedenen sensorischen Bereiche beim Menschen. Wir können also nicht davon ausgehen, daß zwei Individuen die gleichen sensorischen Erfahrungen machen und in der Feinstruktur des Nervensystems wirklich übereinstimmende Strukturen ausbilden. Damit kann sensorische Förderung nicht nur in einer zunehmenden, individualisierten Differenzierung bestehen, sondern muß möglicherweise auch erst eine interpersonelle Vergleichbarkeit im Detail anregen.

Dem entsprechen Befunde aus einem anderen sensorischen Bereich, dem der Farbwahrnehmung (vgl. Varela/Thompson/Rosch 1995). Die kategoriale Wahrnehmung der Grundfarben scheint interindividuell ziemlich präzise auch über verschiedene Kulturen hinweg übereinzustimmen. Feinabstufungen, Farbmischungen hingegen werden interindividuell weit weniger vergleichbar wahrgenommen. Durch kulturelle Muster können jedoch bestimmte Farbwahrnehmungen präzisiert, differenziert und sprachlich kodifiziert werden, während andere keine Beachtung und damit auch keinen begrifflichen Niederschlag finden.

4.2.3 Schlüsse und kritische Anmerkungen

Die neurobiologischen Aussagen zur somatosensorischen Erfahrung bleiben hinsichtlich des spezifischen Erfahrungsmodus relativ unergiebig. Sie dürften wohl in gleicher Weise auch für andere sensorische Modalitäten gelten. Lediglich die Hypothese, daß andere sensorische Modi auf somatosensorischen Erfahrungen aufbauen und von deren Strukturen profitieren, scheint genauere Schlüsse zu ermöglichen. Diese Abfolge dürfte z. B. da von Bedeutung sein, wo größere sensorische Defizite überwunden werden müssen. Ansonsten scheinen normale Umweltbedingungen für die Differenzierung innerhalb der jeweiligen kulturellen Notwendigkeiten hinzureichen. Unter „normal" ist dabei zu verstehen, was im Alltagsleben einer Kultur üblicherweise präsentiert wird. Das schließt ein, daß bestimmte Entwicklungsmöglichkeiten in einzelnen Kulturen unterschiedlich behandelt werden.

Es liegt in der Konsequenz dieser Hypothese, daß die weiteren Überlegungen im Zusammenhang somatosensorischer Sinneswahrnehmung sich darauf konzentrieren, wie weitere Erfahrungsprozesse aus den somatosensorischen Erfahrungen hervorgehen. Allerdings muß man dabei bereits eine Einschränkung in Kauf nehmen. Es geht bei derartigen Überlegungen kaum mehr um das ganze Spektrum somatosensorischer Erfahrungen – taktil, propriozeptiv, viszeral, vestibulär –, sondern wesentlich nurmehr um sensumotorische Erfahrungen, also Erfahrungen, die mit körperlichen Bewegungen und Handlungen zusammenhängen.

Ein Großteil der einschlägigen Untersuchungen, gerade was die somatosensorischen Erfahrungen, insbesondere die des Tastsinns, betrifft, stammt von Nagetieren und Schweinen. Eine direkte Übertragung der Ergebnisse auf den Menschen dürfte von daher bereits deutlich eingeschränkt sein. Spezifischer sind lediglich Untersuchungen an Primaten, die vornehmlich den Tastsinn betreffen (Merzenich 1990). Allerdings dürfte auch hier die Vergleichbarkeit gerade im somatosensorischen Bereich wesentlich durch die Lebensweise dieser Spezies eingeschränkt sein, die sie auf Tast- und Gleichgewichtssinn deutlich mehr angewiesen sein läßt als Menschen. Eine größere Flexibilität in den diesbezüglichen Entwicklungsmöglichkeiten bei Primaten sollte deshalb nicht überraschen.

Die wesentlichen Forschungsergebnisse stammen überdies aus Laboruntersuchungen. Es ist fraglich, ob selbst die sensorisch durch Spielzeug angereicherten Umweltbedingungen in der Käfighaltung auch nur annähernd der Komplexität natürlicher Umwelten der Versuchstiere nahekommen. Man kann vermuten, daß die in diesen künstlichen Umwelten erreichbaren Flexibilitäten der strukturellen Entwicklungen durchaus im Bereich der vorgegebenen Möglichkeiten der jeweiligen Spezies liegen. Die positiven Ergebnisse von Stimulationsexperimenten könnten daher durchaus darauf beruhen, daß die Aufwuchsgegebenheiten der Tiere unter Laborbedingungen, im Vergleich zu den natürlichen Bedingungen, als sensorisch deprivierend anzusehen sind. Von daher müssen die Stimulationsmaßnahmen besonders „günstige" Ausgangsbedingungen antreffen.

Wenn man vor diesem Hintergrund erste Folgerungen für den pädagogischen Bereich ziehen will, dann bleiben diese für das Feld normaler Entwicklung gleichfalls sehr unspezifisch: Für eine basale sensorische Ausstattung und Feineinstellung innerhalb kultureller Vorgaben scheint es auszureichen, daß das Kind am Leben dieser Kultur teilnimmt und nicht ausgeschlossen wird. Das impliziert, daß es vor überwältigenden sensorischen Reizen auch geschützt wird. Es dürfte so sein, daß spezifischere Folgerungen erst dann anzugeben sind, wenn es nicht mehr nur um das basale Funktionieren der sinnlichen Ausstattung geht, sondern um eine Differenzierung, die weit mehr auf soziokulturelle Unterstützung angewiesen ist.

Die zweite Folgerung hat vorwiegend Bedeutung für den Bereich schwerer Störungen oder Behinderungen im sensorischen Bereich: Sensorische Funktionen dürften durch eine möglichst weitgehende Förderung im Bereich somatosensorischer Erfahrungen grundlegend unterstützt werden. Diese Erkenntnis wird im Bereich der Frühförderung teilweise durchaus umgesetzt. Allerdings – und dies scheint mir weniger zum Allgemeingut frühpädagogischer sensorischer Förderung zu gehören, muß bedacht werden, daß die gesamte Körpersensorik nicht nur isolierten Wahrnehmungsprozessen dient, sondern Teil von Kommunikationsprozessen sind, also individuelle und soziale Bedeutungen haben oder bekommen. Man kann also nicht einfach funktional fördern, sondern muß die möglichen Bedeutungen von somatosensorischen Erfahrungen im zwischenmenschlichen Miteinander mitbedenken und mitberücksichtigen. Funktionale „Notwendigkeit" alleine kann keine konkreten Fördermaßnahmen pädagogisch begründen.

Die letzte vorläufige Folgerung ist weitgehend eine Einschränkung: Die neurobiologischen Untersuchungen somatosensorischer Erfahrungen erfassen bislang kaum oder nur sehr global die Prozesse der sensorischen Entwicklung innerhalb der Ontogenese. Diese sind es jedoch, durch welche sich sensorische Erfahrungen differenzieren und in spezifischen kulturellen Verhaltensmustern gepflegt werden. Deswegen muß versucht werden, die mögliche Bedeutung somatosensorischer Erfahrungen für die weitere Entwicklung herauszuarbeiten. Dabei könnte es ergiebig sein, an die Beobachtungsergebnisse der Entwicklungspsychologie in der ersten Hälfte dieses Jahrhunderts anzuknüpfen, die ein anschauliches Bild von somatosensorisch geprägten, kindlichen Verhaltensweisen zeichnen, das von den heutigen psychologischen Detailuntersuchungen nicht mehr erreicht werden kann. Diese übergreifenden und in Beobachtungsstudien sichtbar werdenden Zusammenhänge nicht zu berücksichtigen, muß zu Theoriebildungen führen, die die Alltagserfahrungen von Kindern nicht mehr ausreichend wiedergeben können.

4.3 Ergebnisse aus der Kognitionsforschung

4.3.1 Erkenntnisse aus der älteren Entwicklungspsychologie: Werner (^{4}1959)

4.3.1.1 Aktionsdinge

Für Werner leben Kinder in einer Handlungswelt. Die Dinge, die sie dabei erfahren, sind keine „Dinge an sich", sondern „Dinge-in-einem-Handlungszusammenhang", „Aktionsdinge". Subjekte und Objekte sind nicht streng voneinander geschieden, sondern in „Gesamtverhaltungsweisen" (Werner ^{4}1959, S. 38) miteinander verbunden. „In der Tat sind viele Äußerungen des Kindes nur auf Grund dieser mehr oder minder weitgehenden Undifferenziertheit von Gesamtzuständen zu verstehen: sein gleichzeitig sinnlich-gegenständliches und emotionales Begreifen und Ergreifen der Umwelt" (ebd., S. 41).

> „Wahrnehmungen existieren daher nur so weit, soweit sie Bestandteil eines vitalen Aktionszusammenhanges sind, in dem Gegenständliches und Zuständliches in einer untrennbaren komplexen Einheit bestehen" und – müßte man hinzufügen – mit Gefühlen verbunden sind. „Diese Dinge stehen nicht dem Lebewesen erkenntnismäßig und haltungsmäßig diskret gegenüber, sind nicht ‚Gegenüberstände', sondern werden durch die psychische Gesamtorganisation, durch die vitale und affektmotorische Totalsituation, in die sie eingeschmolzen sind, wesentlich geformt" (ebd., S. 38). Werner spricht daher auch von „motorisch affektivem" Verhalten (ebd., S. 42), von „affektivem Gesamtverhalten" (ebd., S. 42), „psychophysisch motorischen und affektiven Verhaltensweisen" (ebd., S. 42), oder von „sinnlich-gegenständlichem und emotionalem Begreifen und Ergreifen der Umwelt" (ebd., S. 41).

> „Aktionsdinge sind also die Objektbestände eines Geschehensverlaufs. Sie besitzen nicht ‚objektive Qualitäten', sondern Signalqualitäten, Wirk- und Aktionseigenschaften" (ebd., S. 40), d.h. kommunikativen Charakter.

4.3.1.2 Physiognomische Anschauungsweise

Ausgangspunkt ist auch hier, daß die Dinge in einen dynamischen Zusammenhang eingebettet sind, der durch das Handlungsinteresse des Kindes gespeist wird. Diese Dynamik wird als innerer Ausdruck physiognomisch erfaßt. Durch eine Art modellierender Nachahmung der Gegenstände werden ihre Qualitäten mit den Mitteln und in der Sprache des Körpers aufgenommen. Werner verweist auf Beispiele von Gantschewa (1930): „Die Schnauze der Maus wird als ‚Brülle‘, der Würfel als ‚Eckding‘, der Vogel als ‚Freßding‘, das Eichhörnchen als ‚Buckle‘ bezeichnet" (Werner ^{4}1959, S. 45).

Diese physiognomisch-dynamische Sicht der Dinge ist affektiv eingefärbt. Dabei ist dieser Affekt nicht eine zusätzliche Qualität, die den Dingen, je nach Laune oder Interesse, zugelegt wird, sondern Teil des Wahrnehmungsprozesses. Fallende oder steigende Linien werden z. B. als traurig oder freundlich angesehen, unterbrochene Linien erscheinen als zerknickt oder zerbrochen, Gold wird eher mit einer Wellenlinie assoziiert, Silber mit einer Zickzacklinie, Eisen hingegen mit einer Linie, wie sie eine Mauer mit Schießscharten bildet. Eine umgestürzte Tasse erscheint müde, ein Kaktus ist „frech" und wird daher als „Stichblume" bezeichnet (ebd., S. 49).

> „Der Affekt ist also ... zu einem Gestaltungsfaktor der Umwelt geworden. Nicht in dem Sinn, als ob die Welt der Sachen nur einen besonders starken affektiven Unterton erhielte, sondern in der Bedeutung, daß der Affekt die Welt selbst mitgestaltet. Die Tür und die Bewegung derselben erhält ausgesprochen physiognomische Eigenschaften" (ebd., S. 56).

Dieser motorisch-affektive Nachvollzug von dynamischen Beziehungen, in denen Gegenstände stehen, führt zu einer Personifizierung der Dingwelt. Sie bekommt Augen, Arme, menschliche Gesichter. Auch diese Personifizierung – als Erweiterung der Verkörperlichung – ist Aspekt eines Erkenntnisprozesses, der den Gegenstand als Teil von Beziehungen sieht. Diese werden dann nach dem Modell menschlicher Beziehungen gedeutet.

Die dynamisch-physiognomische Weltsicht wird vom Erwachsenen im ästhetischen Erleben weiter kultiviert; z. B. wenn man sich in das Gesicht einer Landschaft vertieft.

4.3.1.3 Aktions- und Verhaltenswelten

In einem etwas späteren Kindesalter, wenn Kinder beginnen die Wohnung zu verlassen, um sich ihre Umwelten anzueignen, zeigt es sich, daß diese Verbindung von Körperbewegung und emotionaler Bedeutung für die Wahrnehmung der Umwelt fortbesteht. Je nach Alter, Aktionsradius und subjektivem Interesse bekommen „gleiche" Umwelten verschiedene Bedeutungen und werden auch unterschiedlich wahrgenommen. Was für den Erwachsenen ein Kaufhaus mit seinen angehäuften Warenangeboten ist, zeigt sich für den Touristen u.U. als ein interessantes Feld, um die Menschen eines Landes im Spiegel ihrer Konsumgewohnheiten zu erfassen, ist für den Schulanfänger ein abenteuerliches Ziel, das nur mit einer Kette öffentlicher Verkehrsmittel erreicht werden kann und für das Vorschulkind eine Gelegenheit zum Untersuchen von öffentlichen Gebäuden, zum Verstecken, zu motorischen Abenteuern im Fahrstuhl und auf Rolltreppen. Die Umwelten verändern sich je nach dem Standpunkt, von dem aus sie gesehen werden. Muchow (1978; [1]1935) hat dies in ihren Studien zur kindlichen Wahrnehmung städtischer Umwelten erstmals empirisch aufgezeigt und deutlich gemacht, wie motorisch-körperliche Aspekte den Blick des Kindes auf die Umwelt prägen können.

Waren es die Untersuchungen in der ersten Hälfte dieses Jahrhunderts, die deutlich machten, wie sehr die kindliche Weltsicht durch solche motorisch-affektiven Gesamtverhaltensweisen erschlossen werden, zehren die heutigen Kindheitsforschungen eher von den Verlusten, die der kindlichen Weltsicht durch die technologischen und zivilisatorischen Entwicklungen an Deutungs- und Spielraum verloren gehen. Beide Gedanken aber treffen sich in der wenigstens impliziten Anerkennung, daß der motorisch-handelnd-affektive Deutungszusammenhang dem Kind für die Erschließung seiner Umwelt wichtig ist.

4.3.1.4 Magisches Denken

Das, was die frühere Entwicklungspsychologie das magische Denken des Kindes nannte, kann als die direkte Konsequenz aus der kindlichen Organisation des Denkens und Verarbeitens von Wirklichkeit gelten, aus der Undifferenziertheit zwischen Ich und Objekt, aus dem Eingebettetsein der Dinge in Handlungsvollzüge und aus den damit verbundenen Gefühlen und Bedeutungen. Insbesondere folgt es aus dem motorisch-affektiven Nachvollzug der Dinge, der ihnen auch ihren physiognomischen Charakter gibt. Durch diesen Nachvollzug der Dinge mit den Möglichkeiten und den Dynamiken des eigenen Körpers, durch die damit verknüpfte Übertragung der eigenen Gefühlswelt auf diese Dinge, gibt es keine klare Unterscheidung zwischen „belebt" und „unbelebt". Dies wiederum bedeutet, daß die Dinge ebenfalls mit starken Kräften ausgestattet sind, wie das Kind sie an sich selbst erlebt.[12]

Wenn nun die Dinge mit eigenen Kräften begabt sind, wenn sie gleichsam lebendig ihre eigene Dynamik an Wirksamkeit entfalten, dann zeigen sie damit zweierlei:

- Sie zeigen ihre Unerreichbarkeit und Fremdheit. Sie fügen dem Kind, wenn sie sich ihm nicht zur Verfügung stellen, einen ähnlichen Schmerz zu, wie eine abwesende, unerreichbare Mutter.
- Sie zeigen ihren eigenen „Willen", der gut oder böse sein kann, wie das Kind selbst. Insofern sind die Dinge dämonisch, angsterregend oder freundschaftlich und wunscherfüllend. Jedenfalls können sie damit das Kind unmittelbar beeinflussen, verhexen oder verzaubern.

Deshalb wäre es gut, wenn man über diese Welt außerhalb des eigenen Ich herrschen könnte, mit Wunschdenken, mit magischen Ritualen, mit totaler Beherrschung durch ein erzwingendes Denken. Wenn man sie aber nicht beherrschen kann, dann muß man sie wenigstens direkt mit den gleichen magischen Möglichkeiten beeinflussen.

4.3.1.5 Zusammenfassung

Faßt man die Kernpunkte des kindlichen Denkens aus der Sicht Werners zusammen, ergibt sich vor allem, daß die Welt des Kindes nicht aus losgelösten und abstrakten Objekten besteht, sondern aus Zusammenhängen, die durch das spezifische Interesse des Kindes geknüpft werden. Das vielleicht erste und lange Zeit zentrale Interesse des Kindes besteht darin, was man mit einer Sache machen kann. Die Dinge stehen also in einem alltäglichen Handlungszusammenhang. So ihres objektivierenden Status „beraubt", erscheinen die Dinge veränderlich, dynamisch, ja lebendig und mit eigenem Willen sowie mit Gefühlen begabt. Sie werden erfahren, wie der eigene Körper und durch den eigenen Körper, gewissermaßen als außenliegende Teilkörper.

Aus dieser Sicht erscheint es als ein Problem, eine distanzierte und abstrakte Haltung gegenüber den Dingen und der Mitwelt einzunehmen, abgelöst vom persönlichen Interesse. Es fragt sich,
(1) ob eine völlige Loslösung überhaupt möglich ist und
(2) was dabei verloren geht.

Ad (1) Wie selbstverständlich wird in unserer Kultur angenommen, daß die „höchste" und „klarste" Form des Denkens im logisch-rationalen Denken besteht. Von daher wird es ebenfalls als selbstverständlich erachtet, daß diese kindlich-handlungsbezogenen Denkformen als egozentristische „Denkfehler" zu überwinden sind. Die Frage, um welchen Preis das – wenn überhaupt möglich – geschehen kann, stellt sich überhaupt nicht.

Ad (2) Immerhin benötigen wir zum zwischenmenschlichen Verständnis die Fähigkeit, sich mit dem eigenen Körper, samt seinem Fühlen und Denken, in einen anderen Menschen hineinzuversetzen. Selbst Alltagstätigkeiten, wie Rad- oder Autofahren, einen Tisch decken, einen Wasserhahn austauschen oder ein Hemd zu bügeln, wären ohne ein Wissen des Körpers nicht möglich. Auch wenn uns die Belebung oder Beseelung der Alltagsdinge nicht notwendig oder sinnvoll erscheint, bedürfen wir doch eines Gefühls für den rechten Umgang mit Dingen, für die Handlungen, die ihnen angemessen sind und die Geschicklichkeiten, die von ihnen verlangt werden.

Die Beschreibungen Werners gehen wohl über den Rahmen des reinen Körpererlebens hinaus. Sie sind vom motorischen Handeln des Kindes inspiriert und indem sein Handeln die reine Körpererfahrung übersteigt, schließt es auch benachbarte Prozesse, wie Gefühle und Vorstellungen mit ein. Werner bietet eher eine Beschreibung des Kindes unter multisensorischen Aspekten. Insofern aber das körpermotorische Handeln Ausgangspunkt und Zentrum dieser Beschreibungen bildet, mögen Werners Modellvorstellungen unter der jetzigen Überschrift – Körpererfahrungen – versammelt bleiben. Sie machen jedoch gleichzeitig deutlich, daß die körperbezogenen Erfahrungen über sich hinausweisen und als enge Partner Emotion und Imagination mitbringen. Sie geben damit ein beredtes Beispiel dafür, daß sensorische Erfahrungsmodi auch andere Denkformen, wie Vorstellungen oder Phantasien, hervorrufen. Dies haben Johnson (1987) und Lakoff (1988) aus heutiger, kognitionspsychologischer Sicht wieder aufgegriffen, indem sie basale Körper- und Handlungserfahrungen als Ausgangspunkte und Modelle für metaphorische, aber auch abstrakte Denkstrategien aufgezeigt haben (vgl. Kap. 4.3.3).

Ich habe an die vorangegangenen frühen entwicklungspsychologischen Untersuchungen zur Erfahrungswelt des Kindes erinnert, weil ich glaube, daß sie durch die neuere Kognitionsforschung wieder Aktualität erhalten können. Sie stellen die beobachtbare Außensicht von Prozessen dar, deren innere Struktur und Dynamik erst allmählich von der Kognitionsforschung enthüllt werden. In diesem Sinne wären die drei nächsten Schritte der Diskussion als Verbindungsglieder zu betrachten, die die frühen Beobachtungsstudien auf dem Weg über funktionale Detailstudien mit neuen Forschungen zur Komplexität der Wahrnehmung und zur Bedeutung körperlich-affektiver Wahrnehmungs- und Verarbeitungsschemata verknüpfen. Einen wichtigen Teilschritt dabei stellt Piagets Auffassung von der sensumotorischen Intelligenz dar.

4.3.2 Das Piagetsche Konzept von der sensumotorischen Intelligenz

4.3.2.1 Kurze Erläuterung des Modells

Piaget (insbes. 1967, 1976) betrachtet Intelligenz als ein Gleichgewichtssystem zwischen assimilatorischen und akkomodatorischen Prozessen. Ausgangspunkt dieser äquilibratorischen Auffassung von Intelligenz ist – mit Beginn des extrauterinen Lebens – das sensumotorische Verhalten. Die sensumotorischen Leistungen des Kindes verschaffen ihm die ersten Orientierungen in der Wirklichkeit, in die es hineingeboren wurde und verlangen von ihm erste Leistungen im Umgang mit dieser Wirklichkeit. Dieses Lernen beginnt mit angeborenen Reflexen als Ausgangspunkt. Bedeutsam dabei: Das Lernen beginnt mit etwas, was das Kind bereits kann; sein Lernen besteht darin, daß das, was es kann, verändert und differenziert wird.

Zunächst werden diese Reflexe in den Situationen des täglichen Lebens der Säuglingspflege geübt, koordiniert und flüssiger gemacht. Das Saugenkönnen muß nicht von Grund auf erworben werden. Als Reflex vorhanden, wird es jedoch den tatsächlichen Verhältnissen angepaßt, in den Feinbewegungen abgestimmt und im Ablauf flüssiger gestaltet.

Dann wird dieses Handlungsschema auch auf andere Dinge der Umwelt ausgedehnt, die nicht unbedingt mit Nahrungsaufnahme zu tun haben. Der Säugling saugt nicht nur an Brust oder Flasche, sondern auch an anderen Gegenständen, die er in die Hand bekommt.

Es folgen einfache Gewohnheitsbildungen. Selbstproduzierte Laute werden wiederholt, erste subjektive Rhythmen stellen sich ein. Was auf diese Weise in seinem Ablauf gesichert und differenziert wurde, läßt sich auch intentional erzeugen. Das Klappern mit der Rassel wird immer wieder aufgenommen, wenn sie sich in Reich- und Sichtweite befindet.

Schließlich werden verschiedene Handlungsschemata miteinander koordiniert, Zweck und Mittel dabei verbunden. Das Kind krabbelt, um zu seinem Bauklotz zu gelangen, den es dann saugend in den

Mund nimmt, wieder fallen läßt und weiterkrabbelt. Dinge werden in einer bestimmten Reihenfolge getan, Hindernisse dabei beiseite geräumt.

Gegen Ende des ersten Lebensjahres sind Kinder, laut Piaget, dann so weit, daß sie mit ihren Handlungsmöglichkeiten experimentieren, nicht das Gewohnte, sondern das Neue, das Unerwartete dabei suchen. Verschiedene Gegenstände werden z. B. fallen gelassen und aufmerksam dabei die unterschiedlichen Wirkungen registriert.

Auf der sechsten Stufe der sensomotorischen Intelligenz schließlich ist das Kind in der Lage, verschiedene Handlungsschemata neu zu kombinieren, um damit ein bestimmtes Problem zu lösen. Diese Kombinationen sind kein Produkt vorheriger Übung, sondern augenblicklicher Erfindung. Das Kind vermag, wie mancher Schimpanse auch, einen Gegenstand mit einem Stock herbeizuholen, auch wenn es vorher nie einen Stock als Greifwerkzeug gebraucht hat. Es beginnt, seine Handlungsschemata zu verinnerlichen, sie sich vorzustellen und in der Vorstellung verschiedenartig zu kombinieren. Dies gelingt jedoch nur bei einfachen Leistungen. Je nach Komplexität des Handlungsvollzugs, je nach Geübtheit im Handlungsablauf und in der Vorstellung, müssen auch später schwierigere Handlungszusammenhänge immer wieder erst durch Ausprobieren koordiniert werden. Man kann sich beim Autofahren zwar manches vorstellen, was getan werden muß; das wirkliche Können jedoch erlangt man nur und erst durch das handelnde Ausprobieren und Üben. Aber immerhin, durch die vorherige Vorstellung von Handlungsabläufen ist dem heranwachsenden Kind ein Leitfaden gegeben, an dem es seine konkreten Handlungsvollzüge orientieren und überprüfen kann. Es braucht nicht mehr blindlings an eine Sache heranzugehen.

Mit diesem innerlichen Vorstellungsvermögen und den damit zunehmend verinnerlichten Problemlösungen beginnt nun nach Piaget das logische Denken. Es führt über die Zwischenstufen des symbolischen, des anschaulichen Denkens zu konkreten und schließlich zu formalen Operationen. Die Denkentwicklung beginnt gleichsam von Neuem, scheint nicht direkt von den sensumotorischen Vorstufen weiterzuführen.

4.3.2.2 Fragen und Anmerkungen

Piagets Vorstellung von sensumotorischer Intelligenz beschränkt sich auf den Gebrauch der willkürmotorischen Bewegungen. Der eingeschränkte Charakter, den Piaget ihr zuschreibt – sensumotorische Intelligenz könne nur „aufeinanderfolgende wirkliche Bewegungen miteinander koordinieren" (Piaget 1966, S. 137) – hängt auch mit dieser eingeschränkten Auffassung von Sensumotorik zusammen. Betrachtet man nämlich z. B. den Gleichgewichtssinn als einen Teilbereich sensumotorischer Intelligenz, dann stimmt diese Einschränkung nicht mehr. Vielmehr können Balance und Gleichgewichtfinden durchaus als sensumotorische Vorläufer der Äquilibration des assimilatorisch-akkomodatorischen Denkens betrachtet werden. Nimmt man auch Tastsinn oder viszerale Empfindungen hinzu, dann ist ein Denken des Körpers zu durchaus hochkomplexen Integrationsleistungen unter Einschluß des affektiven Geschehens in der Lage.

Das sensumotorische Wahrnehmen und Verarbeiten von Wirklichkeit wird als eine in der kindlichen Entwicklung zeitlich begrenzte Funktion aus dem Gesamtverhalten des Kindes herausisoliert. Selbst im Rahmen der Intelligenz- und Denkentwicklung wird ihm nur eine zeitlich eingeschränkte Bedeutung zugeschrieben. Zwar wird zugegeben, daß für gewisse „Fertigkeiten" sensumotorische Schemata auch in späteren Entwicklungen noch bedeutsam sind. Jedoch wird dies mit Problemlösungen auf einem einfacheren Niveau verknüpft. Diese – wie ich meine naive – Wertung der sensumotorischen Intelligenz als einer Vorstufe zum eigentlichen Denken findet sich z. T. auch heute noch. Montada (1982) beginnt seine Darstellung von Piagets Intelligenzkonzept:

> „Piaget war von den Denkfehlern der Kinder fasziniert, weil sie eine bestimmte Form oder Struktur des Denkens erkennen ließen. Besonders eindrucksvoll sind die Fehler in der Periode zwischen dem zweiten Lebensjahr und dem Schuleintritt" (Montada 1982, S. 376).

Zwar sagt er das im Namen Piagets, kritisiert oder korrigiert aber diese Auffassung auch nicht. Es ist als ob ein objektiver Maßstab existierte, den das Kind möglichst schnell erfüllen müßte, von dem aus alle „Abweichungen" als „Fehler" erscheinen. Damit wird aber auch die komplexe Auffassung vom kindlichen Denken, wie sie beispielhaft noch von Werner dargestellt wurde, endgültig verlassen und hat einer funktionalen und eindimensionalen Betrachtung des kindlichen und kleinkindlichen Denkens und Verarbeitens Platz gemacht. Gemessen und eruiert werden immer differenziertere Einzelleistungen und sie werden zurückverfolgt bis in ihre elementarsten Anfangsstadien. Das Zusammenspiel von Denken, Handeln, Imaginieren, Fühlen und emotionalem Bewerten, wie es in einem coenästhetischen, physiognomisch geformten und von scheinbar magischen Kräften bewegten kindlichen Denkhandeln von den früheren Entwicklungspsychologen beobachtet wurde, wird selbst nicht mehr als Problem gesehen. Dagegen lassen sich aus heutiger Sicht neue Einwände formulieren:

- Die funktionale Aufteilung von Intelligenzen und die darauf beruhende Vorstellung von Intelligenz als einer Fähigkeit, die ihre höchste Ausformung im abstrakt-formalen Denken findet, bewährt sich kaum in Alltagssituationen. Wie bereits erwähnt, bedarf das kreative Bewältigen von Problemen in konkreten Lebenszusammenhängen zumeist einer Fähigkeit zum produktiven Umgang mit komplexen Zusammenhängen. Dem wird eine hervorragende Ausbildung nur formalen Denkens gerade nicht gerecht.
- Sodann läßt sich die funktionale Einzelverarbeitung (z.B. auf höchst abstrakter Ebene) nicht mit den gegenwärtigen Modellen einer äußerst komplexen Arbeitsweise der Gehirnstrukturen in Übereinstimmung bringen.
- Die linearen und funktionalistischen Auffassungen vom (kindlichen) Denken und Verarbeiten werden derart von zwei Seiten kritisch in die Zange genommen: von der Komplexität der Lebenssituationen im Gegensatz zu den Laborsituationen (das bedeutet z.B., daß die an sich bedeutsamen analytischen Detailkenntnisse nicht unmittelbar in Handlungszusammenhänge umgesetzt werden können und dürfen) und von der Komplexität der inneren Verarbeitungsstrukturen, in denen linear-hierarchische Verarbeitungsstrukturen unmittelbar mit einer hohen Komplexität an parallel und gleichzeitig ablaufenden Verarbeitungsstrukturen verbunden sind. Beides bringt eher eine zirkuläre Organisation der Prozesse mit sich, als eine lineare Ablaufstruktur.

So braucht es nicht zu verwundern, daß neuere kognitionspsychologische Forschungen – wie im Folgenden noch zu zeigen sein wird – auch deutlich machen können, daß handlungs- und körperbezogene Verarbeitungsstrukturen nicht nur kindliches Denken, nicht nur spezifische Handlungsfähigkeiten bestimmen, sondern bis in abstrakte und sprachlich umsetzbare Denkmuster hineinreichen. Ein Beispiel dafür bilden die „basic-level"-Kategorien in ihrer Verbindung mit dem „image-level" in einem Kognitionsmodell, das von Lakoff in Kooperation mit Johnson entwickelt wurde.

4.3.3 Alltagkategorisierungen – Lakoff

4.3.3.1 Basic-level-categories

Basic-level-categories sind mittlere Kategorienbildungen einer Verbindung von Wahrnehmen und Denken, eine Zwischenstufe zwischen Wahrnehmungsschemata und begrifflich-abstrakten Kategorisierungen. Sie spiegeln die Umgangsmöglichkeiten mit einem Ding der äußeren Welt wider. Deshalb beruhen sie vornehmlich auf vergleichbaren motorischen Schemata und vergleichbaren äußeren Formen und inneren Bildern. Sie prägen das alltägliche kommunikative Handeln und betreffen das Wissen und die Eigenschaften, die der größte Teil einer kulturellen Gemeinschaft kennt. Vermutlich deshalb sind es auch Eigenschaften und Wissensbereiche, die von Kindern als erste erlernt werden (Lakoff 1988).

Wichtig scheint mir, daß es um Handlungs- und Denkschemata geht, die in die allgemeine Alltagskommunikation und Alltagserfahrung eingebettet sind. Schon bei der Diskussion von Werner habe ich darauf hingewiesen, daß gerade die Untersuchung von Wahrnehmungsverhalten in alltäglichen Situationen, das durch die Komplexität von gleichzeitig wirkenden Faktoren bestimmt wird, eine linear-funktionale Betrachtungsweise lediglich für analytische Zwecke rechtfertigt. Wenn Komplexität mehr ist als die Verbindung einzelner linearer Strategien, dann kann handlungsbezogenes Denken nicht allein nur durch analytische Denkmuster geordnet werden. Ausgehend also von Alltagsbeobachtungen scheint es sinnvoll, einen solchen basic-level an Kategorisierungen für komplexe Alltagskommunikation und Alltagshandeln anzunehmen. Allerdings, auch wieder im Hinblick auf die Beobachtungen Werners, kann man Einschränkungen in der Diskussion der basic-level-categories nicht übersehen:

- Mit den motorischen Schemata werden nicht nur visuelle Schemata zusammen verarbeitet; man wird auch die anderen Wahrnehmungsmodalitäten berücksichtigen müssen.
- Bereits hier sollte angemerkt werden, daß auch die affektiven Anteile an solchen Kategorisierungen bei Lakoff keine ausdrückliche Berücksichtigung finden. Wie in Kap. 5 zu zeigen sein wird, sind Affekte an Kategorienbildungen entscheidend mit beteiligt. Z.B. kann das, was den gleichen Affekt hervorruft, der gleichen Kategorie von Ereignissen oder Dingen zugeordnet werden. Affekte können auf diese Weise verschiedene motorisch-sensuelle Aktionen verbinden.
- Deshalb sollte man nicht nur von motorisch-visuellen Schemata, sondern von motorisch-sensuell-affektiven Kategorienbildungen sprechen, um die Kategorienbildung auf dem basic-level zu charakterisieren.

4.3.3.2 Image-schematic level

Der Ausgangspunkt zu den folgenden Überlegungen widerspricht unseren Alltagsauffassungen von einem „objektiven" Wahrnehmen oder Denken: Erfahrungen werden nicht nur von sachlichen Gegebenheiten strukturiert; d.h. „richtig" ist nicht nur oder nicht einfach, was der Sachlogik entspricht oder ihr zu entsprechen scheint. Vielmehr werden Objektvorstellungen durch innere Konzepte strukturiert, durch Modelle, die uns durch die Struktur unseres Geistes vorgegeben sind. Der Kern der folgenden Diskussion läuft darauf hinaus, daß diese Struktur des Geistes die Struktur unseres Körpers aufnimmt, widerspiegelt und bis in abstrakte Kategorien transformiert. Der Geist, so könnte man sagen, ist vor allem ein körperlich geprägter.

Das erste dieser inneren Konzepte wurde als „basic-level-categories" beschrieben, der Strukturierung von Erfahrung auf der Basis der Interaktion, des Umgangs mit einem Stück Wirklichkeit vor dem Hintergrund kultureller Bewertungen und Vereinheitlichungen von Bedeutungen. Diese basale somatosensorische Strukturierung wird nun mit einer zweiten Verarbeitungsebene, dem „image-schematic level" verknüpft. Bislang allein durch die Sprache des Körpers und seine Interaktionen geformte Erfahrungen werden in Bilder umgewandelt. Damit werden sie von der direkten Körpererfahrung losgelöste Vorstellungen, die zwar ihre körperbezogene Herkunft verraten, aber nicht mehr nur auf den Körper- und Interaktionsschemata allein beruhen. Einmal in Vorstellungen verwandelt, werden sie zugänglich für Veränderungen in Form von Verschiebungen, Projektionen oder Übertragungen in andere als körperliche Bereiche und eignen sich als Semantik auch für abstraktere Beschreibungen und Denkprozesse. Metaphern, Metonymien, sind Zwischenstufen, die sowohl die Körpererfahrungen bildhaft widerspiegeln als auch den Gebrauch im Bereich der Vorstellungen bis hin zum abstrakten Denken öffnen. Lakoff (1988) faßt vier solcher somatosensorischer Bilderschemata zusammen und erläutert sie. Sie mögen hier als ein Beispiel für diese imaginative Ebene zwischen körperlichen und rein abstrakten geistigen Operationen dienen.

(1) Das Containerschema. Ihm liegt zugrunde, daß der Körper etwas enthalten kann, während etwas anderes sich außerhalb dieses Körpers befindet. Innen, Außen und Grenzen sind deshalb strukturelle Elemente, die aus dieser Erfahrung hervorgehen. Dieses durch eine Grenze getrennte Innen und Außen läßt auch nur bestimmte logische Operationen zu: Was innerhalb ist, kann nicht außen sein und umgekehrt. Umgesetzt werden diese strukturellen Momente in sprachliche Bilder, wie z.B. „etwas kommt in Sicht" oder „befindet sich außerhalb des Horizonts", man „befindet sich in einer Gemeinschaft" oder „fühlt sich als Außenseiter".

(2) Das Teile-Ganzes-Schema. Ausgangspunkt hierfür ist die Erfahrung, daß unser Körper ein Ganzes bildet. Als solches besteht er aber auch aus einzelnen Teilen, die zu diesem Ganzen zusammen-

gefaßt werden. Diese Erfahrung ermöglicht das Strukturieren von Ganzheiten, Teilen oder differenzierteren Formeinheiten. Hierdurch sind logische Strukturen mitgegeben, die einen hierarchischen Denkaufbau ermöglichen: Teile fügen sich zu Ganzen, die wieder Teile von neuen Ganzheiten bilden; oder aber auch, wo Teile zerstört werden, wird auch das Ganze zerstört; oder das Ganze muß sich da befinden, wo sich auch die Teile befinden. Solche Ganzheits- und Teilstrukturen durchziehen z.B. unser soziales Verständnis von Familien, sozialen Teilgruppen und Gesellschaften. Der Bund der Ehe wird geschlossen oder eine Ehe getrennt, verschiedene soziale Gruppen bilden eine Gesellschaft, die indischen Kasten fügen sich zu einem sozialen Körper zusammen, weshalb auch jedes Teil dafür unverzichtbar ist.

(3) Das Verbindungsschema. „Our first link is the umbilical cord" (Lakoff 1988, S. 143). Bindungserfahrungen zählen zu den frühesten zwischenmenschlichen Erfahrungen, die noch ganz konkret im Gehaltenwerden des Kindes körperlich erfahrbar sind, als Haut-, Wärmekontakt, als empfundenes Gleichgewicht im Aufnehmen oder Wiegen. Das kleine Kind geht an der Hand der Mutter, des Vaters usw. Strukturell wird dabei erfahren, daß zwei Einheiten oder Ganzheiten miteinander verbunden werden können. Logisch bedeutet dies z.B., wenn zwei Einheiten miteinander verbunden sind, dann sind sie in bestimmter Weise voneinander abhängig. Die Abhängigkeit kann symmetrisch oder asymmetrisch sein, gleichgewichtig oder ungleichgewichtig. Bildlich gesprochen nehmen wir jemanden an der Hand, wir gehen Verbindungen ein oder zerreißen soziale Bande.

(4) Das Wege-Schema (source-path-goal-Schema). Es gibt immer einen Ort, von dem wir ausgehen; der Weg führt uns an bestimmten Stationen vorbei, bis wir irgendein Ziel erreichen. Diese Erfahrung des Raumes enthält auch Erfahrungen in der Zeit. Mitgegeben sind die strukturellen Elemente eines Anfangs, von Zwischenstationen und Zielen, die alle durch einen Weg miteinander verbunden sind. Logisch muß jeder, der diesen Weg geht, an allen Stationen vorbeikommen. Je weiter man einen Weg geht, desto länger wird man unterwegs sein. Die Weg-Metaphern sind zahlreich: sich auf den Weg machen, eine Pause einlegen, vom Weg abkommen, seinen eigenen Weg suchen usw. Aber auch die Linearität unseres logischen Denkens insgesamt spiegelt dieses Wegeschema wider, sichtbar in den Vorstellungen von den strukturellen Verknüpfungen in unseren Hirnmodellen, wo man von hierarchisch-linearer Verarbeitung, von Parallelverarbeitung oder von zirkulären Prozessen spricht.

Die Bedeutung dieser Image-Schemata läßt sich in mehreren Dimensionen aufzeigen:
- Sie strukturieren unser Denken so vor, daß logisch-rationale Prozesse darauf aufbauen können.
- Sie bilden die Grundlage innerer Schemata, die motorisch-sensorische Wahrnehmungen an innere Bilder knüpfen und damit „denkbar" machen.
- Mit Hilfe von Metaphern, Metonymien oder Überlagerungen werden daher Körperschemata in abstrakte Bereiche übertragen und behalten dabei ihre inhärenten Strukturen sowie ihre Logik bei.
- So gesehen sind diese metaphorischen und symbolischen Bilder nicht zufällig, sondern von inneren Erfahrungsstrukturen durchzogen.

Dies bedeutet nun weiter, daß Sinn nicht assoziativ und von außen an Symbole geknüpft wird, sondern aus einem inneren Prozeß der Strukturierung von Wahrnehmungen mit den Mitteln des Körpers (und den darin angesammelten subjektiven Erfahrungsstrukturen) hervorgeht. Dabei werden die motorischen Schemata zunächst in imaginative Schemata umgewandelt und von dort in abstrakte Denkschemata weiterverarbeitet. Selbst wenn wir nurmehr mit den abstrakten Symbolen agieren, schwingen auf anderen Ebenen des inneren Verarbeitungsprozesses solche Bilder und Körpererfahrungen immer noch mit.

„Meaning is based on the understanding of experience. Truth is based on understanding and meaning. Innate sensory-motor mechanisms provide a structuring of experience at two levels: the basic level and the image-schematic level. Image-schematic concepts and basic-level concepts for physical objects, actions, and states are understood directly in terms of the structuring of experience. Very general innate imaginative capacities (for schematization, categorization, metaphor, metonymy, etc.) characterize abstract concepts by linking them to image-schematic and basic-level physical concepts. Cognitive models are built up by these imaginative processes. Mental spaces provide a medium for reasoning using cognitive models" (Lakoff 1988, S. 150).

> „In short, these schema transformations are anything but arbitrary. They are direct reflections of our experiences, which may be visual or kinaesthetic" (ebd., S. 147).

4.3.3.3 Verbindungen zu bisherigen Überlegungen

Nach meiner Einschätzung liegt hier eine überzeugende Erweiterung des Piagetschen Konzepts der sensomotorischen Intelligenz vor. Sie überwindet dessen Beschränkungen in zweierlei Hinsicht:
- Die Fruchtbarkeit sensumotorischer Erfahrungsweisen, über das frühstkindliche Denken hinaus, bis hin in abstrakte Konzeptualisierungen, wird anerkannt und sichtbar gemacht.
- Der enge Funktionalismus nur sensumotorischen „Denkens" wird überwunden und andere sensorische Erfahrungen und imaginative Prozesse damit verbunden.

Damit bekommen die Wernerschen Begriffe, wie „Aktionsdinge", „physiognomische Anschauungsweise", „Aktions- und Verhaltenswelten" oder „magisches Denken" eine neue Aktualität. Alltagsbeobachtungen bei Kindern und die Modellierung von Wahrnehmungs- und Denkprozessen fügen sich wieder zusammen und weisen den körpersensorischen Erfahrungsbildungen grundlegende Bedeutung zu. An eine Einschränkung sei jedoch nochmals erinnert. Auch Lakoff nimmt eine immer noch zu enge Begrenzung seines Modells auf kinästhetisch-visuelle Prozesse vor. Er erfaßt m. E. weder die volle Breite der somatosensorischen Wahrnehmungsmöglichkeiten, wie sie zu Anfang des Kapitels auch unter dem Spitzschen Begriff des coenästhetischen Denkens angerissen wurden, noch die volle Breite der anderen, nichtvisuellen sensorischen Modalitäten. Genauso wenig geht er auf affektive Wahrnehmungen und deren Beteiligung an inneren Konzepten ein. Dies vor Augen zu stellen wird Anliegen des nächsten Kapitels sein. Zuvor jedoch noch einige Ausführungen zur basalen Körperwahrnehmung aus klinischer Sicht am Beispiel der Autismusforschung.

4.4 Klinische Forschung zu einer basalen Sprache des Körpers: Autismus

Zu mit von Lakoff vergleichbaren Ergebnissen war ich in einer früheren Arbeit (Schäfer 1992) durch Überlegungen zur Autismusforschung gekommen. Deren Ausgangsthese war, daß ohne eine Sprache des Körpers, also ohne eine Strukturierung des körper-kommunikativen Geschehens, kein Mensch eine Beziehung zur Wirklichkeit eingehen kann, die Erfahrungen im Sinne eines bedeutungsvollen Umgangs ermöglicht. Diese Strukturierung erfolgt über die basale körperbezogene Kommunikation zwischen Mutter und Kind in den ersten Lebensjahren bis zum Erwerb der Sprache. Sie ist die Voraussetzung für weitere

Strukturierungen auf der Ebene der Phantasie und Imagination und der der Symbolbildung. Diese These wird durch Ergebnisse der Autismusforschung aus drei unterschiedlichen Bereichen gestützt, durch Ansätze der psychoanalytischen, durch übereinstimmende Hinweise aus der empirischen Autismusforschung sowie durch Verbindungen mit Ergebnissen aus der Hirnforschung, wie sie in diesem und im letzten Kapitel bereits zusammengetragen wurden. Sie kann weiter ergänzt werden durch Forschungsergebnisse aus der neueren Säuglingsforschung (Greenspan 1997), die im nächsten Kapitel erörtert werden.

4.4.1 Ältere psychoanalytische Autismusforschung: Bruno Bettelheim

Gewiß werden heute die grundlegenden Überlegungen Bettelheims zum kindlichen Autismus und zu den kindlichen Psychosen nicht mehr unkritisch zur Kenntnis genommen. Zu sehr weiß man von den Beschönigungen seiner Behandlungsergebnisse und von den theoretisch noch unklaren Ausgangspositionen seiner Beschreibungen autistischer Phänomene (Sutton 1996). Manches davon würde heute nicht mehr zum Autismus gezählt werden. Dennoch bleiben einige grundlegende Einsichten, die durch diese Kritik nicht beeinträchtigt werden. Sie liegen für mich darin, daß Bettelheim mit den theoretischen Modellen der klassischen Psychoanalyse in den Bereich der somatosensorischen Kommunikation vorgedrungen ist und ihn zu einem zentralen Problemfeld des Autismus gemacht hat. Die Sprache seiner Beschreibungen – die trieborientierte Begrifflichkeit der klassischen Psychoanalyse – mag heute befremden. Doch wenn es um vorsprachliche Erfahrungen geht, sind alle „Übersetzungen" dieser Ereignisse in verbale Sprache problematisch. Das, was erreicht werden kann, ist, Sprachmodelle zu finden, die strukturell das wiedergeben, was sich auf der Körperebene abspielt. Und hier sind verschiedene Ansätze denkbar. Drei davon will ich hier anführen, den Bettelheimschen, den von Tustin, um diese dann durch Odgens Modell der autistisch-berührenden Position zu erweitern.

Bettelheim (insbes. 1977) bezog sich vornehmlich auf eine orale und anale Sprache des Leibes. Die Stimme des Körpers drückt sich vorwiegend in Triebtermini aus, die um die Prozesse der Nahrungsaufnahme und der Verdauung kreisen. Psychische Problemstellungen äußern sich z.B. in einer Symptomatik und in Handlungsweisen, die eng mit den Prozessen der Nahrungsaufnahme und der Ausscheidung zusammenhängen.

Zur Erläuterung sei an die 7jährige Laurie erinnert. In einer der Fallgeschichten scheint es, als ob sie versuchte, ein inneres Produkt – den

Kot – mit einem äußeren Gegenstand – einem Klötzchen – gleichzusetzen und sie auch gleich zu behandeln. Indem sie Kotkügelchen, deren Weg von innen nach außen sie empfinden lernte, mit etwas verglich, was unzweifelhaft von außen stammte, schien sie sich mit dem Problem zu beschäftigen, wie Inneres und Äußeres in einen Kontakt miteinander gebracht werden könnten. Ein solcher Kontakt von innen nach außen muß ja hergestellt werden, wenn ein Mensch Beziehungen zu seiner Mitwelt aufnehmen will. So schien es bei Laurie, als ob zunächst ihr Kot die Welt repräsentiere. Sie mußte Gelegenheit finden, über Spiele und Handlungen mit ihren Kotkügelchen auch eine Beziehung zu anderen Dingen herzustellen, bevor sie in die Lage kam, ihre Beziehungen zu ihrer Umwelt zu erweitern.

4.4.2 Empfindungsobjekte: Tustin

Eine andere Sprache des Leibes wird von Tustin (1989) verständlich gemacht. Es ist die der Empfindungsobjekte. Empfindungsobjekte sind Wahrnehmungseindrücke von Gegenständen, die lediglich über den Tastsinn erfahren werden.

> „Zu Anfang der Behandlung brachte David, ein 10jähriges Kind, zu jeder Sitzung ein Spielzeugauto mit. Dieses Auto umklammerte er in der hohlen Hand so fest, daß es in der Haut tiefe Eindrücke hinterließ, wenn er es herausnahm. Im Verlauf der Arbeit wurde klar, daß David dem Spielzeugauto magische Eigenschaften zusprach, die ihn vor Gefahr schützen sollten. Insofern ähnelte es einem Talisman oder Amulett. Der Unterschied zwischen Davids Auto und einem Talisman bestand jedoch darin, daß es ihm zu einem harten zusätzlichen Körperteil zu werden schien, wenn er es fest in der hohlen Hand zusammengepreßt hielt. Selbst wenn er es auf den Tisch stellte, blieb die tief eingeprägte Empfindung, so daß das Auto gewissermaßen auch dann noch ein Teil seines Körpers war, der ihm Sicherheit bieten sollte" (Tustin 1989, S. 127).

Es ist der „Eindruck", der dieses Objekt zum Empfindungsobjekt macht. Es existiert für das Kind nicht außerhalb des Körpers, sondern als die Spur eines Empfindens in der Hand über die Körperwahrnehmung. Für den Beobachter ist das Objekt etwas Getrenntes, für das Kind ein Wahrnehmungseindruck an und in seinem eigenen Körper.

In der frühen Kindheit nun, sind solche Empfindungsobjekte normal. Es gibt jedoch zwei unterschiedliche Richtungen, die die weitere Entwicklung einschlagen kann:

(1) Normalerweise bilden Empfindungsobjekte den Beginn einer Entwicklungslinie in der Beziehung zu den Objekten der Um- und Mitwelt. Dazu ist es aber nötig, daß negative Erfahrungen mit den Dingen der äußeren Welt nicht die individuellen Kapazitäten des Ertragens überschreiten. Was darüber hinausgeht, muß durch die ausreichende Anpassung der Umwelt ausgeglichen werden. Wenn dies geschieht, kann das Kind allmählich die erfahrungsmäßige Trennung zwischen sich und der Umwelt, die damit verbundene Fremdheit der Dinge aushalten und sich zunehmend mit den Gegenständen vertraut machen. Indem es dies tut, schreiten auch seine inneren Bilder und Anschauungsweisen fort. Somatosensorische Empfindungen verbinden sich mit anderen sensorischen Wahrnehmungen. Vorstellungsbilder, aus sensorischen Eindrücken und inneren Bildern zusammengefügt, bilden die nächsten Wahrnehmungserfahrungen. In ihnen verbinden sich subjektive Wünsche mit einem Stück äußerer Wirklichkeit, einer Geste oder einer Handlung. Greenspan sieht in dieser Verbindung „the basic unit of intelligence" (Greenspan 1997, S. 16).[13] Innere Vorstellungen entfalten sich zu Imaginationen und Phantasien. Schließlich, unter dem Einfluß der Ordnung der Dinge, entwickeln sich Symbolwelten, die – nach dem Verständnis der Psychoanalyse – subjektive und objektive Wirklichkeit miteinander verbinden (Winnicott 1973).

(2) Das andere Extrem bilden die Objekte des frühkindlichen Autismus. Hier verhindert ein unbewältigbares Erleben – die Gründe dafür mögen innersubjektiv oder außersubjektiv zu finden sein –, daß die Welt erfahrungsmäßig in Subjekte und Objekte getrennt wird. Sie bleibt im ungetrennten Zustand von Empfindungsobjekten, d.h., sie werden wie ein Teil der eigenen Körpersphäre betrachtet und dementsprechend behandelt. Der Einfluß der realen Welt auf die Vorstellungsbilder und Denkprozesse bleibt minimal. Eine Entwicklung zum symbolischen Gebrauch der Dinge kommt nicht in Gang. Damit bleibt ein Zugang zur Wirklichkeit verschlossen, der die Entwicklung des Kindes erweitert und differenziert.

4.4.3 Der autistisch-berührende Erfahrungsmodus: Ogden

Diese Vorstellung von der Bedeutung der Empfindungsobjekte zu Beginn des extrauterinen Lebens wird nun von Ogden (1995) zum Modell einer frühen Erfahrungsstufe erweitert.

Er geht davon aus, „daß menschliche Erfahrung das Resultat eines dialektischen Zusammenspiels dreier unterschiedlicher erfahrungsbildender Modi ist: des depressiven, des paranoid-schizoiden und des autistisch-berührenden. Das Konzept der beiden erstgenannten Modi hat Melanie Klein (1972) eingeführt; der dritte stellt meine eigene Synthese, Klärung und Weiterentwicklung von Vorstellungen dar, die in erster Linie von Francis Tustin, Esther Bick und Donald Meltzer eingeführt wurden[14]. Jeder dieser erfahrungsbildenden Modi ist durch eine ihm eigene Form der Symbolbildung, einen spezifischen Abwehrmechanismus, eine spezifische Form der Objektbeziehung sowie durch den Grad seiner Subjektivität gekennzeichnet. Die drei Modi stehen zueinander in einer dialektischen Beziehung, wobei jeder von ihnen die beiden anderen erschafft, erhält und negiert" (Ogden 1995, S. 9 f.).

In diesen drei Erfahrungsmodi[15] wirken Strukturen zusammen, die in frühen Abschnitten der Entwicklung ausgebildet werden. Die klinischen Bilder, die aus Störungen in diesen Entwicklungsabschnitten resultieren, geben ihnen ihren Namen. Sie reflektieren aber Erfahrungsmuster, die mit bestimmten Entwicklungsaufgaben zusammenhängen. Dennoch sind sie keine einfachen Durchgangsstadien, die wieder verlassen werden, sondern können als Ausdifferenzierungen oder Feineinstellungen von Erfahrungsstrukturen angesehen werden, die mit der Geburt bereits grob ausgebildet sind und die sich im Verlauf der menschlichen Evolution als brauchbar erwiesen haben.[16]

Von diesen drei Erfahrungsmodi soll der letzte hier aufgegriffen werden, der sich einerseits in einen engen Zusammenhang mit den Empfindungsobjekten und andererseits mit den w.o. erörterten basalen motorisch-sensorischen Erfahrungsformen des Kleinkindes stellen läßt.

Mit autistisch-berührend beschreibt Ogden „einen sensorisch dominierten, vorsymbolischen Erlebnisbereich, in dem die primitivste Form von Bedeutung auf der Grundlage der Organisation von Sinneseindrücken, besonders auf der Hautoberfläche erzeugt wird" (ebd., S. 4).

Die wichtigsten Merkmale seien thesenhaft herausgestellt:
- Autistisch-berührende Erfahrungsweisen stellen den frühest möglichen menschlichen Erfahrungsmodus dar. Von daher fußt er auf Erlebnis- und Verarbeitungsmustern, die noch nicht symbolisch strukturiert sind, weil die Fähigkeit zur Symbolbildung noch nicht entwickelt ist. Deshalb ist das Geschehen auf der Basis dieses Erfahrungsmodus auch nur schwierig und lediglich umschreibend in Worte zu fassen.[17]
- Dennoch meint vorsymbolisch nicht unstrukturiert. Im Gegenteil, auch Ogden hebt hervor, daß sinnliche Erlebnisse eine organisierte

Erfahrung darstellen. Indem ihnen durch den zwischenmenschlichen Umgang, der ihnen Bedeutung verleiht, eine Struktur gegeben wird, werden sie zu einem Mittel der Kommunikation. Genauer, Bedeutungen können in dem Maße mitgeteilt werden, in dem Affekt und Erleben in spezifischer Weise „geformt" und damit in Art und Qualität unterschieden werden können. Solche Unterscheidungen sind bedeutungshaft.

- Diese Form der Erlebnisformung und -kommunikation bedient sich vor allem des Tastsinns und seiner Empfindungsvarianten. Erfahrungen werden durch Erlebnisse des Berührens, des Hauterlebens, der Wärme, des Gehaltenseins gemacht. Zu ihnen gehören aber auch Erfahrungen einer Grenze, einer Begrenzung des beginnenden Selbst, „die den Beginn der Erfahrung eines Ortes darstellt, an dem man fühlt, denkt und lebt; sie weist Züge auf wie Form, Härte, Kälte, Wärme, strukturelle Beschaffenheit, die die beginnenden Eigenschaften des Gefühls/Wissens darüber sind, wer man ist" (ebd., S. 56). Eine weitere, wichtige – über den Haut- und Körperkontakt vermittelte Erfahrung – ist die von Rhythmen, auch solchen des zwischenmenschlichen Dialogs auf der Ebene sich begegnender Körper.
- Die Qualität dieser Erfahrungen gibt ihnen eine spezifische Bedeutung im Rahmen der bestehenden Beziehungen. Dadurch werden sie zum Mittel einer frühen, vorsymbolischen Kommunikation. Diese Empfindungs- und situativen Erfahrungsstrukturen in Form somatosensorischer Muster bilden den Boden für die späteren symbolischen Kommunikationsformen, von denen die Sprache nur eine darstellt.[18]

Sie stellen damit auch den Kontext zur Verfügung, der den Bedeutungshorizont der Symbole bildet. Das bedeutet aber auch, daß ohne ein solches Geflecht an körpersensorischen Erlebniserfahrungen spätere symbolische Kommunikationsformen sinnlos bleiben würden. Wenn daher auf der Basis sensorischer Erfahrungen keine sinnvolle Beziehung des Kindes zu seiner Umwelt entstehen konnte, dann werden auch alle späteren Bemühungen sprachlicher oder anderer Kommunikationsformen sinnlos bleiben.[19]

- Somatosensorischen Empfindungen zusammen mit den Empfindungen einer Grenze fügen sich zu situativen Erfahrungsmustern zusammen. Sie können als organisierte Empfindungs- und Handlungsschemata aufgefaßt werden, die sich in vergleichbaren Situationen als „Erinnerung" einstellen und die Ausgangsbasis für die Strukturierung neuer Erfahrungen bilden. Aus einem derart körpersensorisch-konkretischen Gedächtnis erwächst dann ebenfalls ein „beginnender Sinn für das ‚Ich-Sein'" (ebd., S. 55), die Erfahrung eines

Selbst „als ein reflexionsfreier Zustand eines sensorischen ‚Weiterbestehens'" (ebd., S. 3).[20]

Diese basale Erfahrungsweise geht auch später nicht verloren. Sie kann mißachtet, aus der bedeutungsvollen Kommunikation ausgeschlossen werden, bleibt aber dennoch wirksamer Bestandteil in der menschlichen Erfahrungsbildung. Sie wird wahrnehmbar, wenn uns Ereignisse bis in körperliche Dimensionen betreffen oder wenn wir Lern- und Erfahrungsprozesse so weit vorantreiben, daß sie gleichsam mit unserem Körper und seinen Wahrnehmungs- und Erlebnisdimensionen verlötet scheinen. Dies gilt nicht nur für automatisierte Handlungsschemata, sondern auch für alles Wissen und Können, mit dem wir so vertraut geworden sind, daß es zu einem Teil unserer selbst geworden ist, den wir nicht mehr einfach ablegen können. Gleiches gilt auch für die beiden anderen Erfahrungsmodi den paranoid-schizoiden und den depressiven, die hier nicht weiter ausgeführt werden.

4.4.4 Schlüsse aus der klinischen Forschung

Sowohl die Sprache des Körpers im frühen psychoanalytischen Triebmodell, wie die basale Strukturierung des Körpers durch die Empfindungsobjekte, wie Ogdens autistisch-berührender Erfahrungsmodus weisen auf die grundlegende Bedeutung körpersensorischer Wahrnehmung und Verarbeitung für die menschliche Erfahrungsbildung hin. Wo sie nicht geleistet werden kann – aus welchen Gründen auch immer –, bleibt ein produktiver Zugang des Subjekts zur Wirklichkeit und seine Weiterentwicklung und Differenzierung durch sein Wachstum am Umgang mit der Wirklichkeit versperrt. Diese grundlegende Aussage verträgt sich durchaus mit empirischen Forschungen zum Autismus, wie sie Wilker (1989), Wendeler (1992) oder Wing (1992) zusammengetragen haben. Ihre Untersuchungen stimmen in einigen wesentlichen Punkten überein, die mit den eben erwähnten Überlegungen aus psychoanalytischer Perspektive durchaus kompatibel erscheinen:
- Die Sprache des Leibes zeigt sich – mehr noch als bei den psychoanalytischen Untersuchungen – als eine Sprache der Sinne, also nicht nur beschränkt auf somatosensorische Wahrnehmungen.
- Es darf als gesichert gelten, daß bei autistischen Kindern häufig Dysfunktionen des ZNS nachzuweisen sind.
- Diese Dysfunktionen scheinen ziemlich unspezifisch zu sein (oder im Augenblick noch nicht spezifizierbar) und vor allem Grundfunktionen in der Tätigkeit des ZNS zu beeinträchtigen.

Diese Ergebnisse dehnen die These von der Strukturierung des Körpers auf alle Sinnesbereiche aus. Diese Ausdehnung kann noch durch die Forschungsergebnisse Greenspans (1997; vgl. Kap. 5) erweitert werden; bei ihm werden in diese Ausdehnung ausdrücklich und an bevorzugter Stelle auch noch die emotionalen Wahrnehmungen einbezogen. Darüber hinaus, da die somatosensorischen Wahrnehmungen zu den ersten und grundlegenden in der Entwicklung gehören (vgl. Kap. 4.1), vertragen sich diese Ergebnisse auch mit den stark körperbetonten Wahrnehmungsbereichen, die Bettelheim, Tustin oder Ogden herausstellen.

Verknüpfe ich mit diesen Ansätzen die neurobiologischen Forschungen zur frühesten Sinnes- und Wahrnehmungsentwicklung – die Entwicklung der Verarbeitungsarchitektur des ZNS und ihre Differenzierung hinsichtlich der tatsächlich gegebenen Umweltverhältnisse durch epigenetische Strukturierungen (vgl. Kap. 3.1) –, läßt sich die Annahme begründen, daß Störungen in diesen frühesten Entwicklungen die sensorische Wahrnehmungsfähigkeit auf Dauer beeinträchtigen. Die Überlegungen zur Sensumotorik und – darauf aufbauend – die Lakoffs zur basalen motorisch-sensuellen Strukturierung des Denkens überhaupt, lassen darüber hinaus den Schluß zu, daß da, wo die grundlegende Sinnesentwicklung nicht zu einer inneren Strukturierung und Differenzierung elementarer Wahrnehmungskategorien führt, auch die spätere Wahrnehmungs- und Denkentwicklung entscheidend beeinträchtigt wird.

Überblicke ich den skizzierten Argumentationszusammenhang, so lassen sich anhand der Autismusforschung vier Schritte erkennen, durch die die Sprache des Körpers strukturiert wird:
(1) die Struktur der Triebe und ihrer Schicksale;
(2) die Struktur der frühen Objektbeziehungen, durch die die Körpererfahrungen gegliedert, erträglich und erfahrbar gemacht werden;
(3) die Struktur der weiteren sinnlichen Erfahrungsmodi; und schließlich
(4) epigenetische neurobiologische Strukturierungen als Basis der gesamten Wahrnehmungs- und Denkentwicklung.

So gibt es auch von klinischer Seite deutliche Hinweise auf die Notwendigkeit einer basalen Strukturierung der Körperwahrnehmungen, sei es als Voraussetzung oder als Ergänzung der Entwicklung der anderen sensorischen Fähigkeiten. Ferner scheinen diese somatosensorischen Muster Grundlage der Imagination und – darüber hinaus – der Symbolbildung zu sein, die die sensorischen Erfahrungen des Kindes in seine Vorstellung- und schließlich in seine Denkwelt übersetzen.

In diesem Kapitel hatte es sich gezeigt, daß Körperwahrnehmung und emotionale Wahrnehmungen teilweise so eng miteinander verbunden sind, daß sie allenfalls analytisch voneinander getrennt werden können. Wenn man jedoch die Alltagsverhältnisse zur Grundlage von Untersuchungen macht, spielen beide Bereiche zusammen. Dennoch sollte systematisch unterschieden werden zwischen dem, was man als den Zustand des Körpers empfinden kann, und dem, was unsere Beziehungserfahrungen an Gefühlen in uns erzeugen. Deshalb soll nun die emotionale Wahrnehmung eigens untersucht werden.

5 Emotionale Wahrnehmung

Kapitel 5 bemüht sich um eine Klärung dessen, was hier unter emotionaler Wahrnehmung verstanden wird. Dabei ist die Abgrenzung von Körperempfindungen und emotionalen Wahrnehmungen nicht einfach, da auch Emotionen auf Körperempfindungen beruhen. Im Unterschied zu den im Kapitel 4 beschriebenen somatosensorischen Empfindungen wird vorgeschlagen, Gefühle/Emotionen als komplexe Gesamtmuster von somatosensorischen Körperempfindungen zu betrachten, die durch die subjektiven Erfahrungen mit Beziehungen (zu Personen zunächst und dann auch zu Dingen) verknüpft werden. In diesem Sinn kann man Gefühlswahrnehmungen auch als Wahrnehmungen von Beziehungsqualitäten verstehen und emotionale Wahrnehmung mit der Wahrnehmung von Beziehungen gleichsetzen.

Das Kapitel entwickelt den folgenden Gedankengang:

Gefühle sind keine Epiphänomene menschlichen Verhaltens, sondern haben kognitive, also erkenntniserzeugende Funktion. Sie sind mit allem, was wir denken und tun verbunden. Indem all unsere Erfahrungen und Verhaltensweisen eine „emotionale Markierung" tragen, ermöglichen uns Gefühle die Orientierung in komplexen Situationen. Sie dienen dem Subjekt gleichsam als Wegweiser in der sonst unüberschaubaren Vielfalt von Alltagssituationen, auch um die Bereiche mit auszuwählen, auf welche es sich lohnt, das Augenmerk des rationalen und schlußfolgernden Denkens zu richten.

Gefühle haben von Beginn des extrauterinen Lebens an diese Orientierungsfunktion. Sie sind zu dieser Zeit – ausreichend für die vital bedeutsamen Situationen des Säuglings – noch sehr grob entwickelt. Damit sie diese Orientierungsfunktion beibehalten können, müssen sie jedoch differenziert werden. Dies geschieht durch ihr Eingebettetsein in die alltäglichen Beziehungen und Alltagserfahrungen. Dadurch werden sie von Affekten, die mehr einen Signalcharakter haben, zu Gefühlen ausdifferenziert, die eng mit solchen Beziehungserfahrungen verbunden sind. Es besteht also ein Wechselverhältnis: indem Affekte in Beziehungen eingefügt sind, können sie entlang den Beziehungserfahrungen verfeinert und spezifiziert werden; indem sie durch die Lebenserfahrungen des Kindes differenziert werden, können sie auch in den komplexeren Situationen späterer Entwicklungsphasen als eine Orientierung eingesetzt werden, welche die früheren Erfahrungen zum Maßstab nimmt.

Damit gewinnen die Beziehungserfahrungen des kleinen Kindes für die Entwicklung des emotionalen Lebens eine entscheidende Bedeutung: Erste Entwicklungsschritte in diesen emotionalen Differenzierungen lassen sich durch die Säuglingsbeobachtung aufweisen. In Anlehnung an Greenspan – und teilweise auch an die Forschungen Sterns und Brazelton/Cramers – werden basale Strukturierungsschritte aufgezeigt. Dabei wird deutlich, wie die Erfahrung von Selbst, Anderem und von Wirklichkeit aus einem Strukturierungsprozeß hervorgeht, der bestimmte emotionale Grunderfahrungen im Bereich von Integration, Sicherheit der Person, Sicherheit im Aushalten von Affekten und Gefühlen ermöglichen muß.

Diese emotionalen Erfahrungen werden durch die klinische Forschung weiter geklärt. Gerade sie kann durch das Vergrößerungsglas abweichender und teilweise persönlichkeitszerstörender Prozesse auf emotionale Grundfiguren aufmerksam machen, die mit den ersten Schritten eines Verhältnisses zur sozialen und sachlichen Wirklichkeit einhergehen. Sie müssen so ausgehalten werden, daß das Kind sich auf diese Beziehungsverhältnisse einlassen kann. Das schließt ein, daß unser Selbst- und Wirklichkeitsverhältnis – auf mehr oder weniger stille oder offenkundige Weise – von solchen emotionalen Grundeinstellungen durchwirkt ist.

Zusätzlich zum Aspekt einer grundlegenden Integration und basalen Sicherheit scheint es einen emotionalen Weg zu geben, auf dem die anfängliche „Erbarmungslosigkeit" der frühkindlichen Affekte über eine Polarisierung guter und böser Welten zu einer integrierenden Bewältigung von emotionalen Ambivalenzen führt. Das innere Aushalten von emotionalen Ungleichgewichtigkeiten und Ambivalenzen erst bietet die Grundlage für einen Umgang mit der Welt, in dem subjektive Bedeutungsstrukturen und die vom Subjekt unabhängigen Eigenstrukturen der Wirklichkeit gleichermaßen ihr Recht bekommen können. Diese Widersprüchlichkeiten müssen ausgehalten werden, ohne sie durch Polarisierungen, Verleugnungen oder hoffnungsvollen Rückfall in unrealistische harmonische Verschränkungsphantasien zu simplifizieren. Erst dann wird das Kind in die Lage versetzt, nach Zwischenlösungen zu suchen, die der Wirklichkeit und den subjektiven Ansprüchen gleichermaßen gerecht werden.

Wo ein solcher Weg der basalen Differenzierung unterschiedlicher Subjekt-Welt-Verhältnisse nicht zustande kommen kann, bleiben die Beziehungen zwischen Subjekt und Welt von Anfang an gefährdet. Sie finden entweder überhaupt nicht statt, bleiben brüchig oder unsicher und können u.U. auch nicht auf eine Ebene der Vorstellungen und Symbolisierung übertragen werden. Deshalb ist es erforderlich, nach den geeigneten sozialen Begleitstrukturen zu fragen, die eine Bewältigung dieser primären Subjekt-Welt-Beziehung unterstützen. Diese Hilfe besteht vor allem darin, die emotionalen Schwierigkeiten des Kindes bei dieser basalen Strukturierung aushaltbar zu machen. Das Winnicottsche Konzept des „Haltens" gibt geeignete Beschreibungen einer solchen Unterstützung der kindlichen Problembewältigung durch soziale Hilfen. Es wird etwas später ergänzt durch ein pädagogisches Zögern, das dem Kind den notwendigen Freiraum gibt, Prozesse auf seine Weise zu entwickeln und abzuschließen.

5.1 Neurobiologie der Emotionen

Da für eine Klärung, was Gefühle/Emotionen sind, bereits einige theoretische Vorerfahrungen notwendig sind, stelle ich sie nicht an den Anfang dieses Kapitels. Sie finden sich, als Diskussionsvorschlag, im Anschluß an Damasios Theorie der Gefühle und Empfindungen (Kap. 5.1.4).

5.1.1 Damasio (1994) – Grundthesen zu Gefühlen und Empfindungen

Verkörperung: „Nicht nur die Trennung von Geist und Gehirn ist ein Mythos – auch die Trennung von Geist und Körper dürfte fiktiv sein. Der Geist ist in der ursprünglichen Bedeutung des Wortes verkörpert, nicht nur verhirnt" (Damasio 1994, S. 166). Diese Verkörperung wird durch Gefühle und Empfindungen wahrnehmbar.

Beteiligung der Gefühle: Die Lösung von Problemsituationen verlangt Wissen und Denkstrategien. Gefühle und Empfindungen werden dabei mit der Vernunft verbunden. Die Notwendigkeit von Wissen und Denkstrategien sind uns dabei eine Selbstverständlichkeit. Die Beteiligung der Gefühle und Empfindungen hingegen bedürfen anscheinend einer besonderen Begründung:

Basale Regulation: „Prozesse von Gefühl und Empfindungen sind Teil und Elemente des neuronalen Apparates zur biologischen Regulation, deren Kern homöostatische Regelmechanismen, Triebe und Instinkte bilden" (ebd., S. 124). Dabei sind die „angeborenen Muster, die für das Leben offenbar am wichtigsten sind, ... in den Schaltkreisen des Gehirnstamms und des Hypothalamus enthalten" (ebd., S. 167). Diese basale Regulation wird durch das limbische System ergänzt. „Ich vermute jedoch, daß das limbische System im Gegensatz zu Gehirnstamm und Hypothalamus, deren Schaltkreise größtenteils angeboren und stabil sind, sowohl angeborene Schaltkreise enthält als auch solche, die durch die Erfahrungen des in steter Entwicklung befindlichen Organismus veränderbar sind" (ebd., S. 167). Basale Regulationen und limbisches System, zusammen mit benachbarten Strukturen regulieren das „innere Milieu". Dabei versteht Damasio unter „innerem Milieu" die „Gesamtheit aller biochemischen Prozesse..., die zu einem gegebenen Zeitpunkt in einem Organismus stattfinden" (ebd., S. 167).

Verflechtung: „Hypothalamus, Gehirnstamm und limbisches System greifen in alle Vorgänge der Körperregulation und in alle neuronalen Prozesse ein, auf denen geistige Phänomene fußen: Wahrnehmung, Lernen, Erinnerung, Gefühl und Empfinden, außerdem auch ... Vernunft und Kreativität. Also sind Körperregulation, Überleben und Geist eng miteinander verflochten. Die Verflechtung vollzieht sich im biologischen Gewebe mittels chemischer und elektrischer Signale, ganz innerhalb der cartesianischen res extensa" (ebd., S. 173).

Empfindungen: Empfindungen sind „direkte Wahrnehmung einer bestimmten Landschaft: der des Körpers" (ebd., S. 15). Sie erfassen augenblickhaft die Situation in dieser Körperlandschaft. Diese Wahrnehmungen werden durch bereits gemachte Erfahrungen – also durch Erinnerungen – interpretiert. Empfindungen sind daher kognitiv. Sie sind nicht nur mit den wahrgenommen Wirklichkeiten verknüpft, sondern sind kategoriale Strukturierungsmöglichkeiten und -hilfen von Wirklichkeit.

Körper als Bezugssystem: Der Körper ist vermutlich „das unentbehrliche Bezugssystem für die neuronalen Prozesse ..., die wir als Bewußtsein erleben" (ebd., S. 17). Das würde bedeuten, „daß unser eigener Organismus und nicht irgendeine absolute äußere Realität den Orientierungsrahmen abgibt für die Konstruktionen, die wir von unserer Umgebung anfertigen, und für die Konstruktion der allgegenwärtigen Subjektivität, die wesentlicher Bestandteil unserer Erfahrung ist; daß sich unsere erhabensten Gedanken und größten Taten, unsere höchsten Freuden und tiefsten Verzweiflungen den Körper als Maßstab nehmen" (ebd., S. 17).

Dadurch wird der Körper zu einem Modell der Integration. Nur dank des Orientierungsrahmens, den der Körper fortwährend liefert, kann sich der Geist dann auch anderen Dingen zuwenden, realen und imaginären.

Man erkennt, der Grundgedanke Lakoffs aus dem vorhergehenden Kapitel wird hier in eigener Weise aufgegriffen. Dabei werden die Gefühle mit einbezogen. Das Schwergewicht der folgenden Diskussion wird daher auf dem Aspekt der Gefühle liegen. Empfindungen, wie die des Körpers, werden nur soweit zur Sprache kommen, als sie mit den Emotionen verflochten sind.

5.1.2 Damasios Theorie der Gefühle

Damasio unterscheidet zwischen primären und sekundären Gefühlen.

5.1.2.1 Primäre Gefühle

Unter primären Gefühlen sind Gefühle zu verstehen, wie sie durch unsere biologische Ausstattung mitgegeben sind. Sie werden durch bestimmte Reiz- bzw. Schlüsselmerkmale in der Welt – also durch eine Beziehungserfahrung – im Körper ausgelöst und lassen eine präorganisierte Reaktion ablaufen, z.B. Furcht usw. Der Säugling reagiert reflexartig mit einer Schreckreaktion, wenn er körperlich nicht sicher gehalten wird und zu fallen droht. Die Wahrnehmung der Brust löst – wenn das Kind hungrig ist – sofort eine gierige Suchbewegung aus. Später wird das Baby die Brust oder Flasche bereits freudig erwarten. In der Tierwelt gibt es bestimmte visuelle Schemata, die auch bei Jungtieren, sofortige Flucht auslösen und sie veranlassen, Schutz zu suchen. Die Gefühlsreaktion dient also dazu, ein nützliches und für das Überleben irgendwie bedeutsames Ziel ohne Umschweife zu erreichen.

Zumindest für den Menschen nimmt Damasio eine weitere Entwicklungsstufe dieser primären Gefühle an: „Das Empfinden des Gefühls in Verbindung mit dem Objekt, das es erregt hat – die Verknüpfung zwischen Objekt und gefühlsbedingtem Körperzustand wird wahrgenommen" (ebd., S. 185). Dieses Wahrnehmen dient einerseits dazu, die Reaktionsmöglichkeiten über das Bewußtsein zu erweitern, andererseits Strategien für die Zukunft zu entwickeln, sei es im Sinne der Vermeidung oder der Erwartung und Herbeiführung. „Mit anderen Worten, wenn Sie Ihre emotionalen Zustände empfinden, das heißt, sich Ihrer Gefühle bewußt sind, so gewinnen Sie damit eine Flexibilität der Reaktionsfähigkeit, die auf der besonderen Geschichte Ihrer Interaktionen mit der Umwelt beruht" (ebd., S. 186).

Primäre Gefühle werden durch Schaltkreise des limbischen Systems ausgelöst. Ihnen folgen im Laufe der Entwicklung die sekundären Gefühle, „die auftreten, sobald wir Empfindungen haben und systematische Verknüpfungen zwischen Kategorien von Objekten und Situationen auf der einen Seite und primären Gefühlen auf der anderen herstellen. Dabei reichen die Strukturen im limbischen System für den Prozeß der sekundären Gefühle nicht aus. Das Netzwerk muß erweitert werden, es ist auf die Mitwirkung des präfrontalen und somatosensiblen Cortex angewiesen" (ebd., S. 187).

5.1.2.2 Sekundäre Gefühle

Die sekundären Gefühle benötigen eine innere Verarbeitungsstruktur, die weite Bereiche des Cortex miteinbezieht und damit bewußtseinsnähere Verarbeitungsbereiche umfaßt.

Auf der einen Seite sind dies die sensorischen und somatosensiblen Rindenfelder. Sie treten in Aktion, wenn wir beginnen, unsere Gefühle wahrzunehmen und mit Merkmalen bestimmter Situationen oder Beziehungen in Verbindung zu bringen. Wir machen uns Vorstellungen über Zusammenhänge, in denen die Gefühle auftauchen. Dabei können diese Vorstellungen mit Sprache verbunden sein, müssen es aber nicht. Die sprachliche Verarbeitung ist nur ein besonderer Aspekt der kognitiven Verarbeitung, nicht ihr einziger und vielleicht nicht einmal ihr wichtigster.

Auf der anderen Seite werden Netzwerke im präfrontalen Cortex mit einbezogen. Damit kommt die Bewertung persönlicher Erfahrungen zum Zug, die mit vergleichbaren emotionalen Reaktionen verknüpft waren. Die Bewertung der Wahrnehmung erfolgt also ebenso im Licht bereits gespeicherter emotionaler Erfahrungen, die die subjektiven Bedeutungen im Laufe der eigenen Lebensgeschichte festhalten.

In beiden Fällen, der Verarbeitung durch die sensorischen Rindenfelder und der Verarbeitung durch den präfrontalen Cortex geht es nicht mehr um angeborene Schemata der emotionalen Verarbeitung. Vielmehr stammen diese Bewertungsmuster aus der Erfahrung, die im Laufe der Ontogenese angesammelt und für subjektiv wichtig erachtet wurde.

Automatisch und jenseits des Bewußtseins werden diese Bewertungen durch die verschiedenen Bereiche der Gehirnrinde an das limbische System zurückübermittelt und aktivieren dort den entsprechenden „emotionalen Körperzustand" (ebd., S. 192). Dazu gehören die viszeralen Körperreaktionen, z.B. die Verengung oder Erweiterung der Blutgefäße, die Veränderung des Herzrhythmus, die mit dem entsprechenden Gefühlszustand verbunden sind; die passenden motorischen Reaktionsmuster des Körpers, wie Gesichtsausdruck oder Körperhaltung; die biochemischen Reaktionen des „inneren Milieus", sowie die Auslösung hormoneller Botschaften.

In diesem engen Zusammenspiel werden die sekundären Gefühlsreaktionen mit Denk- und Verarbeitungsfunktionen in der Hirnrinde verbunden. Umgekehrt sind die „höheren" Verarbeitungen aber auch stets mit den „basalen" emotionalen Verarbeitungsmustern verknüpft. Wenn diese zirkuläre Verbindung stimmt, dann müßte man folgern, daß die sekundären Gefühle durch Modifikation und Differenzierung der primären Gefühle entstehen, die durch die erweiterte Beteiligung der Gehirnrinde möglich werden. Für diese Annahme gibt es einen wichtigen Hinweis: „Die präfrontalen dispositionellen Repräsentationen, die erworben sind und die wir für sekundäre Gefühle brauchen, sind von den angeborenen dispositionellen Repräsentationen getrennt, die wir für primäre Gefühle benötigen" (ebd., S. 191). Das bedeutet, daß sie sich nicht einfach vermischen, sondern, je nach Situation, sich gegenseitig überlagern und modulieren. Doch schließt dies auch ein, daß primäre Gefühlsreaktionen ohne die Weiterverarbeitungen der kortikalen Bereiche unter bestimmten Umständen möglich sind. In solchen Fällen scheint es eine direkte Verbindung zwischen den subkortikalen, emotionsverarbeitenden Zentren und den motorischen Rindenfeldern zu geben, die schneller funktioniert, als der Weg über die Hirnrinde (LeDoux 1994). In solchen Fällen werden wir von emotionalen Reaktionen überwältigt und fragen uns hinterher, was eigentlich geschehen ist.

5.1.2.3 Empfindungen

Empfindungen sind nach Damasio die Wahrnehmungen und schließlich das bewußte Erleben von Gefühlen. Demzufolge entsprechen den primären und sekundären Gefühlen primäre und sekundäre Empfindungen. Auch hier gilt, die zweite Empfindungsart wird von der Erfahrung beeinflußt; feinere Schattierungen des kognitiven Zustands verbinden sich mit differenzierteren Spielarten des emotionalen Körperzustands. Diese Verbindung aus einem komplizierten kognitiven Inhalt und der Modifikation eines präorganisierten Körperzustandprofils ermöglicht uns, verschiedene Abstufungen von Reue, Verlegenheit, Schadenfreude, Rachsucht und so fort zu empfinden.

Darüber hinaus postuliert Damasio jedoch noch eine dritte Empfindungsart, die „Hintergrundempfindungen". Hintergrundempfindungen sind Wahrnehmungen von Zuständen des Körpers und nicht Wahrnehmungen von Gefühlen. Diese Körperzustandswahrnehmungen bleiben normalerweise unauffällig und geben uns ein „Vorstellungsbild von einer Körperlandschaft, die nicht durch Gefühle erschüttert wird" (ebd., S. 208). Derart bilden sie eine unauffällige Grundlage für das Selbstgefühl. In den Vordergrund der Aufmerksamkeit treten sie vor allem entweder dann, wenn die Wahrnehmung bewußt auf sie gelenkt wird, oder wenn dramatischere Körperprozesse die Aufmerksamkeit des Bewußtseins erfordern; dies ist vor allem bei stärkeren Störungen dieser Körperzustände der Fall.

> „Die Kontinuität der Hintergrundempfindungen entspricht dem Umstand, daß der lebende Organismus und seine Struktur ihre Kontinuität wahren, solange das Leben erhalten bleibt. Im Gegensatz zu unserer Umwelt, deren Zustand sich verändert, und im Gegensatz zu den fragmentarischen und durch äußere Umstände bestimmten Vorstellungen, die wir in Hinblick auf diese Umwelt bilden, haben Hintergrundempfindungen hauptsächlich mit Körperzuständen zu tun. Unsere individuelle Identität wurzelt in dieser Insel von illusorischer, lebendiger Konstanz, vor deren Hintergrund uns der ständige Wechsel unzähliger anderer rund um den Organismus befindlicher Dinge bewußt wird" (ebd., S. 213).

5.1.2.4 Die kognitive Funktion von Gefühlen und Empfindungen

So gesehen sind Empfindungen von Gefühlen (primärer und sekundärer Art), sowie von Körperzuständen sensorische Erfahrungen, wie andere Sinneserfahrungen auch. Sie sind Teil unserer kognitiven Ausstattung. Sie werden in gleicher Weise neuronal verarbeitet, wie andere sensorische Verarbeitungen auch. Darüber hinaus nehmen sie sogar eine privilegierte Stellung ein: denn „... dank ihrer unauflöslichen Verbindung zum Körper stellen sie sich während der Entwicklung zuerst ein und bewahren ein Primat, das unser geistiges Leben unmerklich durchdringt. Da das Gehirn das aufmerksame Publikum des Körpers ist, tragen die Empfindungen den Sieg über ihresgleichen davon. Und da das, was zuerst da ist, ein Bezugssystem für das liefert, was danach kommt, bestimmen Empfindungen nicht unwesentlich, wie der Rest des Gehirns und die Kognition ihre Aufgaben wahrnehmen. Ihr Einfluß ist immens" (ebd., S. 219).

Wenn Empfindungen nicht nur unvermeidlich, nicht nur wesentliche Teile unserer kognitiven Ausstattung sind, sondern darüber hinaus

alles, was wir denken und tun, begleiten, dann ergeben sich daraus auch Folgerungen für unsere Realitätswahrnehmung. Sie besteht damit aus einem doppelten, wenn nicht sogar dreifachen Prozeß:
(1) der Wahrnehmung der Wirklichkeit;
(2) der bewußten oder unbewußten Wahrnehmung des Körpers bei der Wahrnehmung der Wirklichkeit und
(3) der „Aktivitäten in Konvergenzzonen, die wechselseitig vermitteln zwischen Körpersignalen und Signalen über die für das Gefühl verantwortlichen Ereignisse" (ebd., S. 222 f.).

Damit ergeben sich auch dreierlei interne Repräsentationen: „... eine explizite Repräsentation des ursächlichen Ereignisses, eine explizite Repräsentation des aktuellen Körperzustands und die Drittkraft-Repräsentation" (ebd., S. 223).

5.1.3 Die Notwendigkeit von Erfahrung in der Entwicklung von Emotionen – eine erste Zwischenbilanz

Es leuchtet ein, daß eine Wahrnehmung der Wirklichkeit nur dann dieser entsprechen kann, wenn die emotionalen und körperlichen Empfindungen so ausgeglichen sind, daß sie die Wahrnehmung der Wirklichkeit nicht dominierend überlagern. Wir haben in unserem Alltagsverständnis daraus den Schluß gezogen, daß das Denken von Gefühlen freizuhalten sei. Dies scheint jedoch aus allem, was bisher hier diskutiert wurde, prinzipiell unmöglich zu sein. Wenn unsere Wahrnehmungen generell unsere eigenen Konstruktionen sind (Kap. 3), wenn diese Konstruktionen von unserem Körper nicht zu trennen sind (Kap. 4), wenn dieser Körper mit Empfindungen und Gefühlen seine Präsenz signalisiert (Kap. 5), dann kann es nicht um die Befreiung der Wahrnehmung von diesen Aspekten gehen[21], sondern es muß so etwas wie eine Äquilibration zwischen subjektbezogenen und objektbezogenen Wahrnehmungsanteilen hergestellt werden, in der die eine Seite durch die andere zur Geltung gebracht und nicht tendenziell ausgeschaltet wird. Pädagogisch ergibt sich daraus die Frage nach einer Kultivierung von Gefühlen und Empfindungen –, durch ihre Differenzierung entlang der Lebenserfahrungen eines Subjekts – die der Wahrnehmung der Wirklichkeit erstens nicht grundsätzlich im Wege steht, zweitens möglichst förderliche, subjektive Bedingungen bietet. Eine Pädagogik, die sich vorwiegend an kognitiven Zielen ausrichtet und dabei emotionale Erfahrungen als nicht kognitiv oder die Kognition störend auszuschalten trachtet, scheint nicht geeignet, Hilfestellungen für eine solche Äquilibration zu geben.

Wenn es um die Umwandlung primärer Gefühle in sekundäre geht, spielen also die Erfahrungen im Umgang mit Emotionen und Empfindungen, wie sie entlang der subjektiven Entwicklung eines Menschen gemacht werden, eine wesentliche Rolle. Insbesondere müssen ja die Schicksale bedeutsam sein, die die Weichen für diese Differenzierung stellen und die am Anfang der menschlichen Entwicklung stattfinden. Vielleicht sind ja die Verhältnisse hier denen der Entwicklung der sinnlichen Erfahrungen ähnlich, daß durch erste Erfahrungen erst einmal eine Grundstruktur gefestigt werden muß, die dann durch weitere Erfahrungen der spezifischen Situation, in der ein Kind aufwächst, durch Differenzierung angepaßt werden muß.

5.1.4 Was sind Gefühle – eine zweite Zwischenbilanz

Damasios Ausführungen ermöglichen und verlangen zugleich die Diskussion einiger begrifflicher Unklarheiten. Er unterscheidet die Gefühle, das Empfinden der Gefühle, sowie das Empfinden der Hintergrundempfindungen, des immer gegebenen Körperzustandes. Für ihn sind Empfindungen also auf zwei Ziele gerichtet, Gefühle und Körperzustände.

Wenn man sowohl von Gefühlsempfindungen wie von Körperempfindungen spricht, dann steht der Begriff der Empfindung für Wahrnehmung. Wenn man aber nicht Gefühls- und Körperwahrnehmungen mit Gefühls- und Körperempfindungen gleichsetzt, dann kommt – wenigstens in unserem Sprachgebrauch – dabei ein Qualitätsunterschied zum Ausdruck: Wahrnehmungen sind deutlicher mit Bewußtsein verbunden als Empfindungen. Empfindungen sind unklarer, eher andeutungsweise oder noch nicht genau spezifizierbar gegenüber Wahrnehmungen. Empfindungen und Wahrnehmungen geben also zwei unterschiedliche Zustände von Wahrnehmung wieder: eine bewußtseinsnähere und in ihren Einzelheiten differenziertere sowie eine globalere, bewußtseinsfernere.

Es bleibt noch eine zweite Unklarheit, die zwischen Körperwahrnehmung und Gefühlen. Dies zeigt sich darin, daß Gefühle mit z.T. sehr deutlichen Körperreaktionen verknüpft sind und wir auch im Alltagsgebrauch genauso von Körper*gefühlen* wie von Gefühlen sprechen. Wie lassen sich also Gefühle von Körperwahrnehmungen unterscheiden? Ich vermute, der wesentliche Unterschied besteht darin, daß Gefühle aus einem spezifischen Muster von Körpererfahrungen bestehen. Verschiedene Dimensionen von Körperwahrnehmungen werden in für einzelne Gefühle spezifischer Mischung zusammen empfunden. Viszerale Empfindungen – Kribbeln im Bauch-, propriozeptive

Empfindungen und solche des Gleichgewichts – Leichtigkeit der Gliedmaßen und unruhiges Hin- und Herlaufen –, angenehme Körperspannung und eine warme Hautoberfläche können z. B. als freudige Erwartung interpretiert werden, während ein ähnliches Muster, nur mit verkrampften Gliedern und kaltem Hautschweiß als Prüfungsangst verstanden werden mag. Hinzu kommt, daß diese körpersensorischen Muster in Beziehungserfahrungen eingebunden sind: Sie richten sich auf etwas; auf einen Aspekt seiner Selbst (z. B. im Bereich Leistung/Versagen), auf einen anderen Menschen (z. B. Liebe oder Haß), oder eine Sache (z. B. leidenschaftliche Arbeit).

Gefühle sind damit Muster von Körperempfindungen, die mit bestimmten Beziehungserfahrungen gekoppelt sind. Deshalb spreche ich bei Gefühlen auch von Beziehungswahrnehmung.

Dies führt zu einer letzten Unterscheidung, der von Affekten und Gefühlen. Affekte sind globale und damit zumeist auch heftige und wenig kontrollierbare Gefühlsmuster, die (noch) nicht durch Beziehungserfahrungen differenziert wurden. Affekte findet man deshalb vor allem bei Säuglingen und Kleinkindern sowie – im späteren Alter – in Situationen, in denen die Gefühlsdifferenzierungen ausfallen: Notsituationen die schnellstes Handeln erfordern und auf die man nicht vorbereitet ist, oder Situationen, für die keine adäquaten Differenzierungen über Beziehungserfahrungen entwickelt wurden. Beispielsweise kann Aggression so tabuisiert werden, daß man keine feinen Abstufungen von Aggression entwickeln kann, um sie in entsprechenden Situationen sozial akzeptabel einzusetzen; ein Aggressionsausbruch kann als heftiger Affekt in einer überraschenden Situation alle bisher wirksamen Schranken durchbrechen. Man muß dabei den Unterschied berücksichtigen, daß Affekte und Emotionen eingegrenzt oder „beherrscht" werden, aber durch Beziehungserfahrungen differenziert und auf entsprechende soziale Situationen fein eingestellt werden können.

Ich fasse meinen vorgeschlagenen Gebrauch der Begriffe zusammen:
- Als Affekte bezeichne ich heftige Gefühlsereignisse, die noch nicht durch Beziehungserfahrungen differenziert und damit auch noch unbezogen sind.
- In Gefühlen sind verschiedene Dimensionen von Körperwahrnehmungen zu spezifischen Erregungsmustern zusammengefaßt, die durch ihre Einbettung in Beziehungssituationen und Beziehungserfahrungen interpretierbar und differenzierbar geworden sind. Von daher richten sich Gefühle auf die Qualität von Beziehungen.
- Empfindungen betreffen alle Wahrnehmungsmodalitäten (Fern-, Körper-, Beziehungswahrnehmung), sind aber nicht klar in ihren wesentlichen Aspekten vom Bewußtsein erfaßbar.

- Wahrnehmungen sind durch das Bewußtsein mitstrukturierte und damit erkennbar gemachte Empfindungen.

Nachdem bereits angeführt wurde, daß primäre Gefühle (Affekte) zu sekundären Gefühlen durch Erfahrungen in Beziehungen differenziert werden, sollen im Folgenden Wege in der frühkindlichen Genese der Gefühle/Empfindungen vorgestellt werden. Zwei unterschiedliche Perspektiven sind dabei zu berücksichtigen, auch wenn sie sich in der Beobachtung nicht immer klar voneinander trennen lassen: die Entwicklung von Gefühlen/Empfindungen in zwischenmenschlichen Beziehungssituationen – insbesondere des Kindes zu seinen familiären Betreuungspersonen. Im engen Zusammenhang damit steht die Entwicklung eines Selbstempfindens beim Kind. Auf der anderen Seite geht es um die Entwicklung von Gefühlen/Empfindungen in den Beziehungen zu den Dingen der sachlichen Umwelt. Auch dies spiegelt sich im Selbstempfinden wider, in der Empfindung von Selbstkompetenz. Untersuchungen zur kindlichen Körperwahrnehmung im engeren Sinne scheint es kaum zu geben (auch bei Bittner/Thalhammer [1989] geht es nicht um die frühesten Entwicklungen, sondern eher um Rückschlüsse aus Fällen von Behinderung).

5.2 Säuglingsforschung

Nach den bisherigen Darstellungen wird es nicht überraschen, daß auch die Autoren der folgenden Untersuchungen zu Kritikern einer rein kognitiv-rationalen Auffassung des Denkens und der inneren Verarbeitung zählen.[22] Auch sie belegen, daß der Bereich der Emotionen grundlegend und fortdauernd an unseren Wahrnehmungen der inneren wie der äußeren Wirklichkeit beteiligt ist. Die These Greenspans kann als Ausgangspunkt für die folgenden Überlegungen gelten:

> „Our developmental observations suggest, however, that perhaps the most critical role for emotions is to create, organize, and orchestrate many of the mind's most important functions. In fact, intellect, academic abilities, sense of self, consciousness, and morality have common origins in our earliest and ongoing emotional experiences. Unlikely as the scenario may seem, the emotions are in fact the architects of a vast array of cognitive operations throughout the life span. Indeed, they make possible all creative thought" (Greenspan 1997, S. 7).

5.2.1 Greenspans Modell der dualen Codierung

Duale Codierung (zum Folgenden vgl. Greenspan 1997) meint, daß sensorische Wahrnehmungen mit Gefühlen verbunden sind oder verbunden werden. Durch die Arbeit mit autistischen Kindern belegt, hält Greenspan diese Verknüpfung für den Ausgangspunkt der intellektuellen Entwicklung. Er setzt damit eine Stufe über der sensumotorischen Intelligenz Piagets an, vergleichbar mit Lakoffs Image-schematic level. Seine Überlegungen betreffen damit den Bereich, den Damasio „sekundäre Gefühle und Empfindungen" nennt, also den Bereich, in dem Gefühle mit subjektiven Erfahrungen verbunden und dadurch differenziert werden. Durch diese duale Codierung wird darüber hinaus die gesamte Motorik und das Körperempfinden am Denkhandeln des Kindes beteiligt, ähnlich wie bei Lakoff der image-schematic level den basic-level enthält, aufgreift und weiterentwickelt.

Durch diese duale Codierung geben uns emotionale Bewertungen eine Orientierung in komplexen Alltagssituationen. Alles was die gleiche emotionale Tönung trägt, ist der gleichen Kategorie zuzuordnen. Dazu müssen aber alle Ereignisse eine emotionale Markierung tragen (vgl. Damasios Idee der somatischen Marker; 1994, S. 243 ff.). Problemstellungen ohne solche emotionale Markierungen können nicht entschieden werden, wie Damasio an klinischen Fällen von umschriebenen Ausfällen im präfrontalen Cortex nachweist (vgl. der Fall Phineas P. Gage, S. 25 ff.).

> „Not only learning when to say hello, surmising other people's intentions, and manoeuvering at cocktail parties, therefore, but any sort of creative thought or problem solving follows an emotional pathway. An individual must first decide which of the myriad physical and emotional sensations that constantly bombard each of us or the innumerable ideas stored in our minds are relevant to the issue at hand. The only way a person can make this decision – the only way he can determine which ideas and features to emphasize and which to ignore – is to consult his own catalogue of physical and emotional experience. The emotions that organize it create categories form which to select from the compiled memories and intuitions the information that bears on a given issue" (Greenspan 1997, S. 25).

Zwei Aspekte dieses Gedankens sind mir für die jetzige Diskussion wichtig:
- Die emotionalen Aspekte des Denkens betreffen nicht nur unsere sozialen Beziehungen, sondern ebenso unsere sachlichen.
- Das Gesagte gilt für Kinder wie für Erwachsene.

Denken erfordert damit zwei Komponenten:
- eine kognitiv-emotionale Struktur, die Ereignisse organisiert und bewertet noch bevor wir sie mit kognitiv-rationalen Mitteln durchgearbeitet haben und
- einen Prozeß der Überprüfung, Verfeinerung, denkenden Ausarbeitung des Geschehens mit den Mitteln rationaler Logik (ebd.).

Eine derartige doppelte Organisation des Denkens ermöglicht es, die vergangenen Erfahrungen wie ein Sinnesorgan bei der Wahrnehmung gegenwärtiger Ereignisse zu benutzen. Das bedeutet, daß wir die gegenwärtigen Ereignisse nicht aus einzelnen funktionalen Stücken zusammensetzen müssen, um sie zu denken und zu bewerten, sondern daß wir sie als ein sensorisch, körperlich, affektiv und denkend geordnetes Muster im Vergleich zu derartigen Mustern der Vergangenheit wahrnehmen.

Diese duale Codierung als Ausgangspunkt von Erfahrungen der Wirklichkeit und des Selbst in dieser Wirklichkeit trifft sich mit früheren Formulierungen Winnicotts zu den sog. Übergangsobjekten und zum intermediären Bereich, deren Präzedenzfall das kindliche Spielen ist. Im Übergangsobjekt wie im intermediären Bereich des Spiels treffen sich innere, emotional bedeutsame Aspekte der kindlichen Subjektivität mit Aspekten der äußeren Wirklichkeit. Im kindlichen Spiel kann diese Verbindung von Subjektivität und Objektivität in einer Weise entwickelt, differenziert und weiterentfaltet werden, ohne daß eine strenge Überprüfung an Realitätskriterien dabei einsetzen muß. Diese Verbindung ist wichtig für die Entwicklung der Phantasie einerseits, wie für die Entdeckung und Gestaltung von Realitätsbereichen in einer engen Verbindung mit subjektiven Bedeutsamkeiten andererseits, insbesondere in kulturellen Erfahrungen.

5.2.2 Frühe Entwicklung unter emotionalem Aspekt

5.2.2.1 Beziehungen zur Wirklichkeit und Selbstempfinden (Greenspan)

Greenspan (ich beziehe mich im Folgenden durchweg auf Greenspan 1997) entwirft ein sechsstufiges Modell der frühesten Entwicklung des kindlichen Zugangs zur äußeren Wirklichkeit und berücksichtigt dabei die emotionalen Prozesse und die Prozesse der Entwicklung eines frühen Selbstempfindens. Dabei sind diese beiden Aspekte in den Gesamtbereich sensorischer Wahrnehmungen eingebettet. Es wird also keine isolierte emotionale Entwicklungslinie postuliert, sondern emotionale Wahrnehmung im Zusammenwirken mit den anderen sensorischen Bereichen vorgestellt. Damit wird die These von der dualen Codierung auch in den Beschreibungen der Säuglingsbeobachtungen durchgehalten.

Erste Stufe: „Making Sense of Sensations" – Erste Formen sensorischer Erfahrung
Das Neugeborene muß eine erste Orientierung in seinen Gefühlen und Körperreaktionen gegenüber der äußeren Wirklichkeit finden. „Thus during the first stage of learning usually in the first three or four months of life, a child developing normally acquires a powerful tool for dealing with the world: the ability to regulate her state of mind" (ebd., S. 48).

Gemeint ist dabei jene sensorische Ordnung, die es erlaubt, Wirklichkeit zu strukturieren und von daher die Wiederkehr dieser Strukturierung zu erwarten. Sie gilt auch den frühen Affekterlebnissen, sollen diese doch Wahrnehmungen und Erwartungen nicht nachhaltig stören oder behindern.[23] Wo dies gelingt, entsteht eine basale Sicherheit des Lebenkönnens. Aus dieser Sicherheit heraus entwickelt das Kind eine „calm attention" (ebd., S. 45), mit der es sein Interesse auf die umgebende Wirklichkeit richtet. „She must learn to remain calm while simultaneously attending to and sometimes taking action and objects or events outside herself" (ebd., S. 45).

Dieser Punkt der basalen Regulierung des Erregungs- und Affektniveaus kann durch eine Beschreibung Sterns jedoch noch präziser gefaßt werden:

Der Säugling reguliert „das Erregungsniveau, in dem er z.B. den Blick abwendet, um einer über den optimalen Bereich hinausgehenden Stimulation auszuweichen, oder indem er durch Blickverhalten und Mimik ein neues oder höheres Stimulierungsniveau herbeizuführen sucht, wenn das augenblickliche Niveau den Toleranzbereich unterschreitet ... Bei dieser Art wechselseitiger Regulierung sammelt der Säugling umfassende Erfahrungen in bezug auf die Selbst-Regulierung seines eigenen Erregungsniveaus und die durch seine Signale bewirkte Regulierung des Stimulationsniveaus einer aufmerksamen Pflegeperson ... Überdies sammelt der Säugling ausgiebige Erfahrung mit der Betreuungsperson als Regulator seines eigenen Erregungsniveaus, d.h. er erlebt, daß das Zusammensein mit einer anderen Person seine Selbst-Regulierung unterstützt ... Es ist wichtig, daran zu denken, daß die sozialen Interaktionen während dieser Lebensphase keineswegs rein kognitive Vorgänge darstellen. Sie dienen in erster Linie der Regulierung von Affekt und Erregung. Wahrnehmungs-, Kognitions- und Gedächtnisleistungen spielen bei diesen Regulationsvorgängen eine erhebliche Rolle, bleiben aber affekt- und erregungsbezogen" (Stern 1992, S. 112).

Diese basale Ordnung aller sensorischen Wahrnehmungen, wie auch die daraus folgenden Strukturierungen, sind daher für jeden Menschen individuell. Sie liegen wohl innerhalb eines Spektrums, welches für alle menschlichen Individuen eine Begrenzung bedeutet. Innerhalb dieses Spektrums entwickeln sich jedoch individuelle Variationen entlang den persönlichen Erlebnissen und Erfahrungen.

Jede dieser Stufen ermöglicht auch eine Weise des Selbstempfindens. Selbstverständlich ist es in seinen frühesten Formen nicht mit Bewußtsein verbunden. Aber man kann diese vorbewußten frühen „Selbsterfahrungen" als Basis eines Selbstempfindens annehmen, das später auf der Ebene des Bewußtseins weiterdifferenziert wird.[24] In diesem Sinne kann man davon sprechen, daß das Selbst auf dieser Stufe ein undifferenziertes Gefühl/Empfinden einer inneren Aufgewecktheit, Lebendigkeit und einer Fähigkeit zu reagieren ist (vgl. Greenspan 1997, S. 50). Diese Beschreibung erinnert an Winnicotts Rede von einem Kern innerer Lebendigkeit, der dann erfahrbar ist und erhalten werden kann, wenn die basalen Interaktionen des Kindes mit seiner Umwelt zuverlässig genug funktionieren. Das Gegenteil davon wäre so etwas wie ein chaotisches Empfinden von Zusammenbruch. Dies zeigt darüber hinaus, daß Empfindungen in der Form eines undifferenzierten, auftauchenden Selbst nur wahrgenommen werden, wenn keine unbewältigbaren Affekte die Aufmerksamkeit gefangennehmen.

Zweite Stufe: Intimacy and relating – Synchrones Erleben und Unterscheidung von Qualitäten
Hier beginnt der Säugling die Anwesenheit eines anderen zu bemerken. Nicht, daß er vorher nichts außerhalb seiner selbst wahrnehmen könnte. Es fragt sich jedoch, ob er „dieses andere" auch als etwas Eigenständiges, als etwas mit eigenen Möglichkeiten und Grenzen empfinden und realisieren kann. Die meisten Säuglingsforscher gehen davon aus, daß das Erleben einer unabhängigen Realität außerhalb des eigenen Selbst erst allmählich entsteht, und man zunächst davon ausgehen muß, daß der Säugling zuvor nicht klar zwischen sich und anderen unterscheiden kann.[25]

Was die Gefühle betrifft, kann man annehmen, daß der Säugling eine Aufmerksamkeit für allmähliche Abstufungen der Gefühle entwickelt und sein Interesse an den Personen wächst, die mit diesen Gefühlen verbunden sind, also den vertrauten Personen seiner Umgebung. Diese Feinabstufung des Interesses und der Emotionen gelingt da am besten, wo eine Synchronizität zwischen den Handlungen der Mutter und des Kindes besteht. Wo die Wahrnehmungen nicht durch solche Übereinstimmungen geeicht werden können, bleibt kein Spielraum für feinere

Abstufungen. Auf der Basis dieser emotionalen Feineinstellung kann ein globales Selbstempfinden wachsen, das erste Unterscheidungen zwischen sich und anderen zuläßt, zwischen belebt und unbelebt. Dadurch beginnt das Kind in einer Beziehung zu leben, und wo dies zufriedenstellend möglich ist, wird ein Empfinden von Intimität und Nähe erreicht. Das Gefühl von Lebendigkeit des Selbst erweitert sich um affektive Übereinstimmung und Harmonie.

Dritte Stufe: Buds of Intentionality – Beginn von interaktivem Austausch
Nun stellen sich die Anfänge eines interaktiven Austausches ein. Obwohl weder Symbole noch Sprache zur Verfügung stehen, beginnen Babys in der zweiten Hälfte des ersten Lebensjahres mit Mimik und Gestik in einen präverbalen Dialog einzutreten. Dialogische Momente sind wohl in den Mutter-Kind-Beziehungen von Anfang an vorhanden (Brazelton/Cramer 1991; Papousek 1994). Doch sie beruhen weitgehend auf der Entzifferung der Mutter von dem, was das Baby durch sein Verhalten signalisiert. Nun geht es darum, daß das Kind seinerseits mit seinen präverbalen Mitteln stärker in den Dialog eintritt.

Damit verbindet sich, daß die Grenzen zwischen dem frühkindlichen Subjekt und seiner umgebenden Welt sowie die Grenzen zwischen den Subjekten deutlicher wahrgenommen und akzeptiert werden können. Diese Grenzerfahrungen sind auch emotionale Erfahrungen, die Enttäuschungen, emotionale Rückzüge hervorrufen oder aber auch einen lustvollen Ansporn zu neuen Eroberungen bieten können. Daß dabei die positiven Emotionen überwiegen, gelingt in dem Maße, als die Erfahrung des Kleinkindes wächst, mit seinen Aktionen dort in den anderen Teilen der Wirklichkeit Wirkungen hervorrufen und dabei subjektive Befriedigung finden zu können. Daß die Trennung zwischen der subjektiven Welt des Kindes und seiner Umwelt nicht gleichbedeutend mit Macht- oder Wirkungslosigkeit ist, erleichtert das Akzeptieren der getrennten Welten und die Bewältigung der damit verbunden Angst vor der Fremdheit.

Das Selbstempfinden auf dieser Stufe könnte man als ein Patchwork-Self umschreiben. Es gibt eine Reihe integrierter Erfahrungen von sich und dem eigenen Handeln in der Umwelt. Aber besonders dann, wenn diese Erfahrungen nicht von gleicher oder ähnlicher emotionaler Tönung sind, werden sie nicht von vornherein als identisch mit einem Selbst erlebt, das alle emotionalen Dimensionen umfaßt. Damit verbinden sich die ersten Ansätze eines kindlichen Selbst, das etwas will. „Now there ist not only a wish to do something but a ‚me'- or at least a piece of ‚me' – doing it. Through the combination of intending and doing, the baby begins to experience these rudimentary bits of herself" (Greenspan 1997, S. 58).

Dabei bleibt dieses Wollen noch völlig in die kindlichen Handlungsweisen oder seine Mimik eingebunden: Es zeigt, was es will, durch seine motorischen Aktionen. „An action defines a desire in the same way that a verbal symbol will later define an idea; or provides the necessary form or structure to move the intent from the baby's inner world of subjectivity to the outer one of interpersonal objectivity. Without such definig actions, the potential wish may not become an independent wish or desire" (ebd., S. 59).

Vierte Stufe: Purpose and Interaction – Frühe Muster der Welt- und Selbsterfahrung
Auf der vierten Stufe, etwa im Alter zwischen zwölf und achtzehn Monaten, immer noch nicht der Sprache mächtig, werden bereits feste Muster im Bereich der sozialen und der sachlichen Welt gefunden und untersucht sowie ihre emotionalen Strukturen erfaßt.

Im sozialen Bereich kann das Kind Muster im eigenen und fremden Verhalten erkennen und unterscheiden. Das Kind weiß, was die Mutter gewöhnlich tut, was sie nicht tut, wer wie streng oder nachgiebig ist, was ein bestimmtes Verhalten nach sich zieht. Es sieht auch sich selbst im Schnittpunkt solcher Verhaltensmuster und weiß, was es mit wem tun oder nicht tun kann. Genauso werden die Gegebenheiten der sachlichen Umwelt unterschieden. Das Kind kennt die Dinge, die ihm täglich begegnen, hat Verhaltensmuster, wie es/man mit ihnen umgehen kann, hat Vorstellungen, wozu es sie gebrauchen kann, ob sie als Spielzeug taugen oder tabu sind usw.

Auch emotionale Muster werden erkannt und in ihrer Bedeutung eingeordnet. Was gefährlich ist oder Angst erzeugt, wird gemieden, das Angenehme, das Faszinierende gesucht, Freundlichkeit von Ärger geschieden. Im Verlauf des weiteren Lebens werden diese Fähigkeiten nicht nur beibehalten, sondern auch noch weiter differenziert, unabhängig von den sprachlichen Entwicklungen. Sie ermöglichen nämlich, sich einen ersten, emotionalen Eindruck von Situationen zu machen, unabhängig davon, mit welchen Wörtern sie verbunden werden. „Using this supersense as she watches around her live their daily lives, she deciphers the subtext of their emotional reactions to routine events. Their behavior provides an unspoken but utterly frank running commentary along a scale of approval, disapproval, anger, excitement, happiness, and fear. Picking up cues from this subtext, the child learns more vividly and precisely than through any language what is good and bad, what is done and not done, what is acceptable und unacceptable in the social world she inhabits" (ebd., S. 65).

Bezogen auf die Erfahrung eines Selbst geht es nun ebenfalls um Patterns der Selbstwahrnehmung. Situative Verhaltensweisen schließen sich zu Verhaltensmustern in typischen Situationen zusammen. Das Kind, das ärgerlich ist, und das Kind, das sich freut, empfindet sich nicht mehr als zwei unterschiedliche Kinder, sondern beginnt ein Selbstempfinden zu entwickeln, das die verschiedensten – auch gegensätzlichen – Selbstaspekte und Selbstempfindungen umfassen kann. Dieses Selbst erweitert sich durch eifrige Beobachtung seiner sozialen Umwelt und vor allem durch deren Imitation. Damit unterstützt es seine Fähigkeit zur Empathie. Über die Imitation versetzt es sich in andere hinein und verlebendigt deren Verhaltensmuster und die daran geknüpften Gefühle in sich selbst. Indem es eine Zeit lang ein anderer als es selbst sein kann – gute Beispiele lassen sich in Imitationsspielen entdecken –, gewinnt es auch Distanz zu sich selbst und vermag sich selbst von außen wahrzunehmen. Dies setzt eine größere Sicherheit im Erleben und Aushalten der eigenen Gefühlswelt voraus. Wo dies der Fall ist, wo die Umwelt durch überschaubares Verhalten diese Sicherheit unterstützt, kann sie sich das Kind – auch über räumliche Trennungen von Mutter oder anderen vertrauten Personen hinweg – erhalten. Das soziale Band, das die Aktionen des Kindes leitet, verlängert sich. Es ermöglicht zunächst die Distanz im gleichen Zimmer, später dann auch in verschiedenen – wenn die Türe offen ist.

Allein sein mit anderen, hat Winnicott (1958) diese Fähigkeit genannt. Das bedeutet, das Kind kann sich mit sich und seinen Dingen beschäftigen, ohne daß es dabei das Gefühl hat, daß seine Beziehungen zu den anderen ihm während dieser Zeit verlorengehen. Umgekehrt ermöglicht ihm diese Sicherheit auch, sich selbst in der Anwesenheit anderer so abzugrenzen, daß es sich mit etwas anderem einlassen, sich an etwas anderes verlieren kann und nicht damit beschäftigt sein muß, seine Beziehungen zu den wichtigen Personen seiner Umgebung ununterbrochen aufrecht zu erhalten.

Das Hauptmerkmal dieser Entwicklungsphase ist vielleicht die Kontinuität in der Selbst- und in der Wirklichkeitserfahrung des Kindes, die auch über verschiedene Qualitäten, Zustände und emotionale Empfindungen hinweg erhalten bleibt. Man muß dabei bedenken, daß die Wahrnehmung eines Objekts aus der Umwelt noch nicht bedeutet, daß das Objekt als eigenständiges auch im Erleben des Kindes konstituiert werden kann. Genauso wenig bedeutet die Wahrnehmung von Selbst-Zuständen bereits die Realisierung der Erfahrung von Kontinuität im Selbstsein über verschiedenste Situationen hinweg. In dieser Phase jedoch, wird der Grundstein für Kontinuitäten gelegt. Umgekehrt hält dieses Empfinden des Selbstseins auch die verschiedenen Gefühlszustände des Subjekts zusammen und bildet so die Basis eines überdauernden Seins im Wechsel der Zustände und Gefühle.

Fünfte Stufe: Images, Ideas, and Symbols – Die Bildung komplexer innerer Bilder

„Wishes and intents are now represented internally by multisensory images. We become able to play out behavior in our minds before we carry it out. We learn to solve problems through thought experiments. We ‚picture' relationships, dialogues, and feelings, gradually creating new images to express our growing range of emotions. Together these images begin to create an inner world" (Greenspan 1997, S. 74).

Dabei ist unter „innerer Welt" nicht einfach die Repräsentation der äußeren Welt gemeint. Aus den früheren Kapiteln dürfte bereits klar sein, daß das Modell der Repräsentation von vornherein den Kern der Sache nicht trifft. Vielmehr haben wir es mit einer Abwandlung innerer Strukturen unter dem Einfluß äußerer zu tun. Wenn nun, wie bisher dargelegt, zu diesen inneren Strukturen sensorische, körperliche und emotionale gehören, wenn diese in komplexen Mustern zusammengebunden und durch die subjektiven Erfahrungen modifiziert werden, wenn die Wahrnehmung dieser Muster über den Vergleich mit den Erfahrungsmustern der Vergangenheit geht, dann besteht die innere Welt aus einer komplexen Verbindung von inneren und äußeren Prozessen. Vermutlich erst am Ende eines längeren Entwicklungsprozesses sagt uns das Hirn, was Innen und was Außen ist. Innen und Außen sind keine nackten Tatsachen, sondern eine Interpretation unseres Nervensystems.

Greenspan beschreibt den wesentlichen Aspekt dieser Phase, die etwa im Ende des zweiten Lebensjahres beginnt, als einen Übergang vom „action mode" zum „symbolic mode" (ebd., S. 76). Ein Beispiel aus dem Bereich der emotionalen Erfahrung mag diesen Übergang näher beschreiben: „The ability to abstract a feeling and give it a name – to know that tightness in the chest is fear, the desire to throw a punch is anger, or a lift of the heart is joy – allows her to bring emotions to a new level of awareness and express them symbolically rather than by acting on them physically. She can tell Dad she feels scared rather than shrieking in fear. She can tell Mom she wants a cookie rather than dragging her to the kitchen" (ebd., S. 76).

In ähnlicher Weise werden auch auf anderen Gebieten Handlungen in innere Bilder verwandelt und symbolisch gefaßt. Natürlich spielt dabei die Entwicklung der Sprache eine entscheidende Rolle. Doch ist sie nicht allein an die Sprache gebunden. „Signlanguage or complex gestures may serve just as well … Just as one can say ‚I love you' in many languages, the specific grammar and vocabulary of a child's symbolic interactions matter infinitely less than whether or not they take place" (ebd., S. 81).

Die ersten Bilder sind innere Bilder von Handlungen. Später geben diese Bilder auch abstraktere Eigenschaften wieder, wie Gefühle und Vorstellungen. Man erinnere sich an Lakoffs „image-schematic level", bei dem Handlungsbilder in Vorstellungsbilder verwandelt werden und diese auch in Bereiche hinein verschoben werden, die nicht mehr durch konkrete Handlungen bestimmt sind: Über Metapher, Metonymien, Überlagerungen oder Schematisierungen gewinnen Bilder konkreter Handlungen abstrakte Bedeutung.

Durch den „symbolic mode" erschließen sich dem kindlichen Denken neue Bereich, wie auch die Flexibilität des Denkens wesentlich erweitert wird. Dabei kommt es darauf an, ob auch von nun an den Gefühlswahrnehmungen eine Umsetzung in symbolische „Sprachen" ermöglicht wird. Die Vernachlässigung der emotionalen Wahrnehmung kann bereits auf dieser Entwicklungsstufe entscheidend vorangetrieben werden: Man gibt den Gefühlen und Gefühlszuständen keine Namen, keine symbolischen Codes und schließt sie damit von weiteren Differenzierungen über die bewußte Wahrnehmung aus. Etwas unbewußt halten, bedeutet u. a. ein Erleben von dieser Umwandlung in den „symbolic code" auszuschließen.

Der Bereich des Gedächtnisses und der Erinnerung enthält nun nicht mehr nur Muster von Handlungsweisen und sensorischen Wahrnehmungszuständen aller Art, sondern erweitert sich um Vorhaben, Wünsche, Denkstrategien. Das Feld, auf dem diese neue Freiheit weidlich ausgenutzt wird, ist das Symbolspiel, das So-als-ob-Spiel. Es bildet einen Bereich zwischen Vorstellen und Handeln, in dem Vorstellungen zu Handlungen umgewandelt und Handlungen in Vorstellungen weiterentwickelt werden. So können nun auch allmählich Vorstellungen vom eigenen Selbst entwickelt werden. Es ist nicht mehr nur der Reflex mehr oder weniger komplexer Empfindungsmuster, sondern tritt nun im Bild dem Kind auch gegenüber. Auch dies wird im Spiel wieder am deutlichsten: Ich bin die Mutter, der Hund, der Feuerwehrmann oder die Ärztin. In diesen Vorstellungen von sich und von anderen gewinnt das Kind neue Differenzierungen seines Selbstbildes über das Zusammenspiel von Imagination und Handlung.

Sechste Stufe: Emotional Thinking – Das Verbinden innerer Bilder
Hier werden die Beschreibungen Greenspans sehr weitläufig und umfassen nahezu alles, was in den späteren Jahren der Entwicklung bis hin zum abstrakten Denken erfolgt. Ihr Kernpunkt ist die Integration innerer Bilder, die aus den sensorischen Erfahrungen gewonnen werden. In die spätere, denkende Verarbeitung geht nur ein, was über die sensorischen Erfahrungen in innere Bilder und in eine symbolische Sprache transformiert wurde. Reichtum oder Armut des Denkens hängen also auch von der Fülle und Differenziertheit der inneren Bilder

und damit auch von der Qualität der sensorischen Erfahrungen ab. Darum ist es wichtig, mit diesen inneren Bildern zu spielen, sie bewußt zu verändern, Teile von ihnen mit anderen zusammenzuschließen, wieder andere dabei abzutrennen. Dies gilt für die Bilder von sozialen und sachlichen Beziehungen, wie auch für die des eigenen Selbst.

Wieso wird dies alles unter dem Begriff eines emotionalen Denkens zusammengefaßt? Man versteht dies am besten, wenn man sich nochmals die Geschichte dieser Bilder klar macht. Die nun entstandenen symbolischen Welten sind aus konkreten Beziehungen erwachsen. Die Qualität dieser Beziehungen gibt ihnen ihre subjektiven Bedeutungen. Wenn es die Emotionen sind, die diese subjektiven Bedeutungen ausdrücken, dann sind sie es, die den Bildern ihren Sinn geben und damit dem Subjekt eine Orientierung im unendlichen Bereich des Möglichen, der durch schlußfolgerndes Denken in einem machbaren zeitlichen Rahmen nicht abzuschreiten ist. Aus dieser Genese ergibt sich aber auch, daß die Wirklichkeit gegenüber diesen subjektiven Bedeutungen keine geringere Rolle spielt. Erst im Zusammenspiel von äußerer Welt und subjektiven Bedeutungen ergibt sich ein Selbst- und ein Weltbild, das Sinn macht. Deshalb kann Greenspans Schluß lauten: „Ideally, a child emerges from this stage with a firmer grasp of reality, a lively sense of her potential, a rich fantasy life, and a more varied repertoire of social perceptions and response" (ebd., S. 104).

5.2.2.2 Einige Anmerkungen zum Greenspan-Modell

Verbindungen zu bisherigen Überlegungen
Das Greenspansche Modell erweitert die bisher diskutierten Konzepte von Piaget und Lakoff. Das Piagetsche Konzept der sensumotorischen Intelligenz zeigt sich erneut in seinem Doppelgesicht, einerseits als eine Öffnung der Diskussion des Denkens in Richtung sensorisch-motorischer Grundlagenkonzepte, andererseits als Beschränkung auf einen engen funktionalen Bereich und zeitlichen Entwicklungsabschnitt, dessen Verbindung mit den anderen sensorischen Bereichen nicht ausreichend deutlich wird. Man kann es sicherlich nicht Piaget vorwerfen, daß mit seinem Modell der Intelligenz die Komplexität des Zusammenwirkens der unterschiedlichsten psychischen Funktionen noch nicht gelöst wird; immerhin hat er mit seiner Vorstellung von der Äquilibration eines dynamischen Gleichgewichts eine Basisvorstellung auch für komplexe Prozesse von Schema- und Musterbildungen entwickelt. Von daher gesehen ist sein Denkmodell für Weiterentwicklungen in Richtung Komplexität offen, so daß sich die neueren Entwicklungen, wie bei Lakoff, durchaus auf ihn berufen können.

Greenspans Ansatz erweitert auch den von Lakoff. Auf der einen Seite ergänzt er ihn durch Beobachtungen aus der Säuglingsforschung. Andererseits erweitert er ihn gerade dadurch auch um theoretische Aspekte: der Gedanke der multisensoriellen Wahrnehmung wird konsequenter verfolgt als bei Lakoff, der im Wesentlichen die visuellen Erfahrungen bevorzugt. Entscheidend scheint mir jedoch die Erweiterung durch die Berücksichtigung der emotionalen Aspekte an der Bildung von Handlungen und Vorstellungen. Greenspan greift auf und belegt es durch seine Beobachtungen, was Damasio durch seine neurobiologisch fundierten Untersuchungen klargelegt hat: Emotionen sind ein Teil unserer kognitiven Ausstattung, sie bilden einen eigenen Bereich der Wahrnehmung, der nur zum Schaden für unser Verständnis von Wahrnehmungs-, Vorstellungs- und Denkprozessen ausgelassen werden kann. Sie hängen eng mit unserer Körpererfahrung zusammen, wie bereits bei der Diskussion der Gefühle und Empfindungen bei Damasio gezeigt werden konnte. Besonders in der frühkindlichen Entwicklung kann die enge Verzahnung der emotionalen Erfahrungen mit denen anderer sensorischer Bereiche, insbesondere des sensumotorischen Bereichs, nicht übersehen werden.

Was bei Damasio bereits anklingt, auch die Basiserfahrungen eines subjektiven Selbst vor den bewußtseinsfähigen Selbstbildern und Selbsteinschätzungen, erfährt bei Greenspan eine Ausweitung: Mit allen Wahrnehmungen der Wirklichkeit erfährt das Subjekt sich auch in spezifischer Weise selbst auf der Basis der Möglichkeiten seiner Entwicklungsstufe. Selbstempfinden erweist sich nicht nur als Körperempfinden, sondern Empfinden des Körpers in seiner Interaktion mit der Umwelt, die diesen handelnden, vorstellenden und denkenden Körper in bestimmter, subjektiver Weise tönt. Mit den Veränderungen dieser Wirklichkeitswahrnehmung verändert sich daher auch die Selbstwahrnehmung. Diese Selbstwahrnehmung hat an ihrem Ausgangspunkt ein bloßes Empfinden von Lebendigkeit, das durch Beziehungserfahrungen in Kontinuität, Erfahrung von Gegensätzlichkeiten und Unvereinbarkeiten, bis hin zu einem übergreifenden Zusammenhang unterschiedlicher Selbstmuster in differenten Lebenssituationen entwickelt werden muß, bevor es als Bild ins Bewußtsein treten kann. Diese Stadien der Welt- und Selbstwahrnehmung spielen dann bei den klinischen Modellen der Psychoanalyse zur frühen Kindheit als unterschiedliche Muster von Objektbeziehungen eine zentrale Rolle (vgl. Kap. 5.3).

Zwei vorläufige pädagogische Folgerungen
Die erste betrifft die Frage: Was kann die Umwelt eigentlich tun, daß die skizzierten Entwicklungsschritte auch erfolgreich gemeistert wer-

den. Hier kreisen die Antworten Greenspans relativ unspezifisch um die Vorstellung, einer „warm, close relationship with an adult, one in which communication becomes important enough to provide satisfaction in itself" (ebd., S. 77). Hier bedarf es eines differenzierteren Blicks, um auch die Details solcher warm empfundenen engen Beziehungen auszumachen. Außerdem stellt sich die Frage, ob denn diese fürsorglich empfundenen Situationen der Nähe ausreichen, um die geeigneten Erfahrungen zu machen (vgl. Kap. 6).

Die zweite macht auf zwei Schwierigkeiten aufmerksam, die diese Entwicklung nachhaltig stören können:

- Bei sehr basalen Störungen (es kann hier offen bleiben, ob sie von der Umwelt verursacht werden oder aus inneren Quellen des kindlichen Körpers stammen, wie z. B. sensorische Behinderungen) wird der Aufbau bereits von Aktionsschemata im umfassenden Sinn des action-modes nicht oder nicht ausreichend vollzogen. Es unterbleiben dann die Vorstellungsbildungen und Phantasien, die diese Handlungsschemata in eine zum Denken geeignete Ausgangsform bringen (vgl. hierzu auch Bions Alpha-Funktion [Bion 1990]; vgl. Schäfer 1993). Vermutlich sind es solche Störungen, die dazu führen, daß das Kind überhaupt keine oder nur sehr partielle Beziehungen zur sachlichen und/oder sozialen Umwelt entwickelt. Wir können dies als die Grundlage autistischer und anderer frühkindlich-psychotischer Störungen ansehen.
- Zum anderen kann es Schwierigkeiten beim Übergang vom action- zum symbolic-modus geben. Auch wenn hier individuelle Störungen eine Rolle spielen können, dürfte dies jedoch ein wesentlicher Faktor vor allem bei sozialen Vernachlässigungen der Fall sein, z. B. in Milieus, in denen Kinder aus sozialen Gründen sich selbst überlassen bleiben und/oder die realen Probleme der Lebensfristung vordergründig sind. Die Umgebung enthält oder duldet zu wenige Anregungen, daß die Kinder in die Spiele der Imagination eintauchen und ein Stück weit darin aufgehen könnten. Diese Weise sozialer Vernachlässigung dürfte vor allem in einem soziokulturellen Umfeld bedeutsam werden, in dem das Leben weitgehend an funktionale, sachliche Erfolge – wie gewinnbringende oder reines Überleben sichernde Arbeit – geknüpft ist.

5.3 Einige Ergebnisse klinisch-psychoanalytischer Forschung – Winnicott

Ich werde das Bild der grundlegenden Entwicklungen in drei Schritten skizzieren. Innerhalb dieser Schritte gliedere ich nach folgendem Muster: Jedem dieser Schritte liegt eine bestimmte, vorherrschende *Form der Beziehungen (Objektbeziehungen)* zwischen Kind und Pflegeperson zugrunde (1). Diese Form der Objektbeziehung ermöglicht bestimmte *Empfindungen von einem basalen Selbst* (2). Objektbeziehung und Selbstempfindung auf der jeweilgen Stufe sind mit bestimmten, *vorherrschenden Gefühlen* verbunden (3). Das Durchhalten dieser Stufen zu neuen Entwicklungsschritten wird durch *Hilfen von ausreichend verständigen Erwachsenen* unterstützt (4). Die klinischen Beschreibungen in den Punkten (1) und (2) enthalten teilweise Überschneidungen mit Formulierungen von Greenspan.

5.3.1 Von der Erbarmungslosigkeit zum Schuldgefühl – Frühe Stadien emotionaler Differenzierung durch Objektbeziehungen

Die klinische Forschung bestätigt, daß es eines Entwicklungsprozesses bedarf, bevor ein Objekt als etwas Eigenständiges dem Subjekt gegenüber und das Subjekt als etwas Eigenständiges dem Objekt gegenüber erkannt und akzeptiert wird. Der Weg, der dorthin führt, ist nicht nur eine Entwicklung kognitiven Denkens, sondern auch eine emotionale Entwicklung. Die klinischen Studien arbeiten, noch stärker als die Säuglingsbeobachtungen, dabei die emotionalen Aspekte heraus. Es zeigen sich verschiedene Formen von harmonischen Verbindungen – bis hin zur Verschmelzung, aber auch von Trennungsprozessen bis hin zur aggressiven Zerstörung, die an diesem Prozeß beteiligt sind. Sie müssen vom Kind und seiner Umwelt bewältigt werden. Die Art und Weise dieser Bewältigung legt den Grundstein für die emotionale Tönung der Realitätskontakte des Individuums.

5.3.1.1 Erster Schritt: Von der Unintegration zu einer ersten Ich-Abgrenzung

(1) Man muß von keiner magischen Einheit zwischen Mutter und Kind ausgehen. Wir wissen, daß dieser Eindruck einer Einheit aus frühen gegenseitigen Abstimmungsprozessen hervorgeht, die natürlich auch im Einzelfall scheitern können. Die psychoanalytische Objektbeziehungstheorie nimmt an, daß es zwischen dem Kind und seiner Umwelt – aus seiner Sicht – noch keine klaren und gesicherten Grenzen gibt. Darin scheint sie sich mit der Entwicklungspsychologie Piagets einig zu sein, aber auch mit den konstruktivistischen Ansichten der neurobiologischen Kognitionsforschung. Danach muß die Welt durch das Subjekt erst in eine Ordnung gebracht werden. Das bedeutet, daß das Kind den Dingen erst Konturen verleihen muß, damit es jene in voneinander ab-

grenzbare Objekte und Subjekte verwandelt. Das Kind muß also zuallererst einmal lernen, wie man Objekte und dabei auch sich selbst als Subjekt „konstruiert". Ausgangspunkt dafür sind die eigenen Erfahrungen des Kindes, die zu diesem frühen Zeitpunkt in der Entwicklung kaum mehr als elementare, biologisch weitgehend vorgegebene, allenfalls durch erste Erfahrungen abgestimmte, globale, sensorische und motorische Schemata sind.

Ausgangspunkt ist also ein Stadium der Unintegriertheit (Winnicott 1960), in welchem noch keine Notwendigkeit zur Integration verspürt wird. Im Zusammenhang der Nahrungsaufnahme, des Fütterns, der täglichen Pflege, des Schlafens bilden sich einzelne Erlebniskerne. Diese bilden die Basis für ein vage empfundenes Ich-in-der-Wirklichkeit. Ich und Wirklichkeit, die hier noch in einzelnen Erlebniskernen undifferenziert zusammen erlebt werden, gehen als unterscheidbare Aspekte erst aus diesen Erlebniskernen hervor.

(2) Die erste Abgrenzung eines Ich gegenüber einer Nicht-Ich-Welt trennt also eine Ich-Umwelt-Einheit, die vage als Ich erlebt wird, von anderen Ich-Umwelt-Einheiten, die ebenso vage als etwas anderes als das Ich erlebt werden. Es geht noch nicht um eine Synthese des Subjektseins, sondern um partielle Abgrenzungsversuche aus diesem Zustand der Unintegriertheit, der sich aus dem Säugling und seiner pflegenden Umwelt zusammensetzt. Winnicott (1994, S. 170) bezieht sich bei jenen ersten Integrationsprozessen auf Glovers Konzept der Ich-Kerne (1932). Dieser vertritt die Meinung, daß das Ich nicht aus einem einheitlichen, linearen Entwicklungsprozeß hervorgeht, sondern aus partiellen Ich-Umwelt-Erfahrungseinheiten, die so etwas wie eine unbestimmte Anzahl von Ich-Kernen bilden. Das eigentliche Ich entsteht dann erst aus der zunehmenden Integration solcher Kerne.

(3) Sofern diese Erfahrungen ohne allzugroße Störungen gemacht werden können, sind sie mit einem Gefühl der *Omnipotenz* verbunden. Denn durch eine genügend gute Mutterpflege treten das Begehren des Kindes und seine Erfüllung durch die Mutter nur so weit auseinander, daß das Kind gerade die Möglichkeit hat, so etwas wie Wünsche zu entwickeln. So handelt der Säugling gerade so, als ob ihm auf Wunsch alles zur Verfügung stünde. Er scheint über seine Objekte so zu verfügen, als ob ihnen keine Eigenständigkeit zukäme. Das bedeutet aber auch, daß er diese von ihm nicht klar getrennte Welt mit der Wucht seiner noch ungebrochenen Gefühle behandelt. *„Erbarmungslos"* nennt das Winnicott.

Auf der anderen Seite, als Gegenstück zu diesen omnipotenten Empfindungen, steht eine namenlose Angst, ein *bodenloses Er-*

schrecken, die dann eintreten, wenn das Kind unbewältigbaren Erlebnissen ausgesetzt ist. So gesehen wird bereits ein Hunger, der zu lange andauert, zu einer das Fortbestehen, die Lebendigkeit bedrohenden Grenzerfahrung.[26] Wichtig an diesen Beschreibungen, die sowieso nur ungefähr das wiedergeben können, was möglicherweise sich im Säugling abspielt, sind nicht diese Begriffe, sondern die mit ihnen verbundene Vorstellung, daß omnipotentes Glücksgefühl einerseits und existentiell bedrohliches Erschrecken unmittelbar und undifferenziert nebeneinander stehen können.

(4) Die soziale Unterstützung, die die Umwelt dem Säugling in dieser Situation gewährt, hat zwei Aspekte: „Primäre Mütterlichkeit" und „Halten".

Mit primärer Mütterlichkeit bezeichnet Winnicott (1956) den besonderen Zustand der Einfühlung, dessen sich die Pflegepersonen, insbesondere die Mutter, bedienen, um dem Kind das abzulesen, was es gerade braucht. Da das Neugeborene ja kaum Kommunikationsmöglichkeiten hat, bedeutet dies, daß die Mutter/Pflegeperson sich in den Zustand des kindlichen Körpers hineinversetzen muß, um die Bedürfnisse des Säuglings zu erahnen. Das führt auch zu einem „Zustand des Entrücktseins", der „fast einer Krankheit" (ebd., S. 155) gleicht, ohne den diese Wahrnehmungsfähigkeit auf der Körperebene von der Mutter kaum beibehalten werden kann.

Das „Halten" des Kindes, das aus dieser Einfühlung hervorgeht, ist einerseits ein Halten im wörtlichen Sinn: Das Kind so aufnehmen, daß sein Körper sich sicher, warm und geborgen fühlt. „Halten: Schützt vor physischer Beschädigung. Berücksichtigt die Hautempfindlichkeit des Säuglings – Empfindlichkeit gegen Berührung, Temperatur, des Gehörs, des Gesichtssinnes, Empfindlichkeit gegen das Fallen (Wirkung der Schwerkraft) und den Umstand, daß der Säugling nicht von der Existenz irgendeiner anderen Sache als des Selbst weiß. Es umfaßt die ganze Pflegeroutine während des Tages und der Nacht, und sie ist bei jedem Säugling anders, weil sie Teil des Säuglings ist und weil kein Säugling dem anderen gleicht. Es folgt ebenfalls den winzigen Veränderungen, die von Tag zu Tag eintreten und zum physischen und psychischen Wachstum und zur physischen und psychischen Entwicklung des Säuglings gehören" (Winnicott 1960, S. 62 f.).

Auf der anderen Seite ist es ein Aushalten jener „erbarmungslosen" Gefühle und Handlungen des Neugeborenen, die so heftig sein können, daß sie die Wut oder Abwehr der Mutter hervorrufen könnten. Indem sie diese jedoch ohne „Vergeltung" aushält, signalisiert sie dem Säugling, daß ihre haltende Zuwendung durch nichts zerstört oder verringert werden kann. Sie zeigt ihm gleichzeitig, daß all dies aushaltbar ist und wo dies ausgehalten wird, ergeben sich die ersten Möglichkeiten der Veränderung.

5.3.1.2 Zweiter Schritt: Kontinuität des Seins

(1) Im weiteren Verlauf der Trennungsprozesse zwischen dem kindlichen Subjekt und seiner Welt treten zwei markante Entwicklungspunkte auf, die die psychoanalytische Objektbeziehungspsychologie im Anschluß an Klein (1972) als Schizoide und als Depressive Position bezeichnet. Diese Phasen werden zwar mit Begriffen aus der Krankheitslehre bezeichnet, gehören selbst aber in den Bereich der normalen Entwicklung, die in diesen Zeiten Züge trägt, die mit Verhaltensmustern aus diesem Bereich der Psychopathologie vergleichbar sind. Man kann diese Begrifflichkeit kritisieren; sie trägt jedoch dem Umstand Rechnung, daß pathologische Entwicklungen nach Meinung der Psychoanalyse keine völlig neuen Denk- und Verhaltensstrukturen einführen, sondern gegebene Entwicklungsaspekte verzerrend und dramatisierend umformen.

Die Schizoide Position, von der zunächst die Rede sein soll, wird dadurch charakterisiert, daß die Welt für das Kind noch keine innere Kohärenz besitzt. Sie scheint zunächst noch aus unverbundenen Erlebnisinseln zu bestehen, die noch zu keinem Gesamtmuster integriert werden können. Dies ist das Erbe des ersten Schrittes der Unintegration. In der Schizoiden Position wird nun ein erster Ordnungsversuch dieser Erlebnisinseln unternommen, der einerseits Getrenntheit beibehält, andererseits erste Integrationen ermöglicht. Dies geschieht dadurch, daß die guten und die schlechten Erfahrungen voneinander getrennt und verschiedenen Welten zugeordnet werden. Die ersteren bilden einen Aspekt des Selbst, die letzteren werden in die Welt außerhalb des Selbst projiziert. Das bedeutet, daß das Gute vorwiegend im Subjekt, das Böse aber außerhalb angesiedelt wird. Die Erbarmungslosigkeit macht also einem einfachen Ordnungsmuster Platz und führt damit zum Beginn einer emotionalen Differenzierung; denn diese Vereinheitlichung von Gut einerseits, Böse andererseits ist die Voraussetzung dafür, daß später verschiedene Formen des Gut- und Böseseins miteinander verglichen und voneinander unterschieden werden können.

Dieses Schwarz-Weiß-Denken gibt es durchaus auch noch im emotionalen Umgang von Erwachsenen. Man muß nur daran erinnern, daß in Augenblicken sehr starker emotionaler Betroffenheit auch erwachsene Menschen dazu neigen, zur Vereinfachung der Orientierung, die augenblickliche Erlebniswelt einfach in Gut und Böse aufzuteilen, bevor man in entspannteren Situationen wieder zu feineren Differenzierungen übergeht.

(2) Mit der Hilfe solcher erster Orientierungen in einer Welt, die in den unterschiedlichsten Erlebnissen Gestalt annimmt, gelingen dem Subjekt, erste Kontinuitätserfahrungen über den Augenblick hinaus, Kontinuitäten von vergleichbaren guten oder schlechten Gefühlen. Emotionen also sind es, die die unterschiedlichsten Subjekt-Welt-Erlebnisse zusammenbinden, zwischen ihnen eine Verbindung herstellen und sie der einen oder anderen Kategorie zuordnen. Die Orientierungsfunktion von Emotionen, die Damasio (1994) oder – in vereinseitigender Weise – auch Goleman (1995) und die neuere Diskussion um die soziale Intelligenz (vgl. Stemme 1997) hervorheben, wird in solchen Entwicklungsschritten offenkundig.

Winnicott (1958, S. 41 f.) beschreibt die Erfahrung des Subjekts auf dieser Stufe als „ich bin".

„Zuerst kommt ‚Ich', was einschließt, ‚alles andere ist nicht ich'. Dann kommt ‚Ich bin, ich existiere, ich sammle Erfahrungen und bereichere mich und habe eine introjektive und projektive Interaktion mit dem NICHT-ICH, der wirklichen Welt der gemeinsamen Realität.' Man füge hinzu: ‚Jemand sieht oder begreift, daß ich existiere'; man füge ferner hinzu: ‚Ich bekomme (wie ein im Spiegel gesehenes Gesicht) den Beweis zurück, den ich brauche, daß ich als Wesen erkannt worden bin.' Unter günstigen Umständen wird die Haut die Grenze zwischen dem Ich und dem Nicht-Ich. Mit anderen Worten, die Psyche hat begonnen, im Soma zu leben und ein psychosomatisches Leben ist in Gang gekommen" (Winnicott 1962, S. 79).

„Ich bin" schließt also eine Integration in Raum (Körper) und Zeit (Kontinuität des subjektiven Seins) ein. Sie wird von Winnicott auch Personalisation genannt (1958, 1962). Man kann also nicht davon ausgehen, daß der Körper als realisierte Einheit von Anfang an gegeben ist. Auch die Körpereinheit muß erworben werden oder anders gesagt, der Säugling muß sich seinen Körper erst entlang einer Linie von Erfahrungen entwerfen, „konstruieren".[27]

(3) Die Empfindungen von Gut und Böse spielen auf dieser Stufe eine wichtige Rolle. Die Ängste in dieser Phase sind Ängste vor Desintegration, Zerstörung und vor Verfolgung durch das Böse außerhalb des Selbst. Von ihnen bekommt diese Phase ihren Namen. Auch wenn uns diese Ängste sehr massiv und global erscheinen, darf man nicht übersehen, daß sie gegenüber dem globalen Schrecken, der namenlosen Angst des ersten Schrittes eine Differenzierung darstellen. Mit dieser beginnenden Kontinuität des Seins ver-

bindet sich schließlich das Empfinden einer Basissicherheit, einer anfänglichen Zuversicht, die die Augenblicke des unmittelbaren Erlebens überdauert.
(4) Die soziale Unterstützung der pflegenden Umwelt, die Beziehungen, die diese Erfahrungen mitgestalten, bestehen auch auf dieser Stufe hauptsächlich in der Fortsetzung der „primären Mütterlichkeit" und in dem damit verbundenen „Halten" – wir haben es ja immer noch mit Entwicklungen vor der Entfaltung von symbolischen Fähigkeiten zu tun. „Liebe kann man seinem Kind in diesem Stadium nur in Form von körperlicher Pflege zeigen, genau wie im letzten Stadium vor der Geburt eines voll ausgetragenen Kindes" (Winnicott 1962, S. 74).
Dabei verstärkt sich jedoch der Aspekt des Aushaltens, denn die pflegende Umwelt muß damit rechnen, wenigstens zuzeiten mit jener „bösen Wirklichkeit" in einen Topf geworfen und dementsprechend „erbarmungslos" angegriffen zu werden, die der guten, inneren Welt des „auftauchenden Selbst" (Stern 1992) entgegensteht.

5.3.1.3 Dritter Schritt: Trennung zwischen Subjekt und Welt

(1) Konnte bisher alles auf der Ebene der Beziehungen im konkreten Handeln bewältigt werden, folgt nun im nächsten Schritt eine Wende nach innen. Sie ist sicherlich vergleichbar mit der Entstehung innerer Bilder, von der w.o. die Rede war.
Auf der Depressiven Position wird das Kind gewahr, daß diese klare Aufteilung in Gut und Böse so nicht haltbar ist. Zuweilen erlebt es sich als gut, zuweilen als böse. Genauso erscheint ihm seine Umwelt im guten und im bösen Gewand. In dem es diese Doppelgesichtigkeit der Welt, der anderen Menschen und seiner selbst realisiert, wird sein Selbst- und Weltbild realistischer. Es kann die Welt nicht mehr nach seinen Wünschen aufteilen. Wirklichkeit wird etwas, was einerseits Anteile des Subjekts – Projektionen – enthält, andererseits aber auch als etwas Unabhängiges von diesen existiert. Das Kind beginnt auch Phantasie und Wirklichkeit zu unterscheiden und damit Wirklichkeit als etwas Äußeres und von ihm Unabhängiges zu erfahren.
(2) Genauso erfährt es sich selbst zunehmend als etwas Abgegrenztes, Selbständiges. Das ist durchaus doppelgesichtig: einerseits ein Zuwachs an Autonomie; andererseits aber drängt sich die Wahrnehmung auf, daß die nichtsubjektive Wirklichkeit in ihrer Eigenständigkeit nicht mehr einfach zuhanden ist, sondern er-worben werden muß. „Ich bin allein" ist die subjektive Grunderfahrung, die

sich damit einstellt. Wer allein ist, muß Beziehungen zu anderen aufnehmen. Die können – je nachdem – gelingen oder mißlingen. Das hängt einerseits von der Bereitwilligkeit der Objekte ab, andererseits aber auch vom Subjekt, seinen Wünschen, Projektionen und Phantasien, die es mit dem Objekt verbindet. Ein Mißlingen erzeugt sicherlich immer noch so etwas wie Haß. Weil man aber nun dieses böse, gehaßte Objekt nicht mehr ausstoßen, von sich weisen kann, da man es ja auch liebt, entwickeln sich aus dieser Mischung von Liebe und Haß die Anfänge von Schuldgefühlen. Sie bilden eine emotionale Basis dafür, daß man die Objekte nicht mehr nur „erbarmungslos" liebt oder zerstört, sondern beginnt, sich darum zu sorgen, daß sie erhalten bleiben, auch wenn sie vielleicht Wut und Aggression hervorrufen. Einen solchen Gebrauch der Objekte, die sich damit von „subjektiven Objekten" in „objektive Objekte verwandeln", nennt Winnicott „Objektverwendung" (1973).

(3) Das Grundgefühl, welches dieses Erleben innerer Ambivalenz, Unsicherheit und von Schuldgefühlen erzeugt, ist das der Depression. Depressive Empfindungen – die hier nicht als krankhaft verstanden werden – sowie Schuldgefühle, könnte man als das Ergebnis der gebremsten Aggression bezeichnen. Sie kann immer wieder dadurch zurückgehalten und bewältigt werden, daß das Kind erlebt, daß es die Objekte auch liebt und seine eigene Gutheit die Aggression/Destruktion schließlich doch überwiegt. Vermuteter oder eingetretener Schaden läßt sich wiedergutmachen. Mit der „Objektverwendung" verbindet sich emotional eine Fähigkeit zur „Besorgnis" (Winnicott 1963).

(4) Als soziale Hilfe in diesen Prozessen der depressiven Position tritt zum Halten und Aushalten dieser emotionalen Prozesse des Kleinkindes so etwas wie „Zögern" hinzu. Dieser Begriff als ein systematischer Begriff für eine pädagogische Haltung leitet sich aus einer Beobachtung Winnicotts her (Winnicott 1941). Er nahm wahr, daß Babys etwa im letzten Drittel des ersten Lebensjahres anfangen zu zögern, bevor sie einen Gegenstand ergreifen, wie wenn ihnen etwas durch den Kopf ginge, das erst entschieden werden müßte. Sie blicken zur Mutter und, wenn diese nicht eingreift, sondern freundlich zugewandt bleibt, ergreifen sie vielleicht den gewünschten Gegenstand und stecken ihn in den Mund. Winnicott verbindet dieses Zögern des Kindes mit dem Entstehen von Be-Denken, die sich damit beschäftigen, ob man diesen Gegenstand ohne etwas befürchten zu müssen, ergreifen kann, also mit einer Art innerer Vorwegnahme, die mögliche Folgen in der Vorstellung aufkommen läßt. Das alles wird natürlich nicht als ein rationaler

Denkprozeß angenommen, sondern eher als sensorische Bilder.
Doch über das Zögern des Kindes hinaus, daß diese Denk- und Vorstellungsprozesse aufkommen läßt, braucht das Kind auch eine Begleitung, die dieses Zögern nicht zu schnellen – und damit vielleicht vorschnellen – Lösungen vorantreibt, die Zeit läßt zur „Vollendung von Prozessen" (Winnicott 1960, S. 56), die sich im Kind abspielen, auch wenn man nicht genau weiß, welche Prozesse dies sind. Eine zögernde Zurückhaltung der Erwachsenen, die die Ungewißheit darüber aushalten kann, was im Kind vorgeht, muß also das Zögern des Kindes begleiten.

5.3.2 Metamorphosen der Aggression

Es sollte deutlich geworden sein,
- daß Emotionen (spätestens) mit dem Beginn des Säuglingslebens die Handlungen des Kindes nicht nur begleiten, sondern strukturieren, ihnen eine Perspektive geben;
- daß diese Emotionen zunächst global und undifferenziert im Sinne Damasios primären Gefühlen gegeben sind, dann aber differenziert werden;
- daß diese Weiterentwicklung individuell und entlang den Beziehungserfahrungen des Säuglings erfolgt;
- daß diese individuellen Erfahrungen sich aber an (für unsere Kultur) typischen Grundproblemstellungen ausrichten;
- daß diese basalen Problemstellungen sich mit einem Weg beschäftigen, auf dem die faktische Trennung zwischen Subjekt und Umwelt durch die Geburt auch emotional und sachlich realisiert wird. Man kann sagen, daß der Säugling bestimmte Grunderfahrungen durcharbeiten muß, mit deren Hilfe ein eigenständiges Subjekt und eine von diesem unabhängig existierende Welt im Vorstellungsbereich des Kindes erst „konstruiert" werden kann.

Diese Grundprobleme lassen sich aus der Sicht der psychoanalytischen Objektbeziehungspsychologie als drei Schritte formulieren und unter den Begriffen Undifferenziertheit, Polarisierung und Integration zusammenfassen (vgl. Schäfer 1981).

Diese emotionale Entwicklungslinie läßt sich nun noch einmal speziell unter dem Aspekt der Aggression und ihren frühen Differenzierungen zusammenfassen. Dahinter steht ein Verständnis, nach dem Aggressionen einen konstruktiven Beitrag zur Entstehung des Selbst- und Wirklichkeitsverständnisses leisten. Ähnlich wie die Formen der Liebe entgleisen können, enthalten natürlich auch aggressive Entwicklungen die Möglichkeit in Destruktionen umzuschlagen. Aus dieser

Sicht geht es aber nicht um die Zähmung oder Beherrschung von Aggression, sondern um ihre Entwicklung und Differenzierung in Zugriffsweisen, die zu einem nicht destruktiven Umgang mit sich selbst, mit anderen und mit der Dingwelt führen.

Zu Beginn des Lebens sind aggressive Momente in den Handlungen und Reaktionen des Kindes enthalten. „Das Baby stößt im Mutterleib mit den Füßen; man kann nicht annehmen, es versuche, sich den Weg hinauszubahnen. Ein Baby von ein paar Wochen schlägt mit den Armen um sich; man kann nicht annehmen, es wolle schlagen. Das Baby kaut mit seinem zahnlosen Kiefer an der Brustwarze herum; man kann nicht annehmen, es wolle zerstören oder verletzen. Zu Anfang ist die Aggressivität fast das gleich wie Aktivität; sie tritt als Teilfunktion in Erscheinung" (Winnicott 1947, S. 89). Noch ungebremst von Schuldgefühlen ist diese Aggressivität erbarmungslos, wenn sie auch leicht von der Mutter ausgehalten werden kann. Sie muß aber auch ausgehalten werden, denn der Verlust der Aggressivität wäre gleichbedeutend mit dem Verlust der Aktivität und Lebendigkeit des Kindes. Mit dieser basalen Aggressivität, die Winnicott auch Motilität nennt, wird die Umwelt entdeckt.

Die Aggressivität wird aber nicht nur benötigt, um die Umwelt zu entdecken, sondern auch, um den Prozeß einer Abgrenzung von Subjekt und Objekt aus dem noch wenig differenzierten Anfangszustand voranzutreiben. Sie ist die Triebfeder, die die „Konstruktion" von Selbst und Welt vorantreibt. In dieser Form ist sie auch Basis eines befriedigenden Selbsterlebens, in welchem das Subjekt seiner Eigenständigkeit gewahr wird und sie fortentwickeln kann.

In dem Maße, wie das Subjekt sich abgrenzt, wird auch die Umwelt als abgehoben und eigenständig erlebt. Durch den Widerstand, den sie bietet und den das Subjekt dank seiner Aggressivität aushalten und auch genießen kann, wird sie vom Subjekt als „außen" wahrgenommen. Aggressivität des Subjekts und Eigenständigkeit durch Widerstand der Umwelt spielen also zusammen. Das heißt aber auch: Wo das Individuum seine aggressiven Impulse nicht im Widerstand einer äußeren Realität unterbringen kann, kann es sich nicht real erleben.

Diese äußere, widerspenstige Welt muß einerseits angegriffen, darf aber durch diesen Angriff nicht zerstört werden. Sie muß die kaum noch realitätsangepaßten Angriffe des Subjekts überleben. Sie kann dies in der Regel, da diese Angriffe ja noch kaum schwerwiegende Folgen haben. Ohne die Möglichkeiten solcher Angriffe auf die Wirklichkeit, ohne deren imaginäre Zerstörung und ihr Überleben im Kopf des Kindes, kann auch die Wirklichkeit nicht als real erlebt werden.

Der Entwicklungsprozeß kann an dieser Stelle durch die Reaktionen der Umwelt wesentlich gestört werden, wenn tatsächlich durch einen unglücklichen Umstand die frühkindlichen Aggression zu einem größeren Schaden (z. B. Unfall) führen oder eine intolerante Umwelt auch die leichten Aggressionsformen des Kindes nicht erträgt und diese unterbindet. Was in diesem Alter noch gut ertragen werden kann, läßt sich in einem späteren Alter, wenn die geistigen und körperlichen Kräfte des Kindes gewachsen sind, kaum mehr nachträglich bewältigen. Man wird also der frühen Entwicklung der Aggressivität des Kindes in der frühen Erziehung eine besondere Aufmerksamkeit widmen müssen, vor allem im Hinblick auf die immer wieder konstatierte Zunahme von Destruktion im öffentlichen Leben.

In einem Prozeß, an dem die Aggression in einem konstruktiven Sinn beteiligt ist, wird die Welt der Objekte als etwas erfahren, das unabhängig von den Projektionen und Wünschen des Säuglings existiert. Auf der anderen Seite ist die gleiche Aggressivität aber auch die Basis von Beziehungen, die zwischen dem nun abgegrenzten Subjekt und der ebenso abgegrenzten Objektwelt hergestellt werden können. Es versteht sich, daß diese letzte Aufgabe im Laufe der weiteren Entwicklung nur dann konstruktiv bewältigt werden kann, wenn die Aggressionen nicht mehr „erbarmungslos" wie beim Säugling sind, sondern durch vielfältige Beziehungserfahrungen differenziert und mit anderen Emotionen legiert wurden.

5.3.3 Zurück zur Körpererfahrung

Wenn der Körper in unserem Vorstellen und Denken immer präsent ist, wenn, wie Lakoff annimmt (vgl. Kap. 4), die Erfahrung unseres Körpers das Denken vorstrukturiert, dann zeigen nun die klinischen Forschungen zur emotionalen Erfahrung, daß diese Körpererfahrungen nicht als ein selbstverständlicher Bezugspunkt gegeben sind, sondern brüchig sein können. Die Ungesichertheit einer individuellen Körpererfahrung auf der Basis seiner subjektiven Geschichte kann sich in einem unsicheren Bezug zur Wirklichkeit und einem instabilen Weltbild widerspiegeln. Die Erfahrung des Körpers als eines sicher begründeten Containers und Bezugspunktes für Erfahrungen kann durch innere oder äußere Ereignisse – z. B. sensorische Behinderungen oder soziale Vernachlässigungen – infrage gestellt werden. Damit der Körper seine die menschliche Erfahrung sicher fundierende Funktion übernehmen kann, bedarf das Kind einer emotionalen Unterstützung durch Halten, Aushalten, Zutrauen in den Ablauf seiner eigenen Erlebens- und Erfahrungsprozesse, die mitwirkt, daß dieser Körper-als-Container entstehen kann. Wird der Säugling allzusehr von Erlebnissen heimgesucht, die er nicht organisieren und damit verarbeiten kann, mag es geschehen, daß dieses Empfinden, einen sicheren abgegrenzten Körper als Basis von Selbst- und Welterfahrung zu besitzen, in den dann auch neue Erfahrungen assimilierend aufgenommen werden können, sich vielleicht gar nicht einstellt. Weiter noch, es kann ein Erleben von einem fragmentierten Körper vorherrschen, welches die Frage einer Ganzheit des Körpers nicht aufkommen läßt.

6 Pädagogische Schlußfolgerungen

6.1 Ästhetisches Denken

6.1.1 Das Entwicklungsverständnis

Durch die bisherige Betrachtungsweise ergibt sich ein verändertes Verständnis von Entwicklung: Im Zentrum steht nicht die Entwicklungslinie einer Funktion von den Früh- zu den Spätformen, sondern das Zusammenwirken verschiedener Funktionen zu einem Gesamtmuster, das sich in qualitativen Sprüngen verändert. Diese Betrachtungsweise ist nicht neu, sondern läßt sich durchaus mit früheren Beschreibungen aus der Entwicklungspsychologie vergleichen (z.B. mit dem Übergang vom magischen zum logisch rationalen Denken). Die vorausgegangene Darstellung legt nahe, solche Denkmodelle wieder aufzugreifen und mit neuen Forschungs- und Beschreibungsdesigns den heutigen Ansprüchen anzupassen. Jedenfalls bedarf die pädagogische Forschung solcher Ansätze, will sie nicht nur funktional fördern, sondern die Breite der Erziehungs- und Bildungsprozesse im Auge behalten.

Derartige Beschreibungen in der Breite machen es notwendig, wenigstens tendenziell den gesamten inneren Verarbeitungsprozeß im Auge zu behalten. Nicht daß dabei alle Einzelschritte schon bekannt sein müßten; dies zu untersuchen, wird auch weiterhin Anliegen analytischer Detailforschungen sein. Hinzutreten müßten Untersuchungen, die sich mit der Grammatik des Zusammenwirkens beschäftigen. Dies scheint heute nicht mehr mit einer Neuauflage der Ganzheitspsychologie und ihrer Abkömmlinge möglich; denn es sind uns keine übergeordneten, festen Muster vorgegeben, an welche sich das Zusammenspiel halten könnte. Vielmehr bieten die Denkmodelle der Selbstorganisation komplexer Systeme, wie sie von Chaos- und Komplexitätsforschung vorangetrieben werden, neue Ansätze an, über die Organisation hochdifferenzierter Ordnungen nachzudenken.

Eine Beschreibung der Breite von Verarbeitungsprozessen benötigt einen Begriff, der diese Breite abdeckt. Ich schlage vor, den Begriff des Denkens auf alle die inneren Verarbeitungsprozesse auszudehnen, die die inneren Selbst- und Welterfahrungen strukturieren helfen und so Interaktionen zwischen dem Subjekt und seiner Welt ermöglichen, die sowohl Subjekt als auch Wirklichkeit verändern. Mittlerweile spreche ich von einer Ökologie innerer Verarbeitungsprozesse. Das rationale, logische Denken wäre damit nur ein Aspekt des gesamten Denkprozesses. Es wäre zu fragen in welchem Verhältnis dieses logisch-rationale Denken zum Gesamtprozeß steht.

Man kann sicherlich stets funktionale Frühformen einzelner Denkleistungen – wie z.B. Sehen, Hören, emotionales oder rationales Denken – feststellen. Es fragt sich jedoch, ob die Entwicklung innerer Verarbeitung tatsächlich entlang einzelner, funktionaler Stadien geschieht. Die hier vorgeschlagene Richtung der forschenden Beobachtung, welche besonders die kontextuellen Zusammenhänge ins Auge faßt, kommt zu einer anderen Schlußfolgerung: es könnte sein, daß sich innere Verarbeitung, Denken in dem genannten, allgemeinen Sinn, in mehreren qualitativen Sprüngen vollzieht. Jede Stufe würde dem Gesamtprozeß eine neue Qualität hinzufügen, ohne die vorherigen überflüssig zu machen.

6.1.2 Erfahrungsbildung und ästhetisches Denken

Was die sinnliche Erfahrung betrifft, wird man zwei solcher qualitativer Sprünge in den frühen Entwicklungen ausmachen können:

(1) Sensorisches Denken;
(2) Imaginatives Denken.

Ad (1): Sensorisches Denken umfaßt den gesamten Bereich der inneren Strukturierung durch Wahrnehmungsempfindungen und körperliches Handeln. Nach den Ausführungen in den Kapiteln 3 – 5 läßt es sich zusammenfassend charakterisieren:

Wahrnehmungen beziehen sich auf drei Bereiche: die Fernsinne, die Körperwahrnehmung und die emotionale Wahrnehmung (Beziehungswahrnehmung).

In der Entwicklung erscheinen diese Wahrnehmungsformen in einer nicht allzu präzisen Abfolge:
- Die Grundlage der Körperwahrnehmung wird bereits in der 12. – 15. Schwangerschaftswoche gelegt. Sie bildet die Wahrnehmungsbasis, die vor und nach der Geburt erste Orientierung gibt. Deshalb

kann man zu Beginn der Entwicklung von einer sensorisch-motorischen Ausgangsphase sprechen.
- Die Wahrnehmungen der Fernsinne funktionieren ebenfalls bereits gegen Ende der Schwangerschaft, müssen aber nach der Geburt noch eine Phase der Feinabstimmung durch die konkret gegebene Umwelt durchlaufen (Epigenese). Danach dienen sie als wesentliche Zugangsweisen zur Erfassung der äußeren Wirklichkeitsbereiche.
- Auch emotionale Wahrnehmung, welche die Grundlage der Wahrnehmung von Beziehungen bildet, ist in globalen Affektmustern (z. B. Erschrecken, orale Gier, erbarmungslose Aggressivität) bereits mit der Geburt gegeben. Sie wird vielleicht am stärksten von allen Wahrnehmungsweisen durch die konkreten Erfahrungen entwickelt und ausgeformt. Dabei ist es wichtig, daß auf der Ebene des Körpers (Stillen, Halten, Pflegen, Wiegen, Hautkontakt, Wärme usw.), wie auf der Ebene der Fernsinne (Sehen, Hören, Riechen) eine intensive Kommunikation zustandekommt, welche die Basis der emotionalen Erfahrungen bildet. Emotionale Erfahrung ist auf die beiden anderen Sinnesbereiche insofern angewiesen, als deren Deutungen der zwischenmenschlichen Kommunikation die emotionale Wahrnehmung leiten und eichen. So gesehen wird emotionale Wahrnehmung durch die anderen etwas früher ausgebildeten Wahrnehmungsbereiche vorstrukturiert.

Diese dreifache, sensorische Orientierung bildet die Ausgangsmuster für die ersten Erfahrungen der Wirklichkeit. Sie wird durch sensorische Muster (z. B. Formen, Dynamiken, Rhythmen) strukturiert. Störungen auf dieser sensorischen Ebene führen zu sehr grundlegenden Behinderungen des Zugangs zur Wirklichkeit. Unter bisher nicht genau zu klärenden Umständen wird dabei der Zugang zur Wirklichkeit partiell oder gänzlich in Frage gestellt.

Ad (2): Imaginatives Denken bezieht sich auf alle Prozesse der Phantasie und der inneren Vorstellungen. Phantasie meint dabei den Aspekt des „Bilderns", wie er in der Psychoanalyse durch das „Primärprozeßhafte Denken" (Freud 1900) beschrieben wird. Phantasien „bildern" sensorische Erfahrungen entlang der subjektiven Erlebniswelt eines Individuums. Vorstellungen sind Vorstellungen von etwas, also Wirklichkeitsbilder, die sich ein Subjekt macht. Vorstellung und Phantasie spielen in der Symbolbildung zusammen. Symbole wären mithin aus einem Aspekt subjektiven Erlebens (Phantasie) und situativer Wirklichkeitswahrnehmung (Vorstellung), also aus einem subjektiven und einem objektiven Aspekt zusammengesetzt. Den Gesamtprozeß von Phantasie, Vorstellung und Symbolbildung nenne ich Imagination.

Ich schlage nun vor, einen weiteren Begriff einzuführen, den der ästhetischen Verarbeitung oder des ästhetischen Denkens. Wenn man die Überlegungen Lakoffs, Damasios, Greenspans oder der Autismusforschung weiterdenkt, kommt man nicht umhin, einen ästhetischen Aspekt von Erfahrungsbildung herauszuheben, in dessen Zentrum die Wechselwirkung von sensorischen Erfahrungen des handelnd-empfindenden Subjekts mit inneren Bildern steht. Nach den bisherigen Überlegungen werden sensorisch-motorische Strukturierungen (Schemata, Muster) in den Bereich der Vorstellungen, Phantasien, Symbole übergeführt.[28] Aber es gilt auch umgekehrt, daß die imaginative Ebene die Ebene sensorisch-motorischen Denkens anleitet. Sensorische Wahrnehmungen werden nicht nur in innere Bilder übersetzt, sondern Imaginationen veranlassen das Subjekt zu genaueren, spezifischeren oder differenzierteren, sensorisch-motorischen Aktionen und Wahrnehmungen.

Ästhetische Erfahrung bestünde also aus einer durch Handlungs- und Wahrnehmungsmuster strukturierten sensorischen Erfahrung, gekoppelt mit Vorstellungen, Phantasien, metaphorischen Denkweisen, Prozessen der Verdichtung und Überlagerung von Bildern, wie sie beispielhaft im Traum erlebt werden können. So werden sensorische Erfahrungen in bedeutsame Bilder umgewandelt. Ein ästhetischer Prozeß läge damit jedem Denkprozeß zugrunde, der auf einem eigenen wahrnehmenden Handeln beruht. Ästhetische Erfahrung wäre notwendige Grundlage eines menschlichen Handelns und Denkens aus der eigenen Erfahrung heraus. Die Qualität und Differenziertheit abstrahierenden Denkens wäre von der Qualität und Differenziertheit des ästhetischen Denkens unmittelbar abhängig.

Diese Wechselwirkung der sensorischen und der imaginativen Denkebenen tritt im späteren Leben als ästhetischer Erlebens- und Gestaltungsbereich hervor. Es ist der Bereich, der beim Gestalten oder Nachvollzug eines ästhetischen Werkes – sei es im Bereich von Musik, Kunst, Theater usw. – die Ausgangserfahrung bildet. Reflexionen über kulturelle, künstlerische Ereignisse ergeben nur insofern einen Sinn, als sie sich auf einen solchen Prozeß differenzierter Wahrnehmungserfahrungen und sensorisch fundierter Phantasie und Imaginationsprozesse beziehen können.[29] Deshalb erscheint es sinnvoll, die beiden basalen Stufen einer subjektiven Verarbeitung, die von eigenen Wahrnehmungen ausgehen – nämlich das sensorisch-motorische und das imaginative Denken in der angedeuteten Breite –, als ästhetisches Denken zusammenzufassen. Dies entspricht durchaus auch Beschreibungen, wie sie von Seiten der Kulturwissenschaften über ästhetische Prozesse gegeben werden (vgl. Read 1962; Ehrenzweig 1974; oder aus neuerer Zeit: Welsch 1989; Schäfer 1995). Ästhetisches Denken bildet damit die Basis kindlicher Welt- und Selbsterfahrung. Als eigener Bereich der kulturellen Erfahrung kann es ins Erwachsenenleben fortgesetzt werden.

Selbstverständlich setzt eine solche Betrachtungsweise eine dritte Ebene des Denkens mit voraus: das logisch-schlußfolgernde. Dieses entstünde aus dieser Sicht nicht einfach als logische Weiterentwicklung ästhetischen Denkens. Vielmehr würde das ästhetische Denken in den Bereich des rationalen Denkens übersetzt. Das bedeutete, daß das logische Denken eine eigenständige Verarbeitungsstufe bildete, sich auf das ästhetisch Verarbeitete bezöge, und dieses in seinem Sinne umarbeiten würde. Genausowenig, wie das ästhetische Denken das logische Denken ersetzen kann, kann logisches Denken den ästhetischen Erfahrungsraum auslöschen. Vielmehr: Ästhetisches Denken kann durch rationales Denken weiterentwickelt werden. Logisch-rationales Denken aber hat als einen leitenden Bezugspunkt das, was das Subjekt wahrgenommen und im o.g. Sinn ästhetisch strukturiert hat. Ohne eine solche Bezugsbasis wäre logisches Denken nur formal (selbstverständlich gibt es ein solches formales Denken).

Auf die Erfahrungswelt von Kindern bezogen bedeutet dies:
(1) Kinder benötigen ausgiebige und ausführliche Erfahrungen des ästhetischen Denkens. Dieser Erfahrungsbereich kann nach vier Richtungen hin unterstützt werden:
- Differenzierung sensorisch-motorischer Erfahrungen;
- Anregung des Phantasiebereichs durch reiche Bilderwelten;
- Anregung des Vorstellungsbereichs durch mimetische Anverwandlung der Wirklichkeit (Nachahmung);
- Gestaltung von Symbolwelten in denen die vorhergehenden Bereiche zusammenwirken, aber individuell verschiedene Mischungsverhältnisse eingehen (z. B. im kindlichen Spiel).

(2) Diese ästhetische Erfahrungswelt wird durch rationales Denken zunächst mitstrukturiert, später auch in dieses transformiert. Es kann im jetzigen Zusammenhang nicht ausführlich geklärt werden, wie und wann dieser Übergang erfolgt. Deshalb hierzu nur zwei Anmerkungen:
- Der Übergang vom ästhetischen zum rationalen Denken kann forciert werden, indem man frühzeitig die Formen des ästhetischen Denkens zurückdrängt und an ihre Stelle logische Kalkulationen setzt. Wirklichkeitswahrnehmung wird dadurch von vorneherein stark eingeschränkt: Ästhetische Prozesse, die in der alltäglichen Wirklichkeitswahrnehmung, wie in der sozialen Wahrnehmung eine entscheidende Rolle spielen, bleiben wenig entwickelt. Es wird nur-

mehr wahrgenommen, was man auch logisch denken kann. Das soziale Zusammenleben, das Zusammenwirken von Subjekt und Welt, sowie das Selbst-Verständnis des Subjekts werden auf eine Weise funktionalisiert, die im Extremfall unangemessen, ja zerstörerisch wirken kann.[30]
- Einen entscheidenden Beitrag zu diesem Übergang leistet der Eintritt in den Bereich der Schule und das damit verbundene Erlernen der Schriftsprache und anderer Kulturtechniken. Die gesprochene Sprache lebt sehr stark aus den jeweiligen sozialen, emotionalen und handelnden Kontexten und ist zuweilen ohne Kenntnis solcher Kontexte unverständlich. Demgegenüber tritt mit der Schriftsprache der objektivierende Charakter der Wirklichkeitserfahrung als Anspruch hervor sowie die logisch-rationale Verständlichkeit auch außerhalb des unmittelbar erlebten Kontextes. Allein durch diesen Übergang wird das kindliche Denken auf eine neue Weise strukturiert, die in dieser Konsequenz vor dem Schuleintritt nicht nötig schien.
- Es bedarf genauerer Untersuchungen auf dem gesamten Feld des kindlichen Denkens, inwieweit dieser Übergang vom ästhetischen zum rationalen Denken bereits vor der Schule vorbereitet wird. Jedenfalls scheint es nötig, eine ausgewogene Gewichtung zwischen ästhetischen Wahrnehmungs- und Denkprozessen sowie den logisch rationalen zu ermöglichen. Vorschläge eines solchen ausgeglichenen Verhältnisses werden in verschiedenen Konzepten vorschulischer Bildung gemacht, von denen ich einige im Folgenden ansprechen werde.

6.2 Vorschulische Erziehung als ästhetische Erfahrungsbildung

6.2.1 Ästhetische Erfahrung ist nicht nur Singen, Malen, Basteln

6.2.1.1 Ästhetische Erfahrung als Alltagserfahrung

Aus den bisherigen Überlegungen kann man den Schluß ziehen, daß die Zeit vor der Schule ein wesentlicher Entwicklungsabschnitt ist, in dem sich der ästhetische Erfahrungsbereich grundlegend entwickeln kann. Auch wenn noch ungeklärt bleibt, welchen Anteil logisch-rationales Denken an dieser basalen Entwicklung ästhetischer Erfahrungsformen bekommt – zunächst mitstrukturierend, dann transformierend –, kann man festhalten, daß der ästhetische Erfahrungsbereich ein zentraler Bezugspunkt vorschulischer Bildung ist.

Um Mißverständnisse auszuschließen: ästhetische Erfahrungsbildung hat hier nichts mit der Herstellung schöner Produkte zu tun, sondern meint alle Formen einer sensorisch-verarbeitenden Erfahrungsstruktur. Dazu gehört also das Streicheln eines Hundes genauso wie die Entdeckung der Wandlungen des Mondes, ein Rollenspiel ebenso wie das Fahrradfahren, die erste Liebe wie auch die Wut über den zu streng empfundenen Vater, das Plätschern in der Badewanne und die Faszination des Seifenblasens, Einschlafrituale wie die Rhythmen kindlicher Bewegungsspiele, Wortspiele, Witze oder aber der innere Schwindel bei der Frage, was es, das Kind, denn wäre, wenn es nicht geboren oder Kind anderer Eltern wäre. Es zählen also alle Wahrnehmungserfahrungen dazu, die Anlaß zu Vorstellungen, Phantasien und natürlich dann auch zu Fragen geben. Das rationale Denken – die Fragen und die Antworten der Kinder – nimmt sein Material unmittelbar aus dem, was Kinder wahrgenommen, vorgestellt, mit Phantasien angereichert und in innere Bilder verwandelt haben. Es geht aus von den Rätseln, die sich aus diesem ästhetischen Erfahrungsbereich ergeben.

Natürlich wird die ästhetische Erfahrungsbildung durch Formen ästhetischen Gestaltens unterstützt. Doch sind hier gleich drei Einschränkungen festzuhalten:
- Ästhetische Gestaltungsformen sind nur ein Ausschnitt aus dem gesamten ästhetischen Erfahrungsbereich, der alle sensorischen, motorischen, sozialen und emotionalen Wahrnehmungsfelder umfaßt.
- Ästhetische Strukturierung im hier gemeinten Sinn bezieht sich nicht nur auf Schönheitsformen. Auch Aggression, Wut oder Streit müssen strukturierte Formen finden. Formen der Bejahung sind genauso nötig wie solche der Verneinung. Das Häßliche, Eklige, Gemeine gehört zu unseren Erfahrungsformen wie das Schöne, Erhebende oder das Staunenmachende.
- Ästhetische Erfahrung hat keine zwingende Verbindung mit der Produktion von irgendetwas, seien es Geschenke, Bilder oder Ideen.

So halte ich fest: Ästhetisches Denken ist Teil des alltäglichen Lebensvollzugs, der auf eigenen Wahrnehmungserfahrungen beruht. Dieser Teil des alltäglichen Lebens kann gefördert oder mißachtet werden.

6.2.1.2 Ästhetische Erfahrung und multiple Intelligenzen

Man könnte nun einwenden, das so skizzierte Konzept ästhetischer Erfahrung sei möglicherweise nur eine Ausprägung einer besonderen ästhetischen Begabung. In diesem Sinne hat Gardner (1991) u.a. zwischen musikalischer Intelligenz, räumlicher Intelligenz, körperlichkinästhetischer Intelligenz oder personaler Intelligenz unterschieden, um nur die Intelligenzbereiche zu nennen, die das hier vertretene Konzept der ästhetischen Erfahrung unmittelbar berühren.

Die Existenz solcher spezifischer Begabungen wird hier nicht grundsätzlich in Frage gestellt. Doch was hier angesprochen wurde, ist nicht damit identisch. Vielmehr habe ich hier eine basale Erfahrungsstufe beschrieben, die wesentlich auf sensorisch-motorischen Wahrnehmungsmustern beruht. Sie ist Voraussetzung allen Denkens, welches auf eigenen Wahrnehmungserfahrungen beruht. Insofern ist sie allgemein und eine notwendige Erfahrungsform – weil die erste und einzige – in der frühesten Kindheit.

Diese Allgemeinheit hindert jedoch nicht anzunehmen, daß ihre subjektive Ausdifferenzierung und Fortentwicklung persönlichen Schwerpunktsetzungen folgt; daß sich subjektiv nicht besondere Begabungs- oder Intelligenzformen herausbilden; daß nicht individuell oder kulturell solche spezielleren ästhetischen Erfahrungsformen gefördert oder behindert werden können. Ja, es ist Teil meiner Hypothese, daß ästhetische Erfahrungsformen in unserem Kulturbereich weder in der frühen Kindheit eine besondere Beachtung erfahren noch in der späteren Kindheit allgemein gefördert werden. Im Gegenteil, ich sehe unser wissenschaftlich und kulturell geprägtes Leben dominiert von einem Denken, das möglichst rasch von subjektiv erlebten Erfahrungsformen zu einem objektiven Denken führt. Das bedeutet, daß sowohl öffentliche Meinung als auch institutionalisiertes pädagogisches Denken speziell den Intelligenzformen zugetan sind, die eng mit dem logischen Denken verknüpft sind: der linguistischen und der logisch-mathematischen Intelligenz. Dem widerspricht auf der anderen Seite nicht, daß es spezifische Förderungen von guten bis sehr guten Begabungen im Bereich des ästhetischen Gestaltens – wie z.B. im Bereich von Musik, Kunst oder Sport – gibt.

Was nach den obigen Vorstellungen problematisiert werden muß, ist diese funktionale Spezialisierung in das rationale und gesellschaftlich bestimmende Denken einerseits und in das ästhetische Denken andererseits, das auf gesellschaftliche Spezialbereiche verwiesen und damit für viele unzugänglich gemacht wird. Auch wenn es sinnvolle Differenzierungen einführt, tritt gerade das Konzept der multiplen Intelligenzen dieser Trennung nicht entgegen. Vielmehr dürfte es einen spezifischen, kulturell bestimmten Blickwinkel bis in die frühe Kindheit verlängern. Auf der anderen Seite muß eingeräumt werden, daß auch der hier vertretene Standpunkt nicht kultur- und gesellschaftsunabhängig verstanden werden kann. Vielmehr entsteht er wohl gerade aus dem gegebenen soziokulturellen Kontext, insofern er seine Aufmerksamkeit nicht auf vorherrschende Meinungen lenkt, sondern auf Indizien, die nahelegen, daß die bestehende Forschung bestimmte Blickwinkel nicht ausreichend oder gar unzulänglich erfaßt.

6.2.2 Ansätze für ein frühkindliches Bildungskonzept auf der Basis ästhetischer Erfahrung

6.2.2.1 Spielen

Gemeint ist hier zunächst das freie Spielen, das So-als-ob-Spiel, die Rollen- und Symbolspiele der Kinder. Hierzu habe ich in früheren Publikationen (insbes. Schäfer 1986, 1989) die Grundlagen erarbeitet. Sie lassen sich zusammenfassen:

Zu unterscheiden ist zwischen einer funktionalen und einer strukturalen Spielbetrachtung. Die *funktionale* stellt einzelne oder mehrere Funktionen in den Vordergrund, die durch Spiel gefördert werden können. Dabei wird dem Regelspiel z.B. eine besondere Bedeutung in der Übernahme sozialer Verhaltensweisen zugeschrieben. Das freie Spiel hingegen unterstützt Phantasie und Selbstausdruck. Es gibt aber nahezu kein menschliches Vermögen, das nicht durch irgendeine Art von Spiel vorangebracht werden könnte. Man versucht deshalb auch, schwierige Lernaufgaben aus allen Lernbereichen durch spielerische Momente aufzulockern.

So gesehen ist das Spiel auch mit vielen ästhetischen Erfahrungsbereichen unmittelbar verknüpft, mit den Fernsinnen, mit Körperbewegungen, Gleichgewichts- oder Tastsinn. Darüber hinaus läßt sich z.B. das Rollenspiel mit verschiedenen Spielarten sozialer Beziehungen ein und reguliert damit die emotionale Wahrnehmung. Kinderspiel in seinen verschiedensten Formen bildet den vom Kind bevorzugten Rahmen, um alle ihm zugänglichen oder bedeutsamen sensorisch-motorisch-imaginativen Erfahrungsbereiche wirksam einzusetzen.

Die *strukturale Spielbetrachtung* hingegen sucht nach strukturellen Mustern, die das Spiel zum Spiel machen und dadurch von anderen menschlichen Tätigkeiten und Handlungsweisen abgrenzen. Hier können die bislang vorwiegend phänomenologischen Beschreibungen, welche die Zweckfreiheit des Spiels, seine intrinsische Motivation und seinen mittleren Erregungsbereich hervorheben, durch ein tiefenpsychologisch fundiertes Strukturmodell ergänzt werden, das auf die Arbeiten von Winnicott (insbes. 1973) zurückgeht.

Spiel ereignet sich in einem Zwischenbereich zwischen innersubjektiver und äußerer, vom Subjekt unabhängiger Welt (innerer und äußerer Welt). Das bedeutet, daß das Spiel einerseits mit subjektiven Phantasien aufgeladen ist, andererseits aber deutlichen Bezug zur sachlichen und sozialen Wirklichkeit nimmt. Das wird im Spiel gerade dadurch möglich, daß die Realitätsprüfung mehr oder minder locker gehandhabt wird und daher äußere Realität und innere Phantasiewelt leicht miteinander verschmolzen werden können. So gesehen ist das freie Kinderspiel, zum einen, gerade mit jenem Bereich des Denkens verknüpft, der in Kap. 4 anhand von Lakoff als image-schematic level charakterisiert wurde, also mit der Transformation von sensorisch-motorischen Erfahrungen in Bilder, Phantasien und Vorstellungen. Zum anderen bildet das Spiel das Zentrum dessen, was ich als ästhetisches Denken hervorgehoben habe: die Wechselwirkung zwischen sensorisch-motorischen Handlungsmustern und den Phantasie- und Vorstellungsbildern der Imagination. Eines ruft das jeweils andere hervor: Die Handlungen erzeugen Bilderwelten und Bilderwelten werden in konkrete Handlungen zurückverwandelt. Dieser Zwischenbereich eines imaginativ geleiteten Handelns bildet also das, was Winnicott den intermediären Bereich des Spiels genannt hat. Analog zu den Überlegungen über einen Prozeß der ästhetischen Erfahrung werden sensorisch-motorische Prozesse sowohl mit Bildern aus der Wirklichkeit, die ich Vorstellungen nannte, wie mit Bildern aus den Phantasien der subjektiven Innenwelt verknüpft. Im Spiel kann dieses Mischungsverhältnis nach Belieben geregelt werden; mal mögen die Phantasien überwiegen, mal die Wirklichkeitsvorstellungen. So gesehen bildet das Spiel das paradigmatische Feld für das ästhetische Denken.

6.2.2.2 Gestalten

Die Übergänge zwischen Spiel und Gestaltung sind sehr fließend. Jedes Spiel ist selbst ein Produkt von Gestaltung. Dennoch möchte ich die beiden Bereiche wenigstens tendenziell unterscheiden. Allein dadurch, daß bei den verschiedenen Gestaltungsprozessen das Material, mit dessen Hilfe etwas gestaltet wird, berücksichtigt werden muß, kommt ein stärkeres Realitätselement ins Spiel. Zudem müssen noch – mehr oder weniger ausgeprägt – bestimmte kulturell vorgeformte Gestaltungsregeln Berücksichtigung finden.[31]

Wenn man Bildgestaltungen, Basteln, musikalische Gestaltungen dennoch auch als Spielformen betrachtet, dann zeigt sich darin, daß die spielerische Grundstruktur, also das, was soeben als intermediäres Geschehen charakterisiert wurde, dabei erhalten bleibt. Auch Gestaltungsprozesse können als Prozesse angesehen werden, in denen sich sensorische Erfahrungen, Phantasien, Vorstellungen leicht gegenseitig überlagern und frei variieren. Allerdings ist gegenüber dem freien und relativ materialungebundenen Spiel der Wirklichkeitsaspekt deutlicher betont, sowohl in der adäquaten Berücksichtigung der Materialien wie auch in der mehr oder weniger gelockerten Berücksichtigung von Gestaltungsregeln.

Dies läßt sich am kindlichen Basteln (vgl. Schäfer 1990, 1995) verdeutlichen. Der typische Bereich des Bastelns ist nicht die freie Gestaltung einer Sache aus einem beliebig formbaren Material, sondern das Umstrukturieren vorhandener gefundener oder gesammelter Stücke zu etwas Neuem: also z. B. das Holzbrett, das mit wenigen Nägeln, einer Fadenspule oder einer Klopapierrolle in ein Schiff verwandelt, oder der Bauernhof, der aus Steinen, bizarr geformten Zapfen und Trockenfrüchten zusammengestellt wird. Sensorische Erfahrungen von Formen, Strukturen, Farben, von bestimmten motorischen Erfahrungsmöglichkeiten, von taktilen Oberflächenqualitäten, rufen – einzeln oder in Kombination – Vorstellungen hervor, die nun ihrerseits mit Phantasien aufgeladen werden können, welche ein Spiel mit diesen Basteleien vorantreiben. Das, was hier über das Basteln gesagt wurde, läßt sich sinngemäß auch in andere Bereiche des Gestaltens übertragen. Erzählen, Geschichten erfinden, sprachliche Merkwürdigkeiten aufspüren dürfte dabei – als sprachliches Basteln – eine besondere zentrale Stellung einnehmen. Besonders hingewiesen sei auf die Bereiche musikalischer Gestaltungsformen und die der Bewegungsgestaltungen.

Damit derartige Basteleien in den verschiedensten Gestaltungsbereichen zustande kommen können, braucht das Kind einen Vorrat von Wirklichkeitsformen, die es dann in seiner Vorstellung oder in Vorstellung und Handeln frei variieren und zu neuen Formen zusammensetzen kann, die durch seine Imagination angeregt werden. Es muß also seine sensorischen Erfahrungen strukturieren und ordnen können, um aus diesem Vorrat sensorischer Muster neue Gestaltungsmöglichkeiten hervorzubringen.

6.2.2.3 Sammeln

Deshalb bildet das Sammeln eine wichtige systematische Ergänzung zum Basteln. Wir wissen, daß Kinder gerne sammeln, darunter auch vieles, was das Kopfschütteln der Erwachsenen hervorruft. Wir können kaum (mehr) erahnen, welches Interesse sich an rostige Metallteile, an Knöpfe, an Kronenkorken, Blechdosen, Stoff- oder Fellstücke und dergleichen mehr heftet. Duncker (1990) hebt am kindlichen Sammeln einige Gesichtspunkte hervor, die im Zusammenhang des ästhetischen Denkens Bedeutung gewinnen. Danach läßt sich dieses Sammeln als kindliche Erkenntnistätigkeit, als eine Weise der Sinngebung verstehen. Erkenntnisarbeit folgt dabei keinesfalls zwingend den systematischen Regeln logischen Denkens. Bei einem Blick in die Kulturgeschichte der Renaissance bemerkt Duncker, daß in den damaligen Kunst- und Wunderkammern gerade die Grenze zwischen Wissenschaft und Kunst, zwischen Realität und Phantasie, zwischen Erkenntnis und staunendem Glauben aufgehoben war. Es finden sich Raritäten, Kuriositäten, Naturalien, Zeugnisse von Kunst und Kultur – wenn möglich aus fremden, exotischen Gebieten – unmittelbar nebeneinander. Sie bezeugen einerseits ein waches Interesse an der Vielfalt von Wirklichkeitsformen, andererseits an magisch-mythischen Spekulationen. In gleicher Weise dürften die kindlichen Sammlungen einerseits einer ästhetischen Aufmerksamkeit für die Vielfalt und Merkwürdigkeiten der umgebenden Wirklichkeit entspringen, andererseits stets mehr oder weniger stark mit der Phantasie- und Vorstellungswelt des Kindes verbunden sein, mit realen und innersubjektiven Bedeutungswelten, deren „Logik" den Sammlungen nicht immer unmittelbar abgelesen werden kann.

Darüber hinaus hebt Duncker noch die Denktätigkeit hervor, die in dieses Sammeln eingebaut ist. Er verbindet Sammeln mit einem Bemühen, sich „im Chaos der Phänomene *Regionen der Übersicht* zu schaffen" (Duncker 1990, S. 121). Dazu vergleicht er es, in Anlehnung an Roland Barthes (1966), mit einer strukturalistischen Tätigkeit. Diese sei gekennzeichnet durch ein Zerlegen und ein Arrangieren. Wirklichkeit wird zerlegt, in Einzelteile gegliedert und nach Kategorien geordnet. Dabei können diese Kategorien sehr vielfältig und mehr oder weniger individuell sein. Von daher stellt sich eine Sammlung als ein

> „Konstrukt" dar, „das Theoriearbeit enthält: *Sie verweist auf das Zusammenspiel objektiver Merkmale und subjektiver Sinndeutungen, die wir in Strukturen zu beschreiben versuchen. Die Ordnung der Dinge erweist sich so nicht als Abziehbild einer ontologisch verstandenen Wirklichkeit, sondern als menschliche Zutat, als ein kreativer Akt, der Entscheidungen abverlangt und eine Erkundung, Erprobung und Entdeckung von Beziehungen zwischen den Dingen voraussetzt*" (ebd., S. 121; Hervorhebungen Duncker).

Das so Zerlegte, nach individuellen Mustern Geordnete steht nun bereit, in anderen Zusammenhängen wieder in neuen Formen zusammengesetzt zu werden: Die Steine- und Muschelsammlung wird zu einer Miniaturwelt, in der sich der phantastische Tagesablauf einer Spielfamilie samt Tieren inszeniert; die Knöpfesammlung wird zu einem Männchen ausgelegt (ebd., S. 122), die Federsammlung erlaubt, den

Teddybär in einen modernen Ikarus zu verwandeln (ebd., S. 120). So wird aus den gehorteten und geordneten Mustern eine neue, interessierte Wirklichkeit geschaffen. Sammeln geht in Basteln über.

6.2.2.4 Lernen

Die folgenden Überlegungen beanspruchen lediglich den Status einer Hypothese, die aus der vorangegangenen Darstellung von Forschungsergebnissen begründet werden kann. Um jedoch eine Vorstellung zu entwickeln, wie ästhetische Erfahrung weitergedacht werden könnte, sind sie systematisch notwendig, auch wenn sie zunächst nur als eine Art Wegweiser für weitere Forschungen dienen können.

Wie kommt man vom Spielen, Gestalten, Sammeln zum Lernen?

Überhaupt nicht, man ist nämlich schon da. Diese drei Gestaltungsformen der ästhetischen Erfahrung sind – wie meine Überlegungen zeigen wollten – bereits Lernen und zwar Lernen auf der Basis von sensorischer Wahrnehmung und ihrer Weiterverarbeitung. Wahrnehmung ist insofern ein Denken, als es zum einen durch die Evolution eingebaute, zum anderen durch Erfahrungen strukturierte Theoriebildungen enthält, mit deren Hilfe das Wahrgenommene im Gehirn mit biopsychischen Mitteln hervorgebracht wird. Darauf baut das imaginative Denken auf, das ganz von der subjektiven Erfahrungswelt, also der Summe des ontogenetisch Gelernten abhängt und das rückwirkend weitere sensorische Erfahrungen vorstrukturiert und induziert. Da die bereits „gelernten" Strukturierungen von Erfahrungen den Ausgangspunkt dafür bilden, was in der nächsten Zukunft neu hinzugelernt wird, formt sich der gesamte individuelle Erfahrungsprozeß als eine einzige, sich stets fortschreibende Lerngeschichte.

Davon hebt sich unser alltäglicher Lernbegriff ab, der vornehmlich darauf gerichtet ist, der Wirklichkeit etwas abzusehen, die Wirklichkeit als Wirklichkeit zu erfassen. Dies stimmt jedoch nicht mit den bisherigen Überlegungen überein. Wenn Wahrnehmung, Wirklichkeit, Erfahrung subjektive Konstruktionen sind, mit deren Hilfe wir uns die Wirklichkeit aus dem Blickwinkel unserer bisherigen Erfahrung zurecht basteln (konstruieren scheint mir dafür ein viel zu strenger Begriff zu sein), dann bekommen wir niemals die Wirklichkeit in reiner Objektivität zu fassen, sondern immer nur als „interessiertes Simulacrum" (Barthes 1966). Freilich, dieses „interessierte Simulacrum" nimmt die Einflüsse der Wirklichkeit unterschiedlich flexibel auf. Wir können eine Wirklichkeitswahrnehmung, die ganz von subjektiven Vorurteilen oder Projektionen verzerrt wird, von einer anderen unterscheiden, in der sich das Subjekt samt seinem Körper als gespanntes

Instrument betrachten läßt, das sich in die Lage versetzt, feinste Empfindungen, die eine äußere Wirklichkeit in ihnen hervorruft, zu bemerken und einer inneren Verarbeitung zuzuführen. Letzteres kommt unserem alltäglichen Lernbegriff am nächsten: Man muß lernen, wie die Dinge sind, damit man sachgerecht mit ihnen umgehen kann.

Aus dem Blickwinkel von ästhetischer Erfahrung verläßt jedoch auch dieses sachbezogene Lernen niemals völlig jenen intermediären Zwischenbereich, in dem subjektive Vorstrukturierungen einer vorgestellten Wirklichkeit überlagert und moduliert werden. So gesehen hat das Subjekt prinzipiell nur vier Möglichkeiten:

- Entweder, die subjektiven Strukturen überlagern und dominieren das, was an äußeren Strukturen wahrgenommen wird; die Phantasie überwiegt.
- Oder die äußeren Strukturen überlagern beherrschend die inneren Muster; es entsteht so etwas wie ein Lernzwang ohne Berücksichtigung individueller Vorgaben. Genauer, die individuellen Vorgaben werden durch einen massiven Lerndruck von außen gleichsam eingeebnet. Das setzt voraus, daß sich dies ein Individuum gefallen läßt, ohne sich zur Wehr zu setzen. Lehr- und Lernverfahren, die sich für das Subjekt und seine Strukturen nicht interessieren, müssen auf ein solches Vorgehen zurückgreifen.
- Oder innere und äußere Strukturmuster überlagern und modulieren sich im Rahmen einer flexiblen Äquilibration; in diesem Bereich sind die verschiedenen Spiel- und Gestaltungsformen der ästhetischen Verarbeitung anzusiedeln.
- Oder das Subjekt erzeugt in sich eine gespannte Aufmerksamkeit, mit der es sich auf bestimmte Dinge seiner Umwelt richtet, bereit, jeden Außenreiz sorgfältig zu registrieren und auf seine Bedeutung im Zusammenhang der Sache abzutasten. Dieses Vorgehen gleicht dem Prinzip des Tropfens, der das Faß zum Überlaufen bringt. Gerade weil das Individuum seine Wahrnehmungsstrukturen in gespannter Aufmerksamkeit auf den Gegenstand gerichtet hält, gerade weil es diese Strukturen ganz in den Dienst der Wahrnehmung stellt, kann es auch von kleinen und kleinsten sensorischen Stimulationen einen intensiven Impuls erhalten, der ihm ermöglicht, neue Wahrnehmungs- und Erfahrungsmuster zu bilden.

Letzteres gelingt jedoch nur, wenn die Bedürfnisse des Subjekts selbst keine Aufmerksamkeit erregen, weil sie sich in einem Zustand des Wohlbefindens eingependelt haben, so daß das derart entspannte Subjekt sein gesamtes Sensorium – und das heißt auch sein körperliches und emotionales – ganz auf die Sache richten kann. Das ist der Fall, wenn jemand, wie man so sagt, völlig in seiner Sache aufgeht. Montessori hat das mit dem Begriff der Polarisierung der Aufmerksamkeit ausgedrückt. Der Begriff der intrinsischen Motivation hingegen erfaßt diesen Zustand nur schlecht, weil er so tut, als käme das Motiv von irgendwoher zur Sache dazu. Hingegen wird er – auf der Ebene der Erwachsenenerfahrung – von Csikszentmihalyi als „Flow-Erlebnis" recht zutreffend beschrieben (1985, 1991).

Mit Hilfe des ästhetischen Denkens läßt sich ebenfalls ein Aspekt dieses Lernens durch angespannte-entspannte Aufmerksamkeit näher erläutern (angespannt in Richtung äußere, entspannt in Richtung innere Realität). Aus diesem Blickwinkel muß zunächst der gesamte Körper mit sämtlichen sensorischen Möglichkeiten als Wahrnehmungsorgan angesehen werden. Das Subjekt identifiziert sich bis ins Körperliche mit seinem Gegenstand. Die intensive Wahrnehmungstätigkeit wird durch eine intensive Imagination, durch Phantasien und Vorstellungen rückwirkend verstärkt. Umgekehrt gelangten über diese Imagination eine Vielzahl sensorischer Empfindungen auf eine repräsentative Ebene, wo sie mit allen Mitteln der inneren Verarbeitung, die Imagination und des rationalen Denkens weiterverarbeitet werden können.

Das ästhetische Denken hat also über sensorische Wahrnehmung und Imagination nicht unerheblich Anteil daran, die Aufmerksamkeit des Subjekts auf einen Teil der äußeren Wirklichkeit auszurichten. Zugleich stellt es sich als hochempfindlicher Registrierapparat für neue Wirklichkeitserfahrungen zur Verfügung. Es erreicht dies, indem es alle bisherigen Wahrnehmungs- und Erfahrungsstrukturen, die irgendwie von Nutzen sein könnten, über den körperlich-sensorisch-imaginativen Prozeß an der Wahrnehmung und Verarbeitung der neuen Wirklichkeitsaspekte beteiligt.

Die Erörterung dieser vier prinzipiellen Möglichkeiten läßt vermuten, daß Lernen im engeren Sinn nur unter zwei Voraussetzungen gelingen kann: unter starkem Druck von außen – das funktioniert jedoch nur, wenn sich das Subjekt nicht wehrt (z.B. durch „Lernstörungen") – oder unter Bedingungen einer vorgespannten Aufmerksamkeit, die nur da wirklich erreicht wird, wo das ästhetische Denken nicht von vorneherein bis ins Unerhebliche reduziert wird. Lernen im engeren Sinne wird also vorbereitet und vorangebracht durch Intensivierung ästhetischen Denkens.

Es versteht sich, daß ein derartiges Lernverständnis vielfältige Konsequenzen hätte. Ich beschränke mich im gegenwärtigen Zusammenhang jedoch weiterhin auf die Folgerungen, die sich aus den Ausführungen zum ästhetischen Erfahrungsbereich ergeben.

6.2.2.5 Bildung der Gefühle

Damasio (1994) hat zwischen primären und sekundären Gefühlen unterschieden. Primäre Gefühle werden durch bestimmte Reiz- und Schlüsselmerkmale ausgelöst, sind weitgehend biologisch vorprogrammiert und in entsprechenden Schaltkreisen des limbischen Systems, vornehmlich im Hirnstamm und im Hypothalamus, festgelegt. Sie entsprechen dem, was ich Affekte genannt habe. Als solche sind sie noch nicht in eine differenzierte psychische Organisation eingefügt und in ihrer Äußerungsform roh und „erbarmungslos" (Winnicott). Primäre Gefühle werden in sekundäre Gefühle verwandelt, indem sie in Beziehungen – zu Personen zunächst, später auch zu Dingen – eingebettet und durch die subjektiven Beziehungserfahrungen modifiziert werden.

Greenspan (1997) beschreibt solche Entwicklungen für die ersten Lebensjahre. Sie führen von ersten sensorischen Erfahrungen zu einfachen Qualitätsunterscheidungen, zwischenmenschlichem Austausch, zur Bildung komplexer emotionaler Muster der Welt- und Selbsterfahrung. Daraus entstehen innere Bilder, die nach und nach auch über die unmittelbare Situationserfahrung hinaus zu Symbolen verbunden werden können. Die so entstandene Gesamtstruktur nennt Greenspan emotionales Denken. Auf ihr baut das bewußte Denken auf.

Die Untersuchungen von Greenspan (1997) und Stern (1992) machen darüber hinaus auf zwei Dimensionen emotionaler Basiserfahrung aufmerksam: Zum einen geht es um ein grundlegendes Selbstgefühl, das durch zwischenmenschliche Kommunikation modifiziert wird; zum anderen ist die Entwicklung der Emotionen im Bereich der Sach- und Sozialbeziehungen von dieser Basis des Selbstgefühls abhängig. Eine basale Selbstsicherheit, eine Sicherheit in der Kontinuität des Seins, wie dies Winnicott ausgedrückt hat, bildet den Rahmen, in dem die Gefühle, die aus den Verbindungen des Subjekts mit der Außenwelt entstehen, eingebettet sind. Greenspan bezeichnet sie deshalb als Hintergrundgefühle. Zorn, Liebe, Zuneigung und andere Emotionen können von einem Kind mit basaler Selbstsicherheit anders balanciert und differenziert werden, als von einem Kind, das ständig gegen eine innere Angst vor dem Zusammenbruch ankämpfen muß. Ein positives Selbstgefühl, das nicht durch unerträgliche Ängste zerrissen wird, bildet gleichsam den Container, in dem alle anderen emotionalen Erfahrungen aufgefangen und umgeformt werden können. Indem die ersten, zwischenmenschlichen Beziehungserfahrungen zu der individuellen Qualität dieses Containers beitragen, legen sie auch ein Fundament für alle anderen Beziehungen, die das Kind darüber hinaus eingeht.

So gelingt eine emotionale Entwicklung, wie sie Winnicott beschreibt, nur vor dem Hintergrund einer Basis an ausreichend sicherem Selbstgefühl. Er zeichnet nämlich einen Weg von der „Erbarmungslosigkeit" der ersten Affektäußerungen, welche die Gegebenheiten ihrer Beziehungsumwelt noch völlig unberücksichtigt lassen, über Omnipotenzerlebnisse, globale Polarisierungen in Sinne eines Schwarz-Weiß-Schemas, bis zu einer Fähigkeit zur Besorgnis (Winnicott 1963). Besorgnis wird als eine differenzierte Fähigkeit emotionaler Entwicklung verstanden, insofern sie anzeigt, daß ein kleines Kind in der Lage ist, die Besonderheiten einer Person oder einer Sache wahrzunehmen, mit der es sich gerade beschäftigt.

Wichtig ist dieses Zusammenspiel von basalen Selbstgefühlen und emotionalen Differenzierungen vor allem im Bereich der kindlichen Aggression (Winnicott 1973). Hier muß aus einer ursprünglichen Aggressivität, die Ausdruck der Lebendigkeit eines Organismus ist, eine konstruktive Beziehung zur Um- und Mitwelt herausentwickelt werden, ohne die Lebendigkeit und Eigenart des Subjekts dabei zu opfern. Aus dieser Sicht ist Aggressivität zunächst einmal ein emotionaler Zustand, der das Eigenleben des Kindes zum Ausdruck bringt. Würde sie nicht in Beziehungserfahrungen eingebettet und durch sie differenziert werden, müßte sie mit wachsender Entwicklung des Kindes notwendig in Destruktivität umschlagen.

Vor diesen Hintergründen wird verständlich, daß Gefühle die Beziehungserfahrungen des Kindes in die Kommunikation einbringen. Situationen und Gegebenheiten werden emotional bewertet (Damasio 1994; Greenspan 1997; Goleman 1995; Stemme 1997). Dadurch werden alle Beziehungen eines Subjekts – gleichgültig, ob es sich um Sach- oder Personenbeziehungen handelt – emotional so markiert, wie es den bisherigen Erfahrungen des Subjekts entspricht. Dies erleichtert dem Subjekt, aus der Fülle der Reize und Beziehungsmöglichkeiten die herauszufiltern, die ihm wirklich bedeutsam erscheinen.

Auf der anderen Seite werden die Gefühle durch die Beziehungserfahrungen auch modifiziert. Ohne ausreichende und geeignete Beziehungserfahrungen aus zwischenmenschlichen und sachlichen Beziehungen bleiben die Gefühle grob und unentwickelt und taugen immer weniger dazu, in komplexen und vom Verstand nicht überschaubaren Situationen, Strukturierung und Orientierung zu bieten. Sie stören nur noch und müssen beherrscht und ferngehalten werden. Es zeigt sich, daß unsere skeptische Einstellung gegenüber den Gefühlen wohl aus mangelnder Differenzierung herrührt, durch die sie immer ungeeigneter für die Bewertung von Beziehungserfahrungen werden. Mit zunehmender Vielfalt der Beziehungen eines Subjekts müßten auch Empfindungen und Gefühle differenziert werden. Das bedeutet, daß Emotionen aus der Gestaltung von Beziehungen nicht tendenziell ausgeschaltet werden dürfen, sondern als differenzierender Teil der Beziehungsregulation in das Erfahrungslernen eingeschlossen werden müssen.

Insofern Psychotherapien an früheren Beziehungserfahrungen anknüpfen, tragen sie zu einer nachträglichen Ausformung der emotionalen Wahrnehmungs- und Erlebnisfähigkeit bei. Dies könnte ihre Hauptfunktion sein.

In einer nicht adäquaten Ausbildung emotionaler Wahrnehmungsfähigkeit dürfte auch ein zentrales Problemfeld sozial vernachlässigter Kinder liegen, also der Kinder, die auch im günstigsten Fall keinen Zugang zu Psychotherapien finden (wenn es denn geeignete für sie gibt): zu wenige oder ungeeignete Beziehungserfahrungen aus vernachlässigten zwischenmenschlichen und sozialen Bezügen;[32] damit verbunden eine Verrohung und Unterentwicklung der emotionalen Wahrnehmungsfähigkeit; unterstützt durch soziale Bedingungen, die es erschweren oder unmöglich machen, ein sinnvolles Verhältnis zum eigenen Leben und zur eigenen Arbeit zu entwickeln. Vor diesem Hintergrund werden auch die entdifferenzierenden medialen Einflüsse – die Propagierung von Illusion und Gewalt – besonders wirksam.

Aus dieser Sicht der emotionalen Wahrnehmung sind einige pädagogische und/oder sozialpolitische Folgerungen zu ziehen:
- Emotionen, Gefühle sind nichts Naturwüchsiges, was einfach eingedämmt oder beherrscht werden müßte, sondern das nie abgeschlossene Ergebnis einer individuellen Entwicklung.
- Diese Entwicklung und Bildung der Gefühle kann durch äußere Bedingungen sowie durch zwischenmenschliche Beziehungen variiert und differenziert werden. Es kommt also darauf an, daß Familien sich in der Lage sehen, diese Grundbedingungen für die kindliche Entwicklung zu erfüllen. Wo Kinder von sozialer Benachteiligung besonders bedroht sind, benötigt man deshalb Formen präventiver Familienhilfe.
- Soziale und sachliche Beziehungserfahrungen hängen voneinander ab. Es gibt zwar keinen Anlaß, die sozialen vor die sachbezogenen Bildungsprozesse zu stellen; aber man muß berücksichtigen, daß Sachbezüge in Sozialbezüge eingebettet sind. Ihr gemeinsamer Schnittpunkt ist die Bildung der Gefühle.
- So gesehen kann auch der Zugang zu sachlichen Wirklichkeitsbeziehungen durch emotionale Beziehungsmuster aus sozialen Bezügen verstellt oder erleichtert werden.
- Wenn Gefühle Ergebnis der Differenzierung durch Beziehungserfahrungen sind, dann hängen auch Sozialerziehung und moralische Werte von dieser basalen Bildung der Gefühle ab. Differenzierung emotionaler Empfindungsfähigkeit zur Wahrnehmung von Bezie-

hungsqualitäten bildet ein wesentliches Fundament von sozialem Verhalten.
- Die Grundbildung der Gefühle muß daher ein bevorzugtes Anliegen aller Früherziehung – ob in der Familie oder in Institutionen – sein. Sie setzt ein ausreichendes Maß an geeigneten Beziehungserfahrungen voraus. Dies muß individuell und gesellschaftlich gesichert werden.

6.3 Folgerungen für zwei pädagogische Problemfelder

Die folgenden Überlegungen können nur grobe Denklinien entfalten. Es sind vor allem zwei pädagogische Problemfelder, die neben der allgemeinen Bildungsdiskussion im Bereich früher Erziehung aus den vorangegangenen Diskussionen Nutzen ziehen könnten: der Bereich der Behinderungen von Erfahrungs- und Lernprozessen, einschließlich der Möglichkeiten einer frühen Förderung, und das Feld der Medienerziehung, die ja einen wesentlichen Teilbereich ästhetischer Erfahrung umfaßt. Eine detaillierte Umsetzung der obigen Gedankenführungen in diesen beiden Bereichen ist mir im Augenblick nicht möglich, da ich die interne Diskussion dieser pädagogischen Felder nicht überblicke. Es kann also sein, daß ich Ansätze, die auf der Linie meiner Überlegungen liegen könnten, übersehe. Doch lassen sich Perspektiven entfalten, die eine Umsetzung der bisherigen Überlegungen leiten könnten.

6.3.1 Behinderungen kindlichen Lernens

Aus der Perspektive einer ästhetischen Verarbeitung ergeben sich Zugänge zum Problem behinderten Lernens.

6.3.1.1 Scheitern basaler somatosensorischer Strukturierung

Nach den Überlegungen der vorangegangenen Kapitel (insbes. 4 und 5) muß an die Frage erinnert werden, inwieweit ein Zugang zur Erfahrung der Wirklichkeit bereits an der basalen somatosensorischen Strukturierung scheitern kann. Die Untersuchungen zum Autismus (vgl. Schäfer 1992) legen nahe, daß es innere und äußere Gründe geben kann, die ein Kind daran hindern, verläßliche Beziehungen zu seiner Umwelt aufzunehmen. Es unterbleibt eine Strukturierung der somatosensorischen Erfahrung, die es ermöglichen würde, einen Kontakt und

Austausch mit der umgebenden Wirklichkeit für die eigene Entwicklung zu nutzen. Sicher dürften extreme Vernachlässigung und Verwahrlosung so weit führen (vgl. die sog. Wolfskinder). Zwischenmenschliche Beziehungsschwierigkeiten scheinen nur in einem Teil der Fälle eine Rolle zu spielen. Weitere Gründe sind eher unbekannt. Die Schwierigkeit der Behandlung solcher Probleme dürfte u. a. darin liegen, daß sich kaum reversible, zerebrale Verarbeitungsstrukturen ausbilden, bei deren Überwindung man vor ähnlichen Problemen steht wie bei anderen zerebralen Störungen auch. Dabei könnten aber solche zerebralen Dysfunktionen – welche? – sowohl Ursache als auch Folge sein.

Auf der anderen Seite hindern ja selbst starke Behinderungen (Körper- oder Sinnesbehinderungen) nicht daran, einen tragfähigen Zugang zur Wirklichkeit zu entwickeln. Sensorisches Versagen allein kann wohl kaum der Grund solch schwerer Störungen sein. Es bedarf weiterer Forschungen, um ein genaueres Bild von Störungsprozessen auf der somatosensorischen Ebene und ihren Folgen zu entwerfen.

6.3.1.2 Frühe Förderung bei Behinderungen

Wo der Zugang zur Wirklichkeit nicht völlig verstellt ist, ergeben sich zwei Problemfelder: Zum einen gibt es Störungen im sensorisch-motorischen Bereich, die durch entsprechende Förderungen gemildert oder überwunden werden können; zum anderen stellt sich die Frage, inwieweit die unzureichende Entwicklung und Förderung ästhetischer Denkprozesse das kindliche Lernen insgesamt erschweren. Beide Fragen werden, z. T. verquickt, z. T. getrennt, in den Konzepten der Sensorischen Integration (Ayres 1979, 1984) sowie der Psychomotorik und der Motopädagogik diskutiert.[33]

Sensorische Integration
Behindertes Lernen wird in diesem Konzept (Ayres 1979, 1984) auf Störungen im Bereich der Wahrnehmung und ihrer Integration zurückgeführt. Sensorische Integration versteht sich – ähnlich wie in der hier geführten Diskussion – als ein „Prozeß des Ordnens und Verarbeitens sinnlicher Eindrücke" (Ayres 1984, S. 37). Grundlegend für diese Strukturierungsprozesse sind die somatosensorischen Wahrnehmungsbereiche: taktile, propriozeptive und vestibuläre Wahrnehmungen. Ihr Zusammenspiel mit emotionalen Prozessen wird betont.

In ihrem Ursprung bleibt die sensorische Integration jedoch auf eine gezielte sensomotorische Förderung beschränkt. Dies hat Vorschläge einer Erweiterung hervorgebracht. Es läßt sich offensichtlich auch nicht nachweisen, daß gezielte sensorische Förderung tatsächlich eine Auswirkung auf die Verbesserung der Wahrnehmungs- und Lernleistungen hat (vgl. die Kritik bei Leyendecker 1996). Vielmehr müssen diese Fördermaßnahmen, um wirksam zu werden, in eine umfassende, zwischenmenschliche Beziehung, in einen Dialog von Subjekt zu Subjekt eingebettet sein (ebd.). Als Erweiterungen verstehen sich die neueren Entwicklungen der Psychomotorik und der Motopädagogik.

Psychomotorik und Motopädagogik
Psychomotorik steht als Kurzform für die Psychomotorische Übungsbehandlung nach Kiphard (insbes. 1977, 1979, 1987) sowie allen in dieser Tradition weiterentwickelten Ansätzen. Sie ist ein Frühförderverfahren, in dem über ein elementares Sinnes- und Bewegungstraining gezielte Hilfen angeboten werden, um Schwächen und Störungen innerhalb des perzeptiv-kommunikativen Regulationssystems auszugleichen (Hünnekens/Kiphard 1963). Durch gezielte programmierte Übungsmaßnahmen wird in diesem Ansatz versucht, funktionelle Reserven und Kompensationsmöglichkeiten im ZNS zu aktivieren.

Heute wird Psychomotorik eher als Motopädagogik bezeichnet (Seewald 1991). Sie stellt gegenüber dem funktionellen Ansatz von Kiphard eine Weiterentwicklung dar. In Frostigs ganzheitlich gedachtem Förderkonzept (1992 und früher) bilden Wahrnehmung und Körperbewußtsein, Bewegung sowie Sprache die drei wichtigsten Eckpfeiler von Lernen überhaupt. Er strebt nach einer „Verflechtung von Bewegung und Gesamtentwicklung", nach einer „Verbindung von Körper, Bewegung, Psyche und Umwelt" (Majewski 1996, S. 91).

Gibt es eine Verbindung zum Konzept der ästhetischen Verarbeitung?
So sehr diese Bemühungen um eine breitere Einbettung sensorischer Förderung in einen zwischenmenschlichen Dialog und in ein differenzierteres anthropologisches Gesamtmodell Unterstützung verdienen, so bleiben diese Ansätze – soweit ich sehe – doch sehr pragmatisch auf die sensorischen Prozesse beschränkt, die einfach mehr oder weniger in Alltagskontexte eingebettet werden. Ihre Praxis geht kaum über perzeptuell-motorische Förderung mit Aufteilung in einzelne Bewegungs- und Wahrnehmungsdimensionen hinaus. Es gibt allerdings einen breit erhobenen Anspruch auf Ganzheitlichkeit (u.a. Kesper/Hottinger 1993; Ayres 1984), der jedoch weder durch die Praxis noch durch die Theoriebildung wirklich eingelöst wird. Schon die sozialen und beziehungsorientierten Komponenten bei Wahrnehmung und Förderung werden in ihren differenzierten Bedeutsamkeiten kaum berücksichtigt. Eine Weiterführung der sensorischen Prozesse in andere Denkprozesse der inneren Verarbeitung (wie z.B. imaginatives und lo-

gisches Denken) findet man überhaupt nicht. Daher werden weder Denk- noch Handlungsmodelle entwickelt, wie sensorisch-motorische Erfahrungen mit anderen Verarbeitungsprozessen in einen Zusammenhang zu bringen wären.

Das Konzept der ästhetischen Erfahrungsbildung könnte hier im theoretischen Verständnis eine Lücke schließen und auch in praktischer Hinsicht neue Impulse setzen. Danach wären sensorische Prozesse z. B. stärker mit imaginativen zu verknüpfen, um ihnen ein Spielfeld im Bereich des Denkens zu eröffnen, das sie als konkret an Handlungsschemata gebundene Vorgänge zunächst nicht haben. Erst dann kommt man theoretisch wie praktisch über einen vagen Zusammenhang von sensorischer Entwicklung und behindertem Lernen hinaus.

In diesem Zusammenhang verdient ein Ansatz Erwähnung, der Wahrnehmung – anders als Kiphard, Ayres oder Frostig – in eine enge Verbindung mit dem Prozeß der Gestaltung bringt. Wahrnehmung im Sinne von Aisthesis wird verstanden als alles, „was unsere Sinne beschäftigt, in uns Empfindungen und Gefühle entstehen läßt und auf solchen Wegen unser Bewußtsein prägt. Zugleich sind alle Eindrücke, Empfindungen, Wirksamkeiten ästhetisch darin, daß Bewußtsein sie mit menschlicher Geschichte verbindet. Bewußtsein ist dabei selbstverständlich im weitesten Sinne seelischer Beteiligung, nicht als ‚bewußte' Kontrolle zu verstehen" (zur Lippe 1987, S. 17).

Majewski/Majewski (1997) verbinden in einem Praxisbeispiel Psychomotorik und Kunst. Über sensorisch-motorisch geleitete Handlungen tritt das Kind in einen Dialog mit seiner Umwelt und entwickelt dabei eigene Erlebnis- und Gestaltungsmöglichkeiten. Hier geht es also nicht nur um sinnliche Wahrnehmung in einem so oder so erweiterten „ganzheitlichen" Kontext, sondern um den Einbezug der Prozesse, die sinnliche Wahrnehmung im Subjekt erzeugt, sowie um deren Rückwirkung auf das, was da wahrgenommen, empfunden und schließlich gestaltet wird. Es spielt sich ein Vorgang ab, in dem sensorische Wahrnehmung in ästhetisches Denken verwandelt wird. In ähnlicher Weise könnte man auch die Arbeiten von Bannmüller (Bannmüller 1992; Bannmüller/Röthig 1990) auslegen.

Damit wäre zumindest eine Richtung angedeutet, in welche Frühförderung und Prävention von Behinderungen sich bewegen könnte, wenn man den Bereich Wahrnehmung nicht rein sensorisch begreift, sondern als einen eigenen subjektiven Denk- und Verarbeitungsprozeß, der hier „ästhetisches Denken" genannt wurde.

6.3.1.3 Ästhetisches Denken und sonderpädagogische Didaktik

Soweit ich sehe, hat die Sonderpädagogik auch in ihrer Didaktik keine Modelle entwickelt, die die Breite sensorischer Wahrnehmungsmöglichkeiten in Betracht ziehen und mit den imaginativen und logischen Denkprozessen verbinden. Gerade hier dominieren Konzepte, die Wahrnehmung lediglich als eine Art Input (Repräsentation oder Rekonstruktion) verstehen. Eine Sichtung einiger didaktischer Konzepte (vgl. Schäfer 1994) hat ergeben, daß zwar der Bereich der Wahrnehmung besonders betont wird, in der Verarbeitung des Wahrgenommenen aber die rational-logischen Denkvorgänge tonangebend sind. Weder werden die sensorisch-motorischen Vorgänge selbst als Strukturierung des Denkens begriffen, noch werden Strategien entwickelt, wie aus sensorischer Strukturierung ein inneres Denken werden kann. Didaktisch regiert ein Zeigen der Dinge. Der sinnliche Zugang beschränkt sich darauf, daß die Stoffe in einer sinnlichen Form vorgeführt werden. Aber die eigenständige Verarbeitung von Wahrnehmungen, das innere Denken des Wahrgenommenen durch den Schüler findet keine didaktische Unterstützung.

Eine Ausnahme bildet das Konzept der Informationsstufen von Radigk (1986; vgl. Schäfer 1994), das – zumindest theoretisch – eine Weiterentwicklung von der sinnlichen Wahrnehmung über sprachlich-symbolisches Denken zu schriftsprachlich-rationalem Denken vorschlägt. Auch die Verwicklung der Emotionen in die Wahrnehmungs- und Verarbeitungsprozesse wird einbezogen. Ob daraus tragfähige didaktische Konzepte entstanden sind und Verbreitung gefunden haben, ist mir nicht bekannt.

Obzwar Radigk betont, daß alle diese Stufen der Verarbeitung dem Subjekt erhalten bleiben, dominiert jedoch auch in seinen Ausführungen die Vorstellung von Durchgangsstufen mit dem Endziel, zum abstrakten Denken zu gelangen. Der Hauptunterschied zum Konzept der ästhetischen Verarbeitung besteht also darin, daß dieses von der Notwendigkeit einer steten Polarität und Wechselseitigkeit des Denkens zwischen ästhetischer und logisch-rationaler Verarbeitung ausgeht. Der gesamte Denkprozeß wird vereinseitigt oder gar gestört, wenn diese Polarität – auch im späteren Leben – nicht immer wieder hergestellt werden kann.

So gesehen zeichnet das didaktische Denken in der Sonderpädagogik getreulich die kulturellen Vorlieben für das abstrakte Denken nach, die in unser gesamtes Ausbildungssystem eingebaut zu sein scheinen.[34] Aus der Position des Konzepts der ästhetischen Erfahrungsbildung wäre zumindest zu fragen, ob es, neben einem individuell verankerten Lernversagen, nicht auch eine Art von Lernbehinderung gibt, die durch unsere pädagogischen Institutionen vorangetrieben wird: Eine

Art Blindheit gegenüber basalen Wahrnehmungs- und Denkprozessen, die sich mit unserer Vorliebe für abstraktes Denken nur schwer verbinden lassen. Es könnte Gruppen von Menschen geben, die durch diese institutionelle Vernachlässigung des Ausbildungssystems stärker beeinträchtigt werden als die Menschen, die vielleicht von vorneherein eine gewisse Stärke des abstrakten Denkens ausbilden und andere Denk- und Verarbeitungsweisen rasch beiseite schieben können. Die Diskussion um Behinderungen des Lernens braucht einen Ausgangspunkt, von dem aus sie auch zur Institution gewordene Selbstverständlichkeiten in Frage stellen kann: Lernbehinderungen sind sicher nicht nur Störungen innerhalb des Systems, sondern – in welchem Ausmaß wäre zu erforschen – auch Störungen des Systems selbst und machen auf seine Unzulänglichkeiten aufmerksam.

Die Überlegungen zu einer ästhetischen Verarbeitung, die wesentlich durch nicht institutionalisierte Lernprozesse (in der frühesten Kindheit, aber auch im kindlichen Spielen und Gestalten) angeregt wurden, könnten einen solchen Außenstandpunkt begründen, von dem aus sowohl individuelle als auch institutionelle Behinderungen von Lernprozessen in den Blick gerückt werden könnten.

6.3.2 Grundsätzliche Überlegungen zur Medienerziehung

Die Fragen der Medienerziehung vor dem hier diskutierten Hintergrund zu betrachten, heißt, den Zusammenhang von ästhetischer Erfahrungsbildung und medialen Möglichkeiten bzw. Verzerrungen näher zu bestimmen. Vor allem stellt sich die Frage, inwieweit Medienerfahrungen zur Ausbildung oder Weiterdifferenzierung ästhetischer Erfahrungen beitragen. Diese Fragestellung läßt es sinnvoll erscheinen, zwischen einer basalen und einer differenzierenden ästhetischen Erfahrungsbildung zu unterscheiden.

Der Begriff des Basalen hat dabei zwei Bedeutungshorizonte:
- Zum einen geht es um die Entwicklung des ästhetischen Denkens in der frühen Kindheit von den ersten ästhetischen Wahrnehmungseindrücken bis zu Imagination und Symbolbildung.
- Zum zweiten kann man den Begriff des Basalen auch auf die Möglichkeit beziehen, in späteren Abschnitten der Entwicklung sich immer wieder auf diese grundlegenden sensorisch-ästhetischen Selbst- und Wirklichkeitsverhältnisse zu beziehen.

Hinter dieser Unterscheidung steht der Gedanke, daß der ästhetische Erfahrungsbereich sowohl basal im Sinne frühkindlicher Erfahrungsbildung ist, als auch grundlegend für spätere Subjekt-Welt-Bezüge, bevor möglicherweise logisch-rationales Denken strukturierend eingreift. Gemeinsam ist beiden Auffassungen der Gedanke eines Denk*prozesses,* bei dem verschiedene Verarbeitungsweisen parallel oder sukzessive das Gedachte strukturieren und daran das logisch-rationale Denken beteiligen oder nicht.

Eines jedoch läßt sich ausschließen: „Basal" kann nicht unmittelbar oder einfach bedeuten, sondern spricht lediglich die Möglichkeit an, daß man immer wieder beginnen kann, aus eigenen Wahrnehmungserfahrungen heraus zu denken und sich bemüht, das Denken des Denkens an die Wahrnehmungserfahrungen zurückzukoppeln.

Mediale Erfahrung beteiligt sich nicht direkt an basalen ästhetischen Erfahrungsbildungen in diesem Sinn. Sie kann weder die unmittelbaren sensorischen Erfahrungen des Säuglings oder Kleinkindes noch die des Erwachsenen ersetzen. Vor dem Hintergrund des gesamtsensorischen Geschehens der sinnlichen Alltagserfahrung muß mediale Erfahrung immer auf bestimmte sensorische Modi beschränkt bleiben. Ihre vereinfachten ästhetischen Erfahrungen erschweren von vorneherein den inneren, intermodalen Vergleich von verschiedenen sensorischen Wahrnehmungs- und Verarbeitungsbereichen. Sie enthalten weniger Redundanz. Das hat zwei wichtige Konsequenzen. Zum einen können Ungenauigkeiten der Wahrnehmung weniger ausgeglichen werden. Deshalb müssen mediale, sensorische Vorgaben präziser, ja vielleicht übertriebener sein als in der Alltagsrealität, um verstanden zu werden. Zum zweiten erschweren die verringerten, inneren Vergleichsmöglichkeiten die Entschlüsselung versteckter medialer Botschaften; der Wahrnehmende kann das Wahrgenommene weniger hinsichtlich seiner inneren Stimmigkeit überprüfen. Trotzdem kann mediale Erfahrung wenigstens teilweise die unmittelbare Wirklichkeitserfahrung ersetzen: Sofern das Subjekt einen breiten Vorrat an konkreten ästhetischen Erfahrungen besitzt, kann es die reduzierten medialen Erfahrungen aus diesem Vorrat ergänzend unterlegen.

Der Vorzug der komplexen ästhetischen Erfahrungsbildung liegt also darin, daß die Entschlüsselung der Bedeutsamkeit von Wahrgenommenem – zumindest was die normale Alltagserfahrung betrifft – nie auf wirklich präzise Informationsstrukturen der Außenwelt angewiesen ist. Im Gegenteil, sie scheint angelegt zu sein, die Ungenauigkeiten der sensorischen Erfahrungen mit Hilfe zweier Prozesse auszugleichen: zum einen durch den inneren, intermodalen Vergleich des Wahrgenommenen aus verschiedenen sensorischen Blickwinkeln; zum anderen durch den Vergleich mit den bereits gemachten und damit Struktur gewordenen subjektiven Erfahrungen. Aus beiden Quellen sucht sich die innere Verarbeitung die Informationen, die sie braucht, um eine subjektiv stimmige Deutung sensorischen Erlebens zu erzeugen.

Diese in das ästhetische Denken eingebaute Redundanz, und die damit verbundene Möglichkeit der vielfältigen Vergleiche, funktioniert natürlich nur dann, wenn stets ein möglichst breiter Fundus basaler ästhetischer Erfahrungen als Vergleichsstruktur zur Verfügung steht und nicht tendenziell durch medial eingeschränkte sensorische Erfahrungen ersetzt wird. Ein Beispiel mag dies verdeutlichen: Fernsehsendungen über Naturereignisse oder fremde Länder eröffnen zahlreiche Wahrnehmungs- und Denkhorizonte und können damit vorhandene Natur- oder Reiseerfahrungen wesentlich bereichern oder auf sie vorbereiten. Solche Berichte sind jedoch umso informativer und vom Zuschauer nachvollziehbarer, je mehr er auf eigene, konkrete Erfahrungen im Umgang mit der Natur oder mit Reisen in ferne Länder zurückgreifen kann. Die Reisen befriedigen vielerlei Neugier und Interesse, aber sie ersetzen nicht die Erfahrung des Reisens mit all ihren Höhen, Tiefen, sensorischen Eindrücken und emotionalen Berührungen; das Betrachten von Naturfilmen bringt allein auch keinen Naturforscher hervor.

Versteht man ästhetische Erfahrung als einen notwendigen Bildungsprozeß, dann kann mediale Erfahrung umso konstruktiver als Element in einem solchen Bildungsprozeß eingesetzt werden, je mehr sie auf einen Kontext realer Erfahrungen bezogen werden kann. Das ist nun zum einen abhängig vom Alter, zum anderen vom Mischungsverhältnis, dem sich einzelne Menschen aussetzen und, zum dritten, auch von dem, was man an ästhetischer Erfahrung bei sich selbst zulassen kann oder für wichtig hält. Von daher kann man nicht sagen, daß mediale Erfahrungen den Bildungsprozeß prinzipiell stören oder unterminieren. Es kommt auf das jeweilige Mischungsverhältnis an und das, was eine soziale Gemeinschaft oder ein Subjekt an realer sensorischer Erfahrung wahrzunehmen bereit ist.

Eine generelle Schlußfolgerung hieraus scheint jedoch möglich: Je kleiner Kinder sind, desto wichtiger ist es, daß sie ihre sensorischen Erfahrungen im realen Alltagskontext machen und so einen Fundus an Erfahrungsstrukturen erwerben, die ihnen die Deutung medial reduzierter Erfahrungen erleichtert. Je gesicherter ein solcher Bestand an „realen" Erfahrungen ist, desto eher kann auch aus geeigneten medialen Präsentationen von Wirklichkeitsbereichen Nutzen gezogen werden. Je jünger das Kind ist, desto leichter kann auch ein Grundbestand ästhetischer Erfahrung – trotz reduzierter Umweltbedingungen – im konkreten Alltag von Familie, Krippe oder Kindergarten erfüllt werden.

Mediale Erfahrungen können also basale ästhetische Erfahrungen nicht ersetzen, sondern setzen sie voraus. Wo ein solcher Fundus ästhetischer Alltagserfahrungen vorhanden ist und auch weiter gepflegt wird, können mediale Erfahrungen die ästhetischen Basiserfahrungen ergänzen und an ihrer Differenzierung mitwirken. Dabei können sie von den beiden Komponenten ästhetischen Denkens vor allem die imaginative vorantreiben, also die Vorgänge der „Verbilderung", der Anreicherung und Erweiterung durch (kollektive) Phantasien, die Präsentation kulturell geformter Symbolwelten. Ob dies erreicht wird, hängt nun nicht von der Art des Mediums ab, sondern von dem, was mit seiner Hilfe vorgestellt wird. Qualität und Quantum von Angeboten muß also im Einzelfall geprüft werden.

Phantasien und Vorstellungen führen umso leichter zu Illusionen, je weniger sie aus einem Kontext ästhetischer Erfahrungsbildung hervorgehen. Bilderwelten können sich gegenüber ästhetischen Erfahrungen verselbständigen, wenn der ästhetische Erfahrungsbereich wenig ausgebildet und differenziert wird. Ästhetische Erfahrung in ihrem ganzen Umfang sichert in gewisser Weise, daß Phantasien und Vorstellungen mit der Wirklichkeit verbunden bleiben. Mediale Erfahrung wird zum Problem, wenn die basale ästhetische Erfahrungsbildung in der oben skizzierten, doppelten Perspektive nicht wirklich vorangetrieben wird.

Hier erzeugt die Pädagogik selbst womöglich einen Widerspruch: Auf der einen Seite wird der Prozeß der ästhetischen Erfahrung bei Kindern gering geschätzt, allenfalls sporadisch oder zufällig in ernsthafte Bildungsbemühungen einbezogen. Auf der anderen Seite greift eine Sorge um sich, daß durch immer unkontrollierbarer werdende Medieneinflüsse das Wirklichkeitsverhältnis von Kindern gestört, wenn nicht zerstört werden könnte. Wo aber der Bereich ästhetischer Erfahrungen vor der Schule und in den Schulen durch mangelndes Interesse bildungspolitischer Träger vernachlässigt wird, andererseits ein expandierendes Angebot an ästhetisch bearbeiteten Medienerfahrungen vom Markt zur Verfügung gestellt wird, ein Angebot, welches immer subtiler auf die Befriedigung offener oder versteckter ästhetischer Defizite hin gestaltet wird, vergrößert sich das Risiko eines undifferenzierten Gebrauchs von medialen Erfahrungsmöglichkeiten. Damit wächst die Wahrscheinlichkeit, daß mediale Erfahrungen den Wirklichkeitsbezug von Subjekten nicht unterstützen, sondern gefährden. Auch diese Gefahr liegt also nicht von vorneherein in den Medien selbst. Sie sind so gut oder so schlecht wie sie sind. Wer nicht ausreichend Erfahrungen mit differenzierten sensorischen Empfindungen, mit den Prozessen der Vorstellung, der Phantasie, der Bilder und Symbole in ihren Spiel- und Gestaltungsformen gemacht hat, wer diese Erfahrungsformen nicht produktiv für den alltäglichen Weltbezug ausdifferenzieren konnte, der fällt umso leichter auf den Illusions- und Befriedigungscharakter ästhetisierender Aufmachungen herein. Ästhetische Tröstung tritt an die Stelle ästhetischer Erfahrung.

In diesen Fällen ist so etwas wie eine kritische Medienerziehung nicht mehr als eine erste Hilfe. Es müßte darüber hinaus darum gehen, das Verhältnis zur ästhetischen Erfahrung, das in unsere kulturellen Vorstellungen von „Wirklichkeitsverarbeitung" eingebaut ist, selbst grundlegend zu verändern. Eine Medienerziehung, die nicht gleichzeitig auf eine Stärkung der basalen, ästhetischen Erfahrungsmöglichkeiten des Subjekts hinarbeitet, wäre wie ein Kopf ohne Körper. Ich behaupte nicht, daß aus der Perspektive einer ästhetischen Erfahrungsbildung die Dilemmata der Mediatisierung wie aus einem Punkt zu kurieren wären. Jedoch ohne ein Bedenken dieser Grundlage dürften die problematischen Aspekte expandierender Mediatisierung nur oberflächlich und wenig dauerhaft anzugehen sein.

6.4 Nachahmen, Ritualisieren, Variieren

6.4.1 Kurze Zusammenfassung

Nach den ausführlichen Erörterungen zu den einzelnen Wahrnehmungsbereichen, ihrer Verarbeitung und ihrer Verbindung, wurden nun im Schlußteil die Fäden zusammengebunden und ein Konzept des ästhetischen Denkens (der ästhetischen Verarbeitung) entwickelt, welches gestattet, pädagogische Folgerungen zu ziehen. Dabei bezieht sich der Begriff des Ästhetischen auf die Gesamtheit der Prozesse, die durch sensorische Erfahrungen angeregt und hervorgerufen werden. Ein solches Denkmodell scheint notwendig, um den sensorischen Prozeß, gedacht als einen inneren Konstruktionsprozeß, weiter verarbeiten zu können. Das rationale Denken kann sich nicht unmittelbar auf einen sensorischen Input beziehen – den es so auch gar nicht gibt –, sondern setzt eine gewisse Strukturierung sensorischer Erfahrungen voraus, die es weiterdenken kann. Es ist nach der hier dargelegten Auffassung das ästhetische Denken, das der sensorischen Erfahrung diese Strukturierung verleiht, die dann auch mit rational-logischen Mitteln weitergedacht werden kann. Wenn es – wie die Befunde der Kapitel 1–5 nahelegen – einen solchen ästhetischen Denkprozeß gibt, der dem rational-logischen Denken als anderer Pol gegenübersteht, dann hängen Differenziertheit und Reichtum des rationalen Denkens auch von Differenziertheit und Reichtum des ästhetischen Denkens ab.

Daraus ergeben sich zunächst Folgerungen für ein Verständnis des frühkindlichen Bildungsprozesses, der zu einem wesentlichen Teil die

Basis für dieses ästhetische Denken legt. Phantasieren, Spielen, Sammeln, Gestalten wären wesentliche – wenn auch nicht erschöpfende – Aspekte solcher früher Bildungsprozesse, gerade im Hinblick auf ein Denken des Kindes, das aus eigenständiger Wahrnehmung heraus erfolgt und nicht nur aus der Reproduktion von schon Vorgedachtem. Ein solches wäre ja wohl Voraussetzung für die Entwicklung individueller Kreativität. Ein Konzept frühkindlicher Bildung hätte aus heutiger Sicht an solchen Vorstellungen anzuknüpfen.

Durch das Konzept der ästhetischen Erfahrung stellen sich aber auch andere Probleme neu, die nicht nur die Pädagogik der frühen Kindheit betreffen. Ich habe in diesem Zusammenhang die Bildung der Gefühle und Fragen des behinderten Lernens sowie das Problem der Medienerziehung angesprochen. Es wäre zu prüfen, inwieweit auch die erwähnten pädagogischen Formen, ästhetische Erfahrungsbildung einzubeziehen, in diesen Zusammenhängen eine Rolle spielen.

6.4.2 Drei Bildungskonzepte der Frühpädagogik im Vergleich

Eine Unterstützung ästhetischer Erfahrungsbildung durch frühkindliche Bildungskonzepte ist nicht neu. Mit teilweise anderen Gesichtspunkten und Schwerpunktsetzungen finden sich Ansätze dazu bei Fröbel, Montessori, Waldorf- und Reggiopädagogik wie in der japanischen Früherziehung. Hier nur einige vorläufige Hinweise auf drei davon, die vor allem besondere Strukturmerkmale möglicher pädagogischer Antworten auf die Herausforderungen des ästhetischen Denkens herausheben wollen.[35]

Waldorfpägagogik
In der Waldorfpädagogik[36] werden die gesamten ersten sieben Lebensjahre (eine eher idealtypische Abgrenzung) unter dem Blickwinkel „das Kind als Wahrnehmungsorgan" betrachtet. Das meint einen doppelten Prozeß: Zum einen saugt der kindliche Körper mit allen seinen Sensorien Wirklichkeitserfahrungen in sich ein. Durch diese umfassende Wahrnehmung wird umgekehrt sein körperliches und sensorisches Wahrnehmungsvermögen weiter ausgebildet und differenziert. Der kindliche Wahrnehmungsprozeß wird damit – zum einen – umfassend auf den gesamten körperlichen, sensorischen und motorischen Bereich bezogen. Er erfaßt das Kind in seiner Totalität. Zum anderen wird er als ein Prozeß angesehen, der, von einfachen Wahrnehmungsformen ausgehend, sich erst entwickeln muß und in dieser Entwicklung auch die entsprechenden körperlichen Strukturen ausprägt. In diese Entwicklung sind Phantasie, Spiel, Malen, Plastizieren, Singen, Musizie-

ren, Eurythmie (gedacht als eine rhythmisch strukturierte Sprache des Körpers) als bedeutsame Elemente einbezogen. Sie entfalten das, was ich hier ästhetisches Denken genannt habe. Durch die vor-bildliche Strukturierung der kindlichen Umwelt als Hülle, in die sich das Kind durch Nachahmung hineinformen kann, werden jedoch nicht nur diese sensorischen Bereiche erfaßt, sondern auch die sozialen und moralischen Empfindungen des Kindes. Sozialverhalten und kindliche Moralvorstellungen werden nicht durch bewußtes oder kritisches Denken erzeugt oder gefördert, sondern – im Wechselspiel von Vorbild und Nachahmung, also über einen ästhetisch geleiteten Lernprozeß – zunächst als erlebte Erfahrung begründet. Über Märchen, Mythen und Phantasiegestalten werden diese Erfahrungen in Bilder (z.B. von Gut und Böse) verwandelt, bevor sie – zu einem viel späteren Zeitpunkt – dann auch mit den Verstandeskräften durchdrungen werden.

Vorschulische Erziehung in Japan
In ähnlicher Weise scheint mir auch die vorschulische Erziehung in Japan von der Nachahmung geprägt.[37] Die japanischen Kinder beginnen als „kleine Götter" (Schubert 1992) ihr Leben. Sie sind der Lebensinhalt ihrer Mütter, niemals allein, und können damit rechnen, daß die kleinsten Anzeichen von Unmut die Mutter dazu veranlassen, sie zufriedenzustellen. Man erfüllt ihnen alle Wünsche, konfrontiert sie mit keinem „Nein" und versucht sie abzulenken oder zu bestechen, wenn sie etwas tun, was nicht erwünscht ist. Dies ist die Voraussetzung für eine sehr enge soziale Bindung zwischen dem Kind und seiner Mutter, welche die Basis für eine Abstimmung zwischen beiden bildet, deren Grundton das Kind angibt. Sie erzeugt auch eine große Nähe, die durch Körperkontakt – beim Getragenwerden, beim Schlafen, beim gemeinsamen Baden – auch so oft wie möglich konkretisiert wird.

Damit verbindet sich eine intime Vertrautheit, die Elschenbroich (1990) mit dem Begriff „skinship" ausdrückt. Dieser Begriff umfaßt Nähe, Bereitschaft, auf das Tempo des Kindes einzugehen, Geduld und Nachsicht, den Bewegungen des Kindes zu folgen, Sorgfalt in der Körperpflege, wie eine Art schlafwandlerische Vertrautheit mit den Körperfunktionen des Kindes (ebd.). Er drückt weniger ein Gefühl aus, als eine „Grundstimmung, eine Gewohnheit des täglichen Lebens" (ebd., S. 68).

Auf der Basis dieser Vertrautheit erfolgt dann eine Einübung des Körpers, die man als Training bezeichnen könnte, aber wohl doch mehr als eine „ästhetische Veredelung des Körpers und der Körperbewegungen" (ebd., S. 67) begreifen muß. Schubert (ebd., S. 52) verbindet damit einen „Prozeß der Verkörperung der guten Sitten und der für das Leben erforderlichen Fertigkeiten". Ästhetisch aufgefaßte Lebensmuster werden in den „kindlichen Leib gleichsam eingeschrieben".

Nähe und Vertrautheit halten das Kind in einer ständigen Bezogenheit. Dies versetzt es in einen Bereich des Dazwischenseins (Kimura 1995). Über diese Beziehungshaftigkeit wird der kindliche Körper in die Muster des täglichen Lebens hineingeformt. Die Beziehung bildet daher nicht nur eine emotionale Basis für diese Formung, sondern ist selbst Form, die das Kind prägt. In Anlehnung an Barthes (1981) könnte man vielleicht sagen, daß das Kind in einen „Zustand der Schrift", vielleicht noch besser, in einen Zustand des Geschriebenwerdens versetzt wird. Es versteht sich, daß damit vom Handeln des Erwachsenen auch eine Form verlangt wird, die das Kind übernehmen, nachahmen kann.

Dieses Verhältnis der Bezogenheit „durch ein möglichst wortloses Einverständnis im Handeln, Denken und Fühlen" (Schubert 1992, S. 68) und der Formung durch Bezogenheit wird aus der familiären Situation dann auch in die institutionelle Betreuung des Kindes übertragen, wenn es mit 3 bis 4 Jahren in den Kindergarten kommt. Ziel dieser Bezogenheit ist die Gleichaltrigengruppe, Partner sind dabei die Erzieher/innen. Da den Kindern auf der einen Seite ein großer Spielraum an Freiheit zugestanden wird, fällt der Kontrast zu den sorgfältigen ritualisierten Einbindungen des Kindes in das soziale Miteinander besonders deutlich auf. Der Alltag im Kindergarten wird von zahlreichen Ritualen interpunktiert: die tägliche Begrüßung, der Beginn und das Ende der Mahlzeiten, die Abgrenzung verschiedener Aktivitäten voneinander. „Typisch für die meisten dieser Rituale ist, daß sie körperliche und stimmliche Aktivitäten verbinden und rhythmisch synchronisiert von der ganzen Gruppe oder einem Teil der Gruppe gemeinsam ausgeführt werden. Dabei ist die ganze Aufmerksamkeit jedes einzelnen Kindes gefordert" (ebd., S. 103).

Zur Nachahmung als Formung von Wahrnehmung und Handlung tritt in der japanischen Früherziehung das Ritual, das mit allem Ernst und großer Sorgfalt immer wieder durchlaufen, verfeinert und bis zur Selbstverständlichkeit eingeprägt wird. Toleranz, Nähe, Vertrautheit und Übereinstimmung sind Qualitäten, welche die Grundlage dieser Ritualisierung im sozialen Bereich bilden. Die Atmosphäre der Bezogenheit und des gegenseitigen Einverständnisses bildet den Unterschied zur Dressur. Und nur in diesem emotionalen Klima kann der ästhetische Charakter dieses Geschehens – als allmähliche Differenzierung einer Form – zur Geltung kommen. Was dabei für den sozialen Bereich gilt, gilt auch in den Beziehungen zu anderen Wirklichkeitsbereichen. Die Entwicklung und Pflege der Beziehungsmuster zu den Dingen der sachlichen Umwelt geht grundsätzlich von der gleichen Einstellung aus.

Reggiopädagogik
Es wäre nun falsch, die Waldorfpädagogik und die japanische Früherziehung nur mit Nachahmung und Ritualisierung zu identifizieren. Der Gesichtspunkt der Freiheit und Variation, der nun bei der Reggiopädagogik herausgestellt werden wird, bildet auch in jenen beiden Konzepten einen dialektischen Gegenpol. Die Typisierung, die durch meine Beschreibung überzogen erscheint, dient nur dem Zweck, die charakteristischen Merkmale einer pädagogischen Unterstützung ästhetischen Denkens herauszustellen.

Die Reggiopädagogik[38] hat keine eigene Bildungstheorie formuliert. Man ist gezwungen, sich die reich dokumentierte Praxis auszudeuten. Hier fällt vor allem zweierlei ins Auge:

Erstens wird ständig nach neuen Wegen gesucht, die hundert Sprachen der Kinder – wie dort metaphorisch die vielen Wahrnehmungs- und Denkwelten der Kinder umschrieben werden – zum Ausgangspunkt der kindlichen Welterfahrung und Weltverarbeitung zu machen. Spielerische, bildnerische, dramatische, sprachliche Gestaltungen des Kindes werden nicht nur als Mittel des kindlichen Ausdrucks ernst genommen, sondern als Forschungsinstrumente des kindlichen Geistes betrachtet, mit deren Hilfe sie ihre Welt erfassen und denken. Was Kinder derart mit ihren sinnlich-gestaltenden Mitteln aufgenommen haben, kann ihnen dann auch zum Problem werden, über das sie mit allen Möglichkeiten ihres Geistes – und natürlich auch ihres Verstandes – nachdenken können.

So entsteht z. B. aus den aufmerksam registrierten und durch vielerlei Anregungen vertieften kindlichen Erfahrungen mit den Phänomenen des Schattens allmählich ein Nachdenken, in dem die kindlichen Hypothesen ernst genommen werden. Im gemeinsamen Gespräch ergeben sich daraus Problemstellungen, zu denen sich Kinder ihre Gedanken machen. Diese Gedanken haben prinzipiell keine Begrenzung.

Daß das Spiel mit allen „Materialien", einschließlich der Sprache und den sozialen Mustern, die Wirklichkeit in einem ständigen Prozeß des wahrnehmenden Gestaltens und Variierens erfaßt und schließlich in kindliche Fragen und Problemstellungen verwandelt, das scheint mir die zentrale Bildungsidee der Reggiopädagogik zu sein. Gegenüber der Waldorfpädagogik und der japanischen Früherziehung betont die Reggiopädagogik stärker den tätig variierenden und experimentierenden Aspekt ästhetischer Erfahrungsbildung. Wenn ich meinen erweiterten Begriff des Bastelns zugrunde lege (vgl. Kap. 6.2.2.2; sowie

Schäfer 1990 und 1995), dann möchte ich als erstes Merkmal der Reggiopädagogik eine Kultur des Bastelns anführen.

Dies führt zum zweiten hervorstechenden Merkmal ästhetischen Denkens in der Reggiopädagogik, einer Kultur des Sammelns. Diese Kultur bezieht sich auf zweierlei Aspekte: zum einen auf den Reichtum der Materialien, der Eindrücke, Wahrnehmungen, Formen und Muster, den die Kinder ansammeln, um sie zum Ausgangspunkt ihres Denkens zu nehmen; zum anderen bezieht sich dies auf kindliche Produkte und Gestaltungsformen, die aus diesem Prozeß hervorgehen. Die letzteren werden von den Erzieher/innen gesammelt, nicht einfach als Dokumente kindlicher Produktivität, sondern als Zeugnisse der Vielfalt kindlichen Denkens. Als solche sind sie Belege kindlicher Denkwege, die man studieren und kennenlernen muß, um den Kindern Hilfen anzubieten, die sie auf diesem Weg brauchen können.

Aus den soeben kurz skizzierten Konzepten kann man schließen:

Nachahmen, Ritualisieren, Rhythmisieren, Sammeln, Phantasieren, Spielen und Variieren scheinen wichtige Strategien zu sein, mit denen der kindliche Bildungsprozeß auf der Ebene des ästhetischen Denkens vorangeht. Dieses Ergebnis ist weder überraschend noch neu. Die Prozesse des Nachahmens, Ritualisierens und Rhythmisierens bilden seit langen Zeiten einen wesentlichen Bestandteil früher Erziehung. Hier muß also nur in Erinnerung gerufen werden, was unter bestimmten Voraussetzungen des zwischenmenschlichen Verständnisses und unter der Vorherrschaft eines funktionalisierten, rational-logisch organisierten Denkens zur Dressur verkommen mag. Unter dem Aspekt des ästhetischen Denkens kann neu daran angeknüpft werden. Auch der frei variierende und mit Phantasien, Vorstellungen und Materialien experimentierende Zugang zur ästhetischen Erfahrung ist nicht neu. Als Wertschätzung der Phantasie im kindlichen Spielen und Gestalten durchzieht er doch seit langer Zeit die theoretischen und praktischen Ansätze einer Pädagogik der frühen Kindheit. Lediglich die Konsequenz, mit der er in der Reggiopädagogik ausgestaltet wird, dürfte bisher so nicht bekannt gewesen sein. Ich sehe deshalb in ihr meine eigenen Überlegungen zum Spielen, Gestalten, Sammeln und Lernen am umfänglichsten verwirklicht.

6.5 Zwei Fragen zum Schluß

In der Kindheitsforschung wurde die These vom allmählichen Verschwinden kindlicher Lebens- und Entfaltungsräume in einer familialen und öffentlichen Umwelt, die sich immer weniger den Belangen von Kindern verpflichtet fühlt, zu einem gängigen Deutungsmuster.

Ihr setzten die Überlegungen dieser Schrift eine zweite These gegenüber: Es gibt auch eine Verarmung der Kinderwelt durch ein unzureichendes (oder verlorengegangenes?) Verständnis für kindliche Wahrnehmungs- und Denkwelten. Dieses geht einher mit einer kulturellen Randständigkeit all der Prozesse, die mit ästhetischer Erfahrungsbildung zu tun haben, kontrastiert von einer Wertschätzung eines Denkens, das nicht schnell genug abstraktes, rational-logisches Niveau erreichen kann. Das Problematische daran ist nicht das rationale Denken, sondern seine schwindende Verbindung zu einer fundierenden Wahrnehmung und Erfahrung von Wirklichkeit.

Man kann sich nun fragen, was Henne und was Ei sei: die entsinnlichende Verödung des Alltags samt der zunehmenden Unwirtlichkeit dieser Alltagswelt für ein angemessenes Leben der Kinder, oder die Verkürzung der Weltwahrnehmung auf das, was rational-logisch gedacht werden kann?[39] Wahrscheinlich muß man beide Perspektiven ins Auge fassen, wenn man nach Wegen aus diesem Dilemma sucht. Aus dieser für mich nicht reduzierbaren Polarität ergeben sich zwei Fragen, eine kritische und eine möglicherweise weiterführende:

(1) Wenn hier ein enger Zusammenhang zwischen kulturellen, gesellschaftlich tief verankerten Vorlieben für ein bestimmtes Denken und einer rationalen, der sinnlichen Erfahrung abträglichen Gestaltung unserer sozialen und materialen Welt besteht, dann muß man überlegen, ob eine Gesellschaft denn die Kinder will, die mit einer ästhetischen Verarbeitungskompetenz als Grundlage ihres eigenständigen Denkens ausgestattet sind, wie es die Konsequenz dieser Überlegungen wäre?

(2) Wenn man wirklich ein breiteres Interesse für allmähliche Veränderung in unserem wahrnehmenden und nach-denkenden Verhältnis zur Wirklichkeit fände, könnte es da nicht helfen, den Kindern wieder das abzugucken, was wir zunehmend vergessen haben, das intensive Wahrnehmen, das Eintauchen in und das Gestalten von Wirklichkeiten, das Spielen mit ihnen, um aus einer sensibleren und reichhaltigeren Wirklichkeitserfahrung heraus ein sensibleres und reicheres Denken hervorgehen zu lassen?

7 Anmerkungen

[1] 3.1 – 3.1.6 sind entnommen aus: Schäfer, G. E. (1995): Bildungsprozesse im Kindesalter. Weinheim/München, S. 99–106.

[2] „Die Aufgabe des Gehirns ist es also, aus dem sich immerzu ändernden Datenfluß die konstanten und objektiven Merkmale des betrachteten Gegenstandes herauszufiltern. Wahrnehmung ist untrennbar mit Interpretation verknüpft. Um festzustellen, was es sieht, kann das Gehirn sich nicht damit begnügen, die Netzhautbilder zu analysieren, sondern muß aus sich heraus die visuelle Außenwelt rekonstruieren" (Zeki 1993, S. 26).

[3] Ich stütze mich im Folgenden vor allem auf die Arbeiten von Singer (insbes. 1990a/b) und Roth (o. J., 1987, 1991, 1992, 1993, 1994).

[4] „Das Gedächtnis bindet unsere Wahrnehmung zu einem gestalthaften Ganzen zusammen. Alle Systeme stehen sozusagen im Dienste des Gedächtnisses, das der jeweilige Erfahrungszustand ist, der von früheren Erfahrungszuständen abhängt. Das Gehirn fängt bereits vor der Geburt an, Erfahrung zu akkumulieren, und jede Erfahrung gestaltet wiederum jede neu anliegende Wahrnehmungssituation" (Roth 1993, S. 154).

[5] „Sehr vieles von dem, was wir subjektiv als unmittelbare Wahrnehmung erleben, stammt gar nicht direkt von den Sinnesorganen, sondern aus dem Gedächtnis und wurde nur durch aktuelle Sinnesreize ‚aufgerufen'. Das bedeutet, daß das Gedächtnis dasjenige, was es bei den Wahrnehmungsinhalten aufgrund früherer Erfahrung als selbstverständlich erwartet, hinzufügt, ohne daß es wirklich unmittelbar wahrgenommen wurde. Diese hohe Kreativität *und* Konstruktivität unseres Wahrnehmungssystems ist die Grundlage unserer Fähigkeit, ‚komplette Wahrnehmung' zu erleben, auch wenn die Zeit gar nicht ausreicht, um all die Details wirklich mit den Sinnesorganen ‚abzutasten'. Gleichzeitig ist sie aber auch für viele ‚Fehlleistungen' unserer Wahrnehmung zuständig…" (Roth o. J., S. 37).

„Die empfundene, erlebte Wahrnehmung ist jedoch nicht das Ergebnis der bloßen Zerlegung und Kombination von Sinnesdaten. Diese spielen in der normalen Wahrnehmung meist nur eine Rolle als Auslöser für sensorische Gedächtnisinhalte. Diese Gedächtnisinhalte ergänzen die sensorischen Fragmente zur kompletten Wahrnehmung nach internen Konsistenz- und Kohärenzprinzipien. Das Gedächtnis ist das wichtigste Sinnesorgan: das meiste, was wir wahrnehmen, stammt aus dem Gedächtnis. Wir nehmen stets durch die ‚Brille' unseres Gedächtnisses wahr, denn das, was wir wahrnehmen, ist durch frühere Wahrnehmung entscheidend mitbestimmt …" (Roth 1992, S. 317).

[6] „Das Gehirn sucht das heraus, was abweicht, was nicht zu erwarten war, was sich nicht aus dem Kontext ergibt. Das ist eine extrem effiziente Weise der Komplexitätsreduktion, wobei das Gedächtnis ständig entscheiden muß: bekannt – unbekannt, neu – alt, interessant – uninteressant" (Roth 1993, S. 154).

[7] „Wenn nun bestimmte kohärente Erregungsmuster aufgrund von Kombinationen bestimmter Merkmale zur selben Zeit und am selben Ort immer wieder auftreten, so verstärken sich im o. g. Sinn bestimmte Verknüpfungen, die dann mit bestimmten Korrelationen visueller Objekte korrespondieren. Das visuelle System lernt auf diese Weise die Strukturierung der visuellen Welt in Objekte und kohärente Prozesse. Es antwortet dann mit erhöhter Bereitschaft auf Strukturen und Ereignisfolgen, die sich in früheren Erlebnissen als geordnet und kohärent erwiesen haben. Dies zeigt, daß Wahrnehmung und Gedächtnis untrennbar miteinander verbunden sind" (Roth 1992, S. 317).

[8] „Die Fähigkeit des Gehirns, prädiktive Modelle von noch ausstehenden Ereignissen

zu bilden, um sich schneller anpassen zu können, ist relativ rezent. Aber wenn es einmal ein System gibt, das auf der Basis von Erfahrung solche prädiktiven Modelle entwickeln kann, was die Speicherung von Erfahrungsinhalten voraussetzt, dann muß es kombinatorisch spielen können. Was als Repräsentation internalisiert wurde, muß in verschiedene Bezüge gestellt werden, um prüfen zu können, was alles passieren könnte" (Singer 1993, S. 135).

[9] Vgl. Fading durch akustische Rückkoppelung; epileptische Anfälle, die durch äußere Rhythmen ausgelöst werden, das „Durchdrehen" politischer Systeme, wenn die Opposition durch Ja-Sager ersetzt wird. Solche Fälle von zu gleichsinniger Überlagerung müssen noch genauer erforscht werden. Bateson 1981 hat dies unter dem Begriff der Schismogenese getan.

[10] „Säuglinge suchen nach sensorischer Stimulierung" (Stern 1992, S. 66).

[11] Vgl. zum Folgenden Dornes 1993, S. 39 ff.

[12] Aus heutiger Sicht heißt dies nun keineswegs, daß das kleine Kind die Dinge nicht als Dinge, als etwas anderes als sich selbst erkennen könnte. Nur schreibt es ihnen zunächst einmal eine ähnliche Organisation zu, wie es sie bei sich selbst erfährt.

[13] „Working with these (autistic G.E.S.) children, we found that the basic unit of intelligence is the connection between a feeling or desire and an action or symbol. When a gesture or bit of language is related in some way to the child's feelings or desires – even something as simple as the wish to go outside or to be given a ball – she can learn to use it appropriately and effectively" (Greenspan 1997, S. 16).

[14] Vgl. Tustin 1989; Bick 1987; Meltzer/Bremner/Hoxter/Weddel/Wittenberg ³1991.

[15] Vgl. Kap. 5, wo ich eine ähnliche Dreiteilung basaler Erfahrungsmodi aufgreife.

[16] Doch sollte darauf aufmerksam gemacht werden, daß die Beschreibungen dieser Erfahrungsmodi Interpretationen aus einem bestimmten, kulturell geprägten und historisch gewachsenen Blickwinkel darstellen. Dieser Blickwinkel kann nicht beanspruchen, die menschliche Natur an sich zu erfassen, sondern lediglich Möglichkeiten, die sich unter einer bestimmten Zugriffsweise im Rahmen eines natürlich gegebenen Spielraumes und den gegebenen kulturellen Prämissen und Betonungen ergeben.

[17] „Man kann sich den pathologischen Autismus als einen asymbolischen Bereich denken; der normale autistisch-berührende Modus jedoch ist ‚vorsymbolisch', insofern, als die Organisation der sensorisch begründeten Entwicklungseinheiten die Schaffung von Symbolen, die durch die Erfahrung von Übergangsphänomenen (Winnicott 1951) eingeleitet wird, vorbereitet" (ebd., S. 61).

[18] „Wahrnehmungen an der Hautoberfläche sind in der frühen Kindheit von entscheidender Bedeutung: Hier kommt es zur Annäherung der vorsymbolischen Welt sensorischer Eindrücke des Kleinkindes mit der interpersonalen Welt, die aus Objekten besteht, die – für einen außenstehenden Beobachter – eine vom Kind getrennte Existenz haben und sich seiner omnipotenten Kontrolle entziehen" (ebd., S. 56).

[19] Man muß solche Folgerungen noch sehr vorsichtig ziehen, denn wir wissen nur, *daß* dieses Zusammenspiel scheitern kann, wir haben jedoch noch kaum Kenntnis darüber, auf welche Weise es im Einzelfall tatsächlich mißlingt.

[20] Diese Auffassung deckt sich mit Sterns Begriff eines „auftauchenden Selbst" (1992), Greenspans Überlegungen zu einem „globalen Selbstempfinden" (1997) und Winnicotts „Kontinuität des Seins" auf der Grundlage eines Empfindens von Lebendigkeit (1960).

[21] Damasio hat in seinen klinischen Fallstudien gezeigt, daß ohne emotionale Mitwirkung Menschen unfähig werden, lebensnotwendige Entscheidungen zu treffen.

[22] Ich greife hierbei insbesondere auf die Arbeiten von Brazelton/Cramer 1991, Greenspan 1997 und Stern 1992 zurück.

[23] Allerdings ist bei dieser Vorstellung einzuräumen, daß die direkte Beteiligung der Affekte an der Kognition nicht angemessen berücksichtigt wird.

[24] Hierin stimmt Greenspan (1997) mit Stern (1992) überein. „Das Selbstempfinden ist kein kognitives Konstrukt; es ist die Integration des Erlebens" (Stern 1992, S. 107).
[25] Stern (1992) hingegen postuliert: „Säuglinge erleben niemals eine Phase völliger Undifferenziertheit zwischen dem Selbst und dem Anderen. Weder zu Anfang noch in irgendeiner späteren Phase des Säuglingsalters gibt es Verwechslungen von Selbst und Nichtselbst ... Es gibt keine Phase, die man als symbiotisch bezeichnen könnte. Vielmehr kann das subjektive Erleben des Einsseins mit einem anderen Menschen erst auftreten, wenn das Empfinden eines Kern-Selbst und eines Kern-Anderen vorhanden ist. Die Erfahrungen des Einsseins werden so als Gelingen einer aktiven Organisation des Zusammenseins mit dem Anderen aufgefaßt und nicht als eine passive Unfähigkeit, zwischen dem Selbst und dem Anderen zu unterscheiden" (ebd., S. 24).
Aufgrund klinischer Erfahrungen aus Psychotherapie, Autismusforschung sowie der Vermutung, daß der Säugling ja auch Erfahrungen des Versagens und des Scheiterns seiner Bemühungen macht, kann ich Sterns Auffassung so nicht teilen und sehe mich genötigt, auch die Erfahrungen der Angst, der Desintegration, des vorübergehenden oder längeren Zerbrechens der eigenen Organisation durch (noch) nicht bewältigbare Ereignisse in die Überlegungen mit aufzunehmen. Auf der anderen Seite bedarf die sehr enge Verbundenheit des Säuglings mit seiner Pflegeperson, die die Aktivität des Kindes überhaupt erst zur Geltung kommen läßt, einer angemessenen Beschreibung. Wenn man den Beschreibungen Winnicotts oder Brazelton/Cramers von den engen Interaktionen und Kommunikationen des Kindes mit seiner Mutter folgt, dann scheint die Selbstempfindung eines von Anfang an getrennten Selbst des Säuglings als eine nicht recht einsehbare Konstruktion. Ich frage mich, ob Stern in seiner Abwehr Spitzscher und Mahlerscher Konzepte einer symbiotischen oder gar autistischen Phase nicht über das Ziel hinausgeschossen ist, und nun im Gegenzug genauso perspektivisch überzogen die Selbständigkeit des Säuglings postuliert.
Ich selbst folge daher lieber der Vorstellung, daß die Aktivität und Eigenständigkeit des Säuglings eines engen Rahmens der Bezogenheit mit einer Pflegeperson bedarf, um überhaupt wirksam sich entwickeln zu können (wie das Winnicott, allerdings mit einer m.E. zu starken Betonung der Mutter, getan hat). Von daher leuchtet es mir nicht ein, wenn dann das Selbstempfinden des Säuglings nichts von diesem engen Verbundensein mit dem Entgegenkommen einer Umwelt enthalten soll. Das Modell einer allmählichen Trennung des Selbsterlebens aus dem Erleben einer umfassenden Umwelt-(Mutter-)Kind-Verbindung scheint mir daher überzeugender. Es fragt sich darüber hinaus doch auch, woher denn die Modelle für verschmelzende oder desintegrative Prozesse im Falle eines Scheiterns wichtiger Entwicklungsschritte kommen sollen. Auch hier scheint mir die psychoanalytische Basisannahme, daß pathologische Entwicklungen überspitzte und verzerrte Formen normaler Beziehungsformen darstellen, einsichtig. Stern müßte mit seinem Denkmodell einen größeren Teil der klinischen Forschung zu psychotischen und neurotischen Entwicklungen umschreiben.
[26] „In diesen frühen Stadien der Mutter-Kind-Beziehung hängt die Angst mit der Vernichtungsdrohung zusammen ... Sein und Vernichtung sind die beiden Alternativen. Die Hauptfunktion der haltenden Umwelt besteht deshalb darin, die störenden Übergriffe, auf die der Säugling reagieren muß, woraus eine Vernichtung personalen Seins folgt, auf ein Minimum zu reduzieren" (Winnicott 1960, S. 61). „In dem zur Diskussion stehenden Stadium ist es nötig, an das Baby nicht als eine Person zu denken, die hungrig wird und deren Triebe befriedigt oder frustriert werden können, sondern als ein unreifes Wesen, das ständig am Rand unvorstellbarer Angst steht. ... Die unvorstellbare Angst hat nur wenige Varianten, von denen jede der Schlüssel zu einem Aspekt der normalen Entwicklung ist:
1. Zusammenbrechen;
2. unaufhörliches Fallen;

3. keine Beziehung zum Körper haben;
4. keine Orientierung haben" (Winnicott 1962, S. 74).

[27] Wenn man unter Konstruktion nicht die rational-intellektuelle Konstruktion versteht, sondern Entwürfe auf der Basis des Handelns und Erlebens.

[28] Vgl. die Verwandlung der basic-level-categories in image-level-schematas bei Lakoff (vgl. Kap. 4). Bion (1990), der nach Freuds Denktheorie von Primär- und Sekundärprozeß, als Gewährsmann einer neueren psychoanalytischen Denktheorie gelten kann, beschreibt diesen basalen Denkprozeß als Umwandlung von Alpha- in Beta-Elemente.

[29] Natürlich tritt in diesem Fall – allerdings unterschiedlich je nach Art der „Kennerschaft" – ein Anteil des logisch-rationalen Denkens mit hinzu. Jedoch, ohne sensorisch-imaginative Erfahrung könnte dieses Denken den spezifisch ästhetischen Gehalt des kulturellen oder künstlerischen Erlebens nicht mit einbeziehen.

[30] Z. B. kann dies im Mensch-Umweltverhältnis leicht nachvollzogen werden, wo rational und funktional gut argumentierbare Einzelentwicklungen das Gesamtgleichgewicht stören oder zerstören können. In ähnlicher Weise kann die Beschränkung auf rational-logische Argumente im alltäglichen Zusammenleben die Wahrnehmung von wichtigen emotionalen oder dynamischen zwischenmenschlichen Prozessen so einschränken, daß es zu pathologischen Entwicklungen kommt – wie Tiefenpsychologie oder Familiendynamik zeigen.

[31] Beispielsweise wird die Seh- und Malweise der Kinder sehr stark durch die Bildproduktionen der medialen Kinderkultur geprägt.

[32] Ihr Grund mag in persönlichen oder sozioökonomischen Bedingungen oder in beidem liegen.

[33] Ich danke Bettina Burr für die Sichtung der einschlägigen Literatur.

[34] Auch dort finden die Anregungen Wagenscheins und Rumpfs für den Bereich der Schulpädagogik nur recht begrenzten Widerhall.

[35] Eine breitere Diskussion des ästhetischen Denkens im Zusammenhang tradierter und aktueller frühpädagogischer Konzepte soll – wegen der dazu notwendigen Ausführlichkeit – an anderer Stelle geführt werden. Dort wäre dann auch nach möglichen Verbindungen zum Konzept des Situationsansatzes und seinen Nachfolgern zu fragen.

[36] Vgl. hierzu insbes.: Erziehung zur Freiheit [8]1996; Grunelius 1980; Jaffke 1994; Leber 1994; Riethmüller 1996; Kranich 1994; von Kügelken 1994; Steiner 1907.

[37] Vgl. hierzu insbes.: Elschenbroich 1990, 1992, 1996; Schubert 1990, 1992.

[38] Vgl. hierzu insbes.: Comune di Reggio 1990; Dreier 1993; Göhlich [2]1988; Krieg 1993; Riedel/Schock/Sommer 1984; Rodari 1992; Schäfer 1995.

[39] Wodurch notwendigerweise die menschlichen Erfahrungsprozesse, die anders strukturiert sind, zur Nebensache erklärt und damit alle kindlichen Verarbeitungsweisen als defizitär angesehen werden müssen.

8 Literatur

Ayres, A. J. (1979): Lernstörungen. Berlin

Ayres, A. J. (1984): Bausteine der kindlichen Entwicklung. Berlin u. a.

Bannmüller, E. (1992): Ästhetische Erziehung in der gegenwärtigen Unterrichtspraxis des Schulsports in der Grundschule. In: Polzin, M. (Hrsg.): Bewegung, Spiel und Sport in der Grundschule. Frankfurt/M.

Bannmüller, E./Röthig, P. (Hrsg.) (1990): Grundlagen und Perspektiven ästhetischer und rhythmischer Bewegungserziehung. Stuttgart

Barnard, K. E./Brazelton, T. B. (1990): Touch: The foundation of experience. Madison/Connecticut

Barthes, R. (1966): Die strukturalistische Tätigkeit. In: Kursbuch, 5, S. 190–196

Barthes, R. (1981): Das Reich der Zeichen. Frankfurt/M.

Bateson, G. (1981): Ökologie des Geistes. Frankfurt/M.

Bateson, G. (1982): Geist und Natur. Frankfurt/M.

Bateson, G./Bateson, M. C. (1993): Wo Engel zögern. Unterwegs zu einer Epistemologie des Heiligen. Frankfurt/M.

Bettelheim, B. (1977): Die Geburt des Selbst. München

Bick, E. (1987): Collected papers of Martha Harris and Esther Bick. (Ed. Meg Harris Williams). Perthshire, Scotland

Bion, W. R. (1990): Lernen durch Erfahrung. Frankfurt/M.

Bittner, G./Thalhammer, M. (Hrsg.) (1989): „Das Ich ist vor allem ein körperliches …". Zum Selbstwerden des körperbehinderten Kindes. Würzburg

Braitenberg, V./Schütz, A. (1990): Cortex, hohe Ordnung oder größtmögliches Durcheinander? In: Gehirn und Kognition. Spektrum der Wissenschaft. Heidelberg, S. 182–194

Brazelton, T. B./Cramer, B. G. (1991): Die frühe Bindung. Die ersten Beziehungen zwischen dem Baby und seinen Eltern. Stuttgart

Ciompi, L. (1982): Affektlogik. Stuttgart

Comune di Reggio (1990): Tutto ha un'ombra meno le formiche. Reggio Emilia

Csikszentmihalyi, M. (1985): Das Flow-Erlebnis. Jenseits von Angst und Langeweile: Im Tun aufgehen. Stuttgart

Csikszentmihalyi, M./Csikszentmihalyi, I. S. (Hrsg.) (1991): Die außergewöhnliche Erfahrung im Alltag. Die Psychologie des Flow-Erlebnisses. Stuttgart

Damasio, A. R. (1994): Descartes' Irrtum. Fühlen, Denken und das menschliche Gehirn. München

Dewey, J. (1988): Kunst als Erfahrung. Frankfurt/M.

Diamond, M. C. (1990): Evidence for tactile stimulation improving CNS function. In: Barnard, K. E./Brazelton, T. B. (1990): Touch: The foundation of experience. Madison/Connecticut, S. 73–96

Dornes, M. (1993): Der kompetente Säugling. Die präverbale Entwicklung des Menschen. Frankfurt/M.

Duncker, L. (1990): Mythos, Struktur und Gedächtnis. Zur Kultur des Sammelns in der Kindheit. In: Duncker, L./Maurer, F./Schäfer, G. E. (Hrsg.) (1990): Kindliche Phantasie und ästhetische Erfahrung. Wirklichkeiten zwischen Ich und Welt. Langenau-Ulm, S. 111–133

Ehrenzweig, A. (1974): Ordnung im Chaos. Das Unbewußte in der Kunst. München

Elschenbroich, D. (1990): Kindheit in Japan. In: Hardach-Pinke, I. (Hrsg.) (1990): Japan, eine andere Moderne. Tübingen, S. 64–79

Elschenbroich, D. (1992): Kinder auf dem „Weg der Musik". In: Büttner, Chr./Elschenbroich, D./Ende, A. (Hrsg.): Kinderkulturen. Neue Freizeit und alte Muster. Jahrbuch der Kindheit, Bd. 9. Weinheim, S. 116–124

Elschenbroich, D. (Hrsg.) (1996): Anleitung zur Neugier. Grundlagen japanischer Erziehung. Frankfurt/M.

Engel, A. (1992): Vorstoß zu den Quellen der Intelligenz. In: Geo-Wissen. Intelligenz und Bewußtsein, 3, S. 22–25

Ernst, H. (1988): Intelligenz im Alltag – Praktisch und sozial. In: Psychologie heute, 10, S. 21–27

Erziehung zur Freiheit. Die Pädagogik Rudolf Steiners (^{8}1996). Stuttgart

Freud, S. (1900): Traumdeutung. G.W. 1/2. Frankfurt/M.

Frostig, M. (^{5}1992): Bewegungserziehung. Neue Wege der Heilpädagogik. München, Basel

Gantschewa, S. (1930): Kinderplastik Drei- bis Sechsjähriger. München

Gardner, H. (1989): Dem Denken auf der Spur. Stuttgart

Gardner, H. (1991): Abschied vom IQ. Die Rahmen-Theorie der vielfachen Intelligenzen. Stuttgart

Glover, E.: On the Early Development of the Mind. London 1932.

Göhlich, H. D. M. (^{2}1988): Reggiopädagogik. Innovative Pädagogik heute. Frankfurt/M.

Goleman, D. (1995): Emotionale Intelligenz. München, Wien

Gottfried, A. W. (1990): Touch as an organizer of development and learning. In: Barnard, K. E./Brazelton, T. B. (1990): Touch: The foundation of experience. Madison/Connecticut, S. 349–361

Greenough, W. T. (1990): Brain storage of information from cutaneous and other modalities in development and adulthood. In: Barnard, K. E./Brazelton, T. B. (1990): Touch: The foundation of experience. Madison/Connecticut, S. 97–128

Greenspan, S. I. (1997): The growth of the mind. Reading u. a.

Grunelius, E. M. (1980): Erziehung im frühen Kindesalter. Der Waldorf-Kindergarten. Schaffhausen

Hünnekens, H./Kiphard, E. J. (1963): Bewegung heilt. Gütersloh

Jaffke, F. (1994): Wie wird die Kindergartenarbeit zur „Hülle" für die Lebenskräfte des Kindes? In: Leber, S. (Hrsg.) (1994): Waldorfschule heute. Einführung in die Lebensformen einer Pädagogik. Stuttgart, S. 104–120

Johnson, M. (1987): The body in the mind. Chicago

Kesper, G./Hottinger, K. (1993): Mototherapie bei sensorischen Integrationsstörungen. In: Praxis der Psychomotorik 4, S. 200 ff.

Kimura, B. (1995): Zwischen Mensch und Mensch. Strukturen japanischer Subjektivität. Darmstadt

Kiphard, E. J. (1977): Erziehung durch Bewegung. Bonn

Kiphard, E. J. (1979): Psychomotorik als Prävention und Rehabilitation. Gütersloh

Kiphard, E. J. (1987): Motopädagogik. Dortmund

Klein, M. (1972): Das Seelenleben des Kleinkindes. Reinbek

Kranich, E.-M. (1994): Das Ich in der Entwicklung des Kindes und des jugendlichen Menschen. In: Leber, S. (Hrsg.) (1994): Waldorfschule heute. Einführung in die Lebensformen einer Pädagogik. Stuttgart, S. 61–89

Krieg, E. (Hrsg.) (1993): Hundert Welten entdecken. Essen

Kügelken, H. von (1994): Das Recht auf Kindheit. Idee und Ausbreitung der Waldorfkindergärten. In: Leber, S. (Hrsg.) (1994): Waldorfschule heute. Einführung in die Lebensformen einer Pädagogik. Stuttgart, S. 93–103

Lakoff, G. (1988): Cognitive semantics. In: Eco, U. u. a. (Hrsg.): Meaning and mental representation. Bloomington, S. 119–154

Leber, S. (Hrsg.) (1994): Waldorfschule heute. Einführung in die Lebensformen einer Pädagogik. Stuttgart

LeDoux, J. E. (1994): Emotion, memory and the brain. In: Scientific American, 6, S. 32–39

Leyendecker, C. (1996): Der Zusammenhang von Wahrnehmung und Bewegung. In: Praxis der Psychomotorik, 21, 4, S. 223–228

Lippe, R. zur (1987): Sinnenbewußtsein. Grundlegung einer anthropologischen Ästhetik. Reinbek

Maturana, H. R./Varela, F. J. (1987): Der Baum der Erkenntnis. Bern u. a.

Majewski, A. (1996): Sensorische Integration – Ein Konzept sucht neue Wege. In: Praxis der Psychomotorik, 21, 2, S. 84–92

Majewski, J./Majewski, A. (1997): Psychomotorik und Kunst. In: Praxis der Psychomotorik 2, S. 23 ff.

Meltzer, D./Bremner, J./Hoxter, S./Weddel, D./Wittenberg, I. (^{3}1991): Explorations in autism. Perthshire/Scotland

Merzenich, M. M. (1990): Development and maintenance of cortical somatosensory representations: Functional „maps" and neuroanatomical repertoires. In: Barnard,

K. E./Brazelton, T. B. (1990): Touch: The foundation of experience. Madison/Connecticut, S. 47–72

Montague, A. (1971): Touching. New York

Montada, L. (1982): Die geistige Entwicklung aus der Sicht Jean Piagets. In: Oerter, R./Montada, L.: Entwicklungspsychologie. München u. a., S. 375–424

Muchow, M./Muchow, H. H. (1978; ¹1935): Der Lebensraum des Großstadtkindes. Nachdruck: Bensheim

Oerter, R. (⁴1969): Moderne Entwicklungspsychologie. Donauwörth

Ogden, T. (1995): Frühe Formen des Erlebens. Wien, New York

Papousek, M. (1994): Vom ersten Schrei zum ersten Wort. Bern u. a.

Piaget, J. (1966): Response to Brian Sutton-Smith. Psychological Review 73, S. 111–112

Piaget, J. (1967): Psychologie der Intelligenz. Zürich, Stuttgart

Piaget, J. (1976): Die Äquilibration der kognitiven Strukturen. Stuttgart

Radigk, W. (1986): Kognitive Entwicklung und zerebrale Dysfunktion. Dortmund

Read, H. (1962): Erziehung durch Kunst. München, Zürich

Riedel, G./Schock, R./Sommer, B. (1984): Das Auge schläft bis es der Geist mit einer Frage weckt. Krippen und Kindergärten in Reggio-Emilia. Berlin

Riethmüller, W. (1996): Der Dialog mit der Welt in der frühkindlichen Entwicklung. In: Erziehungskunst 60, 10, S. 1071–1087

Rodari, G. (1992): Grammatik der Phantasie. Oder die Kunst, Geschichten zu erfinden. Leipzig

Roth, G. (o. J.): 100 Milliarden Zellen – Gehirn und Geist. In: Funkkolleg, Der Mensch – Anthropologie heute. Studieneinheit 5. Deutsches Institut für Fernstudien an der Universität Tübingen

Roth, G. (1987): Erkenntnis und Realität. Das reale Gehirn und seine Wirklichkeit. In: Schmidt, S. J. (Hrsg.): Der Diskurs des radikalen Konstruktivismus. Frankfurt/M., S. 229–255

Roth, G. (1991): Neuronale Grundlagen des Lernens und des Gedächtnisses. In: Schmidt, S. J. (Hrsg.): Gedächtnis, Probleme und Perspektiven der interdisziplinären Gedächtnisforschung. Frankfurt/M., S. 127–158

Roth, G. (1992): Das konstruktive Gehirn. Neurobiologische Grundlagen von Wahrnehmung und Erkenntnis. In: Schmidt, S. J.: Kognition und Gesellschaft. Der Diskurs des radikalen Konstruktivismus 2. Frankfurt/M., S. 277–336

Roth, G. (1993): In das Wahrnehmungssystem dringt nur das ein, was nicht zu erwarten war. In: Kunstforum, 124, S. 152–157

Roth, G. (1994): Das Gehirn und seine Wirklichkeit. Frankfurt/M.

Schäfer, G. E. (1981): Wege zur Realität – Bildung des Selbst im Realitätskontakt. In: Bittner, G. (Hrsg.): Selbstwerden des Kindes. Fellbach, S. 119–148

Schäfer, G. E. (1986): Spiel, Spielraum und Verständigung. Untersuchungen zur Entwicklung von Spiel und Phantasie im Kindes- und Jugendalter. Weinheim, München

Schäfer, G. E. (1989): Spielphantasie und Spielumwelt. Spielen, Bilden und Gestalten als Prozesse zwischen Innen und Außen. Weinheim, München

Schäfer, G. E. (1990): Universen des Bastelns – gebastelte Universen. In: Duncker, L./Maurer, F./Schäfer, G. E. (Hrsg.) (1990): Kindliche Phantasie und ästhetische Erfahrung. Wirklichkeiten zwischen Ich und Welt. Langenau-Ulm, S. 135–161

Schäfer, G. E. (1992): Mißlingende Erfahrung – Zur Frage beeinträchtigter Bildungsprozesse. In: Sonderpädagogik 22, S. 200–207

Schäfer, G. E. (1993): Erfahrung verdauen – W. Bions Theorie des Denkens. In: Schäfer, G. E. (Hrsg.): Riß im Subjekt. Pädagogisch-Psychoanalytische Beiträge zum Bildungsgeschehen. Würzburg, S. 127–141

Schäfer, G. E. (1994): Zeigen und Gewahrwerden. Ist Lernbehinderung ein „Wahrnehmungsproblem"? In: Sonderpädagogik 24, 4, S. 214–223

Schäfer, G. E. (1995): Bildungsprozesse im Kindesalter. Weinheim, München

Schubert, V. (1990): Moderne ohne Individualität? In: Hardach-Pinke, I. (Hrsg.) (1990): Japan, eine andere Moderne. Tübingen, S. 115–133

Schubert, V. (1992): Die Inszenierung der Harmonie. Erziehung und Gesellschaft in Japan. Darmstadt

Seewald, J. (1991): Von der Psychomotorik zur Motologie: Über den Prozeß der Verwissenschaftlichung einer „Meisterlehre". In: Motorik 1, S. 3 ff.

Singer, W. (1990a): Hirnentwicklung und Umwelt. In: Gehirn und Kognition. Spektrum der Wissenschaften. Heidelberg, S. 50–64

Singer, W. (1990b): Die Entwicklung kognitiver Strukturen, ein selbstreferentieller Lernprozeß. In: Schmidt, S. J. (Hrsg.): Gedächtnis, Probleme und Perspektiven der interdisziplinären Gedächtnisforschung. Frankfurt/M., S. 96–126

Singer, W. (1993): Wahrnehmen ist das Verifizieren von vorausgeträumten Hypothesen. In: Kunstforum 124, S. 128–135

Spitz, R. A. (^{3}1972): Vom Säugling zum Kleinkind – Naturgeschichte der Mutter-Kind-Beziehungen im ersten Lebensjahr. Stuttgart

Steiner, R. (1907): Die Erziehung des Kindes vom Gesichtspunkt der Geisteswissenschaft. In: Steiner, R. (1961): Die Erziehung des Kindes. Die Methodik des Lehrens. Dornach, S. 13–53

Stemme, F. (1997): Die Entdeckung der Emotionalen Intelligenz. München

Stern, D. N. (1992): Die Lebenserfahrung des Säuglings. Stuttgart

Sternberg/Wagner (1986): Practical intelligence. Cambridge

Sutton, N. (1996): Bruno Bettelheim. Auf dem Weg zur Seele des Kindes. Hamburg

Tustin, F. (1989): Autistische Zustände bei Kindern. Stuttgart

Varela, F. J./Thompson, E./Rosch, E. (1995): Der mittlere Weg der Erkenntnis. München

Vincent, J.-D. (1992): Biologie des Begehrens – Wie Gefühle entstehen. Reinbek

Wagner, S./Sakovits, L. (1986): A process analysis of infant visual und crossmodal recognition memory: Implications for an amodal code. In: Lipsitt, C./Rovee-Collier, C. (Hrsg.): Advances in Infancy Research, Vol. 4, Norwood /NY, S. 295–217

Wagner, W./Winner, E./Cichetti, D./Gardner, H. (1981): „Metaphorical" mapping in human infants. In: Child Development 52, pp. 728–731

Welsch, W. (1989): Zur Aktualität ästhetischen Denkens: In: Kunstforum, Bd. 100, S. 135–149

Wendeler, J. (^{4}1992): Neuere Forschungsergebnisse. In: Wing, J. K. (Hrsg.): Frühkindlicher Autismus. Klinische, pädagogische und soziale Aspekte. Weinheim, S. 283–347

Werner, H. (^{4}1959): Einführung in die Entwicklungspsychologie. München

Wing, J. K. (^{4}1992): Symptome, Verbreitung und Ursachen des frühkindlichen Autismus. In: Wing, J. K. (Hrsg.): Frühkindlicher Autismus. Klinische, pädagogische und soziale Aspekte. Weinheim, S. 17–51

Wilker, F. W. (1989): Autismus. Darmstadt

Winnicott, D. W. (1941): Die Beobachtung von Säuglingen in einer vorgegebenen Situation. In: Winnicott, D. W. (1976): Von der Kinderheilkunde zur Psychoanalyse. München, S. 31–56

Winnicott, D. W. (1947): Haß in der Gegenübertragung. In: Winnicott, D. W. (1976): Von der Kinderheilkunde zur Psychoanalyse. München, S. 75–88

Winnicott, D. W. (1951): Übergangsobjekte und Übergangsphänomene. In: Winnicott, D. W. (1976): Von der Kinderheilkunde zur Psychoanalyse. München, S. 293–312

Winnicott, D. W. (1956): Primäre Mütterlichkeit. In: Winnicott, D. W. (1976): Von der Kinderheilkunde zur Psychoanalyse. München, S. 153–160

Winnicott, D. W. (1958): Die Fähigkeit zum Alleinsein. In: Winnicott, D. W. (1974): Reifungsprozesse und fördernde Umwelt. München, S. 36–46

Winnicott, D. W. (1960): Die Theorie von der Beziehung zwischen Mutter und Kind. In: Winnicott, D. W. (1974): Reifungsprozesse und fördernde Umwelt. München, S. 47–71

Winnicott, D. W. (1962): Ich-Integration in der Entwicklung des Kindes. In: Winnicott, D. W. (1974): Reifungsprozesse und fördernde Umwelt. München, S. 72–81

Winnicott, D. W. (1963): Die Entwicklung der Fähigkeit zur Besorgnis. In: Winnicott, D. W. (1974): Reifungsprozesse und fördernde Umwelt. München, S. 93–105

Winnicott, D. W. (1973): Vom Spiel zur Kreativität. Stuttgart

Winnicott, D. W.: Die menschliche Natur. Stuttgart 1994

Zeki, S. M. (1993): Das geistige Abbild der Welt. In: Spektrum der Wissenschaft, Spezial I, Geist und Gehirn, S. 26–35

Sabine Walper

Auswirkungen von Armut auf die Entwicklung von Kindern

Inhalt

1	Einleitung und Überblick	294
2	Zum Stand sozialwissenschaftlicher Armutsforschung bei Kindern	297
2.1	Methodische Anforderungen an angemessene Forschungsstrategien	297
2.1.1	Armut als komplexes Phänomen	297
2.1.2	Zur Dynamik von Armut und ihren Auswirkungen auf Kinder	300
2.2	Armutsforschung in Deutschland	302
2.3	Aktuelle Trends der internationalen Forschung	304
3	Kindliche Reaktionen auf Armut	307
3.1	Zur Bandbreite der Konsequenzen von Armut für die Entwicklung von Kindern	307
3.1.1	Beeinträchtigungen der Gesundheit	307
3.1.2	Selbstbild und Wohlbefinden	308
3.1.3	Internalisierendes und externalisierendes Problemverhalten	309
3.1.4	Sozialentwicklung	311
3.1.5	Intelligenzentwicklung und schulische Leistungen	314
3.2	Verschiedene Formen der Armut und ihre Konsequenzen	316
3.3	Die Frage der Kausalität: Ein Rahmenmodell zur Analyse armutsbedingter Konsequenzen für die Entwicklung von Kindern	321
4	Familiale und außerfamiliale Reaktionen auf finanzielle Härten als Mediator für Reaktionen der Kinder	324
4.1	Familiale Anpassungsbemühungen als vermittelnde Einflüsse	324
4.2	Psycho-soziale Belastungen der Eltern und Beeinträchtigungen der familialen Beziehungen	327
4.3	Diskriminierung durch Außenstehende	331
5	Ressourcen und Vulnerabilitätsfaktoren, die zu unterschiedlichen Reaktionen beitragen	333
5.1	Kontextuelle Faktoren	334
5.2	Familiale Faktoren	339
5.3	Individuelle Ressourcen	340
6	Zusammenfassung und Ausblick	343
6.1	Was wir wissen, was wir wissen sollten	343
6.2	Präventionsmöglichkeiten	347

7	Anmerkungen	350
8	Abbildungen	350
9	Literatur	351

1 Einleitung und Überblick

Im folgenden geht es um Fragen, die in Deutschland lange Zeit nur relativ wenig Beachtung gefunden haben. Es ist zwar offenkundig, daß es auch in Deutschland, einer der reichsten Industrienationen der Welt, bedeutende sozio-ökonomische Unterschiede gibt, denn der strukturelle Wandel auf dem Arbeitsmarkt und die wirtschaftlichen Transformationsprozesse im Zuge der deutschen Vereinigung haben zu deutlich höherer Arbeitslosigkeit und vermehrten sozio-ökonomischen Härten beigetragen. Bekannt ist auch, daß hiervon nicht nur die am Arbeitsmarkt Beteiligten betroffen sind, sondern ebenso deren Familien. Sie haben neben den finanziellen auch die sozialen und psychischen Belastungen von Armut und sozio-ökonomischer Benachteiligung mitzutragen. Dennoch beginnt die sozialwissenschaftliche Forschung in Deutschland erst allmählich, die ökonomische und psychosoziale Situation jener indirekt mitbetroffenen Familienmitglieder zu erkunden, denen doch die größte – auch kollektive – Fürsorgepflicht gilt: den Kindern.

Wie die verschiedensten Statistiken zur Einkommensversorgung zeigen, sind Kinder in zunehmendem Maße vom Wohlstand in Deutschland ausgeschlossen (Hauser 1997; Walper 1997). Dies gilt erstens, wenn man das Risiko relativer Einkommensarmut[1] von Kindern und Erwachsenen im Verlauf der 90er Jahre gegenüberstellt (Joos 1997): Bezogen auf die Einkommensstruktur in Ostdeutschland lebten dort 1994 14 % aller Kinder und Jugendlichen (unter 18 Jahre) in Armut, verglichen mit 7,9 % der Erwachsenen (im Alter zwischen 30 und 55 Jahren); 1990 waren es nur 6,8 % der Kinder und 3,4 % der Erwachsenen. Auch in Westdeutschland ist die Armutsquote der Kinder deutlich erhöht. 1994 waren dort – gemessen an der westdeutschen Einkommensverteilung – 11,2 % der Kinder, aber nur 6,1 % der Erwachsenen von Armut betroffen. Zwar hat sich die Situation im Westen gegenüber 1988 insgesamt verbessert (Armutsquote für Kinder 1988: 16,2 %; für Erwachsene: 9,1 %), aber der Nachteil von Kindern im Vergleich zu Erwachsenen ist geblieben. Zweitens bestätigt eine Betrachtung von Transferzahlungen, daß Kinder zunehmend von der Sozialhilfe (HLU) abhängig geworden sind. Entsprechende Veränderungen des Altersprofils von Sozialhilfebeziehern zeichnen sich in Westdeutschland schon seit Beginn der 80er Jahre ab. Damals wurden die Senioren (ab 65 Jahre) vor allem von Kindern unter 7 Jahren, aber auch von den restlichen Minderjährigen hinsichtlich der Sozialhilfebedürftigkeit „überholt". Drittens sind Kinder auch von Unterversorgung im Wohnbereich häufiger betroffen als Erwachsene (Hanesch/Adamy/

Martens/Rentzsch/Schneider/Schubert/Wißkirchen 1994). 1992 fielen die Quoten der Wohnraumunterversorgung für Kinder mit 34,2 % mehr als doppelt so hoch aus wie für die Gesamtbevölkerung (16 %).

In diesem Beitrag soll aufgezeigt werden, was bislang über die Auswirkungen von Armut und ökonomischer Deprivation auf die körperliche, psychische, soziale und intellektuelle Entwicklung von Kindern bekannt ist. Hierzu gehen wir zunächst im folgenden Kapitel auf den aktuellen Stand der sozialwissenschaftlichen Armutsforschung bei Kindern ein, wie er sich sowohl international als auch speziell in Deutschland darstellt. Wie sich erweisen wird, sind wir weitgehend auf Forschungsbefunde aus den USA angewiesen, um Aussagen über die mit Armut verbundenen Entwicklungsrisiken für Kinder treffen zu können. Zudem sind nicht alle Studien, die Armut bei Kindern thematisieren, gleichermaßen aufschlußreich. Untersuchungen, die sich ausschließlich auf von Arbeitslosigkeit oder ökonomischer Deprivation Betroffene beziehen, liefern zwar oft wichtige Informationen zu spezifischen Belastungsfaktoren, Strategien der Alltagsbewältigung und subjektiven Situationsdeutungen. Für die hier verfolgten Fragestellungen sind jedoch vorrangig jene Studien aussagekräftig, die (1) einen Vergleich mit nicht von Armut betroffenen Kindern beinhalten und (2) mit Armut konfundierte „Dritt-" oder „Störvariablen" kontrollieren, deren Einfluß mögliche Gruppenunterschiede verstärken oder maskieren könnte. Entsprechende Überlegungen, die die Auswahl relevanter Studien einschränken, sind dem zweiten Kapitel vorangestellt.

Anschließend gibt das dritte Kapitel einen Überblick über kindliche Reaktionen auf Armut, wobei einerseits die Bandbreite möglicher Belastungsreaktionen der betroffenen Kinder aufgezeigt wird und andererseits verschiedene Formen der Armut und ihre Konsequenzen diskutiert werden, um die unterschiedlichen objektiven Härten aufzuzeigen, die mit den jeweiligen Manifestationen sozio-ökonomischer Unterversorgung verbunden sind. Dies soll nicht zuletzt dabei helfen, die unterschiedlichen Studien und ihre Befunde zu vergleichen, denn selten finden wir übereinstimmende Operationalisierungen von Armut. Entsprechend sind bei der Bewertung abweichender Befunde die jeweils untersuchten konkreten Manifestationen von Armut bzw. ökonomischer Deprivation im Auge zu behalten. Schließlich wird ein Rahmenmodell vorgestellt, das in den anschließenden Kapiteln die Analyse von armutsbedingten Konsequenzen für die Entwicklung von Kindern leitet.

Im vierten Kapitel geht es um jene soziale Kontexte, in denen Kinder primär Armut erfahren, in denen Armut also ihren je spezifischen Niederschlag und ihre besondere Ausformung findet und in denen es sich entscheidet, wie gravierend die Einschränkungen und Belastungen sind, mit denen ökonomische Deprivation für die Kinder verbunden ist. Hierbei wird zum einen die Rolle der Familie als zentraler Vermittler armutsbedingter Erfahrungen behandelt, zum anderen wird auf außerfamiliale Kontexte verwiesen, in denen Kinder mit ökonomischer Deprivation konfrontiert sind, sei es durch soziale Vergleiche mit anderen – besser Gestellten – oder durch mangelnde Ressourcen, die Unterversorgungslagen in diesen Kontexten selbst indizieren.

Nachdem diese „Vermittlungsprozesse" ökonomischer Deprivation behandelt wurden, stehen im fünften Kapitel Ressourcen und Vulnerabilitätsfaktoren im Vordergrund, die die individuellen Reaktionen der Kinder mitbestimmen. Gemeint sind individuelle, familiale und außerfamiliale Faktoren, die es den Kindern in unterschiedlichem Maße erleichtern oder erschweren, mit den jeweiligen armutsbedingten Belastungen und Anforderungen umzugehen. Sie sind ebenso wie die Vermittlungsprozesse von eminent praktischem Interesse, weil sie am ehesten Ansatzpunkte für präventive Maßnahmen in der pädagogischen und/oder therapeutischen Arbeit mit Kindern in Armut liefern: zum einen bei der Spezifikation von Belastungsfaktoren, die die Entwicklung der Kinder beeinträchtigen können (z.B. Konflikte zwischen oder mit den Eltern; Prestigeverlust unter Gleichaltrigen), zum anderen bei der Auswahl von besonders gefährdeten Zielgruppen (z.B. Frühgeborene, sozial wenig integrierte Kinder, Kinder mit geringem Selbstwertgefühl).

Im Anschluß hieran liefert das letzte Kapitel eine Zusammenfassung der Befunde mit Ausblick auf offene Fragen. Hierbei gehe ich nochmals auf das Zusammenspiel relevanter Einflußfaktoren und die Bandbreite möglicher Konsequenzen ein, die Armut für die Entwicklung der betroffenen Kinder haben kann, und diskutiere die Frage kurz- versus langfristiger Folgen. Wie sich zeigen wird, gibt es neben einigen substantiellen Befunden eine beträchtliche Zahl ungeklärter Fragen, die sich als Gegenstand zukünftiger Forschungsarbeiten anbieten.

2 Zum Stand sozialwissenschaftlicher Armutsforschung bei Kindern

2.1 Methodische Anforderungen an angemessene Forschungsstrategien

2.1.1 Armut als komplexes Phänomen

Das wohlbekannte Diktum „Armut hat viele Gesichter" stellt die Armutsforschung vor besondere Herausforderungen: Es gilt einerseits, den Problembereich sinnvoll einzugrenzen, andererseits muß aber auch der Komplexität der Phänomene Rechnung getragen werden. Als Kernbereich der Armut gilt die Unterversorgung im Einkommensbereich, die entweder am Bezug von Sozialhilfe festgemacht wird („bekämpfte Armut") oder über das nach Haushaltszusammensetzung gewichtete Pro-Kopf-Einkommen der Haushalte bestimmt wird. Als arm gilt demnach, wer in einem Haushalt lebt, der maximal die Hälfte des durchschnittlichen Pro-Kopf-Einkommens in der Bundesrepublik (oder einer bestimmten Region) erreicht.[2] Dieser Indikator hat sich zwar in der auf Erwachsene bezogenen Armutsforschung weitgehend durchgesetzt (z.B. Hanesch u.a. 1994), wird jedoch in der Forschung zur Armutsbelastung von Kindern noch kaum verwendet.

Wenngleich Einkommensarmut als zentrales Merkmal von Armut gilt, so tritt sie doch selten als isoliertes Problem auf, sondern ist häufig mit anderen Besonderheiten der Lebenssituation konfundiert. Dies gilt vor allem für jene Risiko- und Begleitfaktoren der Einkommensarmut, die in weiter gefaßten, komplexeren Konzeptionen von Armut als *Teilaspekt sozio-ökonomischer Benachteiligung* gesehen werden: niedriges Bildungs- und Qualifikationsniveau, niedriger Berufsstatus, Arbeitslosigkeit und beengte Wohnverhältnisse (z.B. Hanesch u.a. 1994; vgl. Kap. 3).[3] Die frühere schichtenspezifische Sozialisationsforschung hat dem insofern Rechnung getragen, als Indikatoren der Schichtzugehörigkeit häufig auf einer Kombination dieser Merkmale beruhten. Hierbei kamen allerdings weder Diskrepanzen noch die Effekte spezifischer Konstellationen einzelner Statusdimensionen zur Geltung. Das Zusammenspiel einzelner Armutsdimensionen hat sich jedoch durchaus als bedeutsam erwiesen. So hat etwa das Bildungsniveau – zumindest teilweise – Einfluß darauf, wie sich finanzielle Verknappung in Belastungen des elterlichen Erziehungsverhaltens, in den Freizeitkontakten der Eltern und in den Reaktionen der Kinder niederschlägt (Walper 1988, 1991; Walper/Silbereisen 1987a).

Mittlerweile ist es zu einer zunehmend differenzierteren Sichtweise von Armut gekommen, in der verschiedene Aspekte sozio-ökonomischer Unterversorgungslagen sowohl separat als auch in ihrer Vernetzung betrachtet werden (Döring/Hanesch/Huster 1990; Hanesch u. a. 1994; Schott-Winterer 1990). Die Mehrdimensionalität von Armut wird insbesondere im Konzept der Lebenslagen hervorgehoben, das auf unterschiedliche Bereiche der relativen Unterversorgung abhebt. Hierzu zählen neben dem Versorgungs- und Einkommensspielraum der Lern- und Erfahrungsspielraum, wie er durch Bildung und Beruf indiziert wird, die Kontakt- und Kooperationsmöglichkeiten sowie Spielräume für Regeneration und Partizipation an Entscheidungen in verschiedenen Lebensbereichen (Lompe 1987; vgl. Glatzer/Hübinger 1990). Eine entsprechende Konzeptualisierung von Lebenslagen für Kinder und Jugendliche hätte also auch ihre Bildungschancen, die Betreuungssituation innerhalb und außerhalb der Familie, Spiel- und Freizeitmöglichkeiten, Kontakte zu Gleichaltrigen und gesundheitliche Faktoren zu berücksichtigen. Dies ist zwar in vereinzelten Kindersurveys aus dem deutschsprachigen Raum geschehen, allerdings zumeist ohne Fokus auf spezifische Deprivationslagen in diesen Bereichen (z. B. Lang 1985; Nauck/Bertram 1995; Zinnecker/Silbereisen 1996).

Ausnahmen bilden die Studien von Bacher (1994, 1997) und Klocke (1996), die ein breiteres Verständnis sozialer Ungleichheit zugrunde legen. So erfaßt Klocke (1996) die Kumulation von Unterversorgungslagen in einzelnen Lebensbereichen von Kindern und Jugendlichen (Bildung und Berufsprestige der Eltern, subjektive finanzielle Situation, Wohnsituation, Automobile im Haushalt und Ferienreisen), wobei allerdings durch die summarische Zusammenfassung der einzelnen Deprivationsmerkmale im dunkeln bleibt, ob spezifische Konstellationen stärkere Nachteile mit sich bringen als andere, die die gleiche Zahl belastender Lebensbedingungen beinhalten (z. B. finanzielle Knappheit und fehlendes eigenes Zimmer der Kinder und Jugendlichen versus nur ein Automobil im Haushalt und keine Urlaubsreise). Demgegenüber zielen die von Bacher vorgelegten Analysen des Österreichischen Kindersurveys auf eine differenziertere Betrachtung einzelner Teilaspekte von Armut. Eine systematische mehrdimensionale Konzeptualisierung von Armut bei Kindern, die entlang entwicklungspsychologisch ausgewiesener relevanter Facetten kindlicher Lebenslagen sowohl die jeweilige Wirkung einzelner Aspekte von Armut wie auch deren Kumulation sichtbar macht, steht allerdings noch aus.

Die angesprochene Kumulation von Belastungen der Lebenssituation betrifft aber auch andere Faktoren, die häufig mit *Benachteiligung* in Verbindung gebracht werden, *ohne jedoch als Teilaspekt von Armut zu gelten*, wie etwa die Familienkonstellation: Alleinerziehende – genauer: alleinerziehende Frauen – haben ein weitaus höheres Armutsrisiko als Ehepaare (Hanesch u.a. 1994; Hauser 1997; Napp-Peters 1995; Walper 1991), was sich auch deutlich im Armutsrisiko der Kinder in entsprechenden Familienformen zeigt (Joos 1997). Gleiches gilt für Ausländer und Übersiedler im Vergleich zu Bundesdeutschen (Krause 1994, S.191 ff.; zu entsprechenden Zahlen für Jugendliche vgl. z.B. Klocke 1996). Entsprechend nötig ist es, Armut als Einflußfaktor auf die Entwicklung von Kindern von anderen potentiell konfundierten Faktoren zu isolieren, die sonst möglicherweise zu einer falschen Einschätzung armutsbedingter Konsequenzen für die betroffenen Kinder führen. Dies kann durch eine Begrenzung der Untersuchungsgruppe (z.B. auf nur vollständige Familien) oder durch statistische Kontrollen geschehen. Beide Strategien sind gebräuchlich, werden jedoch nur unvollständig angewendet, einerseits weil deskriptive Daten zu entsprechenden Konfundierungen speziell bei Kindern noch fehlen, andererseits weil dies erhöhte Anforderungen an die Stichprobenselektion oder -größe stellt und damit den methodischen Aufwand steigert. Beispielhaft sei hier auf die Geschwisterzahl verwiesen, mit der bekanntlich das Armutsrisiko für Kinder deutlich steigt (z.B. Joos 1997), die jedoch nur selten als Einflußfaktor kontrolliert wird.

Als weiteres – verschärfendes – Problem kommt hinzu, daß konfundierte Faktoren möglicherweise mit *differentiellen Auswirkungen* von Armut verbunden sind. Diese werden jedoch durch die üblichen statistischen Kontrollen verdeckt. Nehmen wir wiederum als Beispiel die Familienkonstellation (Alleinerziehende versus Zwei-Eltern-Familien): Deren Einfluß wird häufig aus Armutseffekten herausgefiltert, als ginge es nur um additive Überlagerungen der jeweils resultierenden Entwicklungsbelastungen bei Kindern (z.B. Duncan/Brooks-Gunn/Klebanov 1994). Bei Alleinerziehenden scheinen jedoch bestimmte Faktoren ökonomischer Deprivation (speziell Arbeitslosigkeit des „Hauptverdieners") andere Konsequenzen für die Familiendynamik und damit die Entwicklung der Kinder zu haben als in Kernfamilien (vgl. Kap. 4) – eine Beobachtung, die in derartigen Analysen verlorengeht.

Auch die Armutsforschung hat also dem komplexen Zusammenspiel kindlicher Entwicklungsbedingungen Rechnung zu tragen, wie sie in „Person-Prozeß-Kontext-Modellen" der ökologischen Sozialisationsforschung aufgezeigt wurde (Bronfenbrenner/Crouter 1983). Äußere Faktoren wie die materiellen Lebensverhältnisse können durch die unterschiedlichsten Prozesse Einfluß auf die Entwicklung von Kindern nehmen, und welche Prozesse maßgeblich sind, hängt oft auch von individuellen Charakteristika der Betroffenen ab, wie in Kapitel 5 deutlich wird. Angemessene Forschungsstrategien, die derartigen Vernetzungen von Einflußfaktoren gerecht werden, sind aufwendig, teuer und damit rar.

2.1.2 Zur Dynamik von Armut und ihren Auswirkungen auf Kinder

Neuerdings vermehrt in den Blick geraten sind auch methodische Probleme, die aus der *Dynamik von Armutslagen* resultieren. Lange wurde ökonomische Deprivation statisch betrachtet, als existiere sie nur in Form chronischer Armut (Moen/Kain/Elder 1983; Buhr 1995). Dies entspricht jedoch keineswegs der Realität, denn Armut stellt ein überwiegend zeitlich begrenztes Problem dar, nicht nur in Deutschland (Habich/Headey/Krause 1991; Krause 1994), sondern auch in den USA (Duncan/Rodgers 1988). Zwischen 1984 und 1992 waren nach Befunden aus dem Sozioökonomischen Panel in Westdeutschland 45% der Bevölkerung mindestens einmal von Einkommensarmut betroffen (Deutsche: 30%, Ausländer: 58%). Allerdings haben nur 7,3% der Gesamtbevölkerung dauerhaft, nämlich für acht oder neun Jahre, in relativer Einkommensarmut gelebt. Ein deutlich größerer Prozentsatz, nämlich 20%, hat in diesem Zeitraum nur kurzfristig, nämlich ein oder zwei Jahre lang, mit weniger als der Hälfte des Durchschnittseinkommens wirtschaften müssen (Krause 1994). Welches Risiko Kinder haben, in chronifizierter Armut aufzuwachsen, läßt sich anhand dieser Daten nicht ausmachen. Entsprechende Analysen aus den USA verweisen jedoch auch auf den hohen Anteil zeitlich begrenzter Armutsperioden im Leben von Kindern. Demnach lebten nur knapp 5% aller Kinder einer Kohorte aus den 60er Jahren mindestens ⅔ ihrer ersten 15 Lebensjahre in Armut, während knapp 30% aller Kinder zumindest ein Jahr von Armut betroffen waren (Duncan/Rodgers 1988).

Auch in Analysen der Sozialhilfeabhängigkeit zeigt sich insgesamt ein beträchtlicher Anteil kurzfristiger Verarmung. Allerdings sind Familien mit Kindern hierbei deutlich im Nachteil: Während ein Jahr nach Beginn des Bezugs von Sozialhilfe nur 29,2% der Sozialhilfeempfänger-Haushalte *ohne* Kinder noch zu den Beziehern gehören, beträgt dieser Anteil bei den Zwei-Eltern-Familien 41,7% und bei Alleinerziehenden 47,4% (Voges 1994).

Die Frage nach der Dynamik von Einkommenslagen wurde – außer in der Forschung zur Arbeitslosigkeit – bislang weitgehend vernachlässigt, so daß wir kaum etwas über die Auswirkungen kurz- versus langfristiger Armut wissen. Neuere Befunde aus den USA zeigen jedoch, daß diese Differenzierungen hinsichtlich der Chronizität von Armut relevant sind. Nicht nur die Qualität der häuslichen Umgebung leidet zunehmend, je länger Kinder in Armut leben (Garrett/Ng'andu/Ferron 1994), sondern überdauernde Armut erweist sich auch als deutlich größeres Risiko für die Intelligenzentwicklung und internalisierende Verhaltensprobleme der Kinder als gelegentliche Armutslagen

(Duncan/Brooks-Gunn/Klebanov 1994). Auch Befunde aus der Charlottesville-Längsschnittstudie bestätigen, daß die negativen Konsequenzen von Einkommensarmut mit steigender Dauer finanzieller Verknappung extremer ausfallen (Bolger/Patterson/Thompson/Kupersmidt 1995). So übertreffen Kinder, die während aller vier Untersuchungsjahre in Armut lebten, in ihrem externalisierenden Problemverhalten diejenigen Kinder, die nur zeitweise Armut erlebten, wobei nur ein Jahr Armut mit weniger gravierendem Problemverhalten einhergeht als zwei bis drei Jahre Armut. Internalisierende Reaktionen, geringe Popularität unter Gleichaltrigen und mangelndes Selbstwertgefühl sind ebenfalls vor allem bei Kindern in überdauernder Armut zu finden, gefolgt von Kindern in zeitweiser Armut, die wiederum stärkere Beeinträchtigungen zeigen als Kinder in finanziell gesicherten Verhältnissen.

Für die Auswirkungen materieller Deprivation auf die Entwicklung der Kinder scheint also vor allem die Chronifizierung von Unterversorgungslagen ausschlaggebend zu sein. Mit zunehmender Dauer ökonomischer Deprivation steigt das Risiko einer Verschärfung und Kumulation von Problemlagen, etwa durch stärkere Verschuldung, wie sie bei Familien mit Langzeitarbeitslosigkeit zu beobachten ist (Ministerium für Arbeit, Gesundheit und Soziales des Landes Nordrhein-Westfalen [MAGS] 1990) oder wenn der Wechsel in eine billigere Wohnung nötig wird. Allerdings zeigen die genannten Untersuchungen, daß sich auch kurzfristige Armutsperioden als problematisch erweisen. Ausschlaggebend hierfür dürfte sein, daß neben dem *Mangel* an finanziellen Ressourcen – relativ zum durchschnittlichen Wohlstand – auch speziell deren *Verlust* – relativ zum bislang verfügbaren Einkommen –, etwa durch Arbeitslosigkeit, längerfristige Krankheit, berufliche Abwärtsmobilität oder den Wegfall von Unterhaltszahlungen, belastend wirken (Elder 1974; Duncan/Liker 1983; Braver/Gonzalez/Wolchik/Sandler 1989). Die Forschung zu kritischen Lebensereignissen hat herausgestellt, daß vor allem negative Veränderungen der Lebensumstände hohe Anforderungen an die Betroffenen stellen, da neue Strategien der Alltagsbewältigung gefunden werden müssen, die nicht ohne weiteres verfügbar sind und gerade bei Verlustereignissen als belastend erlebt werden (Gräser/Esser/Saile 1981; Lazarus 1981; Masten/Neeman/Andenas 1994).

Um dem gerecht zu werden, sind längsschnittliche Untersuchungsansätze notwendig, in denen dieselben Personen über längere Zeit hinweg regelmäßig untersucht werden. Nur so läßt sich klären, wie Kinder auf Verknappungen des Familieneinkommens – als Ereignis – reagieren, und ab welcher Dauer der Armut sie Entwicklungsbeeinträchtigungen zeigen. Zudem überrepräsentieren Studien, die sich auf einen bestimmten Zeitpunkt beschränken, den Anteil chronischer Armut, da Haushalte und Personen mit nur kurzfristiger Armut eine geringere Chance haben, in das kurze Zeitfenster solcher Untersuchungen zu geraten (Leibfried / Leisering / Buhr / Ludwig / Mädje / Olk / Voges / Zwick 1995).

Längsschnittstudien helfen jedoch nicht nur, die Dynamik von Armutslagen aufzuzeigen, sondern erlauben auch, Langzeiteffekte von Armut auszumachen, die möglicherweise über die früher erlebten finanziellen Härten hinausreichen oder gar erst im späteren Entwicklungsverlauf manifest werden (sogenannte „sleeper effects"). Wichtigen Aufschluß hierzu haben nicht zuletzt früh angelegte entwicklungspsychologische Langzeituntersuchungen aus den USA geliefert, die von der Kindheit bis ins Erwachsenenalter reichen (Elder/Caspi 1991; Werner/Smith 1982). Solche Studien sind jedoch selten.

Insgesamt werden die genannten Forschungsdesiderata nur teilweise eingelöst, so daß wir uns oft mit bruchstückhaften Befunden begnügen müssen. Dies gilt vor allem für die bundesdeutsche Forschung, die in diesem Bereich noch in den Kinderschuhen steckt (Otto/Bolay 1997). Hierauf gehen wir als nächstes ein, bevor die aktuellen Trends der internationalen Forschung, insbesondere in den USA, vorgestellt werden.

2.2 Armutsforschung in Deutschland

Wie schon eingangs erwähnt, hat die Armut von Kindern und Jugendlichen bislang in Deutschland noch erstaunlich wenig Beachtung gefunden. Dies gilt, obwohl die Armutsforschung in den letzten Jahren generell einigen Aufschwung erlebt hat, denn das Problem sozialer Ungleichheit hat sich seit der Vereinigung von alter BRD und DDR deutlich zugespitzt (Hanesch u. a. 1994). Kinder kamen hierbei jedoch meist nur am Rande vor.

Hierzu trägt bei, daß Kinder und Jugendliche in der Sozialberichterstattung für Deutschland lange übersehen bzw. nur als „Merkmal" von Haushalten oder befragten Erwachsenen ausgewiesen wurden. Immerhin beginnt sich allmählich eine eigenständige Sozialberichterstattung für Kinder zu etablieren, die die Lebensbedingungen von Kindern selbst zum Gegenstand der Forschung macht (Lang 1985; Nauck 1993a, 1993b; Joos 1997). Bislang verfügen wir allerdings nur über sehr begrenzte Informationen zu Armutslagen im Leben von Kindern und Jugendlichen. Auch hinsichtlich der Auswirkungen von Armut auf die betroffenen Kinder ist unsere Wissensbasis äußerst schmal, wenngleich in manchen Publikationen der Anschein erweckt wird, als gehörten gängige Klischees zur Sozialisation von Kindern unter Armutsbedingungen zum sozialwissenschaftlich abgesicherten Wissen. Anders als in den USA und in Großbritannien fehlen jedoch in der Bundesrepublik großangelegte Surveys, die über die materielle *und* psycho-soziale Lage von Kindern informieren würden. So werden etwa im sozio-ökonomischen Panel, das detaillierten Aufschluß über die finanzielle Situation von Haushalten in Deutschland gibt, lediglich Kinder ab 16 Jahren befragt (Wagner/Schupp/Rendtel 1994). Auch der Familiensurvey des Deutschen Jugendinstituts liefert nur indirekten Aufschluß über die Situation von Kindern (Nauck/Bertram 1995), da ausschließlich deren Eltern befragt wurden und Indikatoren zur Befindlichkeit und Entwicklung der Kinder (selbst aus Sicht der Eltern) fehlen. Umgekehrt mangelt es in größeren Surveys bei Kindern und Jugendlichen wie der Shell-Studie zumeist an ausführlicheren Informationen zur finanziellen Situation der Familien.

Größere Surveys, die Auswirkungen von ökonomischer Deprivation auf die Entwicklung von Kindern und Jugendlichen zum Thema gemacht haben, sind der Berliner Jugendlängsschnitt (Silbereisen/Walper/Albrecht 1990; Walper 1988), der Gesundheitssurvey der Bielefelder Arbeitsgruppe um Klaus Hurrelmann (Klocke/Hurrelmann 1995; Klocke 1996) und die österreichische Kindheitsstudie (Wilk/Bacher 1994). Da in dem Gesundheitssurvey nur die Kinder befragt wurden, unterliegen die Indikatoren ökonomischer Deprivation einigen Unwägbarkeiten, denn die Informiertheit der Kinder über die finanzielle Situation der Familie und die elterliche Berufsposition – Teilaspekte des summarischen Deprivationsindexes – ist ungewiß. Über diesbezüglich ausführlichere Daten verfügt die Kinderstudie (Zinnecker/Silbereisen 1996), aus der allerdings bislang noch keine Publikationen zum Thema Kinder und Armut vorliegen.

Auf mögliche Gründe mangelnder Forschungsaktivitäten im Bereich Kinderarmut soll hier nicht näher eingegangen werden. Es sei nur kurz darauf verwiesen, daß es im Bereich der Sozialisationsforschung – vermutlich angestoßen durch die Debatte um gesellschaftliche Pluralisierungs- und Individualisierungsprozesse – zu Interessenverschiebungen gekommen zu sein scheint (Büchner 1989): Kinder werden zunehmend als Subjekte ihrer Entwicklung gesehen, wobei Orientierungsleistungen, Mediennutzung und Konsumverhalten der heranwachsenden Generation stärker im Vordergrund stehen als Problemlagen im Bereich materieller Lebensverhältnisse. Hinzu kommt, daß es nur eingeschränkten Konsens darüber gibt, was unter Armut zu verstehen ist und welche Kriterien folglich zur Unterscheidung von arm und nichtarm anzulegen sind (Döring/Hanesch/Huster 1990). Eindimensionale Konzeptualisierungen wie etwa eine Fokussierung auf Einkommensarmut (und insbesondere den Sozialhilfe-Bezug) sind – wie schon erwähnt – nur begrenzt aussagekräftig, so daß in den beiden größeren neuen Armutsberichten des Deutschen Caritasverbands (Hauser/Hübinger 1993) und des Deutschen Gewerkschaftsbunds und Paritätischen Wohlfahrtverbands (Hanesch u. a. 1994) komplexe, mehrdimensionale Armutskonzepte zugrunde gelegt wurden. Allerdings haben diese Konzepte – mit den genannten Ausnahmen – noch kaum Einzug in die deutsche Sozialisationsforschung gehalten, so daß sich allenfalls einzelne Aspekte von Armut in ihren Auswirkungen auf Kinder und Jugendliche beleuchten lassen.

In der Regel sind es daher kleinere Studien, auf die wir im folgenden zurückgreifen werden. Hierzu gehören vor allem Studien zu Arbeitslosigkeit und Einkommensverlusten in Familien sowie Studien, die Unterversorgungslagen an der elterlichen Bildung und/oder Berufsposition festmachen. Ein weitaus differenzierteres Bild liefern jedoch Studien aus den USA, die ebenfalls einbezogen werden.

2.3 Aktuelle Trends der internationalen Forschung

Vor allem in den USA hat sich ein breiter Forschungsbereich herausgebildet, der die Lebens- und Entwicklungsbedingungen von Kindern untersucht und neuerdings vermehrt das Problem materieller Unterversorgung herausgegriffen hat. So wurden allein in dem 1994 erschienenen Sonderheft „Children and Poverty" der Zeitschrift *Child Development* 28 empirische Studien publiziert, die sowohl Auswirkungen von Armut auf die Entwicklung von Kindern, auf Ernährung und Gesundheit, die Gestaltung des Familienlebens, soziale Unterstützung durch Verwandte und Freunde, die Rolle von Schule und familienergänzender Betreuung der Kinder als auch Interventionsprogramme behandeln (Child Development 1994).

Zu der regen Forschungstätigkeit dürfte beitragen, daß die Bevölkerungsstatistiken der USA schon seit langem Kinder als eigene Zielgruppe der Sozialberichterstattung ausweisen und entsprechend den Blick auf das steigende Armutsrisiko von Kindern – seit Mitte der 70er und speziell seit Beginn der 80er Jahre – gelenkt haben (Huston/McLoyd/Coll 1994). Gleichzeitig verfügen interessierte Sozialwissenschaftler/innen in den USA über reichhaltiges Datenmaterial aus Repräsentativuntersuchungen und großangelegten längsschnittlichen Surveys, die die erforderlichen Analysen zum Entwicklungsverlauf von Kindern aus armutsbetroffenen Familien erlauben (z.B. die *Panel Study of Income Dynamics*, den *National Youth Survey*, das *Infant Health and Development Program* und das *Child Health Supplement* des National Health Interview Survey; vgl. etwa Duncan/Brooks-Gunn/Klebanov 1994; McGauhey/Starfield 1993). Auch in Großbritannien sind entsprechende Längsschnittdaten und Daten aus Community Surveys verfügbar, die es ermöglicht haben, Entwicklungsrisiken von ökonomisch deprivierten und von Arbeitslosigkeit der Eltern betroffenen Kindern zu untersuchen (z.B. die Newcastle Thousand Family Study; Kolvin/Miller/Fleeting/Kolvin 1988).

Betrachtet man nun die Fragestellungen und Forschungsstrategien der entwicklungspsychologisch orientierten Armutsforschung in den USA, so zeigen sich fünf aktuelle Trends (vgl. auch Huston/McLoyd/Coll 1994):
1. Die Konzeptualisierungen von Armut sind zunehmend komplexer geworden, wobei Armut weder als eindimensionales Phänomen behandelt noch mit niedrigem sozio-ökonomischem Status gleichgesetzt wird.
2. Der Bereich untersuchter Konsequenzen seitens der Kinder hat sich ausgeweitet, so daß neben Risiken für die kognitive und intellektuelle Entwicklung zunehmend auch Belastungen der sozio-emotionalen Entwicklung und der körperlichen wie auch seelischen Gesundheit aufgezeigt werden.
3. Es geht nicht mehr nur primär darum, die Konsequenzen von Armut zu beschreiben, sondern die *Prozesse* zu analysieren, die hierfür ausschlaggebend sind.
4. Ökologische Ansätze finden zunehmend Berücksichtigung, die den Blick über den innerfamiliären Kontext hinaus auf *kontextuelle Einflüsse* von Schulen, Nachbarschaften und Gemeinden lenken.
5. Die Dynamik von Armutslagen wird stärker berücksichtigt, so daß Differenzierungen zwischen den jeweiligen Konsequenzen kurzzeitiger und langfristiger Armut möglich sind.

Wenngleich die Befundlage in den USA weitaus differenzierter ist als diejenige der Bundesrepublik, stellt sich doch das *Problem der Übertragbarkeit* der Befunde. Erstens ist das soziale Netz in Deutschland tragfähiger als das der USA, so daß materielle Härten und ihre Risiken (etwa für die Gesundheitsprophylaxe und Krankenbetreuung) abgemildert werden. 1979, selbst vor der allseitigen finanziellen Verschlechterung der 80er Jahre, wuchsen Kinder in den USA häufiger und in extremerer Armut auf als Kinder in Westdeutschland, Schweden, Großbritannien, Kanada und Australien (Smeeding/Torrey 1988). Damals lebte jedes zehnte amerikanische Kind in einer Familie, die mit finanziellen Ressourcen von mindestens 25% *unterhalb der Armutsschwelle* wirtschaften mußte. Auch gegenwärtig wird durch staatliche Transferzahlungen in den USA nicht der Fehlbetrag bis zur Armutsgrenze kompensiert, sondern erreicht im Durchschnitt nur die Hälfte des als notwendig erachteten Mindesteinkommens (Gersten 1992).

Zweitens – und damit verbunden – sind bestimmte Armutsphänomene in den USA weitaus ausgeprägter als in Deutschland. Dies betrifft etwa die räumliche Konzentration der Armut in einzelnen Stadtteilen (Wilson/Aponte 1987), die in den USA viel extremer ist als in Deutschland. Wenn nun amerikanische Studien aufzeigen, daß Armut in der Nachbarschaft mit erhöhtem Problemverhalten der Kinder einhergeht, und zwar unabhängig von der finanziellen Situation der betreffenden Familie (Duncan/Brooks-Gunn/Klebanov 1994), so könnte sich dies in Deutschland anders darstellen, weil die Konzentration von Einkommensarmut gar nicht vergleichbare Extremwerte erreicht. Zwar wird auch in Deutschland vor entsprechenden Entwicklungen gewarnt (Dangschat 1996), allerdings stehen die entsprechenden Daten hierzu noch aus.

Drittens weist die Demographie der Armut in den USA einige Besonderheiten auf, die in Deutschland zwar nicht oder nur in geringem Maße gegeben sind, die jedoch für die Entwicklung der Kinder ungünstige Begleitumstände von Armut bedeuten. Zum einen weisen Kinder aus afro-amerikanischen Familien ein extrem erhöhtes Armutsrisiko auf (Duncan/Rodgers 1988), zum anderen ist häufig das Alter der Mütter sehr niedrig, da in den USA weitaus häufiger als in Deutschland schon Teenager den Übergang zur Elternschaft antreten und damit ihre Kinder einem erhöhten Armutsrisiko aussetzen (vgl. Gersten 1992).

Insofern ist in Deutschland nicht generell mit den gleichen Konsequenzen von Armut zu rechnen wie in den USA, so daß Vorsicht beim Rückschluß von amerikanischen Befunden auf die deutsche Situation geboten ist. Bei näherer Betrachtung zeigen sich jedoch dort, wo Vergleiche der Befunde möglich sind, große Ähnlichkeiten in den Zusammenhängen zwischen sozio-ökonomischen Restriktionen in den Lebensbedingungen der Kinder, den resultierenden armutsbedingten Erfahrungen im familialen und außerfamilialen Kontext und den entsprechenden Konsequenzen für die Entwicklung der Kinder (z.B. Galambos/Silbereisen 1987; Schindler/Wetzels 1985; Silbereisen/Walper/Albrecht 1990; Walper 1988, 1995). Insofern scheint es auch gerechtfertigt, in weiten Teilen dieses Beitrags – mit den genannten Einschränkungen – auf Erkenntnisse aus den USA zurückzugreifen.

3 Kindliche Reaktionen auf Armut

3.1 Zur Bandbreite der Konsequenzen von Armut für die Entwicklung von Kindern

Armut tangiert mit ihren vielfältigen Manifestationen die Entwicklung von betroffenen Kindern in den verschiedensten Bereichen. Der folgende Überblick informiert über das Spektrum der Konsequenzen, die Armut für die Entwicklung von Kindern haben kann.

3.1.1 Beeinträchtigungen der Gesundheit

Armut birgt – nicht zuletzt aufgrund der erforderlichen Einsparungen im Bereich der Nahrungsmittel – ein erhöhtes Risiko für Fehlernährung (Burghes 1980; Napp-Peters 1995; Oppenheim/Lister 1998) und gesundheitliche Belastungen (Hanesch 1995; Madge 1983). Der Zusammenhang zwischen sozio-ökonomischer Benachteiligung und Gesundheit wurde für Erwachsene verschiedentlich aufgezeigt (Hanesch 1995; Starrin/Svensson 1992). So verweist eine deutsche Studie vom Anfang der 80er Jahre auf die Häufung von Erkrankungen des Kreislaufs und der Atemwege, Kopfschmerzen und Zahnerkrankungen in einkommensarmen Haushalten (Hanesch 1995). Speziell für Kinder wurden diese Folgen bislang zwar nur selten, am ehesten noch in Entwicklungsländern, berücksichtigt (McDonald/Sigma/Espinosa/Neumann 1994; Pollitt 1994). Nach amerikanischen und britischen Befunden sind jedoch auch bei Kindern ähnliche Beeinträchtigungen zu finden, insbesondere häufigere Verletzungen, Erkrankungen der Atmungsorgane und des Magens sowie immunologische Störungen wie Asthma und Ekzeme (vgl. Hornstein 1988; Madge 1983; McLoyd 1989).

Dies bestätigen auch neuere Daten des Gesundheitssurveys bei Kindern und Jugendlichen im Alter zwischen 11 und 16 Jahren in Nordrhein-Westfalen (Klocke 1996; Klocke/Hurrelmann 1995): Jene 5 % der Kinder und Jugendlichen, die zur untersten Gruppe der nach sozio-ökonomischer Position der Eltern und Haushaltsausstattung bestimmten Ressourcenverteilung gehören, klagen häufiger über Kopfschmerzen, fühlen sich öfters schlecht, können häufiger schlecht einschlafen und schätzen ihren Gesundheitszustand insgesamt als schlechter ein als die übrigen Gruppen, insbesondere im Vergleich zu den Kindern und Jugendlichen der privilegierten oberen 6 % (Klocke/Hurrelmann 1995).

Hierbei dürfte das Ernährungsverhalten eine wesentliche Rolle spielen, denn je niedriger die sozio-ökonomischen Ressourcen sind, desto niedriger ist auch die Qualität der Ernährung: Diese genannten 5 % der Kinder und Jugendlichen essen seltener Obst und Vollkornbrot, dafür häufiger Chips und Pommes frites als die übrigen Gruppen (Klocke 1995). Befunde aus England liefern ein vergleichbares Bild (Oppenheim/Lister 1998). Auch das Gesundheitsverhalten der Kinder und Jugendlichen aus deprivierten Familien läßt zu wünschen übrig: Sie putzen sich seltener die Zähne und treiben weniger Sport (Klocke/Hurrelmann 1995). Damit sind ungünstige Prognosen für die Zukunft gesetzt, denn eine beträchtliche Zahl gesundheitlicher Beschwerden und Krankheiten im Erwachsenenalter beruhen auf Fehlernährungen, die im Kindes- und Jugendalter eingeübt wurden (Ollenschläger 1993; vgl. auch Klocke 1995).

3.1.2 Selbstbild und Wohlbefinden

Armut, finanzielle Verknappung und Arbeitslosigkeit der Eltern können auch zu Beeinträchtigungen des Wohlbefindens und zu Minderwertigkeitsgefühlen der Kinder beitragen. Derartige Effekte ökonomischer Deprivation, etwa auf das subjektive Wohlbefinden und das Selbstvertrauen, scheinen sogar nach Befunden aus dem Gesundheitssurvey geringfügig stärker zu sein als Konsequenzen im Gesundheitsbereich (Klocke 1996).

Auch andere Studien berichten direkte Zusammenhänge zwischen der sozio-ökonomischen Lage der Familie und dem Selbstwertgefühl sowie Wohlbefinden von – allerdings wie im Gesundheitssurvey: älteren – Kindern. Zwei deutsche Studien, die sich auf Kinder im frühen und mittleren Jugendalter beziehen und die Effekte von Arbeitslosigkeit des Vaters (Schindler/Wetzels 1985) und Einkommensverlusten im Familienhaushalt (Walper 1988; Walper/Silbereisen 1987a) untersuchen, belegen entsprechende Selbstzweifel und emotionale Belastungen insbesondere seitens der betroffenen Mädchen (Schindler/Wetzels 1985) und bei hohen Einkommensverlusten (Walper/Silbereisen 1987a). Auch amerikanische Studien verweisen auf den Zusammenhang zwischen sozio-ökonomischer Benachteiligung – indiziert etwa durch geringe elterliche Bildung – und mangelndem Selbstwertgefühl von Jugendlichen (Felner/Brand/DuBois/Adan/Mulhall/Evans 1995).

Entsprechende Befunde für jüngere Kinder sind rar. Betrachten wir den Österreichischen Kindheitssurvey, so zeigt sich, daß das psychosoziale Wohlbefinden der Kinder in der Familie höher ist, wenn die Familie weniger durch Geldsorgen belastet ist – und zwar unabhängig von korrelierten familienstrukturellen Faktoren wie auch von der Konfliktneigung in der Familie (Wilk/Beham 1994, S. 140ff.). Wie andere Analysen dieser Daten jedoch nahelegen, spielt hierbei die objektive Benachteiligung von Kindern im ökonomischen Bereich – das betrifft im Österreichischen Kindersurvey immerhin 20% der befragten 10jährigen – allenfalls eine indirekte Rolle: Einkommensarmut per se geht nicht mit einer entsprechend stärker empfundenen subjektiven Benachteiligung einher, wie sie durch das Wohlbefinden in der Familie, Wohnung, Wohnumwelt, Schule oder mit Freunden indiziert wird. Einkommensarmut führt nur indirekt – unter anderem vermittelt über vermehrte Geldsorgen – zu Beeinträchtigungen des kindlichen Wohlbefindens (Bacher 1994, S. 77ff.; 1997).

Bacher (1997) verweist selbst darauf, daß ökonomische Deprivation möglicherweise altersspezifisch unterschiedliche Auswirkungen hat. Die Vermutung liegt nahe, daß vor allem das Selbstbild und Wohlbefinden von Kindern in jüngerem Alter stärker von „proximalen" Faktoren wie dem Familien- und Erziehungsklima abhängig sind und erst mit zunehmendem Alter durch Faktoren wie die sozio-ökonomische Position der Familie beeinflußt werden. Allerdings dürfte auch das Ausmaß ökonomischer Deprivation eine Rolle spielen, da sich deutlich nachteilige Effekte auf die Entwicklung von Kindern und Jugendlichen vor allem in Extremgruppen finden und keineswegs immer lineare Zusammenhänge bestehen (Duncan/Brooks-Gunn/Klebanov 1994; Klocke 1996; Walper 1988). Daß jedenfalls jüngere Kinder nicht generell immun gegenüber nachteiligen Konsequenzen von Armut sind, zeigen vor allem Studien zu anderen Formen emotionaler Belastungen, die sich in internalisierendem und externalisierendem Problemverhalten niederschlagen.

3.1.3 Internalisierendes und externalisierendes Problemverhalten

Armut, finanzielle Verknappung und Arbeitslosigkeit der Eltern tragen zu emotionalen Belastungen der Kinder bei, die sich einerseits in Ängstlichkeit, Depressivität und Gefühlen der Traurigkeit und Hilflosigkeit niederschlagen, sich andererseits aber auch in Ärgerreaktionen, Feindseligkeit, Aggressivität und erhöhter Bereitschaft zu Normverstößen manifestieren können. Dies belegen nicht nur Befunde für Jugendliche (z.B. Conger/Ge/Elder/Lorenz/Simons 1994; Felner u.a. 1995; Schindler/Wetzels 1985; Walper 1988), sondern auch Studien, die sich auf Kinder im Vor- und Grundschulalter (Duncan/Brooks-Gunn/ Klebanov 1994; Harnish/Dodge/Valente 1995; McGauhey/Starfield 1993; Raadal/Milgrom/Cauce/Mancl 1994; Schwartz/Dodge/Pettit/

Bates 1997) und in der Phase zwischen mittlerer Kindheit und mittlerem Jugendalter (Felner u. a. 1995; Kupersmidt/Griesler/DeRosier/Patterson/Davis 1995; Takeuchi/Williams/Adair 1991) beziehen. So finden beispielsweise Raadal u. a. (1994), die knapp 900 5- bis 11jährige Kinder aus Familien mit niedrigem Einkommen hinsichtlich möglicher Verhaltensprobleme einschätzen ließen, daß der Anteil klinisch auffälliger Kinder im Vergleich zur Normstichprobe deutlich erhöht ist, nämlich – bezogen auf externalisierendes und internalisierendes Problemverhalten – jeweils um etwa 50 %. Dieses erhöhte Risiko für Fehlentwicklungen bei Kindern aus einkommensschwachen Familien besteht durchgängig für alle Verhaltensbereiche, die anhand der Child Behavior Checklist (CBCL) untersucht wurden: Für Ängstlichkeit/Depressivität und Zurückgezogenheit ebenso wie für aggressives und delinquentes Verhalten, soziale Probleme und vieles mehr. Dabei ist das Kriterium für niedriges Einkommen keineswegs extrem.

Während in den Analysen von Raadal u. a. (1994) mit Armut konfundierte Drittvariablen nicht kontrolliert werden, zeigen andere Studien, daß ein unangemessen niedriges Einkommen auch unabhängig von z. B. der elterlichen Bildung und der Familienkonstellation zu Problemverhalten beiträgt (z. B. Duncan/Brooks-Gunn/Klebanov 1994; McGauhey/Starfield 1993; LeClere/Kowalewski 1994). Nach den Befunden von Duncan, Brooks-Gunn und Klebanov (1994) neigen schon Kinder im Alter von 5 Jahren zu deutlich mehr internalisierenden Belastungssymptomen (z. B. Ängstlichkeit, Niedergeschlagenheit, Depressivität) wie auch zu externalisierendem Problemverhalten (z. B. Zerstörung von Spielsachen, starke Wutausbrüche), wenn die Familie mit unangemessen niedrigem Einkommen wirtschaften muß. Dies gilt – wie gesagt – unabhängig von anderen Risikofaktoren wie ethnischer Zugehörigkeit, elterlichem Bildungsniveau, der Familienkonstellation und dem Geburtsgewicht der Kinder. Dabei bestätigt sich auch ein kumulativer Belastungseffekt chronischer Armut: Kinder aus Familien, die von langfristiger Armut betroffen waren, weisen die stärksten Belastungen auf. Kurzfristige Verarmung steigert allerdings auch das Risiko für internalisierende Belastungssymptome, wenngleich weniger stark. Interessanterweise macht sich bei den 5jährigen sowohl frühe Armut (im Alter von 1 bis 2 Jahren) als auch spätere Armut (im Alter zwischen 3 und 4 Jahren) nachteilig bemerkbar. Demnach ist nicht zwangsläufig mit einem Erholungseffekt auf die Kinder zu rechnen, wenn sich die finanziellen Verhältnisse der Familie verbessern.

Takeuchi, Williams und Adair (1991) zeigen anhand von Längsschnittdaten, daß dauerhafte Abhängigkeit von der Sozialhilfe (als objektiver Armutsindikator) sowie von den Eltern berichteter finanzieller Streß (als subjektives Maß ökonomischer Belastungen) unabhängig voneinander zu vermehrter Depressivität, Impulsivität und antisozialem Problemverhalten der Kinder im zeitlichen Verlauf von fünf Jahren beitragen. Hierbei erweist sich früherer Sozialhilfebezug für späteres externalisierendes Verhalten (Impulsivität und antisoziales Verhalten) als nicht relevant, wenn sich zwischenzeitlich die finanzielle Situation der Familie objektiv verbessert hatte, während eine vermehrte Depressivität auch bei denjenigen Kindern zu beobachten ist, deren Familie nur zu Beginn der Untersuchung von Wohlfahrtszahlungen abhängig war, im späteren Verlauf jedoch die Sozialhilfe verließen. Subjektive finanzielle Belastungen scheinen in ihren Wirkungen auf Kinder sogar durchgängig längerfristige Effekte zu haben: Lediglich Kinder aus Familien, die zu keinem der untersuchten Zeitpunkte von finanziellem Streß betroffen waren, haben einen Vorteil gegenüber Kindern aus dauerhaft belasteten Familien. Demgegenüber steigen Impulsivität, antisoziale Tendenzen und Depressivität von Kindern aus Familien, die nur zum ersten oder zweiten Erhebungszeitpunkt finanziellen Streß erlebten, gleichermaßen an, wie die der Kinder aus dauerhaft belasteten Familien.

Innerlich ausgetragene Belastungen und nach außen gerichtete Reaktionen der Kinder auf Armut sind keineswegs alternative Reaktionsformen, sondern können sich im Gegenteil wechselseitig aufschaukeln. So werden einerseits häufig Beeinträchtigungen des Selbstwertgefühls als Ausgangspunkt für eine Abkehr von sozial verträglichen Verhaltensnormen gesehen, wie es auch entsprechende Analysen zur Wirkung ökonomischer Einbußen auf die Entwicklung von Kindern und Jugendlichen nahelegen (Walper/Silbereisen 1987a). Andererseits unterminiert delinquentes Verhalten durch resultierende Schuldgefühle das Selbstwertgefühl der betreffenden Kinder und Jugendlichen (McCarthy/Hoge 1984).

3.1.4 Sozialentwicklung

Schon mit dem vorgenannten internalisierenden und externalisierenden Verhalten sind Probleme der Sozialentwicklung angesprochen, denn internalisierende Belastungsreaktionen sind häufig mit sozialem Rückzug verbunden, während sich externalisierende Reaktionen überwiegend in sozial unverträglichem Verhalten wie Aggressivität manifestieren. Darüber hinaus kann Armut jedoch die Sozialentwicklung von Kindern auch durch Reaktionen anderer – etwa seitens der Mitschüler/innen, Lehrer/innen, Kindern und Erwachsenen aus der Nachbarschaft – beeinflussen. Entsprechende Annahmen, die sich vor allem auf den sozialen Ausschluß der von Armut betroffenen Kinder beziehen, sind durchaus verbreitet (z. B. Dangschat 1996), finden allerdings keineswegs durchgängig empirische Bestätigung.

Befunde aus dem Gesundheitssurvey sprechen dafür, daß ökonomisch deprivierte Kinder und Jugendliche weniger in die Gleichaltrigengruppe eingebunden sind (Klocke 1996). Entsprechende Analysen, die Kinder und Jugendliche aus armen Familien (die unteren 20 % der Ressourcenverteilung) und ihre Altersgenoss/innen aus den übrigen sozialen Schichten gegenüberstellen, finden eine seltenere Mitgliedschaft in Vereinen (51 % versus 71 %) und einer Clique (48 % versus 61 %) seitens der deprivierten Kinder und Jugendlichen. Geringfügig mehr haben zur Zeit keine Freunde (4 % versus 1 %). Deprivierte Kinder und Jugendliche berichten häufiger eine niedrige (31 % versus 13 %) und seltener eine hohe Einbindung in die Gleichaltrigengruppe (29 % versus 46 %) mit einem jeweils gleich großen Anteil, die eine mittlere Einbindung angeben (42 % und 41 %). Hinsichtlich des Gefühls, von den Peers akzeptiert zu werden, sind die Unterschiede weniger groß: 69 % der deprivierten Kinder und Jugendlichen im Vergleich zu 77 % seitens der nicht-deprivierten Peers fühlen sich von ihren Mitschülern akzeptiert.

Auch nach anderen Daten tragen Arbeitslosigkeit der Eltern und finanzielle Knappheit nicht selten zu Einschränkungen in den sozialen Kontakten der Kinder bei (Ludwig 1988; Wadowski 1986; vgl. auch Hornstein/Lüders 1987). Nach Kupersmidt u. a. (1995) haben weiße Kinder aus einkommensschwachen Familien weniger Spielkameraden, mit denen sie zu Hause spielen, als Kinder aus finanziell besser gestellten Familien. Zudem werden sie häufiger von ihren Gleichaltrigen abgelehnt. Demgegenüber findet Bacher (1994, 1997), daß von Einkommensarmut betroffene Kinder nicht mehr Beeinträchtigungen des Wohlbefindens im Zusammensein mit Freunden angeben als nicht-deprivierte Kinder. Häufige Geldsorgen sind jedoch dem Wohlbefinden mit Freunden eher abträglich, ebenso wie ein geringer Handlungsspielraum in der Wohnung, der sich sogar als etwas einflußreicher erweist. Diese Zusammenhänge sind allerdings insgesamt eher schwach, wenngleich angesichts der umfangreichen Stichproben statistisch signifikant.

Wie im Österreichischen Kindersurvey, so erweist sich auch in der deutschen Surveybefragung von Lang (1985) die Wohnsituation als relevant für die Sozialkontakte der Kinder. Zwar haben beengte Wohnverhältnisse nicht per se eine größere soziale Isolation der Kinder zur Folge, sondern werden durch die Gestaltungsleistungen der Kinder in unterschiedlichen Lebenskontexten weitgehend kompensiert. Es ergeben sich jedoch spezifische soziale Restriktionen, wie etwa fehlende Möglichkeiten, Freunde nach Hause einladen zu können, so daß sich die Aktivitäten der Kinder vermutlich stärker nach außen verlagern und damit die Eltern weniger Einblick in die Kontakte und Beschäftigungen der Kinder haben. Maßgeblich sind ebenfalls die Infrastruktur und Lage der Wohngegend, die Kontakte der Kinder verhindern können. Soweit die Kinder aufgrund einer preiswerten, aber ungünstig gelegenen Wohnung auf Transporthilfen durch die Eltern angewiesen sind, kann dies den Verzicht auf Besuche bei Freunden, auf zusätzliche Bildungsmöglichkeiten und sogar auf therapeutische Maßnahmen bei Krankheiten bedeuten (Napp-Peters 1985).

Neben den konkreten Manifestationen von Armut scheinen auch Charakteristika der betroffenen Kinder Einfluß auf die sozialen Konsequenzen ökonomischer Deprivation zu haben. Die Studie von Schindler und Wetzels (1985) zur Bedeutung von Arbeitslosigkeit des Vaters für betroffene Bremer Schüler/innen verweist nur bei Mädchen auf Beeinträchtigungen der Sozialbeziehungen, indiziert durch einen stärker erlebten Mangel an wirklichen Freunden und mehr Einsamkeitsgefühle, als ihn Mädchen aus nicht von Arbeitslosigkeit betroffenen Familien berichten. Entsprechend finden sich auch bei den Mädchen aus Familien mit Arbeitslosigkeit eher Probleme in der Freizeitgestaltung. Jungen erweisen sich in dieser Hinsicht als nicht betroffen. Interessanterweise legen auch Befunde aus der Zeit der Weltwirtschaftskrise nahe, daß im Jugendalter insbesondere die Mädchen unter den sozialen Folgen elterlicher Arbeitslosigkeit für ihr Ansehen unter Gleichaltrigen zu leiden hatten, wobei die Diskriminierungsgefühle der Betroffenen nicht dem tatsächlichen Verhalten der Mitschülerinnen entsprechen mußten (Elder 1974; Elder/Nguyen/Caspi 1985). Auch die Bremer Untersuchung legt nahe, daß schon das Mitleid der anderen als diskriminierend erlebt wird, was offensichtlich viele Kinder veranlaßt, die Arbeitslosigkeit der Eltern zu verschweigen (Schindler/Wetzels 1985).

Welche Faktoren für eingeschränkte Kontakte der von Armut betroffenen Kinder ausschlaggebend sind, ist noch weitgehend offen. Vermutlich fehlen erstens den Familien oft die finanziellen Mittel oder sonstige sozio-ökonomische Ressourcen (z.B. der erforderliche Wohnraum), um bestimmte Unternehmungen und Aktivitäten der Kinder zu ermöglichen. Wie betroffene Eltern und teils auch Kinder berichten, können ökonomische Ressourcen der Familie auf diesem Wege relativ direkt die Sozialkontakte der Kinder „kanalisieren" (z.B. Entwisle/Alexander 1995; Napp-Peters 1985, 1995).

Zweitens könnten sich Stigmatisierungsprozesse bemerkbar machen, etwa wenn der eingeschränkte Erwerb von Symbolen der Peer-Gruppen-Kultur, vor allem der entsprechenden Kleidung, dazu beiträgt, daß die Kinder ein geringeres soziales Ansehen unter Gleichaltrigen haben. Hierfür gibt es allerdings kaum empirische Belege, zumal die meisten Studien auf Selbstauskünfte der von Armut betroffenen Kinder rekurrieren. Solche Einschätzungen seitens der Kinder sind möglicherweise stärker von ihrem Schamgefühl als tatsächlichen Prestigeverlusten unter Peers geprägt. Immerhin finden Bolger u.a. (1995) und Kupersmidt u.a. (1995) auch anhand soziometrischer Verfahren eine geringere Popularität der von Armut betroffenen Kinder unter Klassenkamerad/innen, insbesondere der Kinder in dauerhafter Armut. Ob dies auch für drastischere Ausgrenzungsprozesse gilt, ist fraglich. Schwartz u.a. (1997) finden keinen Zusammenhang zwischen sozialer Schichtzugehörigkeit und dem Risiko für 9- bis 10jährige Jungen, zum Opfer von Hänseleien oder Angriffen seitens ihrer Klassenkameraden zu werden.

Drittens liegt allerdings auch nahe, daß sozio-emotionale Verhaltensbeeinträchtigungen und Rückzugstendenzen der Kinder selbst, wie sie als Folge von Armut berichtet wurden, zu Belastungen der Sozialbeziehungen führen. Leider lassen die Studien von Bolger u.a. (1995) und Kupersmidt u.a. (1995) offen, inwieweit die stärkere Neigung zu Problemverhalten, die bei den von Armut betroffenen Kindern ebenfalls beobachtet wurde, zu deren geringerer Beliebtheit beiträgt. Diese Fragen sind keineswegs rein akademischer Natur, ergeben sich doch aus den Antworten jeweils andere Ansatzpunkte für Interventionen.

3.1.5 Intelligenzentwicklung und schulische Leistungen

Eine Reihe von Studien, die allerdings ebenfalls überwiegend aus den USA stammen, belegt, daß sozio-ökonomische Deprivation und speziell Armut Nachteile für die Sprach- sowie Intelligenzentwicklung und kognitive Leistungsfähigkeit der Kinder mit sich bringt, auch wenn andere mit Armut konfundierte Risikofaktoren wie familienstrukturelle Charakteristika kontrolliert werden (z.B. Duncan/ Brooks-Gunn/Klebanov 1994; Spiel 1994; Walker, D./Greenwood/ Hart/Carta 1994). Nach Befunden von Duncan, Brooks-Gunn und Klebanov (1994) ist schon im Alter von 5 Jahren die Intelligenzentwicklung von der finanziellen Situation der Familie geprägt, und zwar unabhängig vom Bildungsniveau der Eltern und den zuvor schon genannten anderen Hintergrundvariablen. Anders als bei internalisierenden Belastungssymptomen besteht bei der Intelligenzentwicklung ein linearer Effekt des Einkommens, d.h. die Nachteile ökonomischer Deprivation sind ebenso relevant wie die Vorteile von finanziellem Wohlstand. Ähnlich ergibt sich mit zunehmender zeitlicher Dauer von Armut ein kumulativer Effekt: Kinder in dauerhaft armen Familien haben einen um 9 Punkte niedrigeren IQ als Kinder aus nie verarmten Familien, während Kinder, die zeitweise in Armut leben, mit einem 4 Punkte niedrigeren IQ eine Mittelstellung einnehmen.

Entsprechend erweisen sich finanzielle Mängellagen von Familien auch als entscheidend für geringere Schulleistungen von Kindern (Entwisle/Alexander 1995, 1996; Essen/Wedge 1982; McGauhey/Starfield 1993) und für den Besuch der Hauptschule als weniger qualifiziertem Schulzweig (Klemm/Rolff 1986). Interessanterweise finden Entwisle und Alexander (1995), daß sich die finanzielle Situation der Familie vor allem über den Sommer hinweg auf die Mathematikleistung der Kinder auswirkt, nicht im Verlauf des Winters: Während sich vom Herbst bis zum folgenden Frühjahr die Leistungen der Kinder aus sowohl besser wie auch schlechter gestellten Familien verbessert, läuft zwischen Frühjahr und Herbst die Entwicklung beider Gruppen auseinander. Nur Kinder aus Familien ohne finanzielle Knappheit verbessern bzw. halten ihre Leistungen über die Zeit der Sommerferien hinweg, während sich bei Kindern aus Familien mit geringem Einkommen die Leistungen im gleichen Zeitraum verschlechtern. Als Erklärung verweisen die Autoren darauf, daß Kinder aus deprivierten Familien im Sommer deutlich weniger anregende Aktivitäten unternehmen als Gleichaltrige aus besser gestellten Familien: Sie gehen seltener in den Zoo und Bildungszentren, treiben weniger Sport, unternehmen weniger Reisen und erhalten weniger Musik- oder Tanzunterricht. Dies legt nahe, daß familiale Risiken und Ressourcen stärker zum Tragen kommen, sobald die schulischen Anregungen und Lernmöglichkeiten entfallen, nämlich während der Ferienzeit.

Auch in Analysen zum schulischen Leistungsverhalten Jugendlicher, die sozioökonomische Benachteiligung an Bildung und Berufsposition der Eltern – den klassischen Schichtindikatoren – festmachen, zeigen sich Nachteile von sozio-ökonomisch schlechter gestellten Kindern, insbesondere, was die Leseleistungen und das Problemverhalten in der Klasse betrifft (Felner u. a. 1995). Hinsichtlich der durchschnittlichen Schulnoten und der selbsteingeschätzten Kompetenz verweist die letztgenannte Studie allerdings weniger auf einen spezifischen Nachteil von Kindern wenig gebildeter Eltern oder Eltern mit ungelernter Berufsposition, sondern eher auf Vorteile der höher Gebildeten und/ oder jener in höheren Berufspositionen.

In seiner Prospektiv-Studie zum Schulerfolg von Kindern in einer südwestdeutschen Kleinstadt findet Mansel (1993) deutliche Zusammenhänge zwischen der Schulbildung und der beruflichen Position sowohl des Vaters als auch der Mutter zum Zeitpunkt der Einschulung einerseits und dem Typ der später vom Kind besuchten weiterführenden Schule sowie der Klassenwiederholung andererseits. Auch die Wohnsituation erweist sich hierbei als relevant: Je geringer die Wohnfläche pro Person ist und je mehr Personen im Kinderzimmer leben, desto höher ist die Wahrscheinlichkeit, daß die Kinder eine oder mehrere Klassen wiederholen müssen, und desto geringer ist die durch die weiterführende Schule erreichte Qualifikation. Leider informiert diese Studie – wie viele andere – nur über lineare Zusammenhänge, nicht über die spezifische Wirkung sozio-ökonomischer Deprivationslagen. Allerdings gilt das Interesse auch eher der Vernetzung zwischen sozialer Lage der Familie und Schulerfolg der Kinder, genauer: der vermittelnden Rolle von z. B. fehlenden intellektuellen Anforderungen und hoher Restriktivität der elterlichen Arbeitsbedingungen sowie der – auch hierdurch beeinflußten – Restriktivität elterlichen Erziehungsverhaltens. Die Ergebnisse einer entsprechenden Pfadanalyse bestätigen die Relevanz der genannten Vermittlungsfaktoren.[4]

Während Analysen wie diejenigen von Mansel (1993) und Felner u. a. (1995) eher auf stabile Faktoren sozial-struktureller Benachteiligung abheben und die Wirkung von speziell finanziellen Belastungssituationen vernachlässigen, zeigen Daten aus dem Berliner Jugendlängsschnitt, daß beide Faktoren gerade im Hinblick auf die Schullaufbahn von Kindern auf typische Weise interagieren. Verglichen wurden 9- bis 16jährige Kinder aus Familien, die im Vorjahr mehr oder minder drastische Einkommensverluste erlebt hatten, und eine parallelisierte Vergleichsgruppe von Kindern und Jugendlichen aus einkommensstabilen Familien. Dabei zeigte sich, daß Einkommensverluste vor allem in Familien mit niedrigen Bildungsressourcen der Eltern dazu führen, daß die Eltern einen frühzeitigen Schulabschluß und Berufseintritt der Kinder wünschen. In Familien mit Eltern, die zumindest über den Realschulabschluß verfügen, werden demgegenüber die elterlichen Bildungspläne für die Kinder nicht durch die Einkommensverknappung tangiert (Walper 1988; zu ähnlichen Befunden vgl. Larson 1984). Interessanterweise verstärken sich gerade in deprivierten Familien der unteren Bildungsgruppe die leistungsbezogenen Werthaltungen der Kinder.

Damit sind die je spezifischen Konsequenzen unterschiedlicher Formen von Armut angesprochen, auf die im folgenden Abschnitt kurz eingegangen werden soll.

3.2 Verschiedene Formen der Armut und ihre Konsequenzen

Die vorangehenden Ausführungen dürften deutlich gemacht haben, daß auch die Operationalisierung von Armut Einfluß auf die Befunde hat. Allerdings fällt es schwer, auf der Basis der verfügbaren Erkenntnisse Regelhaftigkeiten zu formulieren, da die für systematische Vergleiche erforderlichen Studien mehr als rar sind. Insofern ist die folgende Zusammenstellung eher als Heuristik zu verstehen, die diesbezügliche Studien im günstigen Fall anstoßen, jedoch keineswegs ersetzen kann.

(1) *Einkommensarmut* wurde in deutschen Studien zur Entwicklung und Sozialisation von Kindern kaum berücksichtigt und hat sich in der österreichischen Kindheitsstudie (Bacher 1994, 1997) erstaunlicherweise als weitgehend unbedeutend für das Wohlbefinden der befragten 10jährigen erwiesen. Allerdings mögen die gewählten Indikatoren für die Befindlichkeit der Kinder wenig geeignet sein, Effekte der familialen Einkommenssituation abzubilden. Demgegenüber stellen Studien aus den USA Einkommensarmut als bedeutsame Einflußgröße mit vielfältigen negativen Konsequenzen heraus.

In deutschen Studien wurde das Familieneinkommen etwas häufiger als linear wirksamer Faktor untersucht. Entsprechende Befunde sind jedoch wenig aufschlußreich, da sie nicht darüber informieren, inwieweit am unteren Ende dieses Kontinuums spezifische Restriktionen für die Entwicklungschancen der Betroffenen resultieren, die nicht mit Variationen im oberen Einkommensbereich gleichzusetzen sind. Daß mit solchen spezifischen Effekten zu rechnen ist, legen Befunde von Duncan, Brooks-Gunn und Klebanov (1994) nahe, nach denen Kinder aus deprivierten Familien (mit für die Haushaltsgröße unangemessen niedrigem Einkommen) in höherem Maße internalisierende Verhaltensprobleme wie Ängstlichkeit und Depressivität aufweisen als ihre Altersgenossen aus Familien, die über ein angemesseneres Einkommen verfügen, während jene aus wohlhabenden Familien keine speziellen Vorteile gegenüber der mittleren Gruppe genießen. Derartige spezifische Deprivationseffekte scheinen allerdings nicht generell für Einkommensarmut zu gelten, da sich für die Intelligenzentwicklung eher lineare Zusammenhänge zur familialen Einkommenssituation ergaben.

(2) Studien, die auf relative *Einkommensverluste* fokussieren (Elder 1974; Walper 1988), erfassen kaum chronische Belastungssituationen – sofern es sich nicht um ein wiederholtes Hineingleiten in die Armut handelt –, sondern beziehen sich eher auf Anpassungserfordernisse, die aus den veränderten Lebensbedingungen resultieren. Allerdings finden sich hier vielfach sehr ähnliche Effekte wie in Studien zur Einkommensarmut, vermutlich auch deshalb, weil statisch angelegte Querschnittstudien zur Einkommensarmut ohnehin einen Großteil kurzfristiger Verarmung erfassen dürften (vgl.

Kap. 2.1.2). Weiterhin ist anzunehmen, daß als gemeinsamer Wirkfaktor Schwierigkeiten bei der Bedarfsdeckung auftreten, die ähnlich unter dauerhafterer ökonomischer Deprivation zu beobachten sind (Elder/Conger/Foster/Ardelt 1992). So machen Einkommensverluste eine Reduktion der Ausgaben erforderlich, was je nach den Bedürfnissen und Ansprüchen der Familie mehr oder minder schwerfällt und in der Regel einen eher längerfristigen Prozeß benötigt. Alternativ oder ergänzend sind neue, zusätzliche Einkommensquellen zu mobilisieren (Moen/Kain/Elder 1983). Fallen Bedürfnisse und verfügbare Ressourcen auseinander, weil sich die Ressourcen plötzlich verringert haben, so kann das offenkundig auch bei kürzerer Dauer der finanziellen Notlage zu Belastungen der Familie führen, die für die Entwicklung der Kinder relevant sind.

(3) Besonders aufschlußreich sind die Befunde zur *Dynamik von Einkommensarmut*, da sie einerseits die Relevanz auch kurzfristiger Verarmung deutlich machen, andererseits aber auch die besonders gravierenden Folgen längerfristiger Armut für die Entwicklung von Kindern hervorheben. Dies spricht eindeutig gegen die Vermutung, daß längerfristige Armutserfahrungen mit einer Gewöhnung seitens der Kinder einhergehen, die nachteilige Effekte verhindert (z.B. Bacher 1997).

(4) Relativ konsistent hat sich gezeigt, daß die *elterliche Bildung und Berufsposition* einerseits sowie die finanzielle Situation der Familie andererseits einen jeweils eigenständigen Beitrag zur Erklärung von Entwicklungsbesonderheiten der Kinder leisten (z.B. Duncan/Brooks-Gunn/Klebanov 1994). Allerdings zeitigt die Kumulation von Benachteiligungen in beiden Bereichen teilweise spezifische, in der Regel gravierendere Effekte, als durch die Summe der einzelnen Wirkfaktoren zu erwarten wäre (z.B. Walper 1988; vgl. oben). Allgemein dürfte eine Kumulation sozio-ökonomischer Problemlagen Kinder in besonderem Maße treffen, da sich Belastungsfaktoren in aller Regel umso gravierender auf die psycho-soziale Entwicklung und physische wie auch seelische Gesundheit der Betroffenen auswirken, je mehr Problemlagen zusammentreffen und gleichzeitig zu bewältigen sind (z.B. Masten/Neeman/Andenas 1994; Rutter/Garmezy 1983).

(5) *Arbeitslosigkeit der Eltern* – insbesondere des Vaters – wurde im Rahmen der Diskussion um die Neue Armut in den Mittelpunkt einiger deutscher Studien gestellt, die entweder indirekt (über Auskünfte der Eltern) oder direkt Auskunft über die mitbetroffenen Kinder liefern (z.B. Brinkmann/Spitznagel 1984; Hornstein/Lüders 1987; Hornstein 1988; Schindler/Wacker/Wetzels

1990). Wenngleich sich teils ähnliche Effekte zeigen wie in Studien zu Einkommensarmut, ist Arbeitslosigkeit doch keineswegs mit Einkommensarmut gleichzusetzen. Erstens ist die resultierende Einkommensreduktion von anderen Einnahmequellen im Haushalt sowie der Dauer der Arbeitslosigkeit abhängig, so daß die finanziellen Härten unter Umständen eher gering ausfallen. In solchen Fällen erweist sich elterliche Arbeitslosigkeit zumeist als wenig belastend (z. B. Baarda/de Goede/Frowijn/Postma 1990; vgl. auch Walper 1988). Zweitens tangiert Arbeitslosigkeit in spezifischer Weise das familiale Rollensystem, die Interaktionsdichte und den Tagesablauf in der Familie, da der ansonsten erwerbstätige Elternteil nun vermehrt zu Hause ist. Demgegenüber können etwa Erwerbstätige in Niedriglohnberufen oder Selbständige mit schlechter Ertragslage durchaus überdurchschnittlich durch ihre beruflichen Tätigkeiten absorbiert sein. Arbeitslosigkeit der Eltern birgt somit für Kinder die Chance, stärkeren Kontakt und intensivere Betreuung durch ihre Eltern zu erfahren, eine Chance, die allerdings vor allem – aber nicht ausschließlich – Mütter nutzen (vgl. Walper 1988, 1995). Gerade viele der Alleinerziehenden, die sich für die Sozialhilfe entscheiden, um für die Erziehung der Kinder von der Erwerbsarbeit freigestellt zu sein, schätzen diesen Vorteil ihrer Situation trotz aller finanziellen Restriktionen (Leibfried u. a. 1995). Wenn sich entsprechend kaum nachteilige Auswirkungen der Arbeitslosigkeit alleinerziehender Mütter auf die Befindlichkeit der Kinder zeigen (Linnenbank/Menke/Schneider/Damerow 1987), so mag dies nicht zuletzt auf dem spezifischen Umgang der betreffenden Mütter mit ihrer Situation beruhen.

Hinzu kommt, daß Arbeitslosigkeit unter Umständen stärker kollektiv statt individuell attribuiert wird, wenn sie etwa im Kontext betrieblicher Umstellungen oder Firmenschließungen erfolgt, was zumindest seitens der betroffenen Arbeitslosen zu geringeren Belastungen führt (Kasl/Cobb 1979). Allerdings kann vermutlich selbst strukturell bedingte Arbeitslosigkeit zu einem generellen Gefühl sozialer Ungerechtigkeit und Diskriminierung beitragen, das sich auch seitens der Kinder wiederfindet. Befunde aus dem Berliner Jugendlängsschnitt zeigen jedenfalls, daß die von Arbeitslosigkeit des Vaters betroffenen Kinder in besonderem Maße zu einer Abwertung der normativen Struktur[5] neigen und hierin Kinder aus anderen von Einkommensverlusten betroffenen Familien deutlich übertreffen. Interessanterweise findet sich ein solcher spezifischer Effekt von Arbeitslosigkeit des Vaters nicht in der Bereitschaft der Kinder und Jugendlichen zu normwidrigem Verhalten wieder, was

sehr für eine spezifisch sozialkritisch motivierte Reaktion auf Arbeitslosigkeit des Vaters spricht.
(6) Die Bedeutung von *Wohnraumknappheit* wurde in einigen wenigen Studien gerade für Kinder als bedeutsam herausgestellt. Platz zum Spielen, vor allem in einem eigenen Kinderzimmer, spielt zumindest von der mittleren Kindheit ab eine große Rolle (vgl. Herlth 1986). Die Spielmöglichkeiten erwiesen sich im Kindersurvey von Lang (1985, S. 130ff., S. 150) bei 8- bis 10jährigen für die Bewertung der Wohnsituation als sehr ausschlaggebend (vgl. Müller 1991). Je nach altersgradierten Bedürfnissen der Kinder sind höchstwahrscheinlich unterschiedliche Merkmale der Wohnsituation relevant. In diesem Bereich mangelt es noch an Untersuchungen, die einen Vergleich mit anderen Armutsfaktoren erlauben würden.

Extremen Belastungen sind in dieser Hinsicht die Kinder in *Obdachlosigkeit* ausgesetzt. Charakteristisch ist hier das Zusammentreffen vielfältiger Problemlagen, die die Entwicklung der Kinder belasten. Nach einer Studie aus den USA sind obdachlose Kinder mit etwa doppelt so vielen Stressoren konfrontiert wie einkommensarme Kinder, die in der eigenen Wohnung aufwachsen (Masten/Miliotis/Graham-Bergman/Ramirez/Neeman 1993). Gerade diese kumulierenden Stressoren sind es, die Belastungsreaktionen und Verhaltensauffälligkeiten der Kinder erklären. Allerdings finden sich nicht immer Unterschiede zwischen obdachlosen Kindern und jenen aus anderen Familien mit zu niedrigem Einkommen. So ergab die Untersuchung von Ziesemer, Marcoux und Marwell (1994) bei immerhin 169 obdachlosen Kindern und einer ebenso großen Vergleichsgruppe von Kindern aus einkommensarmen Familien mit eigener Wohnung, daß die obdachlosen Kindern weder schlechtere Schulleistung noch mehr Problemverhalten aufweisen. In beiden Gruppen liegt allerdings das Problemverhalten der Kinder weit über der Norm: etwa 50% der Kinder sind jeweils behandlungsbedürftig, während nach den Normdaten für Kinder der Unterschicht nur 13% im klinisch auffälligen Bereich liegen sollten.
(7) *Subjektive Indikatoren* ökonomischer Deprivation wie Geldsorgen oder erlebter finanzieller Streß erweisen sich im Vergleich zu objektiven Armutsindikatoren in der Regel – zumindest längerfristig – als bedeutsamer (Bacher 1994, 1997; Takeuchi/Williams/Adair 1991). Dies ist insofern plausibel, als sich die genannten subjektiven Indikatoren zumeist auf Manifestationen finanzieller Verknappung im Familienalltag beziehen, nicht zuletzt auf Diskrepanzen zwischen Bedürfnissen und den verfügbaren Mitteln, diese zu be-

friedigen. Allerdings werden in aller Regel lediglich die Eltern zu ihrer subjektiven Einschätzung der finanziellen Situation befragt. Eine Ausnahme bildet die Studie von McLoyd, Jayaratne, Ceballo und Borquez (1994), die sich auf alleinerziehende schwarze Mütter und ihre Kinder (Siebt- und Achtkläßler) bezieht. Interessanterweise sind die jeweiligen Angaben von Müttern und Kindern zum finanziellen Streß zwar statistisch signifikant, jedoch nicht wirklich substantiell korreliert ($r = .15$, $p < .05$). Wie zu erwarten, ist die Einschätzung seitens der Jugendlichen für deren Befindlichkeit deutlich wichtiger als die von der Mutter erlebte finanzielle Belastung. Jugendliche, die finanzielle Schwierigkeiten in der alltäglichen Bedarfsdeckung erleben, zeigen ein geringeres Selbstwertgefühl, vermehrte Ängstlichkeit und Konzentrationsschwierigkeiten, jedoch keine stärkere Depressivitätsneigung. Weder finanzielle Schwierigkeiten aus Sicht der Mutter noch das jährliche Pro-Kopf-Einkommen oder Bildung der Mutter sind demgegenüber mit den entsprechenden Charakteristika der Jugendlichen korreliert. Lediglich aktuelle Arbeitslosigkeit der Mutter geht mit erhöhter Ängstlichkeit der Kinder einher.

Dies unterstreicht Beobachtungen, nach denen Eltern sich vielfach bemühen, ihre Kinder vor den direkten Konsequenzen von Arbeitslosigkeit und finanzieller Verknappung zu schützen (z.B. Baarda u.a. 1990). Je besser es Eltern gelingt, die Manifestationen von Armut im Familienalltag vor ihren Kindern zu verbergen, umso geringer sollten auch die Konsequenzen von Armut für die kindliche Entwicklung sein. Dem entspricht der generelle Befund, daß kindliche Reaktionen auf Armut maßgeblich durch die familiale Bewältigung der sozio-ökonomischen Belastungssituation gefiltert werden (vgl. Walper 1988, 1997). Entsprechende Überlegungen sind in dem folgenden Rahmenmodell skizziert, das die in den anschließenden Kapiteln dargestellten Befunde zusammenfaßt.

3.3 Die Frage der Kausalität: Ein Rahmenmodell zur Analyse armutsbedingter Konsequenzen für die Entwicklung von Kindern

Wie sich Armut, insbesondere ökonomische Deprivation und Arbeitslosigkeit der Eltern, auf die Entwicklung von Kindern und Jugendlichen auswirkt, hängt von einer Reihe situativer, individueller, familiärer und kontextueller Randbedingungen ab, die die Reaktionen der Betroffenen mitbestimmen. Dieser Tenor der empirischen Befunde legt eine differentielle Sichtweise nahe, wie sie vor allem von Konzepten der Streß- und Belastungsbewältigungsforschung verfolgt wird.

Die Mehrheit der Untersuchungen zu den Konsequenzen von Einkommensarmut, Arbeitslosigkeit und finanzieller Verknappung ist vor diesem theoretischen Hintergrund entstanden (z. B. Voydanoff/Donnelly 1988; Elder 1974; Elder u. a. 1992; McLoyd/Flanagan 1990; Walper 1988), so daß im folgenden die empirischen Befunde anhand eines entsprechenden Rahmenmodells dargestellt und eingeordnet werden sollen.

Die zentralen Annahmen zur Bewältigung von ökonomischer Deprivation sind in Abbildung 1 wiedergegeben. Grundlegend ist hierbei, daß armutsbedingte Belastungen der Kinder weniger als direkte Reaktion auf die sozio-ökonomische Deprivationslage gesehen werden, sondern – wie viele Befunde herausstellen – primär als durch die Familie vermittelt. Wie sich Armut auf Kinder und Jugendliche auswirkt, hängt demnach maßgeblich von den Reaktionen der Eltern ab, die die familiären Beziehungen und Interaktionen, insbesondere das elterliche Erziehungsverhalten prägen und mit denen die Kinder so konfrontiert werden (McLoyd 1989; Elder/Caspi 1988; Felner u. a. 1995; Walper 1997).

Eine vermittelnde Rolle spielen hierbei Bemühungen der Familie, sich – je nach Einschätzung der Situationserfordernisse und der Handlungsmöglichkeiten – an die ökonomische Belastungssituation anzupassen und die damit verbundenen Härten im Familienalltag zu reduzieren. Solche adaptive Reaktionen betreffen sowohl die im engeren Sinne finanziellen Aspekte der Haushaltsführung als auch die Gestaltung der familialen Rollen – die Verteilung von Rechten und Pflichten – und schließlich die Statusansprüche der Familie hinsichtlich ihrer sozialen Positionierung im gesellschaftlichen Statusgefüge (Elder 1974; Walper 1988). Wie noch genauer ausgeführt wird, sind es oftmals gerade diese Anpassungsbemühungen, die belastend wirken und zu Beeinträchtigungen des Familienlebens beitragen, denn resultierende psycho-soziale Belastungen der Eltern schlagen sich ihrerseits leicht in den familialen Beziehungen und Interaktionen nieder. Hierbei kommt in Zwei-Eltern-Familien der Ehebeziehung eine Schlüsselfunktion zu. So wirken Belastungen der Partnerschaft einerseits als Vermittler (Mediator) zwischen individuellen psychischen Streßreaktionen der Eltern und deren Niederschlag im Interaktionsverhalten mit den Kindern, kennzeichnen also einen gängigen „Umweg", auf dem intrapsychische Belastungsreaktionen verschärft und in der Arena elterlicher Erziehungspraktiken ausgetragen werden. Andererseits kann eine tragfähige, gut funktionierende Partnerschaft auch verhindern, daß psychische Belastungen und finanzielle Konflikte eskalieren und speziell dazu beitragen, den Teufelskreis zwischen erhöhter elterlicher Nervosität und Irritierbarkeit einerseits und kindlichem Problemverhalten andererseits zu unterbrechen.

Abbildung 1: Modell der innerfamiliären Vermittlung armutsbedingter Entwicklungsbelastungen von Kindern

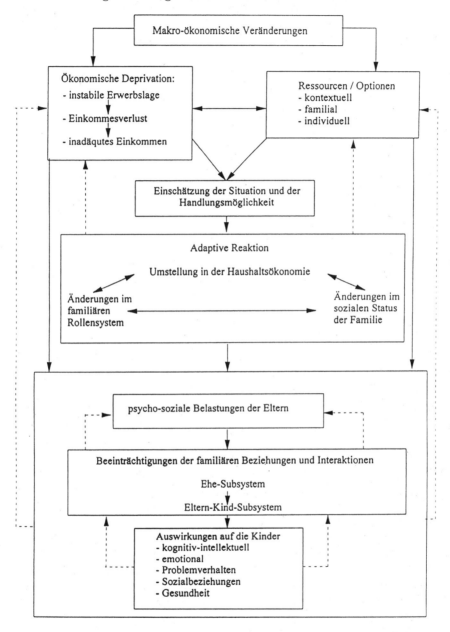

Mit dem letztgenannten Punkt ist die Bedeutung von Ressourcen angesprochen, die negative Konsequenzen ökonomischer Deprivation vermeiden helfen. Sie können (a) im Kontext angesiedelt sein und etwa das soziale Netzwerk der Kinder und Jugendlichen, die Nachbarschaft der Familie, die Schule oder andere Betreuungseinrichtungen betreffen, (b) strukturelle wie auch dynamische Aspekte des Familiensystems umfassen oder (c) auf individueller Ebene in Charakteristika der Betroffenen – hier: insbesondere der Kinder – liegen. Entsprechende Befunde sind in Kapitel 5 zusammengetragen, während Kapitel 4 zunächst auf vermittelnde Prozesse eingeht.

4 Familiale und außerfamiliale Reaktionen auf finanzielle Härten als Mediator für Reaktionen der Kinder

4.1 Familiale Anpassungsbemühungen als vermittelnde Einflüsse

Armut manifestiert sich in je spezifischen situativen Härten, die unterschiedliche Handlungserfordernisse für die Familie mit sich bringen. Vom Umgang der Familie mit diesen Handlungserfordernissen hängt es maßgeblich ab, ob die jeweiligen objektiven Härten für die Befindlichkeit, Gesundheit und das Verhalten der Betroffenen relevant werden. Eine wichtige vermittelnde Rolle kommt hierbei dem finanziellen Druck zu, den die Familie als Folge der ökonomischen Härten in der Haushaltsführung erlebt. Wie etwa die Befunde von Conger u.a. (1994) nahelegen, gelingt es den Familien umso weniger, ihre anfallenden Rechnungen zu begleichen, so daß sie umso mehr zu Einschränkungen in der Haushaltsführung und notwendigen finanziellen Anpassungen (z.B. Kreditaufnahme, Erwerbseintritt der Mutter, Verzicht auf Anschaffungen, Urlaub, Gesundheitsversorgung) greifen müssen, je mehr ökonomische Härten zusammentreffen und je stärker sie sind – konkret: je höher das Ausmaß relativer Einkommensverluste ist, je weniger als Pro-Kopf-Einkommen verfügbar ist, je mehr die Familie verschuldet ist und/oder je instabiler die Beschäftigungsverhältnisse der Eltern sind. Hierbei haben die letztgenannten ungünstigen ökonomischen Bedingungen einen jeweils eigenständigen Einfluß auf den in der Haushaltsführung erlebten finanziellen Druck.

Generell umfassen Anpassungen in der Haushaltsführung notwendige Einschränkungen in den Ausgaben aber auch Maßnahmen zur Mobilisierung zusätzlicher Einnahmequellen (z.B. Erwerbseintritt eines bisher nicht erwerbstätigen Elternteils oder Mehrarbeit; Kreditaufnahmen). Nach den Ergebnissen der Caritas-Armutsuntersuchung von Hauser und Hübinger (1993) schränken sich die Einkommensarmen vorrangig beim Urlaub (91%), bei der Anschaffung von Möbeln (78,5%) und in der Freizeitgestaltung (72,3%) ein. Zwei Drittel reduzieren sehr ihre Ausgaben für Kleidung (67,6%), knapp ein Drittel die für Nahrung (31,1%). Allerdings legen andere Befunde nahe, daß häufiger an den Lebensmitteln gespart werden muß (vgl. auch Napp-Peters 1995; Oppenheim/Lister 1998). In zwei Untersuchungen bei arbeitslosen Männern wurden in über 70% der Haushalte Verzichte bei der Nahrung berichtet (Fröhlich 1979; MAGS 1990, S. 75). Häufig bemühen sich die Eltern zwar darum, nur die eigenen Ausgaben zu reduzieren, damit die Einschränkungen für die Kinder nicht allzu spürbar werden (Baarda u.a. 1990; Lüders/Rosner 1990; Schindler/Wetzels 1990). Allerdings wird dies mit zunehmender Verknappung weitgehend unmöglich.

Diese Strategien wie auch eine häufige Verschuldung haben deutlichen Einfluß auf die psychische Situation der Eltern und ihr Interaktionsverhalten in der Familie (Elder u.a. 1992; Conger u.a. 1994; vgl. unten). Wenngleich die Konsequenzen des erlebten finanziellen Drucks für Kinder weitgehend über die elterlichen Reaktionen vermittelt werden, betreffen die ökonomischen Restriktionen Kinder und Jugendliche jedoch teils auch unmittelbar, denn sie bestimmen über die Teilhabe an Aktivitäten, Bildungsmöglichkeiten und Aspekten der Jugendkultur, für die finanzielle Aufwendungen notwendig sind. In der genannten INFAS-Befragung gaben 11% der Mütter schulpflichtiger Kinder an, die Klassenfahrten nicht mehr bezahlen zu können. Knapp ein Fünftel konnte den Kindern kein Taschengeld mehr geben, und ebenfalls 19% waren nicht in der Lage, zusätzliche Bücher und Arbeitsmittel der Kinder zu finanzieren (MAGS 1990, S. 75). Als belastend werden seitens der Schulkinder und Jugendlichen – besonders der Mädchen – auch Einschränkungen bei der Kleidung erlebt (Schindler/Wetzels 1985; Elder/Nguyen/Caspi 1985), zumal die Kleidung nicht nur der äußeren Erscheinung dient, sondern zunehmend zum prestigehaltigen Symbol der Jugendkultur avanciert.

Besonders relevant für die langfristigen Lebensoptionen sind finanziell motivierte Entscheidungen der Eltern über eine verkürzte Bildungslaufbahn ihrer Kinder, die vor allem von Eltern der niedrigen Bildungsschicht favorisiert werden (Larson 1984; Walper 1988; vgl. Kap. 3.1.5). Nach amerikanischen Daten sind Töchter hiervon stärker betroffen als Söhne (McLoyd 1989). Mädchen scheinen bei finanziellem Druck auch eher ihre Bildungsaspirationen zurückzunehmen als

Jungen und auf eine längere sowie kostspielige Ausbildung zu verzichten, um das Familienbudget zu entlasten (Flanagan 1990). Ein entsprechend früher Erwerbseintritt der Kinder entlastet auch tatsächlich den Haushalt, da er keineswegs nur als persönliche Ressource der Kinder dient, sondern auch zum Unterhalt der Familien verwendet wird (Kössler/Wingen 1990). Mit dem Verzicht auf eine qualifiziertere Berufsausbildung steigt jedoch auch die Gefahr einer Verfestigung von Risikolagen über die Generationen hinweg.

Gerade die Bildungsinvestitionen der Familien verdeutlichen, daß finanzielle Einschränkungen auch die Wahrnehmung und Sicherung der sozialen Stellung im Statusgefüge tangieren. Einschränkungen und Konsumverzichte, die zwar den Haushalt entlasten würden, die aber zum Symbol für den drohenden *Statusverlust* der Betroffenen werden, sind besonders schmerzlich. Dies erklärt manche „irrationale" Ausgaben deprivierter Familien, die mehr der Wahrung des sozialen Ansehens als genuin eigenen Bedürfnissen dienen (Elder 1974). Darüber hinaus machen derartige Schwierigkeiten in der Auseinandersetzung mit drohender oder faktischer Abwärtsmobilität verständlich, daß die psychosozialen Konsequenzen von Arbeitslosigkeit und finanzieller Verknappung nicht notwendigerweise in jenen sozialen Gruppen besonders nachteilig sind, die ohnehin über die geringsten Ressourcen verfügen. So manifestieren sich zwar in Unterschichtfamilien die objektiven Härten am stärksten, aber die sozialen Probleme des Statusverlusts sind weniger stark ausgeprägt als in der Mittelschicht (Liker/Elder 1983; Walper 1991).

Mit zunehmender Verknappung steigt zudem das Risiko, daß die ökonomischen Härten seitens der Familienmitglieder als „Mißerfolg" des Ernährers interpretiert werden, so daß hierüber eine Verschiebung im *familialen Rollensystem* wahrscheinlich wird. Sowohl nach früheren Befunden aus den 30er Jahren (Elder 1974; Komarovsky 1973/Orig. 1940) als auch nach aktuellen Daten (Schindler 1979; Walper 1988) führen Einkommensverluste und Arbeitslosigkeit des Vaters häufig dazu, daß sich die elterliche Autorität und der innerfamiliäre Einfluß des Vaters verringert, während im Gegenzug die Mutter eine Aufwertung erlebt. Dies wird auch dadurch begünstigt, daß sich in den deprivierten Familien meist der Aufgabenbereich der Mütter ausweitet, weil die Haushaltsführung durch den Verzicht auf Dienstleistungen intensiviert wird (Elder 1974; Oppenheim/Lister 1998) und die Mütter häufig ihre Erwerbsbeteiligung steigern. Bezogen auf diese Veränderungen in der Arbeitsteilung sind die Dominanzverschiebungen zwar adaptiv, erweisen sich jedoch für die Familienkohäsion als belastend (Walper 1988).

Inwieweit Veränderungen in der innerfamiliären Arbeitsteilung auch die Kinder mitbetreffen, ist unklar. Wenn die Haushalte arbeitsintensiver wirtschaften müssen, um Ausgaben zu vermeiden, und die Mütter ihre Erwerbsbeteiligung steigern, bringt dies vermutlich auch für die Kinder eine stärkere Arbeitsbelastung im Haushalt mit sich. In den wirtschaftlich deprivierten Familien der dreißiger Jahre geschah dies weitestgehend nach den traditionellen Regeln der geschlechtstypischen Arbeitsteilung, so daß die Mädchen stärker in den Haushalt eingebunden wurden, während die Söhne zum Familieneinkommen beitrugen (Elder 1974). Entsprechende Informationen fehlen jedoch für die Gegenwart.

4.2 Psycho-soziale Belastungen der Eltern und Beeinträchtigungen der familialen Beziehungen

Mit zunehmenden Einschränkungen der Ausgaben, Verschiebungen der elterlichen Autorität und drohendem Statusverlust werden psychische Beeinträchtigungen der Eltern wahrscheinlicher, die in steigender Nervosität, Reizbarkeit oder depressiven Verstimmungen zum Ausdruck kommen und sich auch in den familialen Beziehungen und Interaktionen niederschlagen (Elder u.a. 1992; Walper 1988; McLoyd 1989). Armut und finanzielle Verknappung bringen also nicht nur individuelle Belastungen für die Eltern mit sich, sondern erhöhen auf diesem Weg auch das Risiko für Konflikte in der Familie, tragen dazu bei, daß die Kinder weniger Zuneigung und Unterstützung durch ihre Eltern erfahren, lenken die Eltern von der Supervision ihrer Kinder ab und führen zu mehr willkürlicher, hart strafender Erziehung (z.B. Conger/McCarthy/Yang/Lahey/Kropp 1984; Conger/Conger/Elder/Lorenz/Simons/Whitbeck 1993; Conger u.a. 1994; Flanagan 1990; Sampson/Laub 1994; Walper 1988). Im Extremfall kann es zu Kindesmißhandlungen kommen, ein Problem, dem besondere Aufmerksamkeit gilt (vgl. Engfer 1987; Gelles 1989; Hashima/Amato 1994; Steinberg/Catalano/Dooley 1981).

Wie individuelle Belastungen und Beeinträchtigungen der Familienbeziehungen zusammenspielen, verdeutlicht eine Studie zur Farmkrise in den USA (Conger 1991, 1993, 1994): Nach deren Befunden geht finanzieller Druck mit vermehrten depressiven oder feindseligen Stimmungen der Eltern einher, die ihrerseits zu Ehekonflikten und Feindseligkeiten gegenüber dem Partner beitragen. Gleichzeitig steigt mit zunehmenden Konflikten zwischen den Eltern auch das Ausmaß an Streitigkeiten zwischen Eltern und Kindern, speziell über finanzielle Fragen. Auch die Neigung zu feindselig-irritierbarem Verhalten gegenüber den Kindern nimmt – als Folge der Konflikte zwischen beiden Eltern und zwischen Eltern und Kind – zu. Diese gesteigerte Feindseligkeit gegenüber den Kindern ist es dann letztlich, die die vermehrten internalisierenden und externalisierenden Symptome der Kinder erklärt, während die finanziellen Streitigkeiten mit den Eltern keinen direkten Einfluß auf Befindlichkeit und Verhaltensprobleme der Kinder haben (Conger u. a. 1994).

Daß finanzielle Einbußen sowohl mit einer verminderten Familienkohäsion als auch mit weniger demokratisch-unterstützendem Erziehungsverhalten der Eltern einhergeht und daß diese negativen Folgen auf zunehmende Sorgen und Inkompetenzgefühle der Eltern zurückzuführen sind, bestätigt auch eine Studie bei Berliner Familien mit Jugendlichen (Walper 1988). Darüber hinaus erweist sich die Dominanzverschiebung zwischen den Eltern, nämlich der zunehmende Einfluß der Mütter auf Familienentscheidungen, als zusätzlicher Belastungsfaktor für die Beziehungsqualität im Familiensystem.

Emotionale Belastungen der Eltern aus deprivierten Familien sind jedoch nicht nur indirekte Ursache für Verhaltensprobleme der Kinder, sondern werden umgekehrt auch durch sie begünstigt. Denn einerseits begünstigt Ärger der Eltern willkürlich-strafendes Verhalten gegenüber den Kindern, was wiederum zu problematischen Verhaltensweisen der Kinder wie Ungehorsam und Zornausbrüchen beiträgt, aber andererseits werden elterliche Ärgerreaktionen und negatives Verhalten gegenüber den Kindern auch oft durch Problemverhalten der Kinder provoziert (Elder/Caspi/Downey 1986; Peterson/Ewigman/Vandiver 1994; Silbereisen/Walper/Albrecht 1990). Derartige Wechselprozesse zwischen Eltern und Kindern, die zu einem Teufelskreis negativer Interaktionen führen können, werden leider nur selten angemessen berücksichtigt, da sie längsschnittliche Analysen erforderlich machen.

Beeinträchtigungen der Ehebeziehung stellen ein wichtiges Verbindungsglied dar, das die Auswirkungen von psychischen Belastungen der Eltern auf deren Verhalten gegenüber den Kindern vermittelt (Conger u. a. 1993, 1994). Mit zunehmenden Spannungen und Konflikten in der Ehe wird die Erziehungskompetenz der Eltern unterminiert, die elterliche „Koalition" in der Erziehung wird schwächer oder bricht sogar auseinander, und die damit verbundenen Belastungen der Eltern kommen auch in der Interaktion mit den Kindern zum Tragen. Derartige nachteilige Konsequenzen elterlicher Konflikte auf die Entwicklung von Kindern sind vielfach belegt, zumal wenn es sich um dauerhafte Spannungen und Streitigkeiten handelt (Cummings/Davies 1994; Niesel 1995). Wie schon erwähnt, werden auch Konflikte mit den Kindern über Geldfragen auf diesem Wege – durch gesteigerte Ehekonflikte – begünstigt (Conger u. a. 1994). Gelingt es den Eltern jedoch, trotz individueller Belastungen eine harmonische Ehe aufrecht zu erhalten, zumindest Konflikte nicht eskalieren zu lassen, so leidet auch die Zuwendung gegenüber den Kindern nicht unter der finanziell angespannten Situation. Allerdings zeigen sich in den häufigeren finanziellen Konflikten zwischen Eltern und Jugendlichen auch direkte Folgen ökonomischer Deprivation, die sich nicht ausschließlich auf Beeinträchtigungen der Ehebeziehung zurückführen lassen.

Eine Reihe von Untersuchungen spricht dafür, daß ökonomische Deprivation häufig mit unterschiedlichen subjektiven Belastungen für Väter und Mütter verbunden ist, so daß beide nicht gleichermaßen reagieren, weder hinsichtlich ihrer Befindlichkeit noch in Interaktionen mit den Kindern. Sind Armut und finanzielle Verknappung etwa auf Arbeitslosigkeit des Vaters oder sonstige Einbußen in seinem Einkommen zurückzuführen, so sind auch seine Befindlichkeit und sein Verhalten stärker beeinträchtigt als das der Mutter (Elder/Liker/Cross 1984; Elder/Caspi/Downey 1986; Elder u.a. 1992; Liem/Liem 1988; Ray/McLoyd 1986; McLoyd 1989). Die rollenspezifische Verantwortlichkeit als Ernährer der Familie trägt offensichtlich dazu bei, daß ökonomische Deprivation seitens der Väter oft als ihr eigenes persönliches Versagen erlebt wird und gravierendere Konsequenzen für deren psychische Gesundheit und Interaktionsverhalten in der Familie hat als für die Mütter. In einer Längsschnittuntersuchung arbeitsloser Väter und deren Familie (Liem/Liem 1988) zeigte sich, daß die arbeitslosen Männer im Vergleich zu erwerbstätigen Arbeitern schon kurz nach Eintritt der Arbeitslosigkeit mit vermehrter Angst und Depressivität reagierten. Bei ihren Frauen waren erst später im Verlauf der Arbeitslosigkeit ähnliche psychische Belastungen zu beobachten, die jedoch nicht die gleiche Intensität erreichten. Die verspätete Reaktion der Frauen steht im Einklang mit anderen Befunden, nach denen die psychischen Belastungen von Ehefrauen arbeitsloser Männer weitgehend von den emotionalen Reaktionen der Männer abhängen (Dew/Bromet/Schulberg 1987). Hierbei dürfte es sich zum einen um einen „Ansteckungseffekt" handeln. Zum anderen scheinen jedoch auch Belastungen der Familienbeziehungen zu den emotionalen Reaktionen der Frauen beigetragen zu haben und ihre Erziehungskompetenz zu beeinflussen (Atkinson/Liem/Liem 1986; Liem/Liem 1988). Selbst wenn die Mütter in deprivierten Zwei-Eltern-Familien psychisch weitgehend stabil bleiben, tragen steigende Ehekonflikte dazu bei, daß sich finanzielle Verknappung auch bei ihnen nachteilig auf das Erziehungsverhalten auswirkt (Elder/Caspi/Downey 1986).

In Ein-Eltern-Familien sind die Mütter allerdings auch direkt mit ökonomischen Problemen konfrontiert, die ihr Erziehungsverhalten belasten (Gutschmidt 1989; Napp-Peters 1985; Sander 1993). Entsprechende Befunde weisen darauf hin, daß sozio-ökonomische Benachteiligung bei alleinerziehenden Müttern mit mehr negativem, bestrafendem und weniger positivem, unterstützendem Verhalten gegenüber den Kindern, weniger effektiven Erziehungspraktiken sowie geringerer Supervision einhergeht (z. B. Bank/Forgatch/Patterson/Fetrow 1993; McLoyd u. a. 1994), daß ein beträchtlicher Teil der emotionalen Beeinträchtigungen und Verhaltensprobleme von Kindern in Scheidungsfamilien auf die finanziellen Schwierigkeiten alleinerziehender Mütter zurückzuführen sind (z. B. Duncan/Brooks-Gunn/Klebanov 1994; Morrison/Cherlin 1995) und daß Beeinträchtigungen der mütterlichen Erziehungskompetenz hierbei eine wesentliche Rolle spielen (vgl. Amato 1993). Emotionale Belastungen und psycho-soziale Probleme der Mütter, die relativ eng mit dem Ausmaß sozio-ökonomischer Benachteiligung zusammenhängen, erklären hierbei zumindest teilweise die Effekte sozio-ökonomischer Deprivation auf das Erziehungsverhalten der Mütter (Bank u. a. 1993; McLoyd u. a. 1994). Allerdings läßt sich der Zusammenhang zwischen ökonomischem Druck und dem Erziehungsverhalten alleinerziehender Mütter nicht durchgängig nachweisen (z. B. Simons/Beaman/Conger/Chao 1993).

Unklar ist, wie sich speziell Arbeitslosigkeit bei alleinerziehenden Müttern auf die Kinder auswirkt, da einschlägige Untersuchungen weitestgehend fehlen. Vereinzelte Befunde legen nahe, daß Arbeitslosigkeit alleinerziehender Mütter weniger gravierende Konsequenzen für das Familienleben hat als Arbeitslosigkeit des Vaters in einer Zwei-Eltern-Familie, daß es den Betroffenen – vermutlich aufgrund der größeren Verfügbarkeit der „Alternativrolle" als Mutter – eher gelingt, den Zeitgewinn produktiv für die Familie zu nutzen und daß die Befindlichkeit und Entwicklung der Kinder kaum durch die Arbeitslosigkeit bestimmt ist (Breuer/Schoor-Theissen/Silbereisen 1984; Linnenbank u. a. 1987; Angestelltenkammer Bremen o.J.). In einer Befragung arbeitsloser Alleinerziehender – fast ausschließlich Mütter – gaben zwar ein Viertel der Eltern an, nicht mit der Entwicklung ihrer Kinder zufrieden zu sein. Aus Sicht der Mütter standen jedoch Probleme durch die Trennungssituation stärker im Vordergrund als die Belastungen durch die Arbeitslosigkeit (Linnenbank u. a. 1987). Demgegenüber finden McLoyd u. a. (1994) in einer schon erwähnten Untersuchung schwarzer alleinerziehender Mütter durchaus nachteilige Effekte von Arbeitslosigkeit auf deren Befindlichkeit, auf die Einschätzung der Mutter-Kind-Beziehung seitens der mitbetroffenen Kinder bzw. Jugendlichen, auf deren Wahrnehmung finanzieller Härten und ihre Ängstlichkeit. Ein Zusammenhang zwischen Arbeitslosigkeit und Bestrafungstendenzen der Mütter war jedoch nicht zu beobachten, sondern ergab sich nur indirekt, da die erhöhte Depressivität – vermittelt über eine negativere Sicht der Rolle als Mutter – zu vermehrt strafendem Verhalten gegenüber den Kindern beitrug.

Veränderungen der Familienbeziehungen und vor allem des elterlichen Erziehungsverhaltens haben sich als wesentlicher Mediator erwiesen, der weitgehend über die aus der Armut resultierenden Entwicklungsrisiken der Kinder entscheidet. Dies galt sowohl in der Vergangenheit zur Zeit der Weltwirtschaftskrise (Elder 1974; Elder/Liker/Cross 1984; Elder/Caspi 1988), für die längsschnittliche Befunde zeigen, daß emotionale Belastungen und zunehmendes Problemverhalten bei Kindern in deprivierten Familien weitgehend auf das vermehrt inkonsistente und bestrafende Erziehungsverhalten ihrer Eltern zurückzuführen waren, als auch neuere, allerdings querschnittliche Befunde. So lassen sich etwa nach Befunden von Elder u.a. (1992) die erhöhten antisozialen Tendenzen der Kinder aus deprivierten Familien auf eine Zunahme elterlicher Feindseligkeiten gegenüber den Kindern zurückführen. Auch Felner u.a. (1995) berichten, daß sozio-ökonomisch bedingte Nachteile im Selbstwertgefühl der Kinder, ihrer Einschätzung eigener Kompetenzen und ihrer Depressivität teils auf vermehrte Streßbelastung durch kritische Lebensereignisse und Alltagsstressoren zurückzuführen sind, teils auf Beeinträchtigungen des Familienklimas und eine vermehrte Ablehnung durch die Eltern. Ebenso zeigt eine Gegenüberstellung von Berliner Familien, die mehr oder minder starke Einkommensverluste erlebt hatten, mit einer Vergleichsgruppe nicht-deprivierter Familien, daß Beeinträchtigungen des Selbstwertgefühls und eine erhöhte Bereitschaft zu Problemverhalten seitens der deprivierten Kinder und Jugendlichen weitgehend durch Belastungen der Familienintegration und der mütterlichen Unterstützung erklärbar sind (Walper 1988; Walper/Silbereisen 1987a). Spätere Längsschnittanalysen an einer weitgehend repräsentativen Stichprobe Westberliner Familien konnten die Mediatorfunktion der Familienkohäsion bestätigen (Silbereisen/Walper/Albrecht 1990; Walper/Silbereisen 1994). Lediglich vermehrte sozialkritische Einstellungen der deprivierten Jugendlichen, die einen Vertrauensverlust in gesellschaftliche Instanzen zur Sicherung der Chancengleichheit reflektieren, erwiesen sich als eine eher direkte Reaktion auf finanzielle Einbußen, insbesondere auf Arbeitslosigkeit des Vaters (Walper 1988).

4.3 Diskriminierung durch Außenstehende

Daß Belastungen in der Eltern-Kind-Interaktion nicht immer den alleinigen Ausschlag für die Reaktionen der Kinder geben, zeigen unter anderem Befunde von Lempers, Clark-Lempers und Simons (1989).

Obwohl finanzielle Härten sich sowohl nachteilig auf die elterliche Zuwendung auswirken als auch zu vermehrt inkonsistentem Erziehungsverhalten beitragen und beide Charakteristika der Eltern-Kind-Interaktion ihrerseits zu mehr depressiven Verstimmungen und Gefühlen der Einsamkeit seitens der Kinder führen, ergibt sich neben diesen indirekten Auswirkungen auch ein direkter Einfluß ökonomischer Deprivation, der nicht durch Beeinträchtigungen des elterlicher Erziehungsverhaltens zu erklären ist. Es liegt nahe, daß hier auch Kontextfaktoren wie die Reaktionen der Gleichaltrigen ausschlaggebend sind.

Bezogen auf Erwachsene verweisen einige Studien auf Beeinträchtigungen der Sozialbeziehungen durch Arbeitslosigkeit und ökonomische Deprivation (Marsden 1982). In einer von INFAS durchgeführten Befragung bei 206 Familien mit arbeitslosem Vater gaben mehr als ein Drittel der Befragten an, sich aus ihrem Freundes- und Bekanntenkreis zurückgezogen und die sonst üblichen Kontakte verringert zu haben (MAGS 1990, S.76). Solche Isolationstendenzen sind vielfach durch die Furcht vor negativen Reaktionen der Umwelt motiviert. Daten aus dem Familiensurvey des Deutschen Jugendinstituts legen nahe, daß ökonomische Deprivation zwar nicht mit einer generellen Verringerung des sozialen Netzwerks seitens der befragten Erwachsenen einhergeht; vor allem in der höheren Bildungsgruppe findet jedoch bei der Freizeitgestaltung ein stärkerer Rückzug in die Familie statt (Walper 1991).

Vergleichbare Befunde zu den Sozialbeziehungen von Kindern und Jugendlichen in Armut wurden schon angeführt (Kap. 3.1.4). Besonders aussagekräftig sind in dieser Hinsicht die soziometrischen Befunde, die nicht auf Selbstauskünfte von Kindern rekurrieren, da diese Einschätzungen durch Schamgefühle oder gesteigerte soziale Sensibilität verzerrt sein können (vgl. Elder 1974). Wenngleich sich – wie schon weiter oben ausgeführt – nicht klären läßt, inwieweit die geringere Popularität deprivierter Kinder auf deren Verhaltensprobleme oder Stigmatisierungsprozesse zurückzuführen sind, sollen doch einige Argumente angeführt werden, die für eine rein finanziell bedingte Beeinträchtigung der Popularität sprechen. So ist zu bedenken, daß Kinder schon vor dem Schulalter soziale Unterschiede wahrnehmen und sie entsprechend bewerten, wobei im Verlauf des Grundschulalters die Unterscheidung zwischen finanziell besser und schlechter Gestellten an Deutlichkeit und Realitätsangemessenheit weiter zunimmt (Burgard/Cheyne/Jahoda 1989; Tudor 1971). Zudem wird Armut mit steigendem Alter zunehmend als selbstverschuldet gesehen und auf mangelnde Anstregungen der Betroffenen zurückgeführt (Leahy 1990). Geht man davon aus, daß der letztgenannte Befund nicht nur auf die USA beschränkt ist – wenngleich dort leistungsorientierte gegenüber sozialstrukturellen Attributionen noch stärker verbreitet sein mögen als in Deutschland –, so liegt nahe, daß von Armut und elterlicher Arbeitslosigkeit betroffene Kinder diesen Wertungen auch in ihrem Kontext begegnen. Entsprechende Befunde hierzu fehlen allerdings.

Analysen des Berliner Jugendlängsschnitts legen immerhin nahe, daß Kinder und Jugendliche aus deprivierten – von Einkommensverlusten betroffenen – Familien eine erhöhte Sensibilität gegenüber Bewertungen durch Gleichaltrige aufweisen, wobei die Qualität der Familienbeziehungen einen vermittelnden Einfluß hat (Silbereisen/Walper/Albrecht 1990): Je geringer der familiale Zusammenhalt, desto höher ist die Sensibilität für Einschätzungen der eigenen Person durch Peers. Hierbei zeigen Einkommensverluste keinen direkten Einfluß auf die Sensibilität für Fremdbewertungen, sondern wirken nur indirekt über Beeinträchtigungen des Familienklimas. Im Sinne der Mediatorhypothese bestätigen die längsschnittlichen Befunde zudem, daß eine erhöhte Sensibilität für Fremdbewertungen durch Peers wiederum nachteilige Konsequenzen für das Selbstwertgefühl hat und zu einer höheren Bereitschaft zu normverletzendem Verhalten seitens der Kinder und Jugendlichen beiträgt.

5 Ressourcen und Vulnerabilitätsfaktoren, die zu unterschiedlichen Reaktionen beitragen

Während die zuvor beschriebenen Mediatoren jene Faktoren aufzeigen, die die beobachtbaren Auswirkungen von Armut näher erklären, indem sie die Kette ursächlich wirksamer Einflußfaktoren verdeutlichen, geht es nun darum, anhand relevanter Ressourcen und Vulnerabilitätsfaktoren zu illustrieren, wie die Effekte ökonomischer Deprivation je nach den Randbedingungen variieren können. Gemeint sind solche Faktoren, die zu differentiellen Konsequenzen von Armut beitragen, ohne jedoch selbst notwendigerweise durch Armut beeinflußt zu werden. Sie moderieren den Zusammenhang zwischen ökonomischer Deprivation und ihren Konsequenzen, indem sie ihn entweder enger werden lassen – was für eine erhöhte Vulnerabilität bzw. Verletzbarkeit der Betroffenen spricht – oder ihn abschwächen – was für die Pufferrolle verfügbarer Ressourcen spricht. Es geht also nicht um generell wirksame Ressourcen und Vulnerabilitätsfaktoren, deren Einfluß von der sozio-ökonomischen Lage unabhängig ist, sondern speziell um solche Charakteristika, die bei Armut stärker zum Tragen kommt als in durchschnittlichen Einkommensverhältnissen.

Diese Ressourcen sind auf unterschiedlichen Ebenen angesiedelt und betreffen sowohl den sozialen Kontext der Familie, Merkmale des Familiensystems, als auch individuelle Charakteristika der Eltern und Kinder. Zudem können sie an unterschiedlichen Stellen des Bewältigungsprozesses zum Tragen kommen, sei es bei der Einschätzung von Arbeitslosigkeit und ökonomischer Deprivation als negatives, bedrohliches Ereignis, bei der Anpassung der Haushaltsführung und des familiären Rollensystems, bei den individuellen Belastungsreaktionen der Familienmitglieder und bei den Veränderungen der familialen Beziehungen und Interaktionen.

5.1 Kontextuelle Faktoren

Ein zentrales Merkmal kontextueller Ressourcen stellt soziale Unterstützung dar, die allerdings bislang fast ausschließlich in Bezug auf Erwachsene untersucht wurde. Das Ausmaß der sozialen Integration in ein informelles Netzwerk von Sozialbeziehungen und insbesondere die Zufriedenheit der Betroffenen mit diesen Kontakten wurde wiederholt als positiver Einflußfaktor auf die psychische und emotionale Befindlichkeit und Gesundheit herausgestellt (Walker, A. J. 1985; Moen/Kain/Elder 1983) und hat sich auch bei der Bewältigung von Arbeitslosigkeit als positive Ressource erwiesen (z. B. Gore 1978; Pearlin/Liebermann/Menaghan/Mullan 1981).

Kontrovers ist, ob dieser Einfluß generell gilt oder speziell in Belastungssituationen als „Puffer" zum Tragen kommt. Immerhin legen entsprechende Befunde zu Auswirkungen von Arbeitslosigkeit auf die Befindlichkeit der Betroffenen nahe, daß es solche differentiellen Puffer-Effekte sozialer Unterstützung gibt, die sich vor allem bei ökonomischer Deprivation und Arbeitslosigkeit bemerkbar machen (Gore 1978; Pearlin u. a. 1981). Auch für das Erziehungsverhalten von Eltern hat sich gezeigt, daß hohe wahrgenommene Unterstützung durch andere hilft, die negativen Konsequenzen von Armut abzufangen (Hashima/Amato 1994): Während sich in nicht-deprivierten Familien kein Einfluß von wahrgenommener Unterstützung auf das bestrafende Verhalten der Eltern bemerkbar macht, greifen Eltern, die unterhalb der Armutsgrenze lebten, mit umso höherer Wahrscheinlichkeit auf bestrafendes Verhalten gegenüber den Kindern zurück, je weniger Unterstützung ihnen durch andere verfügbar ist, d. h. je weniger Personen sie nennen können, auf die sie in Problemsituationen zurückgreifen können. Hohe soziale Unterstützung mindert also nur unter armutsbedingten Belastungen das Risiko für strafendes Verhalten. Allerdings ist diese „Pufferwirkung" auf Bestrafungen beschränkt und nicht auch bei mangelnder Zuwendung und Unterstützung gegenüber den Kindern zu verzeichnen. Eine wenig unterstützende Erziehung der Kinder wird nach diesen Befunden eher generell – d. h. unabhängig von der finanziellen Lage der Familie – von der Anzahl der Personen bestimmt, von denen die Eltern materielle und immaterielle Hilfeleistungen erhalten.

Einzelne Aspekte sozialer Unterstützung können demnach auch unterschiedlich zum Tragen kommen. Allerdings hat soziale Unterstützung auch ihre Kosten. Eine qualitative Befragung bei von Arbeitslosigkeit betroffenen Familien verdeutlicht, daß Hilfeleistungen aufgrund der starken Reziprozitätsnorm häufig nur mit Verlegenheit entgegengenommen werden und den starken Wunsch erzeugen, den Einsatz der anderen durch Gegenleistungen auszugleichen (McKee 1990). Diese ambivalente Bedeutung von Hilfeleistungen zeigt sich insbesondere bei Hilfen aus dem Familienkreis, speziell seitens der älteren Generation, da teilweise die Helfenden im Gegenzug auch vermehrt versuchen, Einfluß auf die Familien der Arbeitslosen zu nehmen.

Inwieweit von Armut betroffene Kinder auch direkt von sozialer Unterstützung profitieren, läßt sich bislang noch kaum abschätzen. Während vielfach von vermehrten Belastungen der Sozialkontakte bei ökonomisch deprivierten Kindern berichtet wird (vgl. Kap. 3.1.4), legen die Befunde von Elder (1974; Elder/Nguyen/Caspi 1985) aus der Zeit der Weltwirtschaftskrise nahe, daß die Söhne aus deprivierten Familien im Gegenteil sogar vermehrten Anschluß an Gleichaltrige suchten und auch fanden. Den Töchtern, die stärker in die Haushaltsführung eingebunden waren, scheint demgegenüber dieser Weg nicht offengestanden zu haben, so daß sie ohne diesen sozialen „Ausgleich" den familiären Konflikten ausgesetzt waren. Dennoch erwiesen sich die Jungen nicht als invulnerabel, sondern reagierten auf die ökonomischen Belastungen mit erhöhten Stimmungsschwankungen, leichter Verletzbarkeit und Unruhe, während die Befindlichkeit der Mädchen keinen direkten Zusammenhang zur finanziellen Lage der Familie aufwies.

Auch nach Befunden von Klocke (1996) bringt die Peer-Group-Einbindung keinen Vorteil für das Wohlbefinden von Kindern und Jugendlichen in Armut. Demgegenüber erweist sich in dieser Studie das Schulklima als bedeutsam. Da die entsprechenden Effekte jedoch nur für die armutsbetroffenen Kinder und Jugendlichen untersucht wurden, läßt sich nicht abschätzen, ob es sich um generelle Vorteile eines positiven Schulklimas handelt oder ob dieser Vorteil vor allem bei von Armut betroffenen Kindern zum Tragen kommt.

Daß zumindest teilweise, wenngleich nicht generell mit einem Puffer-Effekt von Peerbeziehungen für die von ökonomischer Deprivation betroffenen Kinder und Jugendlichen zu rechnen ist, legen wiederum Daten aus dem Berliner Jugendlängsschnitt nahe (Walper/Silbereisen 1987b). Verglichen wurden sozial isolierte Kinder und Jugendliche, solche mit einem besten Freund bzw. einer besten Freundin und diejenigen, die in eine Clique eingebunden waren. Wie sich zeigt, gehen familiäre Einkommensverluste nur bei Jugendlichen ohne Cliquen-Einbindung mit einem vermehrten Kontakt zu devianten Gleichaltrigen einher. Demnach dürfte die Zugehörigkeit zu einer größeren Freundesgruppe verhindern, daß belastete Jugendliche Anschluß an Altersgenossen suchen, die zu Normverstößen neigen. Ein solcher Puffer-Effekt der Cliquenzugehörigkeit war jedoch nur für die Sozialkontakte der Jugendlichen zu finden, nicht auch für ihre Bereitschaft zu Normverstößen und ihre sozialkritischen Einstellungen.

In jüngerer Zeit gilt – zumindest in der amerikanischen Forschung – der Rolle von Einflüssen aus der Nachbarschaft vermehrte Aufmerksamkeit. Hierbei geht es jedoch weniger um nachbarschaftliche Ressourcen im eingangs genannten Sinne, sondern eher um die Frage, ob der sozio-ökonomische Status der Nachbarschaft einen eigenständigen Einfluß auf die Familien und Kinder hat, der von der finanziellen Situation der einzelnen Familien unabhängig ist. Wie Duncan, Brooks-Gunn und Klebanov (1994) zeigen, hat der Anteil der Nachbarn mit niedrigem Einkommen zwar einen etwas schwächeren Einfluß auf die Entwicklung der 5jährigen als die finanzielle Situation der eigenen Familie; der Effekt erweist sich jedoch als signifikant: Mit steigender Armut in der Nachbarschaft steigt auch das externalisierende Problemverhalten der Kinder, und zwar zusätzlich zu dem nachteiligen Einfluß, den ein unangemessen niedriges Einkommen der Familie ohnehin hat. Andere Faktoren wie ethnische Zugehörigkeit, die Familienkonstellation (nicht nur aktuell, sondern auch zu früheren Zeitpunkten im Leben der Kinder), Bildung der Mutter, Geburtsgewicht der Kinder etc. sind hierbei kontrolliert. Hinsichtlich der Intelligenzentwicklung erweist sich Armut in der Nachbarschaft nicht als bedeutsam, wohl aber der Anteil der Nachbarn mit hohem Einkommen.

Wie die Autor/innen anmerken, sprechen diese Befunde für jeweils unterschiedliche Wirkmechanismen: Für die Intelligenzentwicklung der Kinder scheinen die Ressourcen und Vorbilder der Eltern in der Nachbarschaft maßgeblich zu sein, wie sie sich beispielsweise in der Ausstattung von Betreuungseinrichtungen und Schulen sowie dem Bildungsangebot für Familien niederschlagen (vgl. auch Chase-Lansdale/ Gordon 1996). Das externalisierende Problemverhalten dürfte demgegenüber eher einem „Ansteckungseffekt" der Nachbarschaft unterliegen und auf entsprechende Rollenmodelle der Kinder unter Gleichaltrigen, aber auch unter Erwachsenen zurückzuführen sein. Je höher nämlich der Anteil der Armut in der Nachbarschaft ist, desto höher ist auch das Risiko der Kinder, mit „Vorbildern" für problematische Verhaltensweisen konfrontiert zu werden. Vermutlich werden solche Ansteckungseffekte mit steigendem Alter der Kinder noch stärker, da sie dann in Schule und Freizeit zunehmend mehr Kontakt zu Gleichaltrigen haben.

Wie schon im Hinblick auf die elterlichen Rollenmodelle angedeutet, dürften auch Effekte der Nachbarschaft auf die Kinder zu einem nicht unbeträchtlichen Teil durch die Familie vermittelt werden. Jedenfalls sinkt mit einem höheren Anteil von Armut in der Nachbarschaft nicht nur die physische Wohnqualität (z.B. Helligkeit der Räume, sichere Spielmöglichkeiten in der Nähe der Wohnung), sondern auch die Wärme in der Eltern-Kind-Beziehung (Klebanov/Brooks-Gunn/Duncan 1994). Während die geringe Qualität der Wohnung und ihrer Umgebung ein Charakteristikum unattraktiver, billiger Wohngegenden mit entsprechend hoher Armutskonzentration sein dürfte, läßt sich die geringe mütterliche Wärme im Umgang mit dem Kind am ehesten als Folge von Belastungen interpretieren, die aus den genannten Wohnverhältnissen und Besonderheiten der Nachbarschaft resultieren. Auch mangelnde Vorbilder für einen einfühlsameren, liebevolleren Umgang mit dem Kind könnten für diesen Effekt verantwortlich sein. Allerdings zeigen sich nicht durchgängig nachteilige Effekte von Armut in der Nachbarschaft. So erweist sich etwa der negative Zusammenhang zwischen Armutskonzentration einerseits und Anregungsgehalt der häuslichen Umgebung sowie von der Mutter berichteter sozialer Unterstützung andererseits bei genauerem Hinsehen (d.h. bei Kontrolle der familialen Finanzlage) als Effekt der jeweiligen Einkommenssituation der Familie und nicht als genuiner Einfluß der Nachbarschaft. Und andere Aspekte des familialen Entwicklungskontextes wie Depressivität und aktive Problembewältigung seitens der Mutter sind unabhängig von Armut, sei es in der Familie selbst oder in der Nachbarschaft.

Daß Nachbarschaftseffekte ihrerseits von Charakteristika größerer Kontexte abhängig sein können, berichten Chase-Lansdale und Gordon (1996). Nach ihren Befunden haben Charakteristika der Nachbarschaft wie der durchschnittliche sozio-ökonomische Status, der Anteil arbeitsloser Männer, die relative Präsenz von Erwachsenen, die Konzentration von Bewohnern in den Wohneinheiten und die ethnische Entsprechung der Nachbarn mit dem Kind lediglich im Nordosten und mittleren Westen der USA einen Einfluß auf die Sprachentwicklung sowie interalisierendes und externalisierendes Problemverhalten. Speziell der sozio-ökonomische Status der Nachbarschaft erweist sich hierbei übrigens – anders als in der Studie von Duncan, Brooks-Gunn und Klebanov (1994) – als nur für die Sprachentwicklung bedeutsam, nicht für die beiden Formen von Problemverhalten. Im Süden und Westen bleiben die Kontextfaktoren jedoch generell ohne Relevanz für die Entwicklung der Kinder. Die Autor/innen führen dies darauf zurück, daß sich im Nordosten und mittleren Westen die sozio-ökonomische Lage drastisch verschlechtert hat, so daß diese Regionen stärker belastete Kontexte darstellen, in denen auch die Wirkung von nachbarschaftsbezogenen Ressourcen stärker zum Tragen kommen können.

Anders als die genannten Studien prüfen Kupersmidt u. a. (1995), inwieweit Charakteristika der Nachbarschaft mit Besonderheiten der Familie (Einkommen, Familienstruktur und ethnische Zugehörigkeit) interagieren, also im engeren Sinne Ressourcen darstellen. Tatsächlich finden sie, daß Nachbarschaften mit mittlerer Einkommensstruktur einen Puffereffekt auf die Aggressionsneigung schwarzer Kinder aus Ein-Eltern-Familien haben: Wenngleich schwarze Kinder alleinerziehender Eltern insgesamt die höchste Aggressivität aufweisen, so gilt dies doch nur für die Mehrheit jener, die in armen Nachbarschaften wohnen. Diejenigen, die in finanziell besser gestellten Nachbarschaften aufwachsen, unterscheiden sich sogar kaum von den anderen Vergleichsgruppen der weißen und schwarzen Kinder aus Zwei-Eltern-Familien. Interessanterweise zeigt sich jedoch in anderer Hinsicht, daß eine bessere Einkommensstruktur der Nachbarschaft auch Risiken für die Kinder bergen kann: Weiße Kinder aus einkommensarmen Ein-Eltern-Familien werden mehr von ihren Gleichaltrigen abgelehnt, wenn sie in Nachbarschaften mit mittlerem statt niedrigem Einkommen leben. Offensichtlich sind im Gebiet mit besseren Einkommensverhältnissen die sozio-ökonomischen Diskrepanzen zwischen den Kindern aus „Risiko-Familien" und ihrer Umgebung zu groß, als daß diese Kinder von ihren Nachbarn akzeptiert würden.

Kontextuelle Ressourcen, die speziell für Kinder relevant sind, betreffen schließlich auch die außerfamiliäre Betreuung. Daß insbesondere Kinder in Armut von formellen Betreuungseinrichtungen für ihre schulischen Leistungen und Sozialentwicklung profitieren und daß dieser positive Einfluß anderen Betreuungsformen (durch die Mutter, informelle Betreuung durch andere Erwachsene) sowie der Selbstversorgung überlegen ist, zeigt die Studie von Posner und Vandell (1994). Nach ihren Befunden nehmen Kinder in den formellen Betreuungsprogrammen mehr an Förderkursen teil, engagieren sich mehr in schulrelevanten Tätigkeiten, sehen weniger fern und spielen weniger unbeobachtet außer Haus. In finanziell besser gestellten Familien scheint demgegenüber die außerschulische Betreuung durch die Mutter überlegen zu sein. Auch eine Studie zur familienergänzenden Tagesbetreuung im Kleinkindalter findet besonders förderliche Auswirkungen auf die spätere Lesefähigkeit der Kinder aus einkommensschwachen Familien (Caughy/DiPietro/Strobino 1994).

5.2 Familiale Faktoren

Hinsichtlich derjenigen Ressourcen, die auf der Ebene des Familiensystems angesiedelt sind, hat sich vor allem die Qualität der Ehebeziehung vor Eintritt der ökonomischen Deprivation als maßgeblich erwiesen. So steigen finanzielle Konflikte und Belastungen der Ehequalität vor allem in denjenigen Ehen an, die schon vor der finanziellen Belastungssituation wenig harmonisch waren (Liker/Elder 1983). Im Einklang mit anderen Befunden (Angell 1965/Orig. 1936) spricht dies für eine Akzentuierung von Eigenschaften des Familiensystems durch die ökonomische Belastungssituation, wobei bestehende Dispositionen in den Reaktionen und Bewältigungsbemühungen verstärkt zum Ausdruck kommen. Aufgrund der Interdependenz der familialen Subsysteme bedeuten geringe Ressourcen in der Partnerschaft der Eltern auch für die Kinder ein erhöhtes Risiko. So ist bei Söhnen in deprivierten Familien vor allem dann ein erhöhtes Problemverhalten zu beobachten, wenn die Ehebeziehung der Eltern schon zuvor belastet war (Rutter/Madge 1976; Rockwell/Elder 1982). Ähnlich scheint sich die Familienintegration auf die Sozialkontakte von Jugendlichen bei ökonomischer Deprivation auszuwirken. Befunde aus der Berliner Vergleichsuntersuchung deprivierter und nicht-deprivierter Familien legen nahe, daß finanzielle Einbußen vor allem dann den Anschluß der Jugendlichen an deviante Gleichaltrige begünstigen, wenn die Familienkohäsion nur gering ist (Walper/Silbereisen 1987b).

Speziell für die Kinder stellt sich in den Analysen von Elder, Liker und Cross (1984) die Beziehung der Väter zu ihren Kindern, wie sie schon vor Eintritt der ökonomischen Verknappung gegeben war, als höchst relevanter Einflußfaktor dar. So trägt ökonomische Deprivation nur bei denjenigen Vätern zu vermehrt willkürlichem Erziehungsverhalten bei, die schon zuvor ihren Kindern gegenüber feindselig eingestellt waren, während bei freundlich eingestellten Vätern kein Einfluß von Einkommensverlusten auf ihr Erziehungsverhalten zu beobachten war.

In der Bewältigung innerfamiliärer Spannungen kommt den Müttern eine bedeutsame Rolle zu, da sie vielfach zwischen den irritierbaren und explosiven Vätern und ihren Kindern vermitteln müssen. Dies zeigen Befunde der Arbeitsgruppe um Elder für Familien, die in unterschiedlichem Maß von der Wirtschaftskrise der 30er Jahre betroffen waren (Elder/Caspi 1988; Elder/Caspi/Nguyen 1986). Eine positive Beziehung der Mutter zu den Kindern hilft jene Belastungen abzufangen, die aus der häufig gesteigerten emotionalen Instabilität der Väter in deprivierten Familien entstehen können. So scheinen liebevoll zugewandte Mütter zu verhindern, daß die väterliche Instabilität seitens der Kinder Problemverhalten provoziert, während bei wenig zugewandten Müttern die emotionale Instabilität der Väter zu vermehrten Wutausbrüchen der Kinder beiträgt. Zudem tragen Einkommensverluste nur in Familien mit wenig zuwendungsvoller Mutter zu gesteigerten Wutausbrüchen der Kinder bei, sowohl indirekt, vermittelt über das Verhalten der Väter, als auch direkt.

Auch die Bildungsressourcen der Eltern haben sich als relevant für die Reaktionen der Familien auf Einkommensverluste erwiesen (Walper 1988). Ein im Vergleich zu einkommensstabilen Familien vermehrt restriktiv-bestrafendes Verhalten deprivierter Väter und Mütter ist vornehmlich in Familien mit niedrigem Bildungsniveau, nicht jedoch in Familien mit mittlerer und höherer Bildung zu beobachten. Hierfür dürfte mit verantwortlich sein, daß Familien der unteren Bildungsschicht in höherem Maße von einer Problemkumulation und vor allem (selbst bei vergleichbaren relativen Einkommensverlusten) von einer gravierenderen absoluten Verknappung der Finanzlage betroffen sind. Zudem könnten jedoch auch derartige Formen elterlicher Machtbehauptung eher den Konfliktlösungsstrategien entsprechen, auf die Eltern mit niedriger Bildung in Krisensituationen zurückgreifen. In weiteren Befunden dieser Studie zeigt sich zudem, daß Eltern der unteren Bildungsgruppe – vermutlich aufgrund eher konservativer Werthaltungen und Rollennormen – nicht in gleichem Maße von einer Erwerbsbeteiligung der Mutter profitieren, wie es für deprivierte Familien mit höherem Bildungsniveau gilt. Statt eines Entlastungseffekts bei finanziellen Einbußen ergibt sich in Familien mit niedriger Bildung sogar eine leichte Verschärfung der Belastungen, wenn die Mutter erwerbstätig ist.

5.3 Individuelle Ressourcen

Auf der Ebene der individuellen Ressourcen sind sowohl Werthaltungen als auch Persönlichkeitscharakteristika der Betroffenen für ihre Reaktionen auf armutsbedingte Belastungen maßgeblich. Kommen die jeweiligen Einstellungen und Werthaltungen den Handlungserfordernissen entgegen, die aus den sozio-ökonomischen Härten resultieren, so mindert dies mögliche Spannungen und Belastungen deutlich ab. So begünstigen neben wenig materialistischen Werthaltungen (Angell

1965/Orig. 1936; Pearlin u.a. 1981) vor allem nicht-traditionelle Rolleneinstellungen eine weitgehend spannungsfreie Anpassung an die Rollenverschiebungen bei Arbeitslosigkeit und ökonomischem „Mißerfolg" des Vaters (Larson 1984; Komarovsky 1973/Orig. 1940; Voydanoff 1990). Auch bestimmte Persönlichkeitscharakteristika wie eine geringe Irritierbarkeit und höhere emotionale Stabilität der Eltern, speziell des Vaters, scheinen negative psycho-soziale Konsequenzen weitgehend zu verhindern. Nach den Befunden von Elder (Elder/Liker/Cross 1984; Liker/Elder 1983) reagierten Väter mit geringen emotionalen Ressourcen, wenn sie von finanziellen Verlusten getroffen wurden, mit einer deutlich gesteigerten Irritierbarkeit auf die ökonomische Verknappung, während emotional stabile Väter weitgehend unberührt blieben. Ähnlich, wie es sich bei der Ehequalität als familiale Ressource gezeigt hat, werden demnach auch individuelle Dispositionen durch Belastungssituationen wie ökonomische Deprivation akzentuiert. Solche individuellen Ressourcen sind nicht nur für die jeweiligen Reaktionen der einzelnen Familienmitglieder bedeutsam, sondern kommen auch auf der Ebene des Familiensystems zum Tragen. So nehmen finanzielle Konflikte zwischen den Ehepartnern vor allem in denjenigen deprivierten Familien zu, in denen der Vater emotional wenig stabil ist (Elder/Caspi 1988; Liker/Elder 1983).

Ausschlaggebend sind jedoch auch individuelle Ressourcen der Kinder, wenngleich hierzu nur begrenzte Informationen vorliegen. Wiederum sind es vor allem die Analysen von Elder, die Aufschluß über differentielle Effekte ökonomischer Deprivation je nach Alter, Geschlecht und vereinzelten anderen Merkmalen der Kinder geben. Wenngleich zu erwarten wäre, daß jüngere Kinder aufgrund ihrer stärkeren Einbindung in die Familie in größerem Maße unter den negativen Einflüssen der finanziellen Verknappung und ihren Auswirkungen auf die familiären Beziehungen und Interaktionen zu leiden haben, zeigt sich in diesen Daten aus der Zeit der Weltwirtschaftskrise kein genereller Vorteil der Älteren, sondern die jeweiligen Effekte unterscheiden sich für Mädchen und Jungen. Unter den jüngeren Kindern waren es vor allem die Jungen, die in ihrer Entwicklung beeinträchtigt wurden und zu vermehrtem Problemverhalten, Unsicherheit und mangelnder Kompetenz neigten, während die Mädchen aus deprivierten Familien sogar für ihre Kompetenzentwicklung profitierten (Elder 1974; Elder/Caspi/Nguyen 1986). Die Dominanzverschiebung zwischen den Eltern und die größeren Belastungsreaktionen der Väter dürften dazu geführt haben, daß die Väter ihre positive Funktion als Rollenmodell eingebüßt haben und so die Entwicklung der Söhne behindert wurde, während sich bei Mädchen die Aufwertung der Mütter positiv ausgewirkt zu haben scheint.

Bei Jugendlichen waren demgegenüber die Effekte weniger ausgeprägt und verweisen vor allem auf differentielle Prozesse für Jungen und Mädchen. Während Jungen in ihrer emotionalen Befindlichkeit direkt von familiären Einkommensverlusten beeinträchtigt wurden, gab bei den Mädchen lediglich das vermehrt ablehnende Verhalten der Väter aus deprivierten Familien den Ausschlag für vermehrte Stimmungsschwankungen, leichte Verletzbarkeit und Unruhe (Elder/Nguyen/Caspi 1985). Auch nach neueren Befunden von Bolger u. a. (1995) sind die Auswirkungen langfristiger Familienarmut auf externalisierendes Problemverhalten bei Jungen gravierender als bei Mädchen.

Daß sich Mädchen in der Studie von Elder/Nguyen/Caspi (1985) als besonders vulnerabel für das negative Erziehungsverhalten der Väter erwiesen, dürfte dadurch begünstigt worden sein, daß die familiären Anpassungen in der Haushaltsführung nach traditionellen Geschlechtsrollen erfolgte, wobei die Söhne im Zuge ihrer vermehrten Erwerbsbeteiligung eine stärkere Außenorientierung entwickelten und häufiger Gelegenheit hatten, sich den familialen Konflikten zu entziehen, während die Mädchen aufgrund ihrer vermehrten Einbindung in die Haushaltsführung auch wesentlich stärker den väterlichen Belastungsreaktionen ausgesetzt waren. Ob dies auch heute noch gleichermaßen gilt, ist allerdings fraglich.

Daß Mädchen allerdings nicht generell in stärkerem Maße zur Zielscheibe väterlicher Ablehnung wurden, legen weitere Analysen dieser Daten nahe, in denen sich die Attraktivität der Mädchen als relevante Ressource erwies, die diesen Prozeß moderiert. Demnach waren lediglich die wenig attraktiven Mädchen von vermehrt ablehnendem Verhalten der Väter, stärkerer Ausbeutung und geringerer emotionaler Unterstützung betroffen, während die attraktiven Töchter hiervon verschont blieben. Auch andere Befunde legen nahe, daß körperliche Attraktivität einen positiven Einfluß auf die Gestaltung von Sozialbeziehungen der Kinder hat (vgl. Engfer/Walper/Rutter 1994). Interessant ist jedoch, daß dieser Einfluß innerhalb der Familie vor allem in Belastungssituationen zum Tragen zu kommen scheint.

Schließlich hat sich auch das Temperament der Kinder als maßgeblich dafür erwiesen, wie die Väter ihnen gegenüber reagieren (Elder/Caspi/Nguyen 1986). Kinder, die im Alter von 18 Monaten aufgrund erhöhter Irritierbarkeit, negativer Stimmungen und ihrer Neigung zu Wutausbrüchen als schwierig eingeschätzt wurden, wurden Jahre später zur Zeit des Wirtschaftseinbruchs mit größerer Wahrscheinlichkeit seitens ihrer Väter willkürlich und mit harten Strafen oder Gleichgültigkeit behandelt als Kinder mit temperamentsmäßig günstigeren Ausgangsbedingungen. Dies zeigte sich auch unabhängig von der früheren väterlichen Irritierbarkeit. Inwieweit das Risiko extremer väterlicher

Reaktionen auf die schwierigen Kinder durch die finanziellen Belastungen zusätzlich gesteigert wurde, lassen die letztgenannten Analysen zwar offen. Es liegt jedoch nahe, daß in Belastungs- und Krisensituationen auch die Verhaltenstendenzen der Kinder, wie sie in Temperamentsmerkmalen zum Tragen kommen, zur Akzentuierung von Interaktionsmustern beitragen.

Schließlich sei auf die Bedeutung gesundheitlicher Dispositionen, vor allem in frühen Entwicklungsstadien, verwiesen. Ein entsprechendes Beispiel liefert das Geburtsgewicht von Kindern, das in armen Familien – etwa aufgrund mangelhafter Ernährung der werdenden Mütter und die geringere Nutzung von Vorsorgeuntersuchungen – durchschnittlich geringer ausfällt als in finanziell besser gestellten Familien (vgl. Gersten 1992). Zudem haben jedoch sozio-ökonomisch hochbelastete Entwicklungskontexte vor allem bei Kindern mit niedrigem Geburtsgewicht nachteilige Langzeit-Konsequenzen für deren Gesundheit, während in besser gestellten Kontexten eher eine Kompensation der Defizite möglich ist (McGauhey/Starfield/Alexander/Ensminger 1991).

6 Zusammenfassung und Ausblick

6.1 Was wir wissen, was wir wissen sollten

Die berichteten Befunde dürften deutlich gemacht haben, daß Armut Kinder nicht nur besonders häufig trifft, sondern auch bedeutsame nachteilige Konsequenzen für deren Entwicklungsverlauf haben kann. Die verfügbaren Erkenntnisse verweisen auf eine breite Palette von Beeinträchtigungen im kognitiven, emotionalen, sozialen und gesundheitlichen Bereich, die zwar keine zwangsläufige Folge von ökonomischer Deprivation, Arbeitslosigkeit, Wohnraumknappheit und anderen Manifestationen von Armut darstellen, wohl aber mit höherer Prävalenz unter deprivierten Kindern und Jugendlichen verbreitet sind. Welche Faktoren dafür ausschlaggebend sind, ob sich Armut nachteilig auf die psycho-soziale Entwicklung der Kinder auswirkt, wurde vor dem Hintergrund eines Modells der Streßbewältigung bei ökonomischen Härten diskutiert. Hierbei wurde herausgestellt, daß vor allem die Familie eine entscheidende Rolle als Mediator spielt. Adaptive Reaktionen auf die jeweiligen Härten, die Armut im konkreten Einzelfall mit sich bringt, haben oft widersprüchliche Konsequenzen, wenn sie einerseits den „objektiven" Handlungserfordernissen entsprechen, andererseits aber mit hohen psychosozialen Kosten für die Familie verbunden sind. Notwendige Einschränkungen bringen psychische Belastungen für die Eltern mit sich, die auch auf die familialen Beziehungen und Interaktionen durchschlagen. Diese Beeinträchtigungen des Familienklimas zwischen den Eltern und speziell zwischen Eltern und Kindern sind es, die zwischen den konkreten ökonomischen Härten einerseits und resultierenden Belastungen der Kinder andererseits vermitteln. Hinzu kommen moderierende Einflüsse von Ressourcen und Vulnerabilitätsfaktoren, die zu je unterschiedlichen Prozessen und damit differentiellen Konsequenzen von Armut für die Kinder beitragen.

Auch wenn es naheliegt, daß die vielfach aufgezeigten korrelativen Zusammenhänge zwischen Belastungen von Kindern und Armut die *Folge* sozio-ökonomischer Unterversorgung darstellen, so erspart dies doch nicht genauere Analysen. Bei vergleichbaren Studien, die sich auf Erwachsene beziehen, stellt sich rasch die Frage nach möglichen Prozessen der Selbstselektion, bei denen die Verursachungsrichtung umgekehrt ist: Beeinträchtigungen der Gesundheit oder Problemverhalten können nicht nur aus Armut resultieren, sondern machen – umgekehrt – auch ein Abgleiten in die Armut wahrscheinlicher. Derartige Fragen sind auch bezogen auf Kinder nicht gänzlich von der Hand zu weisen, mögen doch kranke oder problematische Kinder wichtige Ressourcen der Familie binden, nicht zuletzt im Hinblick auf die Kraft und zeitlichen Möglichkeiten der Eltern, ihrer Erwerbstätigkeit nachzugehen oder sich überhaupt am Arbeitsmarkt zu beteiligen. Insofern sind Längsschnittstudien unabdingbar, die allerdings in Deutschland wie auch generell noch allzu rar sind. Wichtige Informationen liefern auch sorgfältig kontrollierte Analysen, die es erlauben, armutsbedingte Konsequenzen von den Einflüssen anderer Faktoren zu separieren und so sicherzustellen, daß es sich bei den beobachtbaren Belastungen der Kinder nicht um eher zufällige Korrelate handelt, die über etwaige Drittvariablen mit Armut konfundiert sind. Solche Studien stammen allerdings ebenfalls weitgehend aus den USA und geben damit nur bedingt Auskunft über die Folgen von Armut für Kinder in Deutschland.

Die Frage der Kausalität ist wichtig und brisant. Denn je klarer ist, welche Folgen Armut und Unterversorgung für die Entwicklung von Kindern hat, desto größer wird der Handlungsbedarf, sowohl hinsichtlich des Abbaus sozialer Ungerechtigkeiten als auch für eine Minderung armutsbedingter Risiken für die Entwicklung der Kinder. Differenzierte Längsschnittstudien zu den Folgen von Armut helfen, die hierbei relevanten vermittelnden Prozesse zu identifizieren, insbesondere jene zirkulären Einflüsse, die zum vielzitierten „Teufelskreis der Armut" beitragen, und zeigen damit gleichzeitig auch Ansatzpunkte für Interventionen auf.

Frühzeitiges präventives Handeln ist insofern angezeigt, als es sich bei den Entwicklungsrisiken von Kindern in Armut keineswegs um triviale Konsequenzen handelt. Zwar verweisen frühere Längsschnittbefunde darauf, daß langfristig negative Konsequenzen keineswegs zwangsläufig sind (Elder/Caspi 1991). Selbst diejenigen Kinder, die während der Weltwirtschaftskrise in konfliktbelasteten, deprivierten Familien aufwuchsen, konnten ihre streßbedingten Beeinträchtigungen der Persönlichkeitsentwicklung im späteren Lebensverlauf wettmachen. Wie die Befunde dieser Längsschnittstudie jedoch ebenso deutlich machen, kommt es sehr darauf an, welche Kompensationsmöglichkeiten das soziale – nicht zuletzt institutionelle – System jeweils zur Verfügung stellt, sowohl um Defizite in der Erfahrung von Zusammenhalt und Solidarität auszugleichen als auch um Nachteile in den Bildungsressourcen abzubauen und so die Chancen zur Stärkung der eigenen sozio-ökonomischen Position zu verbessern. Ohne derartige Kompensationsmöglichkeiten besteht die Gefahr einer Verfestigung von Armut über die Generationen hinweg. Tatsächlich sind es gerade Eltern der niedrigen Bildungsschicht, die sich für eine kürzere Ausbildung ihrer Kinder mit folglich niedrigerem Bildungsabschluß entscheiden, wenn sie von finanzieller Verknappung getroffen werden (Walper 1988), eine Entscheidung, die langfristig nachteilige Folgen für die soziale Plazierung der Kinder hat, es sei denn, Bildungssystem und Arbeitsmarkt sind hinreichend durchlässig.

Leider gibt es bislang außer den Studien von Elder und seinen Kollegen kaum Prospektiv-Daten, die über langfristige Effekte von Armut auf den späteren Lebenslauf der betroffenen Kinder informieren[6]. Dies ist umso bedauerlicher, als bestimmte Arten von Konsequenzen erst in späterem Alter relevant werden. Ein Beispiel hierfür ist die schon angesprochene berufliche Entwicklung. Aber auch für die psycho-soziale Entwicklung gilt, daß sich spezifische Manifestationen von Problemverhalten wie Delinquenz erst im Jugend- und Erwachsenenalter zeigen. Gerade bei der Delinquenz spielen sozio-ökonomische Faktoren eine nicht unbedeutende Rolle, wobei – ganz im Sinne des Mediator-Modells – familiale Faktoren wie die Eltern-Kind-Beziehung und das Erziehungsverhalten der Eltern einen größeren Einfluß haben (Loeber 1990). Interessanterweise zeigt sich bei der Entwicklung von Delinquenz Jugendlicher, daß frühe Faktoren durchaus erst später zum Tragen kommen können. Es findet sich nämlich ein „sleeper effect" des frühen elterlichen Erziehungsverhaltens, der vermutlich einerseits darauf beruht, daß die dauerhafte Einwirkung stark straforientierten Verhaltens, geringer Unterstützung und mangelnder Supervision besonders nachteilig ist. Andererseits kann der sleeper effect aber auch durch eine schon früh angestoßene Kette von Fehlentwicklungen der Kinder bedingt sein, die sich zunächst in mangelndem Gehorsam und Aggressivität, dann sozialer Zurückgezogenheit und Isolation, schlechten Beziehungen zu Gleichaltrigen, dem Anschluß an ihrerseits deviante Peers, und schließlich eigener Delinquenz äußern (Loeber 1990).

Damit stellt sich die Frage nach den Möglichkeiten, ökonomische Risiken und ihre nachteiligen Konsequenzen abzufangen oder zumindest zu mildern. Bevor ich hierauf eingehe, soll noch auf einige wesentliche Desiderata der Forschung verwiesen werden.

Während sich in der auf Erwachsene bezogenen Armutsforschung ein multivariater Zugang zu den facettenreichen Manifestationen von Armut etabliert hat, steht ein entsprechender Ansatz in der deutschen Armutsforschung bei Kindern noch aus. Auch hier sollten jedoch unterschiedliche Indikatoren für Armut herangezogen werden, um der Komplexität kindlicher Lebenslagen in Armut gerecht zu werden. Die Übertragung etablierter Forschungsansätze auf Studien bei Kindern sollte dabei nur einen ersten Schritt darstellen, dem eine entwicklungspsychologisch legitimierte Konzeptualisierung von Armut zu folgen hätte. Hierzu muß geprüft werden, welche Aspekte von Armut stärkeren Einfluß auf die Entwicklung von Kindern haben, welche weniger relevant sind, und inwieweit die Bedeutsamkeit einzelner Aspekte von Armut mit dem Alter der Kinder variiert. Nur so kann ein an den entwicklungsspezifischen Bedürfnissen von Kindern orientiertes Verständnis von Armut erreicht werden. Hierbei sollten, wie es bislang üblich ist, nicht nur unterschiedliche Formen der Familienarmut, sondern auch Formen von Armut im weiteren Kontext kindlicher Entwicklungsbedingungen, etwa in der Nachbarschaft, berücksichtigt werden – ein Ansatz, der sich in amerikanischen Studien als durchaus relevant erwiesen hat.

Zur Analyse armutsbedingter Entwicklungsrisiken sind vor allem Längsschnittstudien erforderlich, die es erlauben, Veränderungen in der ökonomischen Situation der Familien mit Veränderungen in der Familiendynamik sowie der Befindlichkeit und Entwicklung der Kinder in Beziehung zu setzen und hieraus Schlußfolgerungen hinsichtlich der Kausalität der Zusammenhänge sowie der vermittelnden Prozesse zu ziehen. Besonderes Augenmerk sollte hierbei auch langfristigen Konsequenzen ökonomischer Deprivation gelten, die über die akute Mangellage hinausreichen, und zwar nicht nur seitens der Kinder, sondern auch hinsichtlich der familialen Beziehungen und Interaktionen, insbesondere des elterlichen Erziehungsverhaltens. Teufelskreise negativer Interaktionen zwischen belasteten Eltern und „problematischen" Kindern könnten sich über die Zeit hinweg verfestigen und selbst nach einer finanziellen Erholung der Familie stabil bleiben.

Während die Frage nach innerfamilialen Vermittlungsprozessen eine

Reihe von Studien angestoßen hat, ist weitgehend unklar, wie sich armutsbedingte Belastungen der Kinder in anderen Kontexten wie z.B. der Schule oder unter Gleichaltrigen in der Nachbarschaft manifestieren und auf die Kinder auswirken. So wäre beispielsweise zu prüfen, in welchem Maße und unter welchen Bedingungen es in derartigen Kontexten zu Stigmatisierungsprozessen gegenüber den von Armut betroffenen Kinder kommt und welche Konsequenzen dies für die psychosoziale und Kompetenzentwicklung der Kinder hat. Hierbei sollten die verschiedenen Entwicklungskontexte (Familie, Peers, Schule) nicht isoliert voneinander betrachtet werden, da wechselseitige Beeinflussungen wahrscheinlich sind: Einerseits kann sich familial bedingtes Problemverhalten der von Armut betroffenen Kinder in schlechten Peerbeziehungen und Auffälligkeiten in der Schule niederschlagen. Andererseits können jedoch ebenso auch schulische Probleme oder negative Beziehungen zu Gleichaltrigen das Verhältnis zu den Eltern belasten.

Schließlich sollten zukünftige Studien auch die subjektive Perspektive der betroffenen Kinder stärker in den Vordergrund stellen. Die verfügbaren Untersuchungen bemühen sich um eher objektivierbare Beschreibungen von Armut und den damit verbundenen Entwicklungsrisiken der Kinder, lassen dabei jedoch weitgehend außer Acht, wie Kinder Armut subjektiv erfahren, wie sie sie deuten, und welche Bewältigungsstrategien ihnen aus eigener Sicht den Umgang mit armutsbedingten Einschränkungen erleichtern.

6.2 Präventionsmöglichkeiten

Es versteht sich von selbst, daß das oberste Primat dem Ziel gilt, das Armutsrisiko für Kinder zu senken und eine fairere Verteilung sozioökonomischer Ressourcen zu erreichen. Das betrifft vor allem Kinder alleinerziehender Mütter und geschwisterreiche Kinder, die bislang weder durch den Familienlastenausgleich noch durch die institutionellen Rahmenbedingungen und arbeitsmarktbezogenen Chancen für Mütter, mit eigener Erwerbstätigkeit zur Einkommenssicherung beizutragen, hinreichend abgesichert sind. Nur unzureichend verfügbare Möglichkeiten der Fremdbetreuung von Kindern erschweren den Erwerbseintritt von Müttern. So entscheiden sich viele Alleinerziehende aus Verantwortung für ihre Kinder eher für die knapp bemessenen staatlichen Transferzahlungen als für die eigenständige Einkommenssicherung (Leibfried u.a. 1995). Gerade in Familien mit niedrigem Einkommen stellt jedoch das Erwerbseinkommen der Mutter eine entscheidende zusätzliche Ressource dar, die sich auch auf die Entwicklungsmöglichkeiten der Kinder positiv auswirkt (Vandell/Ramanan 1992).

Sozio-ökonomische Ungleichheiten werden sich allerdings selbst bei einer faireren Verteilung des Wohlstands nicht vermeiden lassen. Um Entwicklungsrisiken für Kinder in Armut zu minimieren, bieten sich nach den in Kapitel 4 beschriebenen Befunden vor allem Maßnahmen an, die familiale Belastungen abfangen helfen. Wie die Studien mehrheitlich zeigen, muß die Vorstellung aufgegeben werden, Familien seien in finanziellen Notzeiten der „Hafen in einer herzlosen Welt", der Schutz vor den Anfechtungen der Außenwelt bietet. Familien neigen kaum dazu, angesichts äußerer Belastungen enger zusammenzurücken und die Kohäsion zu stärken (vgl. Walper 1988). Im Gegenteil steigt das Risiko für Konflikte und elterliches Fehlverhalten in Interaktion mit den Kindern, so daß deren Entwicklungschancen unterminiert werden. Umso entscheidender ist es, einerseits die Eltern zu entlasten, auch von Anforderungen in der Erziehung der Kinder, andererseits den Kindern Freiräume zu eröffnen, die ihnen bessere Möglichkeiten geben, familialem Streß zu entgehen. Auch in dieser Hinsicht sind erweiterte Gelegenheiten, die Kinderbetreuung nach außen zu verlagern, hilfreich. Bislang ist es gängige Praxis, den Zugang zur Kinderbetreuung an eine Erwerbstätigkeit der Eltern zu binden und z.B. für Arbeitslose zu erschweren. Von Armut betroffene Eltern sind jedoch mit größerer Wahrscheinlichkeit in ihrer Erziehungskompetenz eingeschränkt und bieten den Kindern nicht immer wünschenswerte Rollenvorbilder. Entsprechend brauchen die Kinder Zugang zu anderen entwicklungsförderlichen Kontexten, in denen sie Rückhalt, Anerkennung und angemessene Herausforderungen an ihre Kompetenz erleben.

Darüber hinaus kann eine gezielte Beratung der betroffenen Familien dabei helfen, die in der Familie erlebten Belastungen zu relativieren, diese eher auf die äußeren Umstände als auf eigenes Versagen zu attribuieren und konstruktiv mit ihnen umzugehen. Bessere Informationen darüber, was an „normalen" Problemen und Belastungen des Familienlebens auftreten kann, kann subjektiv entlastend wirken. Am ehesten erreichen solche Beratungen vermutlich dann ihre Zielgruppe, wenn sie im Rahmen einer allgemeinen Wirtschafts-/Haushaltsberatung (z.B. Schuldnerberatung) oder Erziehungsberatung integriert sind. Die Schwelle, mit armutsbedingten Eheproblemen eine Beratung aufzusuchen, dürfte immer noch sehr hoch sein.

Je nachdem, in welchem Ausmaß Armut zu einer gesteigerten Irritierbarkeit und Ärgerneigung der Eltern, familialen Konflikten, einer geringen Ansprechbarkeit der Eltern, mangelnder Sensibilität für die Bedürfnisse der Kinder und fehlender Supervision ihrer Aktivitäten führt, benötigen teils auch die Kinder eigene Hilfen, um ihr Selbstwertgefühl, ihre Befindlichkeit und ihre sozialen Kompetenzen zu stärken und Problemverhalten abzubauen. Dies gilt umso mehr, als streßbedingte negative Reaktionstendenzen der Kinder, wie Aggressivität, zu einem negativen Image der Kinder in Kindergarten oder Schule beitragen. Entsprechende Zuschreibungen durch Gleichaltrige führen leicht zu einer Verfestigung des Problemverhaltens und sind im Rahmen dieser Kontexte nicht ohne weiteres zu durchbrechen (Engfer/Walper/Rutter 1994). Zwar wäre es denkbar, derartige Hilfen für Kinder nicht in einem eigenen therapeutischen Kontext, sondern an den jeweiligen Schulen anzusiedeln, um den Zugang für die Kinder zu erleichtern. Allerdings würde dies erforderlich machen, daß an den Schulen mehr Zeit und Freiräume für im engeren Sinne pädagogische Arbeit mit den Kindern zur Verfügung steht.

Darüber hinaus ist es trotz der engen Lehrpläne angezeigt, Aufklärungsarbeit zur sozialen Sensibilisierung von Kindern und Jugendlichen zu betreiben, um Stigmatisierungsprozessen vorzubeugen und so unnötige Belastungen der deprivierten Kinder und Jugendlichen in ihren außerfamilialen Beziehungen, etwa im schulischen Kontext und unter Gleichaltrigen, zu vermeiden. Ein Beispiel dafür, wie Kinder sich im kreativen Umgang mit dem Thema „Armut" die Vielschichtigkeit der Probleme erschließen und damit ein vertieftes Verständnis erlangen können, liefert die Ausstellung „Armut in München hat viele Gesichter", die von Kindern gestaltet wurde und im Frühjahr 1997 in München zu sehen war. Kinder nehmen schon im Grundschulalter sozio-ökonomische Unterschiede war, und ihr Verständnis dieser Unterschiede wird mit zunehmendem Alter geschärft. Fragen der Verteilungsgerechtigkeit, die viele Kinder und Jugendliche beschäftigen, sollten offen diskutiert werden, auch um zu vermeiden, daß Kinder der Suggestion folgen, Armut sei selbstverschuldet. Entsprechende Aufklärungen über die Hintergründe und Konsequenzen sozio-ökonomischer Benachteiligung lassen sich durchaus erfolgreich in entwicklungspsychologische Unterrichtsprogramme für Erzieher integrieren (MacPhee/Kreutzer/Fritz 1994), sollten sich jedoch auch direkt an Kinder und Jugendliche wenden, um fehlendem Wissen und falschen Stereotypen entgegenzuwirken. Nicht zuletzt für die Medien eröffnet sich hier ein wichtiges Feld.

Damit sind nur einige denkbare Präventionsstrategien benannt, die noch genauerer Ausführungen bedürfen. Wie sie sich bewähren, gehört sicher zu den zahlreichen Fragen, denen sich die Armutsforschung in Deutschland vermehrt zuwenden sollte.

7 Anmerkungen

[1] Relative Einkommensarmut wird über das Haushaltseinkommen ermittelt, das jedoch auf jede einzelne Person (mit einer altersabhängigen Bedarfsgewichtung) umgerechnet wird. Es ist üblicherweise definiert als ein gewichtetes Pro-Kopf-Einkommen, das weniger als die Hälfte dessen beträgt, was im Durchschnitt jeder Person in Deutschland (oder einer definierten Region) zur Verfügung steht (50%-Grenze). Der Sozialhilfebedürftigkeit entspricht ein etwas strengeres Kriterium von nur 40% des Durchschnittseinkommens (40%-Grenze).
[2] Vgl. auch Fußnote 1. Hierbei werden teils unterschiedliche Schwellen verwendet, die entweder auf das arithmetische Mittel oder den Median der Einkommensverteilung zurückgreifen. Gängigerweise wird Einkommensarmut bei 50% des durchschnittlichen Pro-Kopf-Einkommens angesetzt, wobei 40% als „strenge Armut" gelten und 60% als Niedrigeinkommen gewertet werden.
[3] Selbst Faktoren wie soziale Isolation und Beeinträchtigungen der Gesundheit werden mitunter zu den Teilaspekten von Armut gezählt (vgl. Kap. 3). Diese verschiedenen Aspekte von Beeinträchtigungen der individuellen Wohlfahrt unter den Begriff der Armut zu subsummieren, verwischt jedoch die Dynamik zwischen ökonomischer Deprivation und ihren psycho-sozialen Konsequenzen wie auch Ursachen. Statt nach der Verbreitung von kumulierten Unterversorgungslagen zu fragen (z.B. durch das Zusammentreffen von Einkommensarmut und sozialer Isolation) führt es weiter, wenn geprüft wird, wie sich die Sozialbeziehungen bei Eintritt in die Armut oder Verbesserungen der finanziellen Situation verändern, welchen Beitrag informelle soziale Netzwerke zum Verlassen der Armut leisten etc.
[4] Als ausschlaggebend erweisen sich vor allem die Art der Arbeit (intellektuell versus körperlich) des Haushaltsvorstands (in 80% der Fälle des Vaters), die Restriktivität des elterlichen Erziehungsverhaltens, die ihrerseits von einer Reihe sozio-ökonomischer Charakteristika, nicht zuletzt der Restriktivität der Arbeitsbedingungen des Haushaltsvorstands abhängig ist, und die (ehemalige) berufliche Stellung des Ehepartners, wobei diese drei Faktoren einen jeweils unabhängigen Beitrag leisten.
[5] Eine Abwertung der normativen Struktur ist indiziert durch die Zustimmung zu Items wie „Die Polizei hilft immer den Reichen und ist gegen die Armen" und „Jemand wie ich hat ja doch keine Chance, mal viel Geld zu verdienen".
[6] Ausnahmen sind die schon erwähnten Studien von Kolvin u.a. (1988) und von Werner/Smith (1982).

8 Abbildungen

Abbildung 1
Modell der innerfamiliären Vermittlung armutsbedingter
Entwicklungsbelastungen von Kindern 323

9 Literatur

Amato, P. R. (1993): Children's adjustment to divorce: Theories, hypotheses, and empirical support. In: Journal of Marriage and the Family, 55, S. 23–38

Angell, R. C. (1965/Orig. 1936): The family encounters the depression. Gloucester/MA

Angestelltenkammer Bremen (o.J.): Die Familie in der Arbeitslosigkeit. Schriftenreihe der Angestelltenkammer Bremen. Bremen

Atkinson, T./Liem, T./Liem, J. (1986): The social costs of unemployment: Implications for social support. In: Journal of Health and Social Behavior, 27, S. 317–331

Baarda, D. B./de Goede, M. P. M./Frowijn, A. P. M./Postma, M. E. (1990): Der Einfluß von Arbeitslosigkeit auf Kinder. In: Schindler, H./Wacker, A./Wetzels, P. (Hrsg.): Familienleben in der Arbeitslosigkeit. Heidelberg, S. 145–170

Bacher, J. (1994): Sozialstrukturell benachteiligte Kinder. In: Wilk, L./Bacher, J. (Hrsg.): Kindliche Lebenswelten. Opladen, S. 55–87

Bacher, J. (1997): Einkommensarmutsgefährdung von Kindern in Österreich und deren Auswirkungen auf die Schullaufbahn und das subjektive Wohlbefinden – eine Sekundäranalyse des sozialen Surveys. In: Sozialwissenschaftliche Rundschau, 1, S. 39–62

Bank, L. B./Forgatch, M. S./Patterson, G. R./Fetrow, R. A. (1993): Parenting practices of single mothers: Mediators of negative contextual demands. In: Journal of Marriage and the Family, 55, S. 371–384

Bolger, K. E./Patterson, C. J./Thompson, W. W./Kupersmidt, J. B. (1995): Psychosocial adjustment among children experiencing persistent and intermittend family economic hardship. In: Child Development, 66, S. 1107–1129

Braver, S. L./Gonzalez, N./Wolchik, S. A./Sandler, I. N. (1989): Economic hardship and psychological distress in custodial mothers. In: Journal of Divorce, 12, 4, S. 19–34

Breuer, H./Schoor-Theissen, I./Silbereisen, R. K. (1984): Auswirkungen von Arbeitslosigkeit auf die Situation der betroffenen Familien. Literaturstudie im Auftrag des Bundesministeriums für Jugend, Familie und Gesundheit. Köln

Brinkmann, C./Spitznagel, E. (1984): Belastungen des Haushalts durch Arbeitslosigkeit. In: Hauswirtschaft und Wissenschaft, 32, S. 256–263

Bronfenbrenner, U./Crouter, A. C. (1983): The evolution of environmental models in developmental research. In: Mussen, P. H. (Hrsg.): Handbook of child development (Bd. 1). New York, S. 357–414

Büchner, P. (1989): Individualisierte Kindheit „jenseits von Klasse und Schicht"? In: Geulen, D. (Hrsg.): Kindheit – Neue Realitäten und Aspekte. Weinheim, S. 146–161

Buhr, P. (1995): Dynamik von Armut. Dauer und biographische Bedeutung von Sozialhilfebezug. Opladen

Burgard, P./Cheyne, W. M./Jahoda, G. (1989): Children's representation of economic inequality: A replication. In: British Journal of Developmental Psychology, S. 275–287

Burghes, L. (1980): Living from hand to mouth. Hrsg.: Family Service Unit/ Child Poverty Action Group. London

Caughy, M. O'B./DiPietro, J. A./Strobino, D. M. (1994): Day-care participation as a protective factor in the cognitive development of low-income children. In: Child Development, 65, S. 457–471

Chase-Lansdale, P. L./Gordon, R. A. (1996): Economic hardship and the development of five- and sic-year-olds: neighborhood and regional perspectives. In: Child Development, 67, S. 3338–3367

Child Development (1994): Sonderheft „Children und Poverty", 65, 2

Conger, R. D./McCarthy, J. A./Yang, R. K./Lahey, B. B./Kropp, J. P. (1984): Perception of child, child-rearing values, and emotional distress as mediating links between environmental stressors and observed maternal behavior. In: Child Development, 55, S. 2234–2247

Conger, R. D./Lorenz, F. O./Elder, G. H. Jr./Melby, J. N./Simons, R. L./Conger, K. J. (1991): A process model of family economic pressure and early adolscent alcohol use. In: Journal of Early Adolescence, 11, S. 430–449

Conger, R. D./Conger, K. J./Elder, G. H. Jr./Lorenz, F. O./Simons, R. L./Whitbeck, L. B. (1993): Family economic stress, and adjustment of early adolescent girls. In: Developmental Psychology, 29, S. 206–219

Conger, R. D./Ge, X./Elder, G. H. Jr./Lorenz, F. O./Simons, R. L. (1994): Economic stress, coercive family process, and developmental problems of adolescents. In: Child Development, 65, S. 541–561

Cummings, E. M./Davies, P. (1994): Children and marital conflict. The impact of family dispute and resolution. New York

Dangschat, J. S. (1996): Du hast keine Chance, also nutze sie! Arme Kinder und Jugendliche in benachteiligten Stadtteilen. In: Mansel, J./Klocke, A. (Hrsg.): Die Jugend von heute. Selbstanspruch, Stigma und Wirklichkeit. Weinheim, S. 152–173

Dew, M. A./Bromet, E. J./Schulberg, H. C. (1987): A comparative analysis of two community stressors' long-term mental health effects. In: American Journal of Community Psychology, 15, S. 167–184

Döring, D./Hanesch, W./Huster, E.-U. (1990): Armut als Lebenslage. Ein Konzept für Armutsberichterstattung und Armutspolitik. In: Döring, D./Hanesch, W./Huster, E.-U. (Hrsg.): Armut im Wohlstand. Frankfurt/M., S. 7–27

Duncan, G. J./Liker, J. K. (1983): Disentagling the efficacy-earnings relationship. In: Duncan, G. J./Morgan, J. N. (Hrsg.): Five thousand American families – patterns of economic progress (Bd. 10). Hrsg.: Institute of Social Research. Ann Arbor, S. 218–248

Duncan, G. J./Rodgers, W. L. (1988): Longitudinal aspects of childhood poverty. In: Journal of Marriage and the Family, 50, S. 1007–1021

Duncan, G. J./Brooks-Gunn, J./Klebanov, P. K. (1994): Economic deprivation and early childhood development. In: Child Development, 65, S. 296–318

Elder, G. H. Jr. (1974): Children of the Great Depression. Chicago

Elder, G. H. Jr./Liker, J. K./Cross, C. E. (1984): Parent-child behavior in the Great

Depression: Life course and intergenerational influences. In: Baltes, P. B./Brim, O. G. Jr. (Hrsg.): Life-span development and behaviour (Bd. 6). New York, S. 109–158

Elder, G. H. Jr./Nguyen, T. V./Caspi, A. (1985): Linking family hardship to children's lives. In: Child Development, 56, S. 361–375

Elder, G. H. Jr./Caspi, A./Downey, G. (1986): Problem behavior and family relationships: Life course and intergenerational themes. In: Sorensen, A./Weinert, F./Sherrod, L. (Hrsg.): Human development and the life course: Multidisciplinary perspectives. Hillsdale/N.J., S. 293–340

Elder, G. H. Jr./Caspi, A./Nguyen, T. V. (1986): Resourceful and vulnerable children: Family influences in stressful times. In: Silbereisen, R. K./Eyferth, K./Rudinger, G. (Hrsg.): Development as action in context. Berlin, S. 167–186

Elder, G. H. Jr./Caspi, A. (1988): Economic stress in lives: Developmental perspectives. In: Journal of Social Issues, 44, S. 25–45

Elder, G. H. Jr./Caspi, A. (1991): Lebensverläufe und Wandel der Gesellschaft: soziologische und psychologische Perspektiven. In: Engfer, A./Minsel, B./Walper, S. (Hrsg.): Zeit für Kinder! Kinder in Familie und Gesellschaft. Weinheim, S. 32–60

Elder, G. H. Jr./Conger, R. D./Foster, E. M./Ardelt, M. (1992): Families under economic pressure. In: Journal of Family Issues, 13, S. 5–37

Engfer, A. (1987): Kindesmißhandlungen. Ursachen, Auswirkungen, Hilfen. Stuttgart

Engfer, A./Walper, S./Rutter, M. (1994): Individual characteristics as a force in development. In: Rutter, M./Hay, D.F. (Hrsg.): Development through life. A handbook for clinicians. London, S. 79–111

Entwisle, D. R./Alexander, K. L. (1995): A parent's economic shadow: Family Structure versus family resources as influences on early school achievement. In: Journal of Marriage and the Family, 57, S. 399–409

Entwisle, D. R./Alexander, K. L. (1996): Family type and children's growth in reading an math over the primary grades. In: Journal of Marriage and the Familiy, 58, S. 341–355

Essen, J. /Wedge, P. (1982): Continuities in social disadvantage. London

Felner, R. D./Brand, S./DuBois, D. L./Adan, A. M./Mulhall, P. F./Evans, E. G. (1995): Socioeconomic disadvantage, proximal environmental experiences, and socioemotional and academic adjustment in early adolescence: Investigation of mediated effects model. In: Child Development, 66, S. 774–792

Flanagan, C. A. (1990): Families and schools in hard times. In: McLoyd, V. C./Flanagan, C. A. (Hrsg.): Economic stress: Effects on family life and child development. New Directions for Child Development (Bd. 46). San Francisco, S. 7–26

Fröhlich, D. (1979): Psycho-soziale Folgen der Arbeitslosigkeit. Eine empirische Untersuchung in Nordrhein-Westfalen. Hrsg.: ISO-Institut. Köln

Galambos, N. L./Silbereisen, R. K. (1987): Income change, parental life outlook, and adolescent expectation for job success. In: Journal of Marriage and the Family, 49, S. 141–149

Garrett, P./Ng'andu, N./Ferron, J. (1994): Poverty experiences of young children and the quality of their home environments. In: Child Development, 65, S. 331–345

Gelles, R. J. (1989): Child abuse and violence in single-parent families: Parent absense and economic deprivation. In: American Journal of Orthopsychiatry, 59, S. 492–501

Gersten, J. C. (1992): Families in poverty. In: Procidano, M. E./Fisher, C. B. (Hrsg.): Contemporary families. A Handbook for school professionals. New York, London, S. 137–158

Glatzer, W./Hübinger, W. (1990): Lebenslagen und Armut. In: Döring, D./Hanesch, W./Huster, E.-U. (Hrsg.): Armut im Wohlstand. Frankfurt/M., S. 31–55

Gore, S. (1978): The effects of social support in moderating the health consequences of unemployment. In: Journal of Health and Social Behavior, 19, S. 157–165

Gräser, H./Esser, H./Saile, H. (1981): Einschätzung von Lebensereignissen und ihren Auswirkungen. In: Filipp, S.-H. (Hrsg.): Kritische Lebensereignisse. München, S. 104–122

Gutschmidt, G. (1989): Armut in Einelternfamilien. In: Blätter der Wohlfahrtspflege, 136, S. 335–338

Habich, R./Headey, B./Krause, P. (1991): Armut im Reichtum. Ist die Bundesrepublik Deutschland eine Zwei-Drittel-Gesellschaft? In: Rendtel, U./Wagner, G. (Hrsg.): Zur Einkommensdynamik in Deutschland seit 1984. Frankfurt/M., S. 488–509

Hanesch, W. (1995): Armut und Krankheit in Deutschland. In: Zeitschrift für Gesundheitswissenschaft, 2. Beiheft, S. 6–26

Hanesch, W./Adamy, W./Martens, R./Rentzsch, D./Schneider, U./Schubert, U./Wißkirchen, M. (1994): Armut in Deutschland. Der Armutsbericht des DGB und des Paritätischen Wohlfahrtsverbands. Reinbek

Harnish, J. D./Dodge, K. A./Valente, E. (1995): Mother-child interaction quality as a partial mediator of the roles of maternal depressive symptomatology and socioeconomic status in the development of child behavior problems. In: Child Development, 66, S. 739–753

Hashima, P. Y./Amato, P. R. (1994): Poverty, social support, and parental behavior. In: Child Development, 65, S. 394–403

Hauser, R. (1997): Wächst die Armut in Deutschland? In: Müller, S./Otto, U. (Hrsg.): Armut im Sozialstaat. Gesellschaftliche Analysen und sozialpolitische Konsequenzen. Neuwied, S. 29–47

Hauser, R./Hübinger, W. (1993): Arme unter uns. Teil I: Ergebnisse und Konsequenzen der Caritas-Armutsuntersuchung. Hrsg.: Deutscher Caritasverband. Freiburg/Br.

Herlth, A. (1986): Die Chancen zu spielen. Familiale Bedingungen sozialer Benachteiligung von Kindern (ISB-Materialien Nr. 20). Universität Bielefeld, Institut für Bevölkerungsforschung und Sozialpolitik. Bielefeld

Hornstein, W. (1988): Vater ist arbeitslos – Was passiert in der Familie? In: Deutsches Jugendinstitut (Hrsg.): Wie geht's der Familie? Ein Handbuch zur Familiensituation heute. München, S. 259–268

Hornstein, W./Lüders, C. (1987): Arbeitslosigkeit – und was sie für Familie und Kinder bedeutet. In: Zeitschrift für Pädagogik, 33, S. 595–614

Huston, A. C./McLoyd, V. C./Coll, C. G. (1994): Children and poverty: Issues in contemporary research. In: Child Development, 65, S. 275–282

Joos, M. (1997): Armutsentwicklung und familiale Armutsrisiken von Kindern in den neuen und alten Bundesländern. In: Otto, U. (Hrsg.): Aufwachsen in Armut. Erfahrungswelten und soziale Lage von Kindern armer Familien. Opladen, S. 47–78

Kasl, S.V./Cobb, S. (1979): Some mental health consequences of plant closing and job loss. In: Ferman, L. A./Gordus, J. P. (Hrsg.): Mental health and the economcy. Kalamazoo, S. 255–299

Klebanov, P.K./Brooks-Gunn, J./Duncan, G.J. (1994): Does neighborhood and family poverty affect mothers' parenting, mental health, and social support? In: Journal of Marriage and the Family, 56, S. 441–455

Klemm, K./Rolff, H.-G. (1986): Ungleichheit der Bildungschancen in Schule und Hochschule. In: Franz, H.-W. u. a. (Hrsg.): Neue alte Ungleichheiten. Berichte zur sozialen Lage der Bundesrepublik. Opladen, S. 249–261

Klocke, A. (1995): Der Einfluß sozialer Ungleichheit auf das Ernährungsverhalten im Kinder- und Jugendalter. In: Barlösius, E./Feichtinger, E./Köhler, B.M. (Hrsg.): Ernährung in der Armut. Gesundheitliche, soziale und kulturelle Folgen in der Bundesrepublik Deutschland. Berlin, S. 185–203

Klocke, A. (1996): Aufwachsen in Armut. In: Zeitschrift für Sozialisationsforschung und Erziehungssoziologie, 16, 4, S. 390–409

Klocke, A./Hurrelmann, K. (1995): Armut und Gesundheit. Inwieweit sind Jugendliche betroffen? In: Zeitschrift für Gesundheitswissenschaft, 2. Beiheft, S. 138–151

Kössler, R./Wingen, M. (1990): Aufwendungen privater Haushalte für ihre Kinder in Ausbildung. In: Zeitschrift Baden-Württemberg in Wort und Zahl, 38, S. 104–109

Kolvin, I./Miller, F.J./Fleeting, M./Kolvin, P.A. (1988): Risk/protective factors for offending with particular reference to deprivation. In: Rutter, M. (Hrsg.): Studies of psychosocial risk: the power of longitudinal data. Cambridge, S. 77–95

Komarovsky, M. (1973/Orig. 1940): The unemployed man and his family: The effects of unemployment upon the status of the man in fifty-nine families. New York

Krause, P. (1994): Zur zeitlichen Dimension von Einkommensarmut. In: Hanesch, W. u. a. (Hrsg.): Armut in Deutschland. Der Armutsbericht des DFG und des Paritätischen Wohlfahrtsverbands. Reinbek, S. 189–206

Kupersmidt, J.B./Griesler, P.C./DeRosier, M.E. /Patterson, C.J./Davis, P.W. (1995): Childhood aggression and peer relations in the context of family and neighborhood. In: Child Development, 66, S. 360–375

Lang, S. (1985): Lebensbedingungen und Lebensqualität von Kindern. Frankfurt/ M.

Larson, J. H. (1984): The effects of husband unemployment on marital and family relations in blue-collar families. In: Family Relations, 33, S. 503–511

Lazarus, R. S. (1981): Streß und Streßbewältigung – Ein Paradigma. In: Filipp, S.-H. (Hrsg.): Kritische Lebensereignisse. München, S. 198–232

Leahy, R. L. (1990): The development of concepts of economic and social inequality. In: McLoyd, V. C./Flanagan, C. A. (Hrsg.): Economic stress: Effects on family life and child development. New Directions for Child Development (Bd. 46). San Francisco, S. 107–120

LeClere, F.B/Kowalewski, B.M. (1994): Disability in the family: The effects on children's well-being. In: Journal of Marriage and the Family, 56, S. 457–468

Leibfried, S./Leisering, L./Buhr, P./Ludwig, M./Mädje, E./Olk, T./Voges, W./Zwick, M. (1995): Zeit der Armut. Lebensläufe im Sozialstaat. Frankfurt/M.

Lempers, J. D./Clark-Lempers, D./Simons, R. L. (1989): Economic hardship, parenting, and distress. In: Child Development, 60, S. 25–39

Liem, R./Liem, J. H. (1988): Psychological effects of unemployment on workers and their families. In: Journal of Social Issues, 44, S. 87–105

Liker, J. K./Elder, G. H. Jr. (1983): Economic hardship and marital relations in the 1930s. In: American Sociological Review, 48, S. 343–359

Linnenbank, H./Menke, D./Schneider, A./Damerow, G. (1987): Auswirkungen von Arbeitslosigkeit bei Alleinerziehenden Müttern und Vätern (Ergebnisse aus Forschung und Entwicklung Nr. 4). Fachhochschule Dortmund, Fachbereich Sozialpädagogik. Dortmund

Loeber, R. (1990): Development and risk factors of juvenile antisocial behavior and delinquency. In: Clinical Psychology Review, S. 1–41

Lompe, K. (Hrsg.) (1987): Die Realität der neuen Armut. Analysen der Beziehungen zwischen Arbeitslosigkeit und Armut in einer Problemregion. Regensburg

Ludwig, G. (1988): Kinder der Krise – Kinder von Arbeitslosen. In: Theorie und Praxis der sozialen Arbeit, 9, S. 333–339

Lüders, C./Rosner, S. (1990): Arbeitslosigkeit in der Familie. In: Schindler, H./Wacker, A./Wetzels, P. (Hrsg.): Familienleben in der Arbeitslosigkeit. Heidelberg, S. 75–97

MacPhee, D./Kreutzer, J. C. /Fritz, J. J. (1994): Infusing a diversity perspective into human development courses. In: Child Development, 65, S. 699–715

Madge, N. (1983): Unemployment and its effects on children. In: Journal of Child Psychology and Psychiatry, 24, S. 311–319

Mansel, J. (1993): Zur Reproduktion sozialer Ungleichheit. Zeitschrift für Sozialisationsforschung und Erziehungssoziologie, 13, 1, S. 36–60

Marsden, D. (1982): Workless. An exploration of the social contract between society and the worker. London

Masten, A. S./Miliotis, D./Graham-Bergman, S. A./Ramirez, M. L./Neeman, J. (1993): Children in homeless families: Risks to mental health and development. In: Journal of Consulting and Clinical Psychology, 61, S. 335–343

Masten, A. S./Neeman, J./Andenas, S. (1994): Life events and adjustment in adolescents: The significance of event independence, desirability, and chronicity. In: Journal of Research on Adolescence, 4, S. 71–97

McCarthy, J. D. /Hoge, D. R. (1984): The dynamics of self-esteem and delinquency. In: American Journal of Sociology, 90, S. 396–410

McDonald, M. A./Sigma, M./Espinosa, M. P. /Neumann, C. (1994): Impact of temporary food shortage on children and their mothers. In: Child Development, 65, S. 404–415

McGauhey, P./Starfield, B./Alexander, C./Ensminger, P. (1991): The social enviroment and vulnerability of low birthweight children: A social epidemiological perspective. In: Pediatrics, 88, S. 943–953

McGauhey, P. J./Starfield, B. (1993): Child health and the social environment of white and black children. In: Social Science Medicine, 36, 7, S. 867–874

McKee, L. (1990): Arbeitslosenhaushalte – Der Einfallsreichtum von Arbeitslosenfamilien. In: Schindler, H./Wacker, A./Wetzels, P. (Hrsg.): Familienleben in der Arbeitslosigkeit. Heidelberg, S. 99–124

McLoyd, V. C. (1989): Socialization and development in a changing economy. In: American Psychologist, 44, S. 293–302

McLoyd, V. C./Flanagan, C. (Hrsg.) (1990): Economic stress: Effects on family life and child development. New Directions for Child Development, Nr. 46. San Francisco

McLoyd, V. C./Jayaratne, T. E./Ceballo, R./Borquez, J. (1994): Unemployment and work interruption among African-American single mothers: Effects on parenting and adolescent socioemotional functioning. In: Child Development, 65, S. 562–589

Ministerium für Arbeit, Gesundheit und Soziales des Landes Nordrhein-Westfalen (MAGS) (1990): Dritter Familienbericht der Landesregierung Nordrhein-Westfalen. Düsseldorf

Moen, P./Kain, E. L./Elder, G. H. Jr. (1983): Economic conditions and familiy life: contemporary and historical perspectives. In: Nelson, R./Skidmore (Hrsg.): American families and the economy: The high costs of living. Washington/DC, S. 213–259

Morrison, D.R./Cherlin, A. (1995). The divorce process and young children's well-being: A prospective analysis. In: Journal of Marriage and the Family, 57, S. 800–812

Müller, H.-U. (1991): Familie und Wohnen – Wohnung und Wohnumfeld. In: Bertram, H. (Hrsg.): Die Familie in Westdeutschland. Stabilität und Wandel familialer Lebensformen. Opladen, S. 311–349

Napp-Peters, A. (1985): Ein-Elternteil-Familien. Soziale Randgruppe oder neues familiales Selbstverständnis? Weinheim

Napp-Peters, A. (1995): Armut von Alleinerziehenden. Kinder und Jugendliche in Armut. In: Bieback, K.-J./Milz, H. (Hrsg.): Neue Armut. Frankfurt/M., S. 107–121

Nauck, B. (1993a): Lebensqualität von Kindern. Befunde und Lücken der Sozialberichterstattung. In: Deutsches Jugendinstitut (Hrsg.): Was für Kinder. Aufwachsen in Deutschland. München, S. 222–228

Nauck, B. (1993b): Sozialstrukturelle Differenzierung der Lebensbedingungen von Kindern in West- und Ostdeutschland. In: Markefka, M./Nauck. B. (Hrsg.): Handbuch der Kindheitsforschung. Neuwied, S. 143–163

Nauck, B./Bertram, H. (Hrsg.) (1995): Kinder in Deutschland. Lebensverhältnisse von Kindern im Regionalvergleich. Opladen

Niesel, R. (1995): Erleben und Bewältigung elterlicher Konflikte durch Kinder. In: Familiendynamik, S. 155–170

Ollenschläger, G. (1993): Die Ernährung als Prävention vor Krankheit im Alter. In: Zeitschrift für Gerontologie, 26, S. 413–418

Oppenheim, C./Lister, R. (1998): Armut und Familienleben am Beispiel der britischen Gesellschaft. In: Klocke, A./Hurrelmann, K. (Hrg.): Kinder und Jugendliche in Armut. Opladen, S. 205–224

Otto, U./Boley, E. (1997): Armut von Heranwachsenden als Herausforderung für Soziale Arbeit und Sozialpolitik – eine Skizze. In: Otto, U. (Hrsg.): Aufwachsen in Armut. Erfahrungswelten und soziale Lage von Kindern armer Familien. Opladen, S. 9–45

Pearlin, L. I./Lieberman, L. A./Menaghan, E. G./Mullan, J. T. (1981): The stress process. In: Journal of Health and Social Behavior, 22, S. 337–356

Peterson, L./Ewigman, B./Vandiver, T. (1994): Role of parental anger in los-income women: Discipline strategy, perceptions of behavior problems, and the need for control. In: Journal of Clinical Child Psychology, 23, S. 435–443

Pollitt, E. (1994): Poverty and child development: Relevance of research in developing countries to the United States. In: Child Development, 65, S. 283–295

Posner, J. K./Vandell, D. L. (1994): Low-income children's after-school care: Are there beneficial effects of after-school programs? In: Child Development, 65, S. 440–456

Raadal, M./Milgrom, P./Cauce, A. M./Mancl, L. (1994): Behavior problems in 5- to 11-year-old children from low-income families. In: Journal of the American Academy of Child and Adolescent Psychiatry, 33, S.1017–1025

Ray, S. A. /McLoyd, V. D. (1986): Fathers in hard times. The impact of unemployment and poverty on paternal and marital relations. In: Lamb, M. (Hrsg.): The father's role. New York, S. 339–383

Rockwell, R. C./Elder, G. H. Jr. (1982): Economic deprivation and problem behaviour: Childhood and adolescence in the Great Depression. In: Human Development, 25, S. 57–64

Rutter, M. /Madge, N. (1976): Cycles of disadvantage: a review of research. London

Rutter, M./Garmezy, N. (1983): Developmental psychopathology. In: Hetherington, E. M. (Hrsg.): Socialization, personality, and social development. Handbook of child psychology (Hrsg. P. H. Mussen, Bd. 4). New York, S. 775–912

Sampson, R. J./Laub, J. H. (1994): Urban poverty and the family context of delinquency: A new look at structure and process in a classic study. In: Child Development, 65, S. 523–540

Sander, E. (1993): Kinder alleinerziehender Eltern. In: Markefka, M./Nauck, B. (Hrsg.): Handbuch der Kindheitsforschung. Neuwied, S. 419–427

Schindler, H. (1979): Familie und Arbeitslosigkeit. In: Kieselbach, R./Offe, H. (Hrsg.): Arbeitslosigkeit: Individuelle Verarbeitung und gesellschaftlicher Hintergrund. Darmstadt, S. 258–286

Schindler, H./Wetzels, P. (1985): Subjektive Bedeutung familiärer Arbeitslosigkeit bei Schülern in einem Bremer Arbeiterstadtteil. In: Kieselbach, T./Wacker, A. (Hrsg.): Individuelle und gesellschaftliche Kosten der Massenarbeitslosigkeit – Psychologische Theorie und Praxis. Weinheim, S. 120–138

Schindler, H./Wetzels, P. (1990): Familiensysteme in der Arbeitslosigkeit. In: Schindler, H./Wacker, A./Wetzels, P. (Hrsg.): Familienleben in der Arbeitslosigkeit. Heidelberg, S. 43–73

Schindler, H./Wacker, A./Wetzels, P. (Hrsg.) (1990): Familienleben in der Arbeitslosigkeit. Heidelberg

Schott-Winterer, A. (1990): Wohlfahrtsdefizite und Unterversorgung. In: Döring, D./ Hanesch, W./Huster, E.-U. (Hrsg.): Armut im Wohlstand. Frankfurt/M., S. 56–78

Schwartz, D./Dodge, K. A./Pettit, G. S./Bates, J. E. (1997): The early socialization of aggressive victims of bullying. In: Child Development, 68, S. 665–675

Silbereisen, R. K./Walper, S./Albrecht, H. T. (1990): Family income loss and economic hardship: Antecedents of adolescents' problem behavior. In: McLoyd, V. C./Flanagan, C. A. (Hrsg.): Economic stress: Effects on family life and child development (New Directions for Child Development, Bd. 46). San Francisco, S. 27–47

Simons, R. L./Beaman, J. Conger, R. D./Chao, W. (1993): Stress, support, and antisocial behavior trait as determinants of emotional well-being and parenting practices among single mothers. In: Journal of Marriage and the Family, 55, S. 385–398

Smeeding, T. M./Torrey, B. B. (1988): Poor children in rich countries. In: Science, 242, S. 873–877

Spiel, C. (1994): Risk in infancy and childhood as predictors of achievement level in young adolescents. Vortrag der 5th Biennial Meetings der Society for Research on Adolescent Development im Februar 1994. San Diego/CA (Unveröff. Manuskript)

Starrin, B./Svensson, P. G. (1992): Gesundheit und soziale Ungleichheit. Über Klasse, Armut und Krankheit. In: Leibfried, S./Voges, W. (Hrsg.): Armut im modernern Wohlfahrtsstaat. 32. Sonderheft der Kölner Zeitschrift für Soziologie und Sozialpsychologie. Opladen, S. 403–420

Steinberg, L. D./Catalano, R./ Dooley, D. (1981): Economic antecedents of child abuse and neglect. In: Child Development, 52, S. 975–985

Takeuchi, D. T./Williams, D. R./Adair, R. K. (1991): Economic stress in the family and children's emotional and behavioral problems. In: Journal of Marriage and the Family, 53, S. 1031–1041

Tudor, J. F. (1971): The development of class awareness in children. In: Social Forces, 49, S. 470–476

Vandell, D. L./Ramanan, J. (1992): Effects of early and recent maternal employment on children from low-income families. In: Child Development, 63, S. 938–949

Voges, W. (1994): Konzeptionelle Überlegungen zur Erklärung von Armutsdynamik. In: Sfb 186 report, 3, S. 9–16

Voydanoff, P. (1990): Economic distress and family relations: A review of the eighties. In: Journal of Marriage and the Family, 52, S. 1099–1115

Voydanoff, P./Donelly, B. W. (1988): Economic distress, family coping, and quality of family life. In: Voydanoff, P./Majka, L. C. (Hrsg.): Families and economic distress: Coping strategies and social policy. Newbury Park/CA, S. 97–116

Wadowski, Y. (1986): Kinder und Arbeitslosigkeit. Sichtweisen, Auseinandersetzungsformen und Erfahrungen von Kindern und Jugendlichen aus von Arbeitslosigkeit betroffenen Familien. Fachhochschule München. München (Unveröff. Diplomarbeit)

Wagner, G./Schupp, J./Rendtel, U. (1994): Das Sozio-ökonomische Panel (SOEP) – Methoden der Datenproduktion und -aufbereitung im Längsschnitt. In: Hauser, R./ Ott, N./Wagner, G. (Hrsg.): Mikroanalytische Grundlagen der Gesellschaftspolitik, Bd. 2: Erhebungsverfahren, Analysemethoden und Mikrosimulation. Berlin, S. 70–112

Walker, A. J. (1985): Reconceptualizing family stress. In: Journal of Marriage and the Family, 47, S. 827–838

Walker, D./Greenwood, C./Hart, B. /Carta, J. (1994): Prediction of school outcomes based on early language production and socioeconomic factors. In: Child Development, 65, S. 606–621

Walper, S. (1988): Familiäre Konsequenzen ökonomischer Deprivation. (Fortschritte der psychologischen Forschung 2). München

Walper, S. (1991): Finanzielle Belastungen und soziale Beziehungen. In: Bertram, H. (Hrsg.): Die Familie in Westdeutschland. Stabilität und Wandel familialer Lebensformen. Opladen, S. 351–386

Walper, S. (1995): Kinder und Jugendliche in Armut. In: Bieback, K.-J./Milz, H. (Hrsg.): Neue Armut. Frankfurt/M., S. 181–219

Walper, S. (1997): Wenn Kinder arm sind – Familienarmut und ihre Betroffenen. In: Böhnisch, L./Lenz, K. (Hrsg.): Familien. Eine interdisziplinäre Einführung. Weinheim, S. 265–281

Walper, S./Silbereisen, R. K. (1987a): Familiäre Konsequenzen ökonomischer Einbußen und ihre Auswirkungen auf die Bereitschaft zu normverletzendem Verhalten bei Jugendlichen. In: Zeitschrift für Entwicklungspsychologie und Pädagogische Psychologie, 19, S. 228–248

Walper, S./Silbereisen, R. K. (1987b): Economic loss, strained family relationships, and adolescents' contranormative attitudes. In: Silbereisen, R. K./Eyferth, K. (Hrsg.): Berichte aus der Arbeitsgruppe Jugendforschung (Bd. 95/87). Technische Universität Berlin. Berlin

Walper, S./Silbereisen, R. K. (1994): Economic hardship in Polish and German families: Some consequences for adolescents. In: Silbereisen, R. K./Todt, E. (Hrsg.): Adolescence in Context. The interplay of family, school, peers, and work in adjustment. New York/Berlin, S. 125–148

Werner, E. E./Smith, R. S. (1982): Vulnerable but invincible. A longitudinal study of resilient children and youth. New York

Wilk, L./Bacher, J. (Hrsg.) (1994): Kindliche Lebenswelten. Opladen

Wilk, L./Beham, M. (1994): Familienkindheit heute: Vielfalt der Formen – Vielfalt der Chancen. In: Wilk, L./Bacher, J. (Hrsg.): Kindliche Lebenswelten. Opladen, S. 89–159

Wilson, W. J./Aponte R. (1987): Urban Poverty: A state-of-the-art review of the literature. In: Wilson, W. J.: The truly disadvantaged. The inner city, the underclass, and public policy. Chicago, S. 165–188

Ziesemer, C./Marcoux, L./ Marwell, B. E. (1994): Homeless children: Are they different from other low-income children? In: Social Work, 39, S. 658–668

Zinnecker, J./Silbereisen, R. K. (1996): Kindheit in Deutschland. Aktueller Survey über Kinder und ihre Eltern. Weinheim